HISTOIRE
ROMAINE

TOME HUITIÈME

NOGENT-LE-ROTROU, IMPRIMERIE DE A. GOUVERNEUR.

HISTOIRE ROMAINE

PAR

THÉODORE MOMMSEN

TRADUITE PAR

C. A. ALEXANDRE

PRÉSIDENT A LA COUR D'APPEL DE PARIS

TOME HUITIÈME

PARIS
LIBRAIRIE A. FRANCK
F. VIEWEG, PROPRIÉTAIRE
Rue Richelieu, 67

1872

Seule édition autorisée par l'auteur et l'éditeur.

AVANT-PROPOS

DU TRADUCTEUR

Pour achever ce travail à l'heure présente, il m'a fallu un tenace courage, et me faire violence à moi-même. J'ai écrit les dernières pages, j'ai recueilli les derniers éclaircissements joints au texte, au moment où l'Allemagne tout entière et de longue main préparée, se ruait sur le territoire de la France !

Je ne me sens point calme encore devant l'épreuve subie : nous sommes tout à nos maux !

Rentrons en nous-mêmes, et rappelons-nous donc que ces maux, nous les avons provoqués, que l'ennemi se levant contre nous, nous n'avons pas su nous défendre.

« Il y a » dit Montesquieu (*Grandeur et Décadence des Romains*, c. VIII), « des causes géné-
» rales soit morales, soit physiques, qui agissent
» dans chaque monarchie, l'élèvent, la main-

» tiennent, ou la précipitent. Tous les accidens
» sont soumis à ces causes, et si le hasard d'une
» bataille, c'est-à-dire, une cause particulière, a
» ruiné un État, il y avait une cause générale qui
» faisait que cet État devait périr. ... En un
» mot, l'allure principale entraîne avec elle tous
» les accidents particuliers. »

Méditons éternellement ces lignes d'un penseur ! Cette fois encore, « l'allure principale » n'a-t-elle pas tout entraîné ? Guerre sans motif suffisant, déclarée et laissée à l'inhabile et flottante direction d'un seul : ignorance des ressources d'un ennemi supérieur en nombre, en armes, en organisation, et ce qui en de tels moments est vertu aussi forte que le patriotisme, en esprit de discipline : avant, pendant et après la guerre, hélas ! abandon de soi-même et des intérêts publics : plus d'indépendance et plus d'initiative : plus de sage examen, plus d'austère et opiniâtre résistance : légèreté trop souvent, vanité ou jactance, amour des jouissances futiles et sensuelles, docilité envers le maître, s'il s'en présente un, ou emportement à courir les aventures de la plus folle démagogie, sans souci ni de la dignité nationale, ni du lendemain !

Nous avons été à nous-mêmes nos pires ennemis : l'insurrection de Paris l'a proclamé de nouveau en caractères de sang et de feu !

Et cependant, ne perdons point courage ; sachons envisager nos désastres en face : et sachons y trouver la rude et profitable leçon de l'avenir.

Vengeons-nous d'abord en reconquérant les

mâles vertus qui nous ont manqué. « La force prime le droit ! » s'est écriée la savante Allemagne : et selon le catéchisme de sa morale internationale, Alsaciens et Lorrains, elle marque nos frères au fer rouge de sa tyrannie, et les jette malgré eux dans le troupeau de ses peuples !

Pendant ce temps, notre auteur, M. Mommsen poussait, lui aussi, le cri de *haro* avec toute la cohue des professeurs germaniques ! M. Mommsen, qui jadis et tant de fois a usé de la libérale et franche hospitalité de notre pays, nous insultait, dans ses *lettres aux Italiens*[1] en un langage indigne d'un hôte, indigne d'un noble ennemi !

Ne relevons pas ce langage, et refoulons nos haines ! Vengeons-nous en allant outre Rhin reconquérir et la science française du XVIe siècle, qui y est détenue prisonnière, et ces armes qui ont aidé à nous vaincre : allons reprendre aux Allemands les enseignements vulgarisés chez eux ; les institutions qui habituent les peuples à la dignité personnelle, à la discipline, à l'esprit de devoir et de sacrifice, à la foi en tous les dogmes purs de la religion et de la patrie.

Les derniers jours de la République romaine, tels que les décrit M. Mommsen, sont un enseignement fécond : à ce titre, même à l'heure où nous sommes, je n'hésite plus à livrer ce dernier volume au public.

Nous avons attaqué : nous avons été frappés : à son tour l'ennemi s'est montré inique, grossier et

---

[1] *Ayli Italiani* — *Perseveranza* de Milan, et *Secolo*, 1870.

cruel ; il a cyniquement foulé aux pieds ce droit des gens, qu'il faisait enseigner la veille dans toutes les chaires de ses professeurs ! Il nous a montré que, même à travers l'érudition, on peut retourner à la barbarie : le crime commis aura un jour sa Némésis !

Aux Français que l'Allemagne a violemment séparés de la France, à nous-mêmes qui leur tendons les bras, la vieille loi de Rome dicte notre conduite :

Adversus hostem æterna auctoritas esto !
(Contre l'étranger revendication éternelle.)

Paris, Juin 1871.

Je n'ajoute rien à ce que j'écrivais, il y a un an, sous le coup d'une douleur qui ne s'amortit point !

Mais il convient de dire ici quelques mots de ces rumeurs qu'une certaine presse a colportées récemment contre M. Mommsen. En fait, M. Mommsen avait tout simplement écrit à MM. Renan et L. Rénier, de l'Institut (*Inscriptions et Belles Lettres*), et leur demandait si les « bonnes relations, » la paix étant faite (!), ne se pouvaient point rouvrir entre l'Institut de France et l'Académie de Berlin, et si notamment, cette dernière pouvait compter, comme par le passé, sur l'envoi du grand travail épigraphique préparé par M. Rénier, pour les *provinces des Gaules et d'Afrique*, travail ayant sa place marquée dans le *Corpus Inscrip. Latin.*, en cours de publication.

A de puériles attaques qu'il valait mieux laisser tomber, M. Mommsen a cru devoir répondre, par une lettre, en date du 3 janvier dernier, adressée au rédacteur de la *Gazette de Voss* (*Vossische Zeitung* de Berlin). Je n'y releverai pas les *aménités* ordinaires à notre adresse. A quoi bon, d'ailleurs? — A entendre M. Mommsen « il n'y a
» plus en France d'opinion publique à laquelle
» un savant allemand puisse faire appel ;.... et
» quant aux assertions concernant les lettrés
» d'Outre-Rhin, provenant de source française,
» elles ne méritent pas plus créance que ces *inscriptions Ligoriennes*
» dont la critique a raison,
» rien qu'en disant leur origine.[1] »

M. Mommsen se trompe, comme on se trompe infailliblement, à se montrer injuste. Il y a une opinion en France : le succès de son livre le prouve, comme aussi la haute estime où son nom y est tenu. Ses travaux historiques, épigraphiques, archéologiques et juridiques y sont constamment étudiés et appréciés à leur vrai mérite. Mais en honorant le savant, la critique conserve ses droits : jusqu'en Allemagne, les *germanissimes* à outrance eux-mêmes ont reproché à M. Mommsen certaines tendances, certaines opinions sur les hommes et

---

[1] (*Pirro Ligorio,* célèbre architecte napolitain, plus fameux encore par ses impostures littéraires, a rempli 60 volumes manuscrits d'inscriptions fausses ou de documents fabriqués qui se sont glissés jusque dans les grands recueils de *Muratori, Fabretti* et autres).

les choses de Rome, certains jugements prenant trop directement leur source dans la politique du temps présent, lui empruntant et ses passions, et ses expressions, et sa couleur. M. *Gaston Boissier* signalait hier (*Revue des Deux-Mondes*, 15 avril 1872) dans l'*histoire de la République romaine*, « ces » principes qui nous ont été si rigoureusement » appliqués, et ces théories insolentes qui se sont » exprimées avec tant de hauteur après la vic- » toire. » M. Mommsen se plaindra sans doute aussi des sévérités de l'honorable professeur du collége de France ! Pour nous, nous n'y contredirons pas. Nous reconnaissons tout le premier que M. Mommsen, traitant de la Rome antique, y parle parfois comme si la Prusse en était encore à la revanche d'Iéna ; que souvent telles expressions injustifiables, telles allusions aux faits et aux hommes des temps récents, y portent atteinte, dans son travail, à la calme majesté de l'austère histoire. Mais, en cela faisant, M. Mommsen, sachons-le bien, ne fait ni plus ni moins que de se laisser aller au courant qui emporte tous ou presque tous ses compatriotes. Pour n'en citer qu'un ou deux, qu'on lise l'*Histoire du Temps de la Révolution* de M. *de Sybel*, on y rencontrera la glorification du partage de la Pologne ! L'intérêt de la Prusse le voulait ! Et M. *Droysen* (*Hist. de la Politique prussienne*), est-ce qu'à toutes les pages de son livre, savant et intéressant à tant de titres, il ne s'abandonne pas à toutes les exaltations d'un patriotisme avide de conquêtes? Et M. Mommsen, lui-même, dès 1865, ne l'a-t-on pas entendu, lui, schleswicois *prussianisé*, prêcher à ses électeurs *de la ville de Halle, et du cercle de la Saale*, la théorie de l'annexion violente des duchés de Holstein et de Schlesswig?[1]

Néanmoins, ayons le courage de lire les Allemands en dépit de leurs abus de pensée, de leurs fanfaronnades de langage, souvent ridicules, et de leurs plaidoyers audacieux en faveur de la force !

Que si M. Mommsen vous irrite souvent par sa crudité ironique, par son scepticisme politique trop conforme aux doctrines de la chancellerie prussienne ; que si M. de Bismark lui-même se pourrait reconnaître dans telle saillie dédaigneuse et insultante envers les peuples que Rome combat, ou envers les grands vaincus de l'aristocratie romaine, Cicéron, Caton d'Utique et tant d'autres ; que si, à aucun prix, nous ne saurions suivre notre auteur jusque dans sa complaisante et excessive apothéose de César ; que si, quand il pardonne au complice de Catilina, au triumvir conspirateur, l'écrasement des libertés publiques accompli sous le prétexte de l'*utilité universelle*, nous savons reconnaître aussi qu'à côté de ces dogmes intolérables qui visent trop au temps présent et font tache sur le livre, il y a le livre lui-même : il y a l'auteur, qui demeure un grand érudit et un grand écrivain, qui, mieux que pas un de ses devanciers, a su comprendre et dérouler le tableau des institutions inimitables de la République romaine et celui des *antiquités* publiques et privées de la

---

[1] *Sendschreiben an die Wahlmænner der St. Halle u. des Saalkreises* (*Circulaire aux Electeurs*, etc.). Berlin, 1865.

ville! Dans les pages de M. Mommsen, le peuple romain est debout encore et se meut sous nos yeux (*movet lacertos*) : grâce à une science ingénieuse autant que profonde, grâce à tous ces rapprochements inattendus et d'où jaillit la lumière, nous assistons à la vie politique de Rome, à son économie intérieure, au travail progressif de la civilisation latine, à l'évolution des mœurs, de la langue, de la littérature. Si bien qu'en fermant le volume, et qu'en dépit des impatiences suscitées par toutes ces dissonances, le lecteur se dit qu'il n'a point à se repentir d'avoir lu; qu'il a appris, qu'il a été captivé, et qu'il y a là matière à d'utiles méditations, à d'utiles enseignements dont il convient que nous fassions notre profit!

Je n'en dis pas plus, et je persiste à croire qu'en mettant cet ouvrage sous les yeux de mes compatriotes, j'ai tenté une œuvre méritoire.

Paris. Mai 1872.

LIVRE CINQUIÈME

FONDATION DE LA MONARCHIE MILITAIRE

(SUITE).

CHAPITRE X

BRINDES, ILERDA, PHARSALE ET THAPSUS

(SUITE).

Pendant que s'en allaient éperdus, et comme à la dé- César poursuit
Pompée
en Égypte.
rive du Destin, les débris de la faction vaincue, pendant
que ceux qui voulaient encore combattre n'en trouvaient
plus ni le lieu ni les moyens, César, toujours rapide dans
la décision et l'action, quittait tout pour se lancer à la
poursuite de Pompée, le seul de ses adversaires qu'il tint
pour un capitaine. Le faire prisonnier, c'eût été peut-être,
et d'un seul coup, paralyser la moitié, et la moitié la plus
redoutable du parti. Il franchit l'Hellespont avec quelques
troupes : en route, avec sa frêle embarcation, il tombe au
milieu d'une flotte pompéienne à destination de la Mer
Noire [1] ; mais la nouvelle de la victoire de Pharsale l'a
frappée de stupeur : il la capture tout entière ; puis, dès
qu'il a pris en hâte les dispositions nécessaires, il se pré-

[1] [Commandée par G. Cassius (VII. p. 180) : Suét. *Cæs.* 63. —
App. *bell. civ.* 2, 88. — Dio : 43, 6.]

cipite vers l'Orient, à la poursuite du fugitif. Ce dernier, échappé des champs de Pharsale, avait touché à Lesbos, pour y prendre sa femme et Sextus, son second fils, gagné la Cilicie en longeant l'Asie-Mineure, et s'était dirigé vers Chypre. Rien de plus aisé que d'aller rejoindre ses partisans à Corcyre ou en Afrique. Mais, soit rancune contre les Aristocrates, ses alliés, soit prévision ou crainte de l'accueil qui l'attendait au lendemain de sa défaite et surtout de sa fuite honteuse, il aima mieux continuer sa route et quêter la protection du roi des Parthes au lieu de celle de Caton [1]. Tandis qu'il négocie avec les publicains et les marchands de Chypre, leur demandant de l'or et des esclaves, et qu'il arme déjà 2,000 de ces derniers, on lui annonce qu'Antioche s'est rendue à César. La route de la Parthie lui est fermée. Il change alors son plan et fait voile vers l'Égypte. Là, d'anciens soldats à lui remplissent les cadres de l'armée : la position, les ressources du pays, tout l'aidera à gagner du temps et à réorganiser la guerre.

51 av. J.-C. Après la mort de Ptolémée l'Aulète (mai 703), les enfants de celui-ci, *Cléopâtre*, sa fille, âgée de 16 ans, et son fils *Ptolémée Dionysos*, âgé de 10 ans, rois ensemble et époux de par la volonté paternelle, étaient montés sur le trône d'Alexandrie : mais bientôt le frère, ou plutôt Pothin, le tuteur du frère, avait expulsé la sœur; et celle-ci, réfugiée en Syrie, s'y préparait à rentrer les armes à la main dans ses états héréditaires. A cette heure, Ptolémée et Pothin étaient à *Péluse* avec toute l'armée égyptienne, gardant la frontière de l'Est. Pompée vint jeter l'ancre devant le promontoire *Casius* [2], demandant au roi permission de descendre à terre. A la cour, on connaissait depuis longtemps la catastrophe de Phar-

---

[1] [Dion ne croit pas à l'humiliant projet que tous les autres historiens ont prêté à Pompée (Dio. 13, 2).]

[2] [*El Katieh*, ou *El Kas*, à l'est de Péluse, au sud du lac *Sirbonis* (*Sebaket-Bardoïl*).]

sale, et l'on voulait d'abord répondre par un refus; mais *Théodotos*, majordome du roi, fit observer que Pompée, ayant de nombreuses intelligences dans l'armée, ne manquerait pas d'y pratiquer la révolte. N'était-il pas plus sûr et plus avantageux, au regard de César, de saisir l'occasion de se défaire du fugitif? De telles et si puissantes raisons ne pouvaient manquer leur effet sur des politiques appartenant au monde grec d'alors. Aussitôt, le chef des troupes royales, *Achillas*, monte sur un canot avec quelques anciens soldats de Pompée; il l'accoste, l'invite à se rendre auprès du roi, et, comme l'on est sur les bas-fonds de la côte, à passer sur son bord. A peine Pompée y a mis le pied, qu'un tribun militaire, *Lucius Septimius*, le frappe par derrière, sous les yeux de sa femme et de son fils, qui, debout sur le pont de leur navire, assistent au meurtre, sans pouvoir rien ni pour sauver la victime ni pour la venger (28 septembre 706). Treize ans avant, à pareil jour, Pompée, vainqueur de Mithridate, avait mené son triomphe dans la capitale romaine (VI, p. 304); et voici que l'homme paré depuis trente années du titre de *Grand*, voici que l'ancien maître de Rome vient finir misérablement sur les lagunes désertes d'un promontoire inhospitalier, assassiné par un de ses vétérans. Général de capacité moyenne, médiocre du côté de l'esprit et du cœur, le sort, démon perfide, l'avait accablé de ses constantes faveurs durant trente ans. Missions faciles autant que brillantes, lauriers plantés par d'autres et recueillis par lui seul, tout lui avait été donné, tout jusqu'au pouvoir suprême, mis en réalité sous sa main, et cela pour n'arriver qu'à fournir le plus éclatant exemple de fausse grandeur qu'ait connu l'histoire! Parmi tous les rôles lamentables, quel rôle plus triste que celui de paraître et n'être pas! Telle est la loi des monarchies! A peine si, une fois en mille ans, il se lève au sein d'un peuple un homme, voulant qu'on l'appelle roi et sachant régner! Vice fatal, inéluctable du trône! Or, s'il est vrai de dire

Mort de Pompée.
48 av. J.-C.

que nul plus que Pompée, peut-être, n'a offert ce contraste marqué entre l'apparence vaine et la réalité, il ne saurait non plus échapper à la réflexion, quand elle s'arrête sur cet homme, que c'est lui qui ouvre, à vrai dire, la série des monarques de Rome.

César en Egypte. Cependant César, toujours à la piste du vaincu, entrait dans la rade d'Alexandrie. Le crime était consommé déjà. Il se détourna, sous le coup d'une émotion profonde, quand l'assassin, montant à son bord, lui présenta la tête de ce Pompée, naguère son gendre, et durant si longtemps son associé dans le pouvoir, de ce Pompée enfin qu'il venait prendre vivant en Égypte. Quelle conduite il eût tenue à son égard, le poignard d'un assassin ne permet pas de le dire : mais, à supposer que les sentiments d'humanité, innés dans sa grande âme, n'y auraient pas gardé leur place à côté de l'ambition, et ne lui commandaient pas d'épargner les jours d'un ancien ami, son propre intérêt ne lui aurait-il pas conseillé de le réduire à l'impuissance autrement que par l'épée du bourreau[1]. Vingt ans durant, Pompée avait été le maître incontesté de Rome : quand elle a poussé d'aussi profondes racines, la souveraineté ne meurt point avec le souverain. Après Pompée, les Pompéiens restaient debout, encore compacts, ayant deux chefs à leur tête, *Gnæus* et *Sextus*, à la place de leur père incapable et usé, jeunes tous les deux, tous les deux actifs, le second même armé d'un réel talent. A la monarchie héréditaire de fondation nouvelle s'attachait l'excroissance parasite des prétendants héréditaires. A ce changement des rôles il était douteux qu'il y eût gain ; il y avait perte plutôt pour César[2].

Cependant, celui-ci n'avait plus rien à faire en Égypte.

---

[1] [On a vu plus haut, **VII**, p. 344, que César mentionne séchement la mort de Pompée (*b. civ.* 3, 104). Mais cf. Plut. *ad. Pomp.* 80. — *Cæs.* 48 ; Lucan. 9. 109 ; et Val. Max, 5. 1. 10.]

[2] [Pour tout ce récit, et le commencement de la guerre d'Alexandrie, voir Cæs. *bell. civ.* 3, 102-104.]

Romains et gens du pays, tous s'attendaient à le voir remettre à la voile, courir vers la province d'Afrique, qui restait à abattre, puis entamer aussitôt l'œuvre immense de réorganisation que lui léguait sa victoire. Mais lui, fidèle à sa propre tradition, et, en quelque point qu'il se trouve du gigantesque empire de Rome, voulant vider sans délai et de sa personne toutes les questions pendantes, convaincu d'ailleurs qu'aucune résistance n'est à prévoir, ni de la part de la garnison romaine, ni de la part de la cour égyptienne, et pressé par le besoin d'argent, il débarque à Alexandrie, avec les deux légions qui l'accompagnent, lesquelles ne comptent plus que 3200 hommes et 800 cavaliers gaulois et germains. Il prend quartier dans la citadelle royale : il ordonne le versement des sommes qui lui sont nécessaires, et se met à régler l'affaire de la succession au trône égyptien, sans prêter l'oreille à d'impertinents conseils. A entendre Pothin, en effet, absorbé qu'il est par tant de grands intérêts, César ne saurait les négliger pour des misères. En ce qui touche les peuples d'Égypte, il se montre équitable en même temps qu'indulgent. Ils ont prêté secours à Pompée : quoi de plus juste que de leur imposer une contribution de guerre ? Mais le pays est épuisé. César lui fait grâce et, donnant quittance de l'arriéré dû sur le traité de l'an 695 (VI, p. 311), dont moitié seulement a été payée, il ne réclame que 10,000 deniers (3,000,000 *thal.* = 11,250,000 fr.[1]). Au frère et à la sœur qui se disputent le trône, il ordonne de cesser les hostilités ; il leur impose son arbitrage et les mande devant lui pour recevoir sa sentence après la cause entendue. Ils obéirent. Déjà le jeune roi était là, dans sa forteresse : Cléopâtre arriva sans tarder. César, tenant la main au testament de l'Aulète, adjugea la couronne aux deux époux, frère et sœur : il fit plus, et annulant de son propre mouvement

---

[1] [Plutarch. *Cæs.* 48.]

l'annexion, naguère consommée, du royaume de Chypre (VI, p. 314), il le donna aux deux enfants puînés du roi défunt, *Arsinoé* et *Ptolémée le Jeune*, à titre de secundo-géniture.

<small>Révolte à Alexandrie.</small>

Cependant une tempête se formait sans bruit. Alexandrie, non moins que Rome, était une des capitales du monde, à peine inférieure à la ville italienne par le nombre de ses habitants, mais la devançant de beaucoup par le mouvement commercial, le génie industriel, le progrès scientifique et des arts. Au sein du peuple, le sentiment national était vivace, s'emportant à de mobiles ardeurs, à défaut d'esprit politique, et suscitant à toute heure, comme chez les Parisiens de nos jours, les furieuses révoltes de la rue. Qu'on se figure la colère de ce peuple, à la vue d'un général romain tranchant du potentat dans le palais des Lagides et jugeant les rois du haut de son prétoire ! Mécontents qu'ils étaient de cette sommation péremptoire relative à l'ancienne dette égyptienne et de cette intervention du Romain dans un litige où le gain de la sentence, assuré d'avance à Cléopâtre, lui fut en effet adjugé, Pothin et son royal pupille envoyèrent à la monnaie, avec force ostentation, les trésors des temples et la vaisselle d'or du palais, pour les fondre. La pieuse superstition des Égyptiens s'en blessa. La magnificence de la cour alexandrine était fameuse dans le monde. Le peuple s'en parait comme d'une richesse à lui. A la vue des sanctuaires dépouillés et de la vaisselle de bois placée désormais sur la table royale, il entra en fureur. Et l'armée d'occupation elle-même, à demi dénationalisée par son long séjour en Égypte, par les nombreux mariages entre les soldats romains et les filles du pays, comptant dans ses rangs un grand nombre de vétérans de Pompée et de transfuges italiens, anciens criminels ou anciens esclaves, cette armée murmurait contre César, dont les ordres avaient entravé son action à la frontière de Syrie; elle murmurait contre une poignée d'orgueilleux légionnaires. Déjà la foule attroupée quand César prenait terre, quand les haches romaines entraient dans le palais des rois : déjà les meurtres nombreux consommés sur les légionnaires dans les rues de la ville, lui indiquaient assez en quel péril extrême il allait se trouver, noyé qu'il était avec sa petite armée au milieu de ces masses irritées. Les vents du nord régnaient alors : se rembarquer devenait chose difficile, et le signal donné de monter sur les vaisseaux eût dégénéré vite en signal d'insurrection. Partir, d'ailleurs, sans mettre à fin son entreprise, n'était point dans les habitudes de César. Aussitôt il appelle des renforts d'Asie, gardant jusqu'à leur arrivée les apparences de la plus entière sécurité. Jamais on n'avait mené au camp plus joyeuse vie que durant ce séjour dans Alexandrie, et quand la belle et artificieuse reine, gracieuse envers tous, prodiguait les séductions à l'adresse de son juge, César, à son tour, affectait l'oubli de ses hauts faits pour ne plus songer qu'à ses victoires galantes [1]. Prologue joyeux à la veille d'un sombre drame ! Tout-à-coup, amené par Achillas, et, ce qui fut vérifié plus tard, mandé par l'ordre secret du roi et de son tuteur, le corps romain d'occupation entre dans Alexandrie. Dès qu'ils apprennent qu'il n'est venu que pour attaquer César, tous les Alexandrins font avec lui cause commune. Mais César, avec cette présence d'esprit qui absout presque sa témérité, rassemble tout son monde épars sans perdre un seul moment, met la main sur le petit roi et ses ministres, se barricade dans le château et dans le théâtre voisin, et, comme il ne peut mettre en sûreté la flotte égyptienne stationnée dans le grand port au-devant de ce théâtre, il la brûle et envoye des

César à Alexandrie.

---

[1] [Plut. (*Cæs.* 49) raconte qu'elle se fit porter à son insu dans sa chambre, et se donna bientôt à lui. — V. Lucan. 10, 74.

« *Sanguine Thessalicæ cladis perfusus adulter*
« *Admisit Venerem curis et miscuit armis...* »

— Voir sur la beauté de Cléopâtre, ce qu'en dit Plutarch. *Anton.* 27. — cf. Dio. 43, 53.]

embarcations pour occuper l'île de *Pharos* et la tour du fanal qui commande la rade.[1] Du moins, il a conquis un poste restreint, mais sûr, de défense, où lui arriveront facilement et les vivres et les renforts. En même temps, il donne ordre à ses lieutenants en Asie-Mineure de lui expédier au plus vite des vaisseaux et des soldats. Les peuples sujets plus voisins, Syriens et Nabatéens, Crétois et Rhodiens, sont mis de même en réquisition. Pendant ce temps, l'insurrection s'était étendue sans obstacle sur toute l'Égypte. Les révoltés obéissaient à la princesse *Arsinoé* et à l'eunuque *Ganimède*, son confident. Ils étaient maîtres de la plus grande partie de la ville. On se battit dans les rues. César ne put ni se dégager ni même gagner jusqu'aux eaux douces du *Maréotis*, derrière la place, où il eût voulu s'abreuver et lancer ses fourrageurs. Les Alexandrins, d'autre part, ne surent ni vaincre les assiégés, ni les détruire par la soif : bien qu'ils eussent jeté l'eau de la mer dans les canaux du Nil qui alimentaient le quartier du Romain, celui-ci, par une chance inattendue, ayant fait creuser des puits dans le sable du rivage, y trouva encore de l'eau potable [2]. Le voyant inexpugnable du côté de terre, les assiégeants songèrent à détruire sa flottille et à le couper du côté de la mer, d'où lui venaient ses vivres. L'île du Phare et le môle qui la reliait à la terre ferme partageaient le port en deux moitiés, à l'est et à l'ouest, ces deux moitiés communiquant entre elles par deux arches percées en travers de la digue. César était maître

---

[1] [C'est dans cette première bataille des rues qu'aurait brûlé la *Bibliothèque* des Ptolémées. Là périrent, selon Sénèque (*de tranquill.* 9), environ 400,000 volumes. — Le troisième livre des *Comment.* sur la guerre civile se termine par l'occupation de l'île du Phare (3. 112). La suite du récit appartient à l'œuvre d'*Oppius* ou d'Hirtius (Suet. ne sait déjà plus lequel : *Cæs.* 56) *de Bell. Alexandr.*]

[2] [Pareil fait s'est renouvelé au siège d'Alexandrie, en 1801. — Les Anglais assiégeants coupèrent le canal d'eau douce : la garnison française y suppléa par l'eau des puits.]

de l'île et du port de l'est, tandis que les Alexandrins occupaient celui de l'ouest et le môle : mais ses vaisseaux, l'ennemi n'ayant plus de flotte, entraient et sortaient librement [1]. Les Alexandrins, après avoir sans succès tenté d'envoyer des brûlots du port de l'ouest dans le bassin oriental, rassemblèrent les débris de leur arsenal, et, mettant une petite escadre en mer, ils voulurent attaquer les navires de César au moment où ceux-ci se montrèrent, traînant à la remorque des transports et une légion amenée de l'Asie-Mineure [2]. Mais ils avaient affaire aux marins excellents de Rhodes, qui les battirent. A peu de temps de là, ils s'emparent de l'île du Phare et réussissent à barrer aux grands navires l'entrée du goulet étroit et rocheux du port oriental [3]. La flotte césarienne, à son tour, dut stationner en pleine rade : les communications des assiégés avec la mer ne tenaient plus qu'à un fil. Attaqués tous les jours par les forces maritimes croissantes de l'ennemi, leurs vaisseaux ne pouvaient ni refuser le combat, quoique inégal, le port intérieur leur étant fermé depuis la prise de l'île, ni tirer au large : abandonnant la rade, ils eussent livré César à l'investissement complet du côté de la mer. En vain les intrépides légionnaires, aidés par les habiles marins de Rhodes, l'emportent dans cent combats quotidiens, les Alexandrins s'acharnent, infatigables, et renouvellent ou augmentent

---

[1] [V. la description topographique d'Alexandrie, par *Bonamy*, *Mémoires de l'Acad. des inscr. et belles-lettres*, t. 9. — V. *Dict. geogr.* de Smith, v° *Alexandria*, et *plan*, p. 96.]

[2] [La bataille navale eut lieu à la pointe de *Chersonnèse*, à 6 ou 7 lieues, vers le couchant, d'Alexandrie.]

[3] L'enlèvement de l'île était raconté sans doute dans le fragment détruit du *Commentaire* sur la guerre d'Alexandrie (*bell. Alex.* 12), là même où était aussi décrit un second combat naval, où périt écrasée la flotte égyptienne déjà repoussée à Chersonnèse. On vient en effet de voir que César, dès le début de la guerre, avait occupé le Phare (*b. civ.* 3, 112. *bell. Alex.* 8). Le Môle au contraire avait toujours été occupé par l'ennemi, puisque César ne communiquait avec l'île que par eau.

leur armement. Il faut que César se batte quand il leur plaît de l'attaquer : vienne une seule défaite, il sera aussitôt complétement investi. Sa perte est presque certaine, à moins de reconquérir l'île à tout prix. Une double attaque, avec les bateaux du côté du port, avec les navires du côté de la mer, la lui rend en effet, et avec elle toute la partie inférieure du môle. Par son ordre, ses soldats s'arrêtèrent au second pont : là il voulut fermer le passage par un mur avec escarpe tournée vers la ville. Mais voici qu'au plus fort du combat, sur les travaux mêmes, les Romains ayant abandonné le point où le môle joignait l'île, un corps égyptien y aborda soudain, assaillit à dos les légionnaires et les marins, les mit en désordre et les jeta en masse à la mer. Beaucoup furent repêchés par la flotte ; le plus grand nombre périt. La journée coûta 400 soldats et plus de 400 hommes de mer. Partageant le sort des siens, César s'était de sa personne réfugié sur son vaisseau, qui coula à fond sous le poids des fuyards, et le général n'échappa qu'en gagnant une autre embarcation à la nage [1]. Quoi qu'il en soit, et malgré les pertes subies, on avait reconquis l'île et le môle, jusqu'au premier pont du côté de la terre ferme : la partie était sauvée.

L'armée de secours arrive d'Asie-Mineure. Enfin s'annoncèrent les secours tant attendus. *Mithridate de Pergame*, habile capitaine, élevé à l'école de Mithridate Eupator dont il se vantait d'être le fils naturel, arrivait de Syrie par la route de terre, avec une armée faite de toutes pièces : *Ityréens* du prince du Liban (VI, p. 284), Bédouins de *Jamblique*, fils de *Sampsikérame* (*Ibid.*), Juifs conduits par le ministre Antipater (*Ibid.*, p. 293), enfin, et pour le plus grand nombre, contingents des principicules et des cités de Cilicie et de Syrie. Mithridate se montre devant Péluse et l'occupe heureusement le jour même : puis, voulant éviter les contrées coupées et difficiles du Delta, il remonte au-dessus du

---

[1] [Dio.. 43 40. Suet. *Cæs.* 64; et Cæs. *bell. Alex.* 21.]

point de partage des eaux du Nil par la route de Memphis,
où ses troupes rencontreront des auxiliaires dévoués
parmi les Juifs établis dans la contrée. De leur côté,
mettant à leur tête leur petit roi Ptolémée, que César leur
avait rendu un jour, dans l'espoir de s'en faire un instrument de conciliation, les Égyptiens avaient aussi remonté
le Nil avec une armée et se montraient en face de Mithridate, sur la rive droite du fleuve. Ils l'atteignirent au-dessous de Memphis, au lieu dit le *Camp Juif* (*Vicus
Judæorum*), entre *Onion* et *Héliopolis* (*Matarieh*). Mais
ils avaient affaire à un ennemi expert dans la stratégie et
la castramétation romaines : le combat tourna contre eux,
et Mithridate, traversant le fleuve, entra dans Memphis.
Au même instant César, averti de l'approche de son
allié, embarquait une partie de son monde, gagnait la
pointe du lac *Maréotique*, à l'ouest d'Alexandrie, et le
contournant, puis arrivant au fleuve, marchait à la rencontre de l'armée de secours du Haut-Nil. La jonction se
fit sans que l'ennemi tentât rien pour l'empêcher. César
alors entra dans le Delta, où le roi s'était retiré, dispersa *Bataille du Nil.*
du premier choc son avant-garde, malgré l'obstacle d'un
profond canal qui la couvrait, puis aussitôt donna l'assaut
à son camp. Ce camp était au pied d'une hauteur entre
le Nil, dont une étroite chaussée le séparait, et des marais
presque infranchissables. Les légionnaires attaquent de
front et de flanc le long de la chaussée, pendant qu'une
division tourne la hauteur et la couronne à l'improviste.
La victoire est complète : le camp est pris ; tout ce qui ne
périt pas par l'épée se noie dans le Nil, en cherchant à
gagner la flotte royale. Là aussi meurt le jeune roi :
fuyant sur un canot chargé de monde, il disparait dans
les eaux de son fleuve natal. Aussitôt le combat fini,
César, à la tête de sa cavalerie, revient droit sur Alexandrie, qu'il prend à revers, par le côté même où les Égyptiens étaient maîtres de la place. La population le reçoit
en habits de deuil, à genoux, apportant ses idoles et im-

plorant la paix. Quant aux siens, le voyant revenir en vainqueur par une autre route, ils l'accueillent avec un indicible enthousiasme. Il tenait dans ses mains le sort de la cité qui avait osé contrecarrer les desseins du maître du monde, et l'avait mis lui-même à deux doigts de sa perte : mais, toujours habile politique et toujours oublieux des injures, il traite les Alexandrins comme il a fait des Massaliotes. Il leur montre leur cité ravagée par la guerre, leurs riches magasins à blé, leur bibliothèque, la merveille du monde, et tous les autres grands édifices détruits lors de l'incendie de la flotte ; il leur enjoint de ne songer dorénavant qu'aux arts de la paix et qu'à panser aujourd'hui les blessures qu'ils se sont faites. Aux Juifs établis dans la ville il n'octroye que les droits et franchises dont jouissent déjà les Grecs, et au lieu de cette armée romaine d'occupation nominalement mise dans la main du roi égyptien naguère, il installe dans la capitale une garnison véritable, formée de deux des légions qui campaient en Égypte, et d'un troisième corps appelé de Syrie : cette armée aura son chef indépendant, qu'il se réserve de nommer. Il choisit pour ce poste de confiance l'homme à qui son humble extraction ne permet pas les abus, *Rufio*, bon soldat, simple fils d'affranchi. Cléopâtre régnera, sous le protectorat de Rome, avec son autre jeune frère Ptolémée. Quant à la princesse Arsinoé, comme elle pourrait être un prétexte à l'insurrection chez les Orientaux, amoureux de la dynastie, indifférents pour le monarque, elle sera conduite en Italie. Chypre enfin est annexée à la province de Cilicie [1].

Si mince qu'elle fût en elle-même, et de si loin qu'elle se rattachât aux événements généraux de l'histoire [2] alors concentrée dans le monde et l'empire romains, l'insurrection d'Alexandrie avait eu son influence non douteuse,

---

[1] [*Bell. Alex.* 1-23.]
[2] [*Sine partibus bellum*. Flor. 4. 2.]

arrêtant dans sa course l'homme qui était tout en toutes choses, et sans qui rien ne pouvait ni se préparer ni se dénouer. D'octobre 706 à mars 707, force fut à César de laisser là tous ses projets pour combattre la populace d'une seule ville, à l'aide de quelques Juifs ou Bédouins [1]. Déjà se faisaient sentir les effets du gouvernement personnel. On était en monarchie : et le monarque n'étant nulle part, un épouvantable désordre régnait en tous pays. A l'égal des Pompéiens, les Césariens manquaient à ce moment d'un guide suprême : partout les choses étaient abandonnées au hasard ou au talent de quelque officier subalterne.

48-47 av. J.-C.

César, en quittant l'Asie-Mineure, n'y comptait plus d'ennemi derrière lui. Son lieutenant, l'énergique Gnœus Domitius Calvinus [2], avait ordre de reprendre à Pharnace ce que celui-ci avait sans mandat enlevé aux alliés de Pompée. Despote entêté et présomptueux comme son père, Pharnace refusait la restitution de l'Arménie. Il fallut marcher contre lui. Des trois légions formées des captifs de Pharsale que César lui avait données, Calvinus déjà en avait expédié deux en Égypte : il combla rapidement ses vides avec une légion levée parmi les Romains domiciliés dans le Pont, avec deux autres encore, exercées à la romaine, que lui prêta Déjotarus. Il prit le chemin de la Petite-Arménie. Mais l'armée du roi du Bosphore, éprouvée dans cent combats livrés aux riverains de la mer Noire, se montra la plus forte. Le choc eut lieu près de Nicopolis, où les recrues pontiques de Calvinus furent taillées en pièces. Les légions galates prirent la fuite : seule, la vieille légion romaine se fit jour, non sans quelques pertes. Loin de reconquérir la Petite-Arménie, Cal-

Défection de Pharnace.

Calvinus battu sous Nicopolis.

---

[1] [Antipater l'Iduméen avait fourni à Mithridate un renfort de 3,000 Juifs, auxquels s'étaient jointes des bandes d'Arabes de Syrie et du Liban. — V. *supra*, p. 10 (Jos. *Ann. Jud.* 14. 8).]

[2] [Celui qui a figuré dans la campagne de Macédoine (VII. pp. 139, et 309).]

vinus ne put empêcher Pharnace de s'emparer de ses États héréditaires du Pont et d'écraser du poids de ses colères et de ses cruautés de sultan les malheureux habitants d'*Amisos* (hiver de 706-707)¹. Enfin César arrive en Asie-Mineure et lui fait savoir qu'en n'envoyant point de secours à Pompée il a bien mérité sans doute, mais qu'un tel service n'est point en rapport avec le dommage qu'il cause aujourd'hui à l'Empire. Il faut donc qu'avant tous pourparlers il évacue la province du Pont et restitue ce qu'il a dérobé. Pharnace se dit prêt à obéir : d'ailleurs, sachant que César a hâte de s'en retourner en Occident, il ne fait pas mine de bouger. Il ne sait pas que ce que César entreprend, toujours il l'exécute. Sans plus négocier, en effet, César prend la légion qu'il a amenée d'Alexandrie, les soldats de Calvinus et de Déjotarus, et marche droit au camp royal de Ziéla. Les Bosphoriens, dès qu'ils l'aperçoivent, traversent audacieusement un ravin profond en montagne qui défendait leur front, et, remontant l'autre pente, courent aux Romains. Les légionnaires étaient occupés à l'œuvre du campement : il y eut un instant d'hésitation dans les rangs. Mais bientôt les invincibles vétérans se rassemblent, donnent l'exemple de l'attaque générale, et la victoire est complète (2 août 707). En cinq jours la campagne est finie : bonne fortune inestimable, alors que chaque minute coûtait cher²! César confie la poursuite du vaincu réfugié dans Sinope à son frère illégitime, au brave Mithridate de Pergame, lequel, en récompense du secours apporté naguère en Égypte, recevra la couronne du royaume Bosphorien à la place de Pharnace. Quant aux affaires de Syrie et d'Asie-Mineure, elles sont promptement réglées à l'amiable : les

---

¹ [*Bell. Alex.* 34-41.]

² [C'est cette campagne étonnamment rapide que César aurait racontée en trois mots fameux : *veni, vidi, vici.* Plut. *Cæs.* 50. — Suet. *Cæs.* 37.]

alliés de César s'en vont richement dotés; ceux de Pompée sont rudement éconduits ou payent de larges amendes. Quant à Déjotarus, le plus puissant parmi les clients pompéiens, il est réduit à son domaine héréditaire, l'étroit canton des Tolissoboïes. *Ariobarzane*, roi de Cappadoce (VI, p. 194-213), lui succède dans la Petite-Arménie, et l'investiture du *tétrarchat* des Trocmes, qu'il avait aussi usurpé, est conférée au nouveau roi du Bosphore, lequel est issu de la lignée royale du Pont du côté paternel, et du côté maternel d'une des familles princières de Galatie [1].

Mais, pendant le séjour de César en Égypte, de graves événements s'étaient aussi passés en Illyrie. Depuis plusieurs siècles, la côte dalmate était un point malade dans l'empire. On se souvient que les habitants, au cours même du proconsulat de César, s'étaient montrés ouvertement hostiles (VII, p. 115). A l'intérieur, depuis la campagne de Thessalie, on ne rencontrait que débris de Pompéiens encore en armes. D'abord Quintus Cornificius (VII, p. 312), avec les légions venues d'Italie, avait tenu tout le monde en bride, habitants du pays et réfugiés, et, dans cette rude et difficile région, il avait su pourvoir à l'entretien de ses troupes. Et quand l'énergique Marcus Octavius, le vainqueur de Curicta (VII, p. 283), s'était montré dans les eaux dalmatiques avec une escadre de navires pompéiens, pour y combattre les adhérents de César et sur mer et sur terre, le même Cornificius, s'aidant des vaisseaux et des ports des *Jadestins (Zara)*, avait pu se maintenir et même, dans plus d'un combat naval, remporter quelques avantages. Mais voici venir le nouveau lieutenant de César, Aulus Gabinius, rappelé d'exil (VII, p. 160). Il amenait en Illyrie (hiver de 706-707) 15 cohortes et 3,000 cavaliers par la voie de terre. Loin de s'en tenir à la méthode qui avait réussi à son prédécesseur, la guerre

Guerre en Illyrie, sur mer et sur terre.

48-47.

---

[1] [*Bell. Alex.* 34-41. 65-78.]

de détail et d'escarmouches ne suffit plus au hardi et actif général : malgré les rigueurs de la saison, il se lança dans la montagne avec toutes ses forces. Les temps mauvais, les approvisionnements difficiles, et l'énergique résistance des Dalmates éclaircirent bientôt ses cadres : il lui fallut battre en retraite. Assailli par l'ennemi, ignominieusement défait, il atteignit Salone à grande peine avec les restes d'une armée la veille puissante. Il mourut à peu de temps de là. Presque toutes les villes de la côte se soumirent à Octavius et à sa flotte; et quant à celles qui tinrent encore pour César, Salone, Epidauros (*Ragusa vecchia*), investies du côté de la mer par les navires octaviens, serrées de près à terre par les Barbares, il semblait qu'elles dussent succomber, entraînant dans leur capitulation les débris des légions enfermées dans les murs de la première. A ce moment, Publius Vatinius commandait les dépôts de César à Brindes (VII, p. 139). Il ramasse, à défaut de navires de guerre, de simples bateaux ordinaires qu'il munit d'un éperon; il y fait monter les soldats qui sortent des hopitaux. Son énergie tire bon parti de cette escadre improvisée. Il livre le combat aux Octaviens, supérieurs à tous égards, sous le vent de l'île de *Tauris* (*Torcula,* entre *Lesina* et *Curzola*). Là, la bravoure du chef et des légionnaires supplée encore une fois à l'insuffisance de la flotte. Les Césariens remportent une éclatante victoire. Marcus Octavius abandonne les mers d'Illyrie et se dirige sur l'Afrique (printemps de 707). Les Dalmates lutteront opiniâtrement durant deux ans encore, mais la lutte ne sera plus qu'une guerre locale de montagnes. Quand César arrive d'Orient, déjà, grâce aux vigoureuses mesures prises par son lieutenant, tout danger a disparu [1].

En Afrique, la situation était des plus compromises. On se souvient que, dès le début de la guerre civile, le

---

[1] [*Bell. Alex.* 42-47.]

parti constitutionnel y avait absolument pris le dessus.
Depuis, ses forces n'avaient fait que croître. Jusqu'à la
bataille de Pharsale, le roi *Juba* avait, à lui seul presque,
gouverné les affaires et détruit Curion (VII, p. 238). Ses
rapides cavaliers, ses innombrables archers étaient le nerf
de l'armée. Enfin, le lieutenant de Pompée, Attius Varus,
ne jouait auprès de lui qu'un rôle subalterne, tellement
qu'il avait dû lui livrer les soldats de Curion qui s'étaient
rendus à lui, et assister passif à leur exécution ou à leur
envoi dans l'intérieur de la Numidie (VII, p. 279). Mais
tout change après la bataille de Pharsale. Nul homme
notable du parti pompéien, si ce n'est Pompée lui-même,
n'a songé un seul instant à fuir chez les Parthes (VII, p.
327, et *supra* p. 4). On n'adopta pas davantage la pensée
de tenir la mer en réunissant toutes les flottes : l'expédition de Marcus Octavius en Illyrie n'était qu'un acte
isolé et ne tirant point à conséquence. En grande majorité, républicains et pompéiens se tournèrent vers l'Afrique, seul point où l'on pouvait encore honorablement et
constitutionnellement offrir le combat à l'usurpateur
(VII, p. 326). Là se réunirent peu à peu les débris de
l'armée dispersée de Pharsale, les garnisons de Dyrrachium, de Corcyre et du Péloponèse, et ce qui restait de
la flotte d'Illyrie : là se remontrèrent et Metellus Scipion,
l'un des deux généraux en chef, les deux fils de Pompée,
Gnæus et Sextus, l'homme politique des républicains,
Marcus Caton [1], quelques bons capitaines, Labiénus,
Afranius, Pétréius, Octavius et d'autres encore. Si l'émigration avait perdu de sa force, le fanatisme avait grandi
dans ses rangs. Comme auparavant les prisonniers faits
sur César, ses envoyés parlementaires même sont mis à

La coalition se réorganise.

[1] La traversée de Caton et de Gnaeus Pompée, de Corcyre à
Cyrène, et leur marche pénible au travers de la Petite-Syrte, forment
dans la Pharsale de Lucain (1. 9), un intéressant épisode, dont le
fond vrai, attesté par Plutarque (*Cat. min*, 56 et *s*), a été embelli
jusqu'au miracle par ce poète.

mort, et Juba, en qui les haines de l'homme de parti s'associent à la cruauté furieuse de l'Africain semi-barbare, tient à maxime que toute cité suspecte de sympathie envers César doit être détruite et brûlée, ville et habitants. Ainsi qu'il a dit, il agit ; témoin le sac de la malheureuse *Vaga*, non loin d'Hadrumette [1]. Utique, la capitale de la province, florissante à l'égal de Carthage au temps jadis, et sur qui depuis longues années les rois numides jettent un œil jaloux, Utique est menacée d'un sort pareil. Mais Caton s'interpose énergiquement, et grâce à lui il n'est pris contre elle que les mesures justifiées d'ailleurs par les sentiments notoires de sa population envers César [2].

Pendant ce temps, ni celui-ci ni aucun de ses lieutenants n'ayant tenté quoi que ce soit en Afrique, la coalition s'y réorganise tout à l'aise, politiquement et militairement. Et d'abord il fallait pourvoir au commandement en chef, vacant par la mort de Pompée. Le roi Juba n'eût point été fâché de se continuer dans la position prépondérante qu'il avait eue sur le continent jusqu'à la bataille de Pharsale. Est-ce qu'il était encore le simple client de Rome ? N'était-il pas plutôt un allié sur le pied d'égalité, un protecteur même ? N'avait-il point osé frapper le denier romain d'argent, à son nom et à ses insignes, poussant ses prétentions jusque-là qu'il voulait revêtir seul la pourpre dans le camp, invitant les généraux italiens à y déposer le *paludamentum ?* [3] Métellus Scipion réclamait aussi le commandement suprême : Pompée, en Thessalie, ne l'avait-il pas tenu pour son collègue, plutôt il est vrai par déférence envers son beau-père que par raison militaire ? Attius Varus le réclamait à son tour. Il avait le gouvernement de la province d'Afrique (gou-

---

[1] [*Bell. Afr.* 74. Juba en fit massacrer tous les habitants, la livra au pillage, et la détruisit.]
[2] [Plutarch. *Cat. min.* 57. — Dio, 43, 57.]
[3] [*Bell. Afr.* 57.]

vernement usurpé, il est vrai [1]); et c'était en Afrique qu'on allait faire la guerre. Enfin, à consulter l'armée, on eût choisi le propréteur Marcus Caton. Et l'armée avait manifestement raison. Caton était le seul homme qui, pour une telle mission, possédât le dévouement, l'énergie et l'autorité nécessaires. Il n'était point homme de guerre, il est vrai. Mais ne valait-il pas mieux mille fois avoir à la tête de l'armée un simple citoyen, non officier, s'accommodant aux circonstances et laissant faire ses capitaines en sous-ordre, qu'un général de talents non encore éprouvés, comme Varus, ou que tel autre notoirement incapable, comme Métellus Scipion? Quoi qu'il en soit, Scipion fut nommé, et Caton entre tous influa sur le choix. Non qu'il s'estimât inférieur à la tâche, ou que sa vanité lui fît trouver mieux son compte à rester à l'écart qu'à prendre en main l'*imperium* : non qu'il aimât ou estimât Scipion. Loin de là, il y avait de l'hostilité entre eux. Général malhabile aux yeux de tous, l'alliance de Pompée seule avait pu jeter quelque reflet sur le consulaire. Une seule et unique pensée dirigea Caton. Dans son entêtement formaliste, et dût la République périr, il se cramponnait à la règle du droit, plutôt que de sauver la patrie en sortant de la loi. Déjà, après Pharsale, se rencontrant à Corcyre avec Cicéron nanti de l'*imperium* en sa qualité de proconsul revenant de Cilicie, il s'était offert de remettre à ce dernier, en raison de son titre légalement supérieur, le commandement de l'île et des troupes. Une telle condescendance avait fait le désespoir du malheureux avocat, qui maudissait mille fois ses lauriers cueillis dans l'*Amanus* : elle avait fait l'étonnement de tous les Pompéiens, même des moins avisés [2]. Aujourd'hui que tout est en

---

[1] [VII. pp. 244. n. 2-. 276, n. 1.]

[2] [Plut. *Cic.* 39. — C'est alors que Sextus Pompée, furieux de la lâcheté de Cicéron, l'avait voulu faire mettre à mort. L'intervention de Caton le sauva, et il s'alla cacher en Italie, sans suivre les Pompéiens, ni en Afrique, ni ailleurs. Il demeura à Brindes, attendant

feu, il obéit encore aux mêmes principes. Lorsqu'il s'agit du généralat suprême, il en décide comme de la propriété de quelque champ à Tusculum, et Scipion est nommé. De sa propre voix, Caton a écarté la candidature de Varus et la sienne [1]. Seul d'ailleurs il s'est énergiquement opposé à la prétention de Juba : il lui a fait sentir que la noblesse romaine ne vient point à lui en suppliante, comme s'il était le grand-roi des Parthes : elle ne sollicite point l'assistance d'un protecteur ; elle commande encore, et c'est le concours d'un sujet qu'elle exige. Les forces romaines rassemblées en Afrique étaient considérables : Juba dut baisser le ton. Il n'en sut pas moins obtenir de Scipion le payement de ses troupes sur la caisse des Italiens; et, en cas de victoire, on lui promit la cession de la province africaine.

Cependant, aux côtés du nouveau général on revoyait le sénat des « Trois-Cents, » qui ouvrait ses séances à Utique, et complétait ses rangs éclaircis en s'adjoignant les chevaliers les plus notables et les plus riches. Grâce au zèle de Caton, principalement, les armements étaient poussés aussi vivement que possible. Affranchis, Lybiens, tous les hommes valides étaient enrôlés dans les légions : il ne resta bientôt plus de bras à l'agriculture, et les champs demeurèrent en friche. Les résultats obtenus ne laissèrent pas que d'être considérables. L'armée comptait maintenant quatorze légions de grosse infanterie, dont deux anciennement formées par Varus; huit autres avaient rempli leurs cadres avec les réfugiés pompéiens, avec des recrues levées dans la province : enfin, Juba avait quatre légions armées à la romaine. La grosse cavalerie, com-

---

le bon plaisir du vainqueur, vacillant dans ses résolutions, gêné par le manque d'argent, en correspondance avec Antoine et Dolabella. Enfin César rentre en Italie : Cicéron le voit, en est bien reçu, et s'en va à sa villa de Tusculum, puis de là à Rome (*ad Att.* 11, 7. 8. 10, 13).]

[1] [Plut. *Cat. min.* 57. — App. *b. civ.* 2, 87. — Dio. 13, 57.]

posée des Celto-Germains amenés par Labiénus, et de gens de toute provenance, comptait 1600 hommes, non compris les cavaliers royaux armés à la romaine. Quant aux troupes légères, elles se composaient d'une innombrable multitude de Numides, montés sans mors ni bride, armés de simples javelots, d'un corps de sagittaires à cheval, et d'un vaste essaim d'archers à pied. Enfin, Juba menait avec lui 120 éléphants. Puis venait la flotte de Varus et de Marcus Octavius, qui comptait 55 voiles. L'argent manquait : on y pourvut à peu près par une contribution volontaire que s'imposa le sénat : moyen d'autant plus fructueux que les plus riches capitalistes d'Afrique avaient été faits sénateurs. Les munitions de toutes sortes et les vivres étaient emmagasinés en quantités énormes dans les forteresses susceptibles d'une bonne défense, en même temps qu'on les tenait loin de tous les lieux ouverts. L'absence de César, l'état mauvais des esprits dans ses légions, l'Espagne et l'Italie en fermentation, tout donnait motif d'espérer ; et, comptant sur une victoire prochaine, on oubliait la défaite de Pharsale. Nulle part autant qu'en Afrique le temps perdu sous Alexandrie ne se faisait payer cher. Si César y fût accouru au lendemain de la mort de Pompée, il y eût trouvé une armée affaiblie, désorganisée, éperdue ; aujourd'hui elle était debout, ressuscitée par l'énergie de Caton, aussi nombreuse que dans les champs de Thessalie, conduite par des chefs de renom et munie de son général régulièrement constitué [1].

Il semblait qu'une mauvaise étoile influât désastreusement sur les affaires de César en Afrique. Avant de

Mouvements en Espagne.

---

[1] [Aussi le parti aristocratique et constitutionnel était-il plein d'espoir, et relevait la tête, et à Rome, et en Italie. « Les nouvelles » d'Afrique sont tout différentes de ce que tu me l'écrivais ; on y » est très-ferme, très-préparé. En outre l'Espagne, l'Italie sont mal » disposées pour lui : ses légions n'ont ni la même vigueur, ni le » même bon vouloir : à la ville, ses affaires sont perdues! » Ainsi s'exprime Cicéron dans une lettre de février 707 (*ad Att.* 11, 10).]

49 av. J.-C.

s'embarquer pour l'Égypte, il avait ordonné tant en Espagne qu'en Italie les mesures et les préparatifs commandés par les besoins de la guerre qui renaissait au-delà de la Méditerranée. Mais tout avait tourné à mal. Selon ses instructions, son lieutenant dans la province espagnole du sud, Quintus Cassius Longinus (VII, p. 220), devait passer avec quatre légions en Afrique, appeler à soi *Bogud*, roi de la Mauritanie occidentale [1], et marcher avec lui sur la Numidie et l'Afrique. Mais cette armée de renfort comptait dans ses rangs bon nombre de natifs espagnols et deux légions entières, jadis pompéiennes : dans la province, les sympathies étaient pour Pompée, et d'ailleurs Cassius, par ses façons tyranniques d'agir, n'était rien moins que propre à apaiser les mécontentements. Les choses en vinrent jusqu'à la révolte. Déjà tout ce qui se prononçait contre le lieutenant de César levait ouvertement les aigles pour la cause adverse : déjà le fils aîné de Pompée, *Gnæus*, profitant de l'occasion favorable, quittait l'Afrique et gagnait la péninsule! Cassius fut désavoué à temps par les principaux césa-

---

[1] La géographie politique de l'Afrique du nord-ouest, en ces temps, est fort confuse. Après la guerre de Jugurtha, Bocchus, roi de Mauritanie, avait possédé, ce semble, tout le territoire depuis la mer de l'Ouest, jusqu'au hâvre de *Saldae* (Maroc et Algérie. — *Saldae* : Bougie, V, p. 117, n. 1). Non qu'il n'y ait eu à côté des rois mauritaniens quelques princes, indépendants ou vassaux, appartenant à d'autres maisons, et régnant sur de minces territoires, ceux de *Tingis* (Tanger) par ex., qu'on a rencontrés déjà (Plut. *Sertor*. 9), et qu'il convient d'identifier sans doute avec les *Leptasta* de Salluste (*Hist*. 31, éd. Kritz), et les *Mastanesosus* de Cicéron (*in Vatin*. 5, 12). Jadis Syphax avait pareillement régné sur maint prince vassal (App. *Pun*. 10) ; et au temps même où nous sommes, Cirta, dans la Numidie, voisine des États Mauritaniens, obéissait à un prince du nom de *Massinissa*, ayant probablement Juba pour suzerain (App. *b. c.* 4, 54). Vers 672, le trône de Bocchus est occupé par un *Bocut* ou *Bogud* (V. p. 341), son fils peut-être. Après 705, le royaume paraît partagé entre Bogud, roi dans la partie ouest, et Bocchus, roi dans l'est. C'est à ce partage que se réfèrent les désignations ultérieurement suivies : *royaume de Bogud*, ou de Tingis; et *royaume de Bocchus* ou de *Iól* (*Césarée* : Plin. *hist. n.* 5, 2. 19. — Cf. *bell. Afr*. 23).

riens : le lieutenant de la province du nord, Marcellus
Lepidus, intervint et rétablit les affaires. Gnæus Pompée
arriva trop tard : il s'était amusé en route à une vaine
tentative sur la Mauritanie ; et quand apparut *Gaius Trebonius* (VII, p. 148), envoyé par César à son retour
d'Orient pour relever Cassius Longinus (automne de 707),
il ne rencontra partout qu'obéissance. En attendant, la
révolte avortée en Espagne avait paralysé l'expédition à
destination d'Afrique : rien n'avait été fait pour empêcher
la réorganisation des républicains ; bien plus, appelé lui-
même avec ses troupes au secours de Longinus dans la
péninsule, Bogud, l'ami de César, n'avait pas pu, de son
côté, contrecarrer son voisin de Numidie [1].

47 av. J.-C.

Des événements plus graves encore surgirent dans
l'Italie du sud, où César avait concentré les troupes qu'il
voulait emmener en Afrique. Là se trouvèrent réunies en
grande partie les vieilles légions qui, dans les Gaules,
l'Espagne et la Thessalie, avaient bâti les assises du trône
futur. Mais leurs victoires n'avaient point fait leur esprit
meilleur, et leur longue oisiveté dans la Basse-Italie avait
détruit la discipline. En leur demandant des efforts presque surhumains, dont les conséquences ne se voyaient
que trop à leurs rangs éclaircis, leur général avait jeté
dans ces cœurs de fer un ferment de mécontentement. Le
temps et le repos aidant, l'explosion devait avoir lieu un
jour ou l'autre. Or, depuis plus d'un an, le seul homme
qui leur en imposât était comme perdu dans les régions
lointaines ; leurs propres officiers les craignaient bien plus
qu'ils n'en étaient craints, et fermaient les yeux devant
les excès et les désordres commis par eux dans leurs
quartiers. Quand arriva l'ordre de s'embarquer pour la

Révolte militaire en Campanie.

---

[1] [Sur cet épisode espagnol, avant-coureur de la grande lutte qui
finira à *Munda* : *bell. Alex.* 48-64. — Dio. 44. 15, 16 et *s*. — Cassius quittant l'Espagne avec les trésors mal acquis, alla s'échouer
et périr aux bouches de l'Èbre. *bell. Alex.* 64.]

Sicile et d'échanger les délices des cantonnements de l'Italie du sud contre les fatigues et les épreuves d'une troisième campagne, épreuves qui devaient ne le céder en rien à celles des guerres d'Espagne et de Thessalie, le soldat rompit la bride trop longtemps lâchée, puis serrée soudain. Il refusa d'obéir, exigeant d'abord la remise des *cadeaux* promis. Les lieutenants envoyés par César furent reçus avec des injures et même à coups de pierre [1]. On leur promit accroissement de largesses, mais rien ne put arrêter la révolte. Les légionnaires, soulevés en masse, marchèrent sur Rome, où ils voulaient exiger de César en personne le payement des sommes promises. Quelques officiers se mirent en travers de la route et voulurent lutter contre l'émeute : ils furent massacrés [2]. Le péril était grand. César plaça aux portes de la ville les soldats peu nombreux qu'il avait sous la main (avant tout il fallait parer aux menaces de pillage) : puis, se montrant à l'improviste devant les bandes furieuses, il leur demanda ce qu'elles voulaient. « Notre congé ! » s'écrièrent-elles. Le congé est donné sur l'heure. « Pour ce qui est
» du *donativum* que je vous devais au jour de mon
» triomphe, » ajouta le général, « et des assignations de
» terres que je vous ai promises, vous les viendrez de-
» mander quand je triompherai dans Rome avec le reste
» de mes soldats ; mais, comme de juste, vous ne ferez
» point partie du cortége, vous que je congédie ! »
Les mutins ne s'attendaient point au tour que prenaient les choses. Convaincus qu'ils étaient nécessaires à César

---

[1] [*Legio XII ad quam primum Sulla venit, lapidibus egisse hominem dicitur.* Cic. *ad Att.* 11, 21.]

[2] [La révolte avait commencé pendant que César était en Orient encore. — César avait envoyé à *Antoine*, son lieutenant à Rome, ordre de réduire les mutins par la menace ou les promesses, mais les efforts d'Antoine et de ses officiers avaient été vains : ils avaient chassé Salluste (l'historien), et tué deux prétoriens sénateurs, *Cosconius* et *Galba* (Dio. 13, 52. — App. *b. civ.* 2, 92). Enfin César rentra dans Rome (septembre 707), et mit un terme à la sédition.]

47 av. J.-C.

pour son expédition d'Afrique, ils n'avaient réclamé la *mission* que pour se faire payer à bon prix leur maintien sous les aigles. Trompés d'abord par la pensée que sans eux on ne pouvait rien, incapables de rentrer d'eux-mêmes dans la juste voie et de mener à bien la négociation, d'abord mal entamée : honteux, comme hommes, en face de l'*imperator* esclave de sa parole envers ses légionnaires même : infidèles en face du dictateur généreux qui leur donne encore au-delà de ce qui était promis : comme soldats, profondément émus à cette pensée qu'ils assisteront, simples spectateurs, à la fête triomphale menée par leurs camarades d'armes ; à ce mot de *quirites* (*citoyens*) que César leur a jeté au lieu de l'appellation militaire (*commilitones*), à ce mot qui résonne étrangement à leurs oreilles et abolit d'un seul coup toute la gloire guerrière de leur passé, ils retombent sous l'irrésistible charme. Muets et hésitants, ils s'arrêtent ; mais bientôt, tous et d'un cri, ils sollicitent leur grâce : « qu'il leur » soit permis de s'appeler toujours les soldats de » César ! » Leur chef se fait prier, puis enfin il pardonne : mais les meneurs perdront un tiers de l'honoraire triomphal. L'histoire ne sait point de plus beau coup de maître, ni de victoire morale plus grande et plus complète ! [1]

L'émeute militaire des vétérans n'en eut pas moins ses conséquences fâcheuses, en retardant considérablement l'ouverture des opérations de la campagne en Afrique. Quand César arriva à Lilybée, où devait s'embarquer

César en Afrique.

48 av. J.-C.

[1] [Cf. VII. p. 296. Déjà à Plaisance, en 706, César avait eu recours aux mêmes moyens d'autorité.] Suet. *Cæs.* 59, 60. App. *b. c.* 2, 92-94. Selon Lucain, 5, 237 et s., c'est lors de la révolte de la 9ᵉ légion, à Plaisance, que César aurait dit le mot fameux : *Quirites!* Mais Suétone et Appien semblent mieux informés. Quoi qu'il en soit, César garda longtemps rancune à ses soldats, et au cours même des opérations de la campagne, il leur rappelait encore leur faute, en même temps qu'il punissait plusieurs de leurs officiers (*Bell. Afr.* 64).]

l'armée, les dix légions désignées pour l'expédition n'y étaient point, à beaucoup près, au complet; et les soldats les meilleurs avaient encore les plus longues étapes à faire. Il ne se trouvait là réunies que six légions à peine, dont cinq de formation nouvelle, avec les navires de ligne et les transports nécessaires. César mit aussitôt à la mer (le 25 décembre 707, selon le calendrier ancien; le 8 octobre, environ, selon le calendrier julien). La flotte ennemie, redoutant les tempêtes, alors régnantes, de l'équinoxe, avait atterri au rivage dans la *Baie carthaginoise*, sous l'île d'*Ægimure* [1]. Elle ne fit rien pour empêcher la traversée vers la côte d'Afrique. Mais les mêmes orages ne laissèrent pas que de disperser l'escadre césarienne, et quand son chef aborda enfin non loin d'Hadrumette (*Sousa*), il ne put déployer sur le rivage que trois mille hommes, recrues toutes neuves pour la plupart, et quelque 150 chevaux. La ville était fortement gardée : il tenta de l'enlever, mais sans succès. Plus heureux ailleurs, il se rendit maître de deux autres villes, peu éloignées l'une de l'autre, *Ruspina* (*Sahalil*, près de Sousa) et Leptis-la-Petite. Il s'y retranche sans délai, mais s'y sentant peu en sûreté, il fait remonter sa petite cavalerie sur les navires, bien pourvus d'eau et prêts à remettre à la voile. Il veut pouvoir à toute heure se rembarquer au cas où l'ennemi le viendrait attaquer avec des forces supérieures. Il n'eut point à le faire. Ses vaisseaux battus par la tempête rejoignirent à temps (3 janvier 708). Dès le lendemain, comme le blé lui manquait à la suite des dispositions prises par les Pompéiens, il se lança avec trois légions dans l'intérieur du pays : mais, non loin de Ruspina, il est attaqué en pleine marche par les bandes de Labiénus, accouru pour le rejeter à la mer. Celui-ci n'avait que de la cavalerie et des archers : César n'avait presque que de l'infanterie régulière. Ses légion-

---

[1] [*Zowamour*, à l'entrée du golfe de Tunis.]

naires se virent tout à coup enveloppés et livrés sans défense à une grêle de traits. Impossible de joindre l'ennemi. Enfin, en se déployant, il parvint à dégager ses ailes ; et une audacieuse aggressive sauva l'honneur de ses armes. Il n'en fallut pas moins battre en retraite. Si l'on n'avait point eu Ruspina tout près, le javelot maure eût accompli peut-être sur ce champ de bataille la même œuvre désastreuse que naguère l'arc des Parthes devant Carrhes. La journée avait montré à César toutes les difficultés de la campagne actuelle : il ne voulut plus exposer à de tels combats [1] les légionnaires trop novices et s'affolant de peur en face de cette tactique inusitée : il attendit ses légions vétéranes et s'occupa, entre temps, à rétablir tant bien que mal l'équilibre compromis par la supériorité écrasante des armes de jet chez l'ennemi. Il ramasse sur sa flotte tous les hommes dont il peut faire des cavaliers légers ou des archers, et les réunit à son armée de terre. Le profit était mince. Mais, chose plus efficace, il sut pratiquer d'habiles diversions, soulevant contre Juba les hordes nomades des Gétules, le long des pentes de l'Atlas, du côté du sud, et à l'entrée du Sahara. Jusque chez elles avait porté le contre-coup des luttes de Marius et de Sylla : elles haïssaient le nom de Pompée, qui leur avait alors imposé la suzeraineté des rois numides (V, p. 342) ; et d'avance elles se montraient favorables à l'héritier du puissant héros dont le souvenir, depuis les guerres de Jugurtha, était resté vivant dans ces contrées [2]. Ailleurs les rois de Mauritanie, Bogud à Tingis, Bocchus à Jôl, rivaux naturels de Juba, étaient restés de tout temps les alliés fidèles de César. Enfin, sur les frontières des royaumes de Juba et de Bocchus, chevauchait à la tête de ses bandes le dernier des Catilinariens, ce Publius Sittius de Nucérie (VI, p. 331), jadis trafiquant italien,

Situation de César.

[1] [*Bell. Afr.* 1-18.]
[2] [*Bell. Afr.* 32. 35. 56. 57.]

puis banqueroutier, et qui un jour, il y avait de cela dix-huit ans, s'improvisant partisan en Mauritanie, s'était conquis, à la faveur des affaires troublées de la Lybie, et un nom et une armée. Il s'unit à Bocchus, et tous deux tombent sur le pays numide. Ils occupent l'importante place de Cirta. Pris entre deux feux, attaqué à la fois au sud et à l'ouest par les Gétules et les Maures, force est bien à Juba d'envoyer contre eux une partie de son armée [1]. Quoi qu'il en soit, César n'était point libre encore. Ses troupes étaient ramassées sur un espace d'un mille carré (2 lieues carrées). Si la flotte pouvait fournir du blé pour les hommes, les chevaux manquaient de fourrage : on souffrait dans le camp, comme Pompée avait souffert devant Dyrrachium. En dépit des efforts de César, ses troupes légères restaient démesurément inférieures à celles de l'armée pompéienne ; et même avec ses vétérans il lui était à peu près interdit de prendre l'offensive et de pénétrer dans l'intérieur du pays. Que Scipion s'y enfonçât ou abandonnât les villes des côtes, et peut-être allait s'ouvrir devant lui la perspective d'une victoire pareille à celle du vizir d'Orodès sur Crassus, ou de Juba sur Curion. A tout le moins il traînait la guerre en longueur. Tout conseillait ce plan de campagne, au premier examen ; et Caton, qui n'était rien moins qu'un stratégiste, le prônait lui-même, s'offrant à passer en Italie avec un détachement choisi, pour y appeler les républicains aux armes. Par ces temps d'excitation et de troubles, une telle entreprise avait ses chances de succès. Mais Caton n'avait que son avis et non l'*imperium*. Le général en chef, Scipion, décida que la guerre se maintiendrait dans la région des côtes. Résolution funeste, puisqu'on abandonnait ainsi les avantages promis par une autre et sûre méthode, plaçant la lutte sur un théâtre où régnait une fermentation dangereuse, en même temps que dans

---

[1] [*Bell. Afr.* 25.]

l'armée même engagée contre César l'esprit était généralement mauvais. L'effroyable tyrannie d'une conscription à outrance, les approvisionnements partout enlevés, les petites localités ravagées, et par dessus tout cela la pensée qu'on s'enchaînait à une cause étrangère et d'avance perdue, avaient suscité chez les indigènes un sentiment d'amertume contre ces républicains de Rome, venus en Afrique pour y livrer leurs derniers combats désespérés, et ce sentiment s'était changé en haine terrible quand on les avait vus agir par la terreur contre des villes simplement suspectes d'indifférence (p. 20). Aussi les cités africaines, dès qu'elles purent l'oser, se déclarèrent-elles pour César : les Gétules et les Lybiens, adjoints aux légions ou aux auxiliaires d'armes légères, désertèrent presque tous. Scipion n'en persista pas moins dans son plan, avec cette obstination qui est le propre de l'inintelligence. Parti d'Utique avec toutes ses troupes, il marcha sur les villes de Ruspina et de Petite-Leptis, que César avait occupées, jeta de fortes garnisons au nord dans Hadrumète, au sud dans *Thapsus* (sur le cap *Râs ed Dimâs*), et, réuni à Juba qui accourait avec toutes les bandes qui lui restaient disponibles, ses frontières garnies, il offrit à plusieurs fois la bataille à l'ennemi. Mais César avait son parti pris d'attendre ses légions vétéranes. Celles-ci débarquèrent les unes après les autres, et quand elles débouchèrent sur le champ de bataille, Scipion et Juba n'étaient plus en goût d'en venir aux mains : César, trop faible en cavalerie légère, ne pouvait les y contraindre. Deux mois presque se passèrent en marches et contre-marches, en escarmouches dans les environs de Ruspina et de Thapsus : on se battait pour la découverte de quelque *silo* (ou fosse à grains cachée selon l'usage du pays)[1],

---

[1] [*Est in Africa consuetudo incolarum ut in agris et in omnibus fere villis sub terra specus condendi frumenti gratia clam habeant.* Bell. Afr. 65. 67. 73. Il en est encore de même aujourd'hui.]

pour le placement de quelque poste avancé. Les chevau-légers de l'ennemi obligeaient César à tenir les hauteurs, à couvrir ses flancs de lignes retranchées : à la longue et dans ces combats pénibles ou sans résultat, ses jeunes soldats s'étaient faits à la tactique de leurs adversaires. Dans ce nouveau capitaine-instructeur, prudent, soigneux, et donnant de sa personne la leçon à ses gens, nul ne reconnaissait plus, ami ou ennemi, l'ancien et impétueux général des campagnes passées : mais, qu'il temporisât aujourd'hui, comme autrefois il s'était précipité à l'attaque, il n'en restait pas moins le maître merveilleux, toujours égal à lui-même [1].

Bataille de Thapsus.

Enfin, ses derniers renforts le rejoignirent. Aussitôt il s'élance sur Thapsus, par une marche de flanc. Nous avons vu que Scipion y avait mis une forte garnison, première et énorme faute et qui livrait à l'adversaire un point d'attaque commode ! Il en fit bientôt une seconde et non moins désastreuse, en courant au secours de la place, en allant offrir à César la bataille si longtemps souhaitée, si sagement refusée, et cela sur un terrain où l'infanterie légionnaire allait retrouver son décisif avantage. Donc un jour on vit se développer le long du rivage, en face du camp césarien, les armées de Scipion et de Juba, les deux premières lignes prêtes à en venir aux mains, la troisième occupée elle-même à planter le camp. A la même heure, la garnison de Thapsus préparait une sortie. Pour repousser celle-ci, il suffit des gardes du

---

[1] [On peut lire dans le Journal *de Bell. Afr.* les longs et assez peu intéressants détails de cette guerre d'escarmouches et de batailles non décisives (*Bell. Afric.* 19-79). Elle avait d'ailleurs sa grande importance, en permettant à César d'attendre ses légions, arrivant une à une, de se maintenir sur la côte sans danger d'être enveloppé ou affamé, et enfin de façonner ses recrues. — Sous ce dernier rapport, il faut lire le chap. 71 : « *Cæsar... copias suas non ut imperator exercitum veteranum..., sed ut lanista tirones gladiatores condocefacere*, etc..... Il fait venir d'Italie jusqu'à des éléphants pour enseigner l'art de les combattre : *ibid.* 72.]

retranchement de César. Quant à ses légionnaires, rien n'échappait à leur coup-d'œil expérimenté. Ils constatèrent aussitôt chez l'ennemi l'incertitude des mouvements, l'ordonnance mal unie de ses divisions ; et pendant qu'il travaille encore à son *agger*, sans attendre le signal de leur général, ils forcent un trompette à sonner l'attaque, et se précipitent sur toute la ligne, César galopant à leur tête, après qu'il a vu son monde s'ébranler. L'aile droite, emportée en avant des autres corps, jette l'épouvante, à coups de balles de fronde et de traits, parmi les éléphants de Juba (ce fut là la dernière grande bataille où on les ait employés). Les énormes bêtes reculent sur le corps d'armée. Les cohortes placées à l'avant des Pompéiens sont hachées, leur aile gauche se disperse, et toute leur ligne se renverse et se débande. La défaite se change en un immense désastre, d'autant que le nouveau camp des vaincus n'était point encore achevé et que l'ancien était trop loin. César les enlève l'un après l'autre, presque sans résistance. Le gros de l'armée battue jeta ses armes et demanda quartier : mais les soldats de César n'étaient plus ces soldats qui, jadis, aux alentours d'Ilerda, avaient su se refuser au combat avant l'heure, ou qui à Pharsale traitaient honorablement un ennemi sans défense. La longue habitude des guerres civiles, les colères mal apaisées de la révolte récente, engendrèrent de terribles conséquences à Thapsus. Que si l'hydre contre laquelle luttaient les Césariens se redressait chaque jour avec des forces nouvelles ; que si l'armée de César avait dû se lancer d'Italie en Espagne, d'Espagne en Macédoine, de Macédoine en Afrique ; si le repos tant souhaité n'arrivait jamais, la faute, aux yeux du soldat et non sans quelque raison, la faute n'en était-elle point dans la mansuétude intempestive du général? Le soldat s'était promis de réparer le tort de son chef : il se montra sourd aux prières de ses concitoyens désarmés, sourd aux ordres de César et de ses capitaines. Cinquante mille cadavres gisaient dans les champs de Thapsus, et parmi eux bon nombre d'officiers césariens (leurs propres hommes les avaient tués parce qu'on les savait hostiles en secret à la monarchie nouvelle). Ainsi le soldat achète son repos. L'armée victorieuse ne comptait pas plus de 50 morts [1].

Caton à Utique. — Après la catastrophe de Thapsus, la guerre d'Afrique était finie, de même qu'un an et demi avant, la guerre avait pris fin en Orient au lendemain de Pharsale. Caton, en sa qualité de commandant d'Utique, y convoqua le sénat, y exposa l'état des moyens de défense, et laissa à l'assemblée à décider s'il convenait de se soumettre, ou si l'on aimait mieux lutter jusqu'au dernier homme, conjurant ses amis de voter et d'agir, non pas chacun pour soi, mais tous pour chacun. Plusieurs inclinaient vers le parti le plus hardi : on ouvrit l'avis d'une manumission d'office de tous les esclaves, mais Caton y voyait une atteinte illégale à la propriété privée. On proposa alors un appel patriotique aux maîtres. Mais un acte de vigoureux désintéressement n'était point du goût des grands trafiquants d'Afrique, qui faisaient la majorité dans ce concile : on décida la capitulation. A ce moment entraient dans la ville *Faustus Sylla* [2], le fils du régent, et Lucius Afranius (VII, p. 114, 120, 264). Ils ramenaient une forte division de cavalerie des champs de Thapsus. Caton alors de faire une nouvelle tentative ; mais, comme ils voulaient, pour tenir dans la place, qu'on commençât par massacrer tous les habitants inutiles à sa défense, il

---

[1] [*Bell. Afr.* 79-87. L'auteur du Journal fait remarquer avec beaucoup de soin (85) les efforts faits en vain par César pour empêcher l'effusion du sang, à la fin de la bataille.]

[2] [*Faustus Corn. Sylla*, fils du dictateur par sa quatrième femme *Metella* : né en 666. A la mort de son père, il eut Lucullus pour tuteur. Cicéron, préteur, le protégea contre les revendications des partis. Il accompagna Pompée en Asie, escalada le premier la muraille du temple à Jérusalem (691). Il fut successivement questeur et augure, épousa une fille de Pompée, et fit à sa suite la campagne de Macédoine. Après Pharsale, il était venu en Afrique.]

88 av. J.-C.

63.

s'y refusa net, aimant mieux, sans coup férir, laisser tomber au pouvoir de la monarchie l'asile suprême des républicains, que de déshonorer par un meurtre en masse les derniers jours de la république. Moitié par l'ascendant de son autorité, moitié par le sacrifice généreux de sa fortune personnelle, il arrête les fureurs d'une soldatesque déchaînée déjà contre les malheureux habitants d'Utique ; à ceux qui ne veulent ou ne peuvent pas s'en remettre à la clémence de César, il procure les moyens de fuir; à ceux qui restent il procure les moyens d'une capitulation, la moins désastreuse qui soit possible : puis, quand il s'est assuré qu'il ne peut plus être utile, il se tient pour déchargé de son office, il se retire dans son *cubiculum*, et se perce le sein de son épée [1].

Sa mort.

Des autres chefs qui restaient, bien peu s'échappèrent. Les cavaliers qui avaient fui du champ de bataille allèrent donner dans les bandes de Sittius, qui les tua ou fit captifs : Afranius et Faustus Sylla furent livrés à César, et, comme il n'ordonnait point leur exécution immédiate, les vétérans s'insurgèrent et les taillèrent en pièces. Métellus Scipion (VII, p. 166, 309), le général en chef, tomba de même, avec la flotte de la faction vaincue, au

Mort des autres chefs républicains.

---

[1] Il faut lire dans Plut. (*Cat. min.* 58 et 59. — cf. Dio 44, 10-11. — App. *Bell. civ.* 2, 98-99), et dans le journal de *Bell. afr.* 88) le récit de cette mort tragique. Elle a une incontestable grandeur. Cet homme qui, désespérant de sa patrie, met ordre à ses affaires, publiques et privées, prend soin de faire embarquer tous ceux pour les jours desquels il peut craindre; puis qui se met tranquillement au bain, soupe, disserte avec son *philosophe* « sur la *liberté du sage* » ; se couche, et, enfin, se tue après avoir lu le traité de Platon sur l'*Immortalité de l'âme*, cet homme, dis-je, meurt en vrai stoïque. — Il ne fut pas un génie, sans doute, et M. Mommsen le lui reproche aigrement ; mais il fut un grand et noble caractère. Cicéron ne pouvait mieux faire que louer une telle mort (*Tusc*, 1, 30. *De off.* 1, 31. — cf. Senec., *ep.* 24, 67, 71, 95. — S. Augustin lui oppose et lui préfère celle de Régulus, qu'il trouve plus sublime. Cela est juste. La fin de Régulus n'est pas un suicide. (Aug. *de Civit. Dei*, 1, 24.)

pouvoir des croiseurs de Sittius, et se jeta sur son épée au moment où on mettait la main sur lui. Juba, que l'événement n'avait point trouvé non préparé, s'était promis, le cas échéant, de mourir en roi. Il avait fait dresser un bûcher immense sur la place de sa ville de Zama : il y voulait anéantir lui, ses trésors et tous les habitants. Mais ceux-ci n'entendaient point servir, aux dépens de leur vie, à la décoration des funérailles du Sardanapale africain ; et quand, échappé du massacre, il se montra devant la ville en compagnie de Marcus Pétréius, il en trouva la porte close. A ces natures dépravées par l'excès des jouissances sensuelles et de l'orgueil, il faut, même à l'heure de la mort, les fêtes et l'orgie. Juba, avec son compagnon, se rendit à l'une de ses *villas*. On lui servit un riche banquet : puis, après et pour en finir, il arrangea un duel entre lui et Pétréius. Le vainqueur de Catilina périt de sa main, et force lui fut alors de se faire tuer par un esclave (VII, p. 264) [1].

Quelques notables pourtant avaient eu la vie sauve. Labiénus et Sextus Pompée rejoignirent Gaïus, le frère aîné de celui-ci, en Espagne. Comme autrefois Sertorius avait fait, ils allaient chercher dans les mers et les montagnes de la Péninsule à moitié soumise, à moitié indépendante, l'asile suprême ouvert à la piraterie et au brigandage.

Arrangements en Afrique.

Cependant César, sans rencontrer désormais de résistance, mettait ordre à toutes choses en Afrique. Ainsi que Curion l'avait proposé naguère, le royaume de Massinissa cesse d'exister. La région de l'Est, ou le pays de Sétif, est réuni au royaume de la Mauritanie orientale, sous Bocchus (V, p. 117, n. 1, et *supra* p. 24, n. 1), et Bogud, le fidèle roi de Tingis, reçoit aussi d'amples agrandissements. Cirta (Constantine) et le pays environnant, occupés avant, sous la suzeraineté de Juba, par un prince du nom de

[1] [*Bell. afr.*, 91-96. — App. *B. civ.*, 2. 100.]

Massinissa et par son fils, *Arabion* [1], sont donnés au *condottiere* Publius Sittius, qui s'y établira avec ses bandes à demi romaines [2]. En même temps, ce district, avec la plus grande et de beaucoup la plus fertile partie de l'ancien royaume numide, est réuni sous le nom d'*Afrique neuve* (*Africa nova*) à l'ancienne province africaine [3]; et quant à la défense du littoral contre les hordes nomades du désert, que Rome avait jadis départie à un roi client, elle est prise en charge par le monarque nouveau, aux frais de l'empire.

Ainsi, après quatre ans de durée, la lutte entre Pompée et les républicains, d'une part, et César de l'autre, se termine par la complète victoire du dictateur. Non, certes, que la monarchie n'ait été fondée que sur les champs de bataille de Pharsale et de Thapsus. Elle date de l'heure où Pompée et César coalisés ont établi leur commune suprématie, renversant de fond en comble l'ancienne constitution aristocratique. Mais les baptêmes sanglants du 9 août 706 et du 6 avril 708 avaient mis fin à ce gouvernement à deux, contraire à l'essence même de la monarchie, et le monarque nouveau y puisait la consécration et la reconnaissance formelle de son pouvoir. On verra bien encore surgir des insurrections de prétendants ou des conjurations républicaines appelant de nouvelles

La Monarchie a vaincu.

48-46 av. J.-C.

---

[1] [Le nom d'Arabion ne se rencontre qu'ici dans l'histoire : Dio. 48, 22. App. *Bell. civ.*, 54, 83.]

[2] Les inscriptions locales offrent des traces nombreuses de cette colonisation. Sans cesse on y lit les noms des *Sittiens :* dans la petite localité de *Milev*, autrefois romaine, on rencontre même l'appellation de *Colonia sarnensis* (Renier, *Inscript.* 1254, 2323, 2324), dérivée évidemment du nom du dieu du *Sarnus*, le fleuve de Nucérie (patrie de Sittius) (Sueton. *Rhetor.* 4).

[3] [Avec *Crispus Sallustius* (l'historien) pour proconsul, pour le malheur de cette même province. Salluste la pilla impudemment et y couronna sa renommée de malhonnête homme. — *Bell. afr.* 97. Dio. 43, 9, dit qu'il fut placé là « soi-disant pour commander, en « réalité pour voler ! » (λόγῳ μὲν ἄρχειν, ἔργῳ δὲ ἄγειν τε καὶ φέρειν;)]

secousses ; on verra la révolution peut-être, ou même la restauration : mais c'en est fait à jamais de l'antique et libre république et de sa vie non interrompue durant cinq cents ans : dans toute l'étendue du vaste empire de Rome, la monarchie s'asseoit désormais sur la *légitimité du fait accompli*. Le combat pour la constitution a cessé. C'est Marcus Caton qui le proclame quand, à Utique, il se perce de son épée. Depuis longues années le premier dans la mêlée parmi les défenseurs de la république légale, il a persévéré même alors qu'il n'a plus l'espoir de vaincre. Aujourd'hui, combattre n'était même plus possible : la république, fondée par Marcus Brutus, était morte, morte sans retour : que restait-il à faire aux républicains ici-bas ? Le trésor enlevé, les hommes de garde avaient leur congé : comment les blâmer s'ils rentraient dans leurs foyers ? Dans la mort de Caton il y eut plus grande noblesse et plus haute intelligence que dans tout le reste de sa vie. Caton n'était rien moins qu'un grand homme : mais, si court de vue, si maladroit, si ennuyeux et stérile que fût le personnage, avec toute l'emphase de ses fausses phrases qui en firent, dans son siècle et dans tous les temps, le type idéal du républicanisme vide et le héros favori de ceux qui spéculent sur le mot de république, encore était-il le seul à représenter dignement, courageusement le système déchu, à l'heure de l'agonie ! Et, comme devant la vérité sincère, le mensonge le plus habile tombe ; comme, enfin, dans la nature humaine toute grandeur et toute beauté gît, non dans la prudence, mais dans l'honneur, il convient de dire que Caton a rempli dans l'histoire un plus grand et plus beau rôle que nombre d'hommes infiniment supérieurs à lui par les dons de l'esprit. Caton était un fou, je le veux : mais sa folie rehausse le sens profond et tragique de sa mort. C'est parce qu'il est fou, que Don Quichotte est une figure tragique. Quelle émouvante péripétie ! Sur ce théâtre du monde ancien, où passèrent et agirent tant de sages, tant de grands hommes, fallait-il donc qu'un maniaque vînt dire l'épilogue ? Mais Caton n'est point mort en vain. Protestation frappante et terrible de la république contre la monarchie, le dernier républicain sortait de scène quand arrivait le nouveau roi : devant sa protestation se déchiraient comme toiles d'araignée toutes les soi-disant institutions modérées dont César enveloppait son trône: devant elle se mettait à nu le mensonge hypocrite de ce *schiboleth* de la réconciliation des partis, de cette prétendue égide protectrice de la souveraineté césarienne. La guerre impitoyable que le spectre de la république légitime a menée pendant des siècles contre la monarchie impériale, de Cassius et Brutus à *Thraséas* et à *Tacite*, et plus loin encore, la guerre des complots et des belles-lettres, ne sont autres que le legs de Caton mourant à son ennemi. C'est de Caton que les opposants républicains tiendront leur attitude de gens de haute caste, leur rhétorique transcendante, leur austérité ambitieuse, leurs opinions sans espoir et fidèlement nourries jusqu'à la mort. A peine il n'est plus, que celui qui, de son vivant, ne fut pour eux le plus souvent qu'un jouet et qu'une cause de dépit, ils le transfigurent et l'honorent en saint. Mais de tous les hommages qu'il reçut, le plus grand sans doute fut l'hommage involontaire de César. Tandis que pour tous les autres, pompéiens et républicains, César n'avait qu'indulgence dédaigneuse, pour Caton il fit exception ; il le poursuivit jusqu'au tombeau de cette vigoureuse haine que les politiques d'action ressentent d'ordinaire contre leurs adversaires dans le champ de l'idée, adversaires dangereux autant qu'impossibles à atteindre [1].

[1] [V. *supra*, p. 35, n. 1. — César eût-il fait mourir Caton, s'il l'eût vu tomber dans ses mains ? Cela n'est pas à croire. En arrivant à Utique et en apprenant sa mort, il s'écria que le stoïcien lui avait dérobé le bonheur de pardonner à son plus noble et plus obstiné ennemi! Il frappa d'ailleurs de fortes amendes sur les villes qui lui avaient résisté, Thapsus, Hadrumette, Leptis, Thysdra,

etc. (*Bell. afr.* 97), et sur les compagnies de marchands, et vendit à l'encan le butin fait sur Juba dans Zama.

A côté des sources antiques, le journal *de Bell. afr.*, et les documents historiques fournis par Appien, *B. civ.*, 2 ; par Dion Cassius, 43, et par Plut. (*Cæs. et Cat. min.*), sans compter les détails que l'on peut glaner dans Suétone (*Cæs.*), dans les lettres de Cicéron, dans Velleius, Florus, et ailleurs encore, le lecteur curieux des choses de la guerre d'Afrique pourra consulter avec intérêt : 1° l'étude spéciale que Guischardt a consacrée à cet épisode important des guerres de César (*Mémoires milit. sur les Grecs et les Romains*, t. 2, Berlin, 1774); — 2° le *Précis* de Napoléon Ier, déjà plusieurs fois cité par nous.

CHAPITRE XI

LA VIEILLE RÉPUBLIQUE ET LA NOUVELLE MONARCHIE.

Le nouveau régent de Rome, le premier des souverains auxquels ait obéi le monde entier de la civilisation romaine et hellénique, Gaius Julius César, touchait à peine à sa cinquante-sixième année (né le 12 juillet 652?), quand la victoire de Thapsus, suprême anneau d'une longue chaîne de grandes victoires, vint placer l'avenir du monde dans ses mains. Peu d'hommes ont vu leur énergie mise à une telle épreuve! Mais César aussi n'était-il point l'unique génie créateur qu'ait produit Rome, le dernier de ceux qu'ait produit l'antiquité? Jusqu'à la ruine finale, l'ancien monde devait se mouvoir dans la voie par lui tracée. Issu d'une des plus anciennes et des plus nobles familles du Latium, dont l'arbre généalogique plongeait par ses racines jusque parmi les héros de l'Iliade et les rois romains, et touchait à la Vénus Aphroditè, la déesse commune aux deux nations [1], durant son enfance et son

Caractère de César.

102 av. J.-C.

---

[1] [Tout démocrate qu'il était, il ne manqua point de s'en faire gloire : témoin la *laudatio* qu'il prononça au *Forum*, aux funé-

adolescence, il avait mené la vie de la jeunesse noble de
son siècle. Il avait vidé et l'écume et la lie de la coupe de
l'homme à la mode, récitant et déclamant lui aussi, litté-
rateur et faiseur de vers sur son lit de repos [1], expert aux
affaires d'amour dans tous les genres, initié à tous les
mystères de la toilette élégante, coiffure, barbe et costume ;
habile par dessus tout dans l'art plein d'arcanes d'emprunter
tous les jours et de ne payer jamais. Mais sa nature de souple
acier résista à toutes les dissipations, à toutes les folies :
il garda intactes et l'alerte vigueur du corps et la chaleur
expansive du cœur et de l'esprit. A l'escrime, sur son
cheval, il n'avait point d'égal parmi ses soldats : devant
Alexandrie, un jour, il sauva sa vie en nageant dans les
flots (p. 12). En expédition, il marchait de nuit le plus
souvent, pour gagner du temps, et son incroyable rapidité
fit honte à la lenteur solennelle de Pompée se mouvant
d'un lieu à un autre, et stupéfia ses contemporains : elle
ne fut pas la moindre cause de ses succès. Comme était
son corps, ainsi était son esprit. Sa puissance admirable
de vue se réflétait dans ses ordres, toujours sûrs et clairs
à l'exécution, même quand il ordonnait sans avoir les
lieux sous les yeux [2]. Sa mémoire était incomparable : il
lui arrivait fréquemment de vaquer, sans broncher, à
plusieurs affaires à la fois [3]. Homme du grand monde,
homme de génie, régent d'empire, il sentait battre son cœur.

railles de sa tante *Julie :* « *Maternum genus ab regibus ortum,*
« *paternum cum Diis immortalibus conjunctum est ; nam ab Anco*
» *Marcio sunt Marcii reges, quo nomine fuit mater ; a Venere*
» *Julii, cujus gentis familia est nostra.* » (Suet., *Cæs.* 6.)

[1] [Il avait laissé un poème de voyage, *Iter,* qu'il termina en revenant de la seconde guerre d'Espagne : jeune homme, il avait produit
un *Éloge d'Hercule,* une tragédie d'*Œdipe,* dont Auguste ne permit
pas la publication (Suet., *Cæs.,* 5, 7)].

[2] [*Mirabili penitus scientia bellandi, in prætorio sedens per spe-
culatores et nuntios imperabat, quæ fieri volebat.* (Bell. afr. 31.)

[3] [*Scribere et legere simul, dictare et audire solitum accepimus.
Epistolas vero tantarum rerum quaternas pariter librariis dictare,
aut si nihil aliud ageret, septenas* (Plin., 7, 25)].

Durant toute sa vie, il eut un culte pour sa digne mère, *Aurelia* [1] (il avait tout jeune perdu son père). A ses femmes, à sa fille *Julia* [2] surtout, il voua une condescendance vraie et qui ne fut pas sans réagir sur les choses de la politique. Avec les hommes les plus capables et les plus solides de son temps, qu'ils fussent de haute ou humble condition, il avait noué les meilleurs rapports d'une mutuelle confiance, avec chacun selon son caractère. Jamais il ne laissa tomber ses partisans, se gardant en cela de l'indifférence pusillanime de Pompée. Et comme il avait soutenu ses amis dans la bonne ou la mauvaise fortune et sans calcul égoïste, bon nombre d'entre eux, Aulus Hirtius, *Gaius Matius* [3], même après sa mort, attestèrent noblement leur dévouement envers lui. Dans

[1] *Aurelia*, de la famille des *A. Cotta*, sœur ou proche parente des trois Cottas, contemporains de César, était une femme distinguée. Elle avait dirigé avec le plus grand soin l'éducation de son fils (Tacit., *de Orat.* 28). Elle vivait encore au temps de la guerre des Gaules.

[2] Julie, la femme de Pompée, morte en 671.

[3] [*Gaius-Matius Calvena* (vers 670-730), l'un des plus intimes amis de César. l'un de ses « *nécessaires* » (*necessarius*, Cic., *ad fam.*, 11, 27), et sans contredit le plus désintéressé. Se tenant en dehors de la politique, il n'eut qu'un but, la pacification, la réconciliation et le pardon. Il fut le bon génie et le Mécène du premier des Césars. Les contemporains lui rendent à cet égard un éclatant et honorable témoignage : *te et non suscipiendi belli civilis gravissimum auctorem fuisse et moderandæ victoriæ, in hoc qui mihi non assentiretur, inveni neminem* (Cic., *ad fam.*, 11, 27. — cf., 11, 28). D'ailleurs, homme instruit autant qu'aimable de caractère (*suavissimus doctissimusque homo* (*Ad fam.*, 17, 15. — cf. Gell. 6, 6. 15, 25. Macrob. 1, 4). — A la mort de César, qu'il pleure sincèrement, il regarde que c'en est fait de Rome et de la paix, et défend la mémoire de celui qu'il y a danger de défendre. Il me rappelle les *Politiques* de l'école de notre chancelier *L'Hopital*. — Plus tard il meurt, ami d'Auguste (*divi Augusti amicus*).

Il avait écrit, dit-on, des *mimes iambiques* (*Mimiambi*) ; une traduction de l'Iliade, et même (mais l'identité de l'auteur est contestée) trois livres *sur la cuisine et la confiserie* (Columell., 12, 4, 21 et 44. — V. *infra*, ch. 12). — Matius appartenait certainement à l'épicurisme : dès lors quoi d'étonnant à ce qu'à ses heures il ait voulu être aussi un Brillat-Savarin ?]

43 av. J.-C.
84-24.

cette merveille d'organisation équilibrée, l'unique vive saillie prédominante et caractéristique, c'est l'éloignement pour tout ce qui est idéologie et fantaisie. César, il va de soi, était passionné : sans passion, point de génie, mais chez lui la passion ne fut jamais toute puissante. Il avait eu sa jeunesse : le chant, le vin, l'amour, avaient eu leurs jours de grande influence sur ses facultés; il ne leur livra jamais les entrailles de son être. La littérature lui fut une occupation durable et sérieuse; mais alors que l'Achille d'Homère avait empêché Alexandre de dormir, César, lui, avait consacré de longues veilles à l'étude des flexions des substantifs et des verbes latins. Il écrivit des vers, comme tout le monde alors : ses vers étaient faibles. En revanche, il s'intéressa aux sciences astronomiques et naturelles [1]. Alexandre se mit à boire et but jusqu'au bout pour chasser les soucis : aussitôt passées les ardeurs de sa jeunesse, le sobre Romain laissa là la coupe [2]. Chez tous ceux que dans leur adolescence l'amour des femmes a couronnés d'une éclatante auréole, il en demeure comme un impérissable reflet : ainsi en fut-il pour César, les aventures et les succès galants le poursuivirent jusque dans l'âge mûr [3] : il en garda une certaine fatuité dans la dé-

---

[1] [Il publia des études astronomiques (*Astronomica*).]

[2] « *Magno illi Alexandro sed sobrio simillimus,* » dit Vell. (2, 41) : quoiqu'on le voie dînant chez Cicéron lors de la visite qu'il lui fit, à la villa de l'orateur à Pouzzolles, au printemps de 710, dînant et buvant copieusement, après s'être dûment préparé à l'aide d'un *vomitif* : ἐμετικὴν *agebat, itaque edit et bibit* ἀδεῶς *et jucunde* (*ad Att.*, 13, 52). — Mais il ne faisait en cela que suivre un usage gastronomique du beau monde d'alors.]

48 av. J.-C.

[3] Parlerons-nous de *Servilia*, sa première maîtresse et la mère de Brutus, de *Postumia*, de *Lollia*, *Tertulla* et *Mucia*, les femmes de Gabinius, Crassus et Pompée? *Eunoé*, la femme de Bogud, fut l'objet d'un caprice : mais, avec *Cléopâtre*, la liaison fut plus sérieuse et durable. Cléopâtre le suivit d'Egypte à Rome, où elle résida jusqu'après le meurtre des ides de mars, dans la villa de César, au Transtévère : elle en eut un fils, nommé Césarion, qu'Octave fit tuer (Dio. 43, 27. — Cic., *ad Att.* 15, 15. — Suet. *Cæs.*, 52). Rappelons le mot bien connu sur César : *Omnium mulierum virum, et omnium virorum mulierem* (Suet. 52).]

marche, ou mieux la conscience satisfaite des avantages extérieurs de sa beauté virile. Il couvrait avec soin de la couronne de laurier, sans laquelle il ne se montrait plus en public, son chef à son grand chagrin dénudé par la calvitie ; et, pour racheter les tresses flottantes de sa jeunesse, il eût volontiers donné quelqu'une de ses plus grandes victoires [1]. Mais, pour se complaire au commerce des femmes, même étant devenu le monarque de Rome, il ne les prenait que comme un jeu, sans leur laisser l'ombre de l'influence. On a beaucoup parlé de ses amours avec Cléopâtre : il ne s'y abandonna d'abord que pour masquer le point faible de la situation du moment (p. 9). Homme positif et de haute raison, on sent dans ses conceptions et dans ses actes la forte et pénétrante influence d'une sobre pensée : ne se griser jamais est chez lui le trait essentiel [2]. De là, son énergie toute déployée à l'heure utile, sans s'égarer dans les souvenirs ou dans l'attente : de là, sa force d'action amassée et dépensée au moment du vrai besoin : de là, son génie entrant en jeu dans les moindres occasions, pour le plus fugitif des intérêts : de là, cette faculté multiple embrassant et dominant tout ce que conçoit l'intelligence et tout ce que la volonté commande, cette sûreté facile de main, égale dans l'arrangement des périodes ou d'un plan de bataille, cette sérénité merveilleuse qui ne l'abandonna jamais dans les bons ou les mauvais jours : de là, enfin, cette complète indépendance, qui ne se laissa entamer ni par un favori, ni par une maîtresse, ni même par un ami ! Mais cette même clairvoyance de l'esprit ne lui laissait pas d'illusions sur la force du destin ou le pouvoir de l'homme: devant lui s'était levé le voile bienfaisant qui nous cache l'insuffisance de notre effort, ici-bas. Si sages que fussent

---

[1] [Suet., *Cæs.*. 76. Dio., 44, 43. — Cf. Plin., *h. nat.* 11, 47.]

[2] [Caton disait que César seul avait marché, sans être ivre. au renversement de la république (Suet., *Cæs.*, 53).]

ses plans, alors qu'il avait prévu toutes les éventualités, il sentait au fond de lui qu'en toutes choses le bonheur, ou si l'on veut le hasard a sa part principale : aussi le vit-on souvent lui passer parole en quelque sorte et mettre sa propre personne en enjeu avec la plus téméraire indifférence. Il n'est que trop vrai : les hommes supérieurs par la raison se réfugient volontiers dans les chances d'un coup de dés : de même, par un point, le rationalisme chez César confinait à un certain mysticisme.

L'homme d'État.

D'une semblable organisation il ne pouvait sortir qu'un homme d'État. César le fut dans le sens le plus profond du mot, même à dater de sa jeunesse. Son but fut le plus élevé qu'il soit donné de se poser à un homme : la résurrection dans l'ordre politique, militaire, intellectuel et moral de sa propre nation déchue et de la nation hellénique, cette sœur étroitement liée à sa patrie et tombée encore plus bas qu'elle. Après trente ans d'expériences et leur dure école, il modifia ses idées sur les voies et moyens, le but demeurant le même aux heures de l'abattement sans espoir et de la toute puissance absolue, aux heures où, démagogue et conspirateur, il se faufilait dans un sombre labyrinthe; à celles où, maître à deux du pouvoir, où, devenu seul et unique souverain, il travaillait à son œuvre à la pleine lumière du soleil, sous les yeux d'un monde ! Toutes les mesures durables par lui prises en des temps les plus divers s'ordonnent à leur place dans les vastes plans de son édifice. Il semble en vérité qu'on ne puisse rien citer de lui en fait d'actes isolés : il n'a rien créé isolément. A bon droit en lui on louera l'orateur à la virile parole, dédaigneux des artifices de l'avocat, illuminant, échauffant l'auditeur de sa vive et claire flamme [1] ! A bon droit en lui on admire

---

[1] [Tous les témoignages littéraires, en effet, louent en lui l'*ardeur* et la force (*vis*), en même temps que l'élégante pureté (Cic. dans Suet., *Cæs.*, 52.). — *Tanta in eo vis est, id acumen, ea concitatio* (Quintil. 10, 1; 114, 10, 2, 25 ; 12, 10, 11).]

l'écrivain, la simplicité inimitable de sa composition, la pureté unique et la beauté du langage. A bon droit, les maîtres de la guerre dans tous les siècles ont vanté César général : nul mieux que lui, laissant là les erreurs de la routine ou de la tradition, n'a su inventer la stratégie, qui, dans le cas donné, conduit à la victoire sur l'ennemi, à celle, dès lors, qui est la vraie victoire. Doué d'une sûreté quasi divinatoire du coup d'œil, n'a-t-il pas pour chaque but inventé le bon moyen ? Après une défaite, n'était-il pas debout, prêt encore à combattre, et, comme *Guillaume d'Orange*, achevant toujours la campagne par la défaite de l'adversaire ? Le secret principal de la science de la guerre, celui par où se distingue le génie du grand capitaine du talent vulgaire de l'officier, la vive impulsion communiquée aux masses, César l'a possédé jusqu'à la perfection : nul ne l'y a surpassé ; et il a su trouver le gage de la victoire, non dans l'immensité de ses forces, mais dans la promptitude des mouvements, non dans les lents préparatifs, mais dans l'action rapide, téméraire même, vu souvent l'insuffisance de ses ressources.

Mais tout cela n'était que l'accessoire : grand orateur et écrivain, grand général d'armée, il est devenu tout cela parce qu'il était homme d'État accompli. Le soldat, chez lui, ne joue qu'un rôle secondaire ; et l'un des traits principaux par où il se sépare d'Alexandre, d'Annibal et de Napoléon, c'est qu'au début de sa carrière politique il est sorti de la démagogie, non de l'armée. Dans ses projets premiers, il avait espéré parvenir, comme Périclès, comme Gaius Gracchus, sans passer par la guerre : dix-huit ans durant, à la tête du parti populaire, il n'avait pas quitté les sentiers tortueux des cabales politiques : à l'âge de quarante ans, se convainquant, non sans peine, de la nécessité d'un point d'appui militaire, il prit enfin le commandement d'une armée. Aussi bien, même après, demeura-t-il homme d'État, plus encore que général :

ainsi *Cromwell*, simple chef d'opposition d'abord, se fit successivement capitaine et roi des démocrates, Cromwell, de tous les grands hommes d'État, le plus voisin de César et par le mouvement de sa carrière et par le but atteint, si tant est que la comparaison soit permise entre le rude héros puritain et le Romain fait d'un métal moins compact.

Jusque dans sa manière de conduire la guerre, on reconnaît en César le général improvisé. Quand Napoléon prépare ses descentes en Égypte et en Angleterre, il manifeste le grand capitaine façonné à l'école du lieutenant d'artillerie; chez César, de même, perce le démagogue transformé en chef d'armée. Quel tacticien de profession, pour des raisons simplement politiques et non toujours absolument impérieuses, aurait pu jamais se résoudre à négliger, comme César l'a fait souvent, et surtout lors de son débarquement en Épire, les enseignements prudents de la science militaire? A ce point de vue, il est plus d'une de ses opérations que l'on pourrait critiquer, mais ce que perd le chef d'armée, l'homme d'État aussitôt le regagne. La mission de celui-ci est universelle de sa nature, et tel était le génie de César : si multiples, si distantes l'une de l'autre que fussent ses entreprises, elles tendaient toutes vers un seul grand but, auquel il demeura inébranlablement fidèle, et qu'il poursuivit sans dévier : dans l'immense mouvement d'une activité tournée vers toutes les directions, jamais il ne sacrifia un détail à un autre. Quoique passé maître dans la stratégie, il fit tout au monde, obéissant à des considérations purement politiques, pour détourner l'explosion de la guerre civile; et quand il la fallut commencer, il fit tout aussi pour que ses lauriers ne fussent point ensanglantés. Quoique fondateur d'une monarchie militaire, il ne laissa s'élever, s'y appliquant avec une énergie sans exemple dans l'histoire, ni une hiérarchie de *maréchaux*, ni un régime de prétoriens. Enfin, dernier et principal service envers la société civile, il préféra toujours les sciences et les arts de la paix à la science militaire. Dans son rôle politique, le caractère qui domine, c'est une puissante et parfaite harmonie. L'harmonie, sans doute, est la plus difficile de toutes les manifestatios humaines : en la personne de César, toutes les conditions se réunissaient pour la produire. Positif et ami du réel, il ne se laissa jamais prendre aux images du passé, à la superstition de la tradition : dans les choses de la politique, rien ne lui était que le présent vivant, que la loi motivée en raison : de même, dans ses études de grammairien, il repoussait bien loin l'érudition historique de l'antiquaire, et ne reconnaissait d'autre langue que la langue actuelle et usuelle, d'autre règle que l'uniformité. Il était né souverain, et commandait aux cœurs comme le vent commande aux nuages, gagnant à soi, bon gré mal gré, les plus dissemblables natures, le simple citoyen et le rude sous-officier, les nobles dames de Rome et les belles princesses de l'Égypte et de la Mauritanie, le brillant chef de cavalerie et le banquier calculateur. Son talent d'organisateur était merveilleux. Jamais homme d'État pour l'arrangement de ses alliances, jamais capitaine, pour son armée, n'eut affaire à des éléments plus insociables et plus disparates : César les sut tous amalgamer quand il noua la coalition ou forma ses légions. Jamais souverain ne jugea ses instruments d'un coup d'œil plus pénétrant. Nul, mieux que lui, ne sut mettre chacun à sa place. Il était le vrai monarque : il n'a jamais joué au roi. Devenu le maître absolu dans Rome, il garde tous les dehors du chef de parti : parfaitement souple et facile, commode d'accès et affable, allant au-devant de tous, il sembla ne rien vouloir être que le premier entre ses égaux. Il évitait la faute où tombent si souvent ses pareils, quand ils apportent dans la politique le ton sec du commandement militaire ; et quelque motif ou provocation qui lui vint de la mauvaise humeur du sénat, il ne voulut point user de la force brutale, ou faire un *dix-huit brumaire*. Il était le vrai monarque, sans ressentir le vertige de la tyrannie. Parmi les « puissants devant le Seigneur » il fut le seul, peut-être, qui n'agit jamais par inclination ou caprice, dans les grandes comme dans les petites choses obéissant toujours à son devoir de gouvernant. En se retournant vers le passé de sa vie, il y put regretter quelques faux calculs, il n'y trouva point d'erreurs où la passion l'aurait fait tomber, et dont il eût à se repentir. Rien dans sa carrière qui, même en petit, rappelle les excès de la passion sensuelle, le meurtre d'un *Clitus*, l'incendie de Persépolis et ces poétiques tragédies que l'histoire rattache au nom de son grand prédécesseur en Orient [1]. Enfin, parmi tous ceux qui ont eu la puissance, il est le seul peut-être qui, jusqu'à la fin de sa carrière, ait gardé le sens politique du possible ou de l'impossible, et ne soit pas venu échouer à cette dernière épreuve, la plus difficile de toutes pour les natures supérieures, la reconnaissance de la juste et naturelle limite, au point culminant du succès. Le possible, il l'a fait, sans jamais déserter le bien pour conquérir le mieux hors de sa portée : jamais non plus, le mal étant accompli et irréparable, il ne négligea le palliatif qui l'atténue. Mais le destin avait-il prononcé, toujours il obéissait à l'arrêt. Arrivé à l'*Hypanis*, Alexandre battit en retraite : autant en fit Napoléon à Moscou, tous deux contraints et se dépitant contre la fortune qui mettait une borne à l'ambition de ses favoris. César, sur le Rhin, sur la Tamise, recule de son plein gré; et quand ses desseins le portent jusqu'au Danube ou l'Euphrate, il ne vise point à la conquête du

---

[1] On cite d'ordinaire comme un exemple de tyrannie à la charge de César, sa querelle avec Labérius et le fameux *Prologue* où celui-ci la raconte (*infra*, ch. XII, *le Mime*) : mais c'est là tout-à-fait méconnaître et l'ironie de la situation et l'ironie du poète : sans compter qu'il y a naïveté peut-être à faire un martyr du faiseur de vers, apportant volontairement, après tout, son tribut d'hommages.

monde, il ne veut qu'une frontière sûre et rationnelle pour l'empire.

Tel fut cet homme, qui paraît tout simple à peindre, et dont il est prodigieusement difficile de donner même une esquisse. Toute sa nature n'est que clarté et transparence, et la tradition nous a gardé de lui des souvenirs plus complets et plus vivaces que d'aucun de ses pairs des anciennes annales. Qu'on le juge à fond ou superficiellement, le jugement ne peut varier : devant tout homme qui l'étudie, sa grande figure se montre avec ses traits essentiels et les mêmes ; et pourtant nul encore n'a su la reproduire au vrai. Le secret ici git dans la perfection du modèle. Humainement, historiquement parlant, César se pose au confluent où viennent se fondre tous les grands contraires. Immense puissance créatrice et intelligence infiniment pénétrante, il n'est plus jeune et il n'est point vieux : tout volonté et tout action, il est plein de l'idéal républicain, en même temps qu'il est né pour être roi. Romain jusqu'au fond des entrailles, et appelé en même temps à faire au dedans comme au dehors la conciliation des civilisations romaine et grecque, César est le grand homme, l'homme complet. Aussi, plus qu'à toute autre figure ayant rang dans l'histoire, il lui manque ces traits soi-disant caractéristiques, qui ne sont à vrai dire que les déviations du développement naturel de l'être humain. Tel détail en lui nous semble individuel, au premier coup-d'œil, qui s'efface à le voir de plus près et se perd dans le type plus vaste du siècle et de la nation. Par ses aventures de jeunesse, il marque le pas avec tous ses contemporains ou ses égaux bien doués : son naturel réfractaire à la poésie, mais énergiquement logique, est et demeure le naturel du Romain. Homme, sa vraie manière d'être homme, c'est de savoir régler et mesurer admirablement ses actes selon le temps et selon le lieu. L'homme, en effet, n'est point chose absolue : il vit et se meut en conformité avec sa nation, avec la loi d'une civilisation donnée. Oui, César n'est complet que parce qu'il sut, mieux que tous, se placer en plein courant de son siècle : parce que, mieux que tous, il porta en lui l'activité réelle et pratique du citoyen romain, cette vertu solide qui fut le propre de Rome. L'hellénisme, chez lui, n'est autre que l'idée grecque, fondue et transformée à la longue au sein de la nationalité italique. Mais c'est là aussi que gît la difficulté, je pourrais dire l'impossibilité du portrait.

L'artiste peut s'essayer à tout peindre, mais son effort s'arrête devant la beauté parfaite : de même pour l'historien, il est plus sage de se taire quand, une fois en mille ans, il se trouve en face d'un type achevé. La règle est chose qu'on peut exprimer, sans doute, mais elle ne nous donne jamais qu'une pure notion négative, celle de l'absence du défaut : nul ne sait rendre ce grand secret de la nature, l'alliance intime de la loi générale et de l'individualité dans ses créations les plus accomplies ! Heureux furent-ils ceux à qui il a été donné de voir la perfection face à face, et ceux qui l'ont reconnue sous le rayon éclatant, vêtement immortel des œuvres des grands hommes ! Et pourtant, les signes du temps y ont aussi laissé leur empreinte ! Le Romain s'était porté au même échelon que son jeune et héroïque prédécesseur chez les Grecs : que dis-je, il le dépasse ! Mais le monde s'était fait vieux dans l'intervalle, et son ciel avait pâli. Les travaux de César ne sont plus, comme ceux d'Alexandre, une joyeuse conquête en avant dans un champ sans bornes : il lui faut bâtir sur les ruines et avec des ruines : si vaste que soit la carrière, encore est-elle limitée, et il lui faut l'accepter telle, s'y comportant et s'y assurant du mieux qu'il se peut. La muse populaire ne s'y est point trompée, et, délaissant le Romain trop positif, elle a orné le fils de Philippe de Macédoine de toutes les couleurs dorées de la poésie et de tout l'arc-en-ciel des légendes ! C'est à égal bon droit aussi que, depuis mille et mille ans, les nations dans leur vie politique se voient ramenées sans cesse à la ligne que la main de César a tracée ! Si les peuples à qui le monde appartient donnent son nom à leurs plus hauts monarques, ne faut-il pas voir là une profonde et aussi une humiliante leçon ?

À supposer que Rome pût être tirée de l'abîme de ses incurables misères et reprendre jamais quelque jeunesse, il importait avant toutes choses de rendre au pays le repos, et de nettoyer ces amas de décombres qui recouvraient le sol, au lendemain des dernières catastrophes. César se mit à l'œuvre sur la base de la réconciliation des vieux partis, ou plutôt (car comment parler de paix quand il y a antagonisme irréconciliable ?), faisant en sorte que chacun, et la noblesse et les populaires, vidassent le champ où jusque-là ils se livraient bataille, pour aller se réunir sur le terrain nouveau d'une constitution monarchique. Le premier besoin, c'était d'étouffer à toujours les vieilles discordes du passé républicain. Pendant qu'il ordonnait la réédification des statues de Sylla, que la populace de Rome avait renversées à la nouvelle de la bataille de Pharsale, et proclamait ainsi que l'histoire seule aurait désormais à juger le grand homme [1], il abolissait au même moment les dernières conséquences, encore en vigueur, des lois d'exception syllaniennes : il rappelait de l'exil les derniers bannis des révolutions de Cinna et de Sertorius, et rendait aux enfants des proscrits de Sylla l'éligibilité qu'ils avaient perdue [2]. Il restituait pareillement dans leur siège au sénat ou dans leurs droits de cité tous les nombreux personnages qui, durant les temps avant-coureurs de la crise, avaient subi l'exclusion censorale ou succombé sous le coup des procès politiques, et surtout les victimes des accusations issues en foule des lois d'exception de l'an 702. Quant à ceux qui s'étaient faits, à prix d'or, les

Refoulement des anciens partis.

52 av. J.-C.

---

[1] [Dio. 43, 49. — Sueton. *Cæs.*, 75. — Plut. *Cæs.*, 57.]
[2] [Plut. *Cæs.*, 37. — Sueton, 41.]

meurtriers des proscrits, ils demeurèrent notés d'infamie, comme de juste, et Milon, le plus éhonté des *condottiere* du parti sénatorien, vit son nom repoussé de l'amnistie générale (VII, p. 167 et *infra*).

Mécontentement des Démocrates.

Le réglement de toutes ces questions se rattachait seulement au passé. Bien autrement difficile était le maniement des partis rangés encore en face les uns des autres : d'un côté César avait affaire aux démocrates, à sa suite, et de l'autre à l'aristocratie précipitée du pouvoir. Moins même que cette dernière, les démocrates, on le pressent, n'entendaient s'accommoder de l'attitude de César après sa victoire, et de l'ordre qu'il leur intimait d'avoir à quitter les positions prises. César, en somme, voulait ce qu'avait rêvé Gaius Gracchus : mais les visées des Césariens ne ressemblaient en quoi que ce soit aux visées des sectateurs des Gracques. Par une progression toujours croissante, les populaires étaient passés de la réforme à la révolution, de la révolution à l'anarchie, et de l'anarchie à la guerre contre la propriété : ils fêtaient entre eux les souvenirs du régime de la terreur, et, comme autrefois celui des Gracques, ils ornaient de fleurs et de couronnes le tombeau de Catilina. En se rangeant sous le drapeau de César, ils avaient attendu de lui ce que Catilina n'avait pu leur donner. Mais il devint manifeste bientôt que César voulait être autre chose que l'exécuteur testamentaire du grand conspirateur, que tout au plus il procurerait aux endettés quelques facilités de payement, quelques allégements de procédure: aussitôt les récriminations amères de se faire entendre : « à quoi bon la victoire du parti populaire, si l'on n'a pas vaincu pour le peuple? » Puis cette tourbe, petits et grands, qui s'était promis des saturnales politiques et financières, se tourne dans sa déconvenue vers les Pompéiens et leur fait les doux yeux. Pendant les deux

48 av. J.-C.

47.

années que dure l'absence de César (janvier 706 — automne 707), ils s'agitent et fomentent en Italie la guerre civile dans la guerre civile. Un jour, le préteur Marcus

Cœlius Rufus (VII, p. 224), noble d'extraction, mauvais payeur de ses dettes, homme de talent d'ailleurs et de culture variée, jusqu'ici l'un des plus zélés champions de César, ardent et disert dans le sénat et sur le Forum, avait osé, sans motion du chef, apporter au peuple une loi qui donnait aux débiteurs six ans de délai, sans intérêt ; et, comme il lui était fait opposition, il avait proposé le rejet de toutes les demandes en justice pour argent prêté et pour les loyers courants des maisons, sur quoi le sénat césarien l'avait destitué de son office. On était à l'heure de la bataille de Pharsale : il semblait que le destin fît pencher la balance du côté de Pompée. Rufus, alors, entre en alliance avec Milon, l'ancien sénatorien, l'ancien chef de bandes; et, tous les deux, ils tentent la contre-révolution, écrivant sur leur bannière, tantôt le maintien de la constitution républicaine, tantôt l'abolition des créances et la liberté des esclaves: Milon avait quitté Massalie, lieu désigné de son exil, et appelé aux armes dans la région de Thurium les Pompéiens et les esclaves-pasteurs. Pendant ce temps, Rufus, armant aussi des esclaves, se préparait à attaquer Capoue. Mais avant l'exécution son projet est éventé, et les Capouans le déjouent. *Quintus Pedius* marche avec une légion sur le territoire des Thuriens et y disperse les bandes qui le parcourent : bientôt la mort des deux chefs met fin au scandaleux tumulte (706)[1]. L'année d'après (707), surgit un nouveau fou, Publius Dolabella, tribun du peuple, endetté jusqu'au cou, comme Rufus et Milon, mais moins capable qu'eux. Il remet sur le tapis la loi sur les dettes et les loyers et recommence à son tour

Cœlius et Milon.

48 av. J.-C.
47.

Dolabella.

---

[1] Cæs. *B. civ.*, 3, 1, 20-21. — *Q. Pedius,* neveu de César par *Julia,* sa sœur : a suivi son oncle dans les Gaules : préteur en 706. Il rendra encore d'éminents services à la cause impériale dans la campagne de *Munda,* et sera l'un des héritiers testamentaires de César : puis, plus tard, partisan d'Octave et consul avec lui, il aidera dans Rome à préparer le succès du triumvirat conclu par Octave, Antoine et Lépide dans le nord de l'Italie. Il meurt à ce moment même.]

48.

(ce fut la dernière fois) la guerre de la démagogie. *Lucius Trebellius*, son collègue[1], lui tint tête ; des deux parts les bandes armées se heurtent et bataillent et font bruit dans la rue, à ce point que Marc-Antoine, le commandant en Italie, vient avec ses soldats mettre le holà ! Bientôt César, à son retour d'Orient, fera rentrer les écervelés sous terre[2]. A cette sotte tentative d'une reprise du drame de Catilina, il attache d'ailleurs si peu d'importance qu'il tolère la présence en Italie de Dolabella, et qu'à peu de temps de là il lui pardonne. Contre ces misérables, pour qui la question politique n'est rien, pour qui la guerre à la propriété est tout, il suffit, comme contre les hordes de brigands, d'un gouvernement actif et fort : César est trop grand, trop sage, pour se préoccuper longtemps des *communistes* de Rome, effroi des *trembleurs* dans toute l'Italie : il dédaigne, à les combattre, l'appât d'une fausse popularité pour sa monarchie.

<small>Mesures contre les Pompéiens et les Républicains.</small>

Mais s'il pouvait abandonner et s'il abandonnait sans crainte la démocratie défunte à sa décomposition finale et prochaine, il lui fallait s'attaquer encore à l'ancienne aristocratie, infiniment plus vivace. A réunir contre elle tous les moyens de combat et de coercion, on ne lui donnait pas pour cela le coup de mort, le temps seul pouvait le faire : du moins on préparait et on accélérait l'issue fatale. Mu d'ailleurs par un sentiment naturel des convenances, César évita les vaines jactances qui irritent les partis abattus ; il ne voulut pas le triomphe pour des

<small>47 av. J.-C.</small>

<small>43.</small>

[1] [*L. Trebellius Fidus*, tribun du peuple en 707, après avoir combattu, comme on le voit, Dolabella et sa motion *de novis tabulis*, se fit plus tard, étant endetté lui-même, le fauteur des endettés. — On le retrouve, en 711, maître de la cavalerie de M. Antoine devant Modène.]

[2] [Dio, 43, 32. — Cic. *ad. Att.*, 11, 12. — Liv. *Epitom.* 113. — L'émeute coûta la vie à 800 personnes. — Cf. Dio, 43, 17-23, Plut. *Cæs.* 51 et *Ant.* 9. — V. enfin VII, pp. 281 et 221, les notices sur Cœlius et Dolabella.]

victoires gagnées sur ses concitoyens [1] : parlant souvent de Pompée et toujours avec estime, et, quand il restaura le sénat, rétablissant sa statue renversée par le peuple à la place même qu'elle avait occupée [2], il restreignit le plus qu'il le put les mesures de rigueur politique [3]. Nulle enquête n'est faite au sujet des intelligences multiples nouées naguère par les Constitutionnels avec les Césariens qui n'étaient Césariens que de nom. Il jette au feu, sans rien en lire, les amas de papiers trouvés au quartier général de l'ennemi à Pharsale et à Thapsus : il s'évite, et à lui et au pays, l'odieux spectacle des procès politiques dirigés contre les personnages suspects de trahison.

Enfin, il renvoya libres et impunis les simples soldats pompéiens qui n'avaient fait que suivre leurs officiers, romains ou provinciaux, dans la lutte. Il ne fit d'exception qu'à l'égard des citoyens coupables d'avoir pris du service dans l'armée du roi de Numidie. Leurs biens à ceux-ci sont confisqués : c'est la peine de la trahison contre Rome. Aux officiers mêmes il avait donné sans condition leur grâce, jusqu'à la fin de la campagne d'Espagne de 705 : mais l'événement ayant prouvé qu'il était allé trop loin, il crut indispensable de frapper les chefs. A dater de ce jour, il décida que quiconque, après la capitulation d'Ilerda, aurait servi à titre d'officier dans les rangs de

49 av. J.-C.

---

[1] Même après la victoire de Munda, dont le récit viendra plus tard, il ne *triomphera* que sur les Lusitaniens, rangés en foule dans l'armée de ses ennemis.

[2] [*Nunquam nisi honorificentissime Pompeium appellat*. Cic. *ad fam.*, 6, 6. — V. aussi Suet. *Cæs.*, Plut. *Cic.*, 40. Il rétablit de même celle de Sylla, comme on l'a vu plus haut, p. 53.]

[3] [Il n'avait pas voulu d'abord laisser rentrer en Italie, encore moins à Rome, les principaux pompéiens. « Antoine, » dit Cicéron (*ad Att.*, 11, 7), « m'a envoyé copie d'une lettre de César où il mande » qu'on lui apprend que Caton et L. Métellus sont venus en Italie, » pour se faire voir à Rome. Cela ne lui plaît pas; il craint quelque » mouvement, et il interdit l'Italie à tous ceux sur qui il n'a pas » prononcé. » — Et Cicéron reste à Brindes, par ordre.]

l'ennemi, ou siégé dans l'*anti-sénat*, encourrait, s'il survivait à la guerre, la perte de sa fortune et de ses droits civiques, et, s'il était mort, la confiscation de ses biens au profit du trésor. Que si c'était un des graciés qui avait repris les armes, sa forfaiture emportait la peine capitale. Mais quand on vint à l'exécution, il se départit de ces lois sévères. La mort ne frappa que quelques-uns des nombreux relaps. Et quant aux biens confisqués sur les Pompéiens morts, les dettes grevant les fortunes, les dots des veuves, furent payées comme de juste, et César fit même remettre aux enfants une part de l'héritage paternel. Puis parmi ceux que frappaient l'exil et la confiscation cumulés, bon nombre obtinrent leur grâce ; d'autres, les gros trafiquants d'Afrique, par exemple, qui avaient siégé, contraints et forcés, dans le sénat d'Utique, s'en tirèrent moyennant amende. A tout le reste, sans exception, on peut le dire, leur liberté, leurs biens étaient rendus, pour peu qu'ils prissent sur eux d'aborder César en solliciteurs ; et plus d'un, comme le consulaire Marcus Marcellus (consul en 703 ; VII, p. 202), eut l'octroi de son pardon sans l'avoir demandé. Pour conclure, une amnistie générale, en 710, rouvrit les portes de Rome à tous les bannis.

51 av. J.-C.

44.

Amnistie.

Quoi qu'il en soit, l'opposition républicaine se laissa faire grâce : elle ne se réconcilia point. Partout le mécontentement contre le nouvel ordre de choses : partout la haine contre un maître auquel on ne s'habituait pas. De résistance à ciel ouvert, il n'en était plus d'occasion. C'était peu de chose, en effet, que cette démonstration de quelques tribuns hostiles, aspirant à la couronne du martyre, et, dans l'affaire du titre offert au dictateur, sévissant contre ceux qui l'avaient appelé roi [1]. Mais le

---

[1] Drumann, t. IV, p. 688. Les tribuns *Marcellus* et *Cæsetius* (d'ailleurs sans notoriété) arrachèrent un jour le diadème posé sur la tête de la statue du dictateur, devant les rostres. Et le peuple de les saluer du nom de « nouveaux Brutus ! » — *Brutus*, en effet,

républicanisme vivait dans les esprits à l'état d'opposition décidée, avec ses menées et ses agitations secrètes. Nulle main ne remuait quand l'*imperator* se montrait en public. Il pleuvait des placards et des *pasquinades* remplis de mordantes et amères satires contre la nouvelle monarchie. Que si un comédien se permettait une allusion républicaine, les applaudissements le saluaient bruyamment [1]. L'*éloge de Caton* était le thème à la mode des faiseurs de brochures, et leurs écrits trouvaient des lecteurs d'autant plus favorables que les lettres n'étaient plus libres. César, ici encore, combattit les républicains sur leur propre terrain : aux panégyriques du héros [2] il répondit, lui et ses meilleurs affidés, par des *Anti-Catons* : écrivains de l'opposition et Césariens, on les vit se battant sur le corps du citoyen mort à Utique, comme jadis Grecs et Troyens sur le cadavre de Patrocle. On le comprend d'ailleurs, dans ce combat, dont le public républicain était juge, la victoire n'échut pas à César. Que faire, si ce n'est effrayer les hommes de lettres ?

Les plus connus ou les plus redoutables, *Publius Nigidius Figulus* [3], *Aulus Cæcina*, obtinrent moins aisément que les autres la faculté de revoir l'Italie, et quant à ceux qui y étaient tolérés, ils furent soumis à une véritable censure, censure d'autant plus cruelle, que la

reprit César, jouant sur le moî (*Brutus*, on le sait, veut dire *fou*). *Helvius Cinna*, leur collègue, voulait les faire massacrer. César se contenta de les déposer (Dio, 44, 9, App. b. c., 2, 108. — Cf. Suet. *Cæs.*, 79, Plut. *Cæs.* 61 et *Ant.* 12). — Cet Helvius Cinna, que Plutarque appelle ποιητικὸς ἀνήρ (*Brut.* 20), est-il le même que le poète, ami de Catulle (*Cat.* 94) et de Virgile, auteur de la *Smyrna* ou *Myrrha*, dont il sera parlé au ch. XII ? On le conteste. — En tout cas, le tribun a été assassiné, aux funérailles de César, par le peuple furieux, qui le prit pour *Corn. Cinna*, l'un des meurtriers des ides de mars.]

[1] [Allusion à la tirade de Labérius. V. *supra*, p. 50 et *infra*, ch. XII, *le Mime*].

[2] [Par Cicéron et autres.]

[3] [Sur *Nigidius Figulus*, qui joua un rôle politique et littéraire d'une certaine importance, v. ch. XII, *infra* : Nigidius Figulus.]

mesure de la peine était purement arbitraire [1]. Nous raconterons plus amplement ailleurs et en nous plaçant à un autre point de vue, le mouvement et les fureurs des vieux partis contre le gouvernement : qu'il nous suffise de dire ici que sur toute la surface de l'empire surgissaient à chaque heure les prétendants et les insurrections républicaines ; que les feux de la guerre civile, attisés tantôt par les Pompéiens et tantôt par les républicains, se rallumaient en maints lieux ; que, dans Rome, on conspirait en permanence contre la vie du dominateur. César, dédaignant les complots, ne voulut jamais s'entourer d'une garde attachée à sa personne ; il se contenta le plus souvent de les dénoncer par avis public, lorsqu'il les avait découverts. Mais, si téméraire ou indifférent qu'il se montrât dans les choses intéressant sa sûreté personnelle, il ne pouvait se dissimuler les dangers très-grands que l'armée des mécontents faisait courir, non pas seulement à sa propre vie, mais aussi à son œuvre de reconstruction sociale. Que si, faisant la sourde oreille devant les avis et les incitations de ses amis, et n'ayant aucune illusion d'ailleurs sur la haine irréconciliable de ceux qu'il avait graciés, il persistait, avec l'énergie d'un étonnant sang-froid, à pardonner et pardonner toujours à des adversaires croissant en nombre, ce n'était chez lui ni chevaleresque magnanimité d'une nature trop fière, ni débonnaireté d'une nature faible. Le politique avait sagement calculé que les partis vaincus s'absorbent plus vite dans l'État et à dommage moindre pour sa personne, que s'il eût

---

Attitude de César en face des partis.

47 av. J.-C.

[1] Lisez la lettre à *Caecina* (*ad fam.* 6, 7) ; et vous pourrez, si vous y avez curiosité, établir la comparaison entre les lisières mises à l'écrivain, dans l'antiquité, et celles subies par les hommes de lettres modernes. [*Aulus Caecina*, dont il est ici question, l'un des familiers de Cicéron, qui avait plaidé pour son père, avait suivi le parti de Pompée, et publia un *factum* contre César (Suet., 75). Il en fut puni par l'exil (*ad fam.*, 6, 7).— Plus tard il adressa au vainqueur un *Liber querelarum* (*ad fam.* 6, 6) et fut gracié (707). — Séneq. (*qu. nat.* 2, 39) cite de lui un traité : *De Etrusc. disciplina*.]

tenté de les détruire par la proscription ou de les éloigner par l'exil. Pour son grand dessein, force était à César de recourir au parti constitutionnel, qui ne renfermait point seulement l'aristocratie, mais aussi tous les éléments libéraux et nationaux survivant chez les citoyens italiques. Voulant le rajeunissement d'un État tombé de vieillesse, il avait besoin de tous les talents, de tous les hommes importants parmi eux par leur éducation, leur crédit de famille ou leur considération acquise; et c'est justement ainsi qu'il disait que pardonner à ses adversaires est le plus beau fleuron de la victoire [1]. Donc, il se défit des chefs les plus en vue, en même temps qu'aux hommes du second et du troisième rang et qu'à toute la génération plus jeune il donnait la grâce entière. Mais il ne leur permit point les bouderies d'une opposition passive, et, bon gré mal gré, les amena en douceur à prendre part aux affaires du gouvernement nouveau, ne leur refusant ni les honneurs ni les magistratures.

Comme pour Henri IV et Guillaume d'Orange, les grandes difficultés pour lui étaient celles du lendemain. Telle est l'expérience qui s'impose à tout révolutionnaire victorieux : si, après son triomphe il ne veut pas, comme Cinna et Sylla, rester simple chef de faction; si, comme César, Henri IV et Guillaume, il veut, abandonnant le programme nécessairement exclusif d'une opinion, fonder son édifice sur l'intérêt commun de la société, aussitôt tous les partis, le sien comme ceux qu'il a vaincus, se dressent unis contre ce régent qui s'impose : plus grand est son dessein, plus pures ses vues, plus leur haine s'acharne. Les constitutionnels et les Pompéiens prêtaient des lèvres hommage à César, et, frémissant au fond du cœur, ils maudissaient la monarchie ou tout au moins la dynastie nouvelle. Les démocrates, rabaissés, discrédités, depuis qu'ils comprenaient que le but de César n'était

[1] [*V.* VII, p. 253, n. 2.]

point le leur, se mettaient contre lui en révolte ouverte ; et ses partisans même murmuraient quand ils le voyaient bâtir, non plus un État d'officier de fortune, mais un gouvernement monarchique juste et semblable à tous les autres, et quand leur part de butin allait diminuant d'autant, par l'admission des vaincus. L'organisation césarienne déplaisait à tous, dès qu'elle était octroyée aux amis aussi bien qu'aux adversaires. Actuellement, César, de sa personne, était plus en danger qu'avant de vaincre. Mais ce qu'il perdait pour lui-même, il le regagnait pour l'État. Anéantissant les partis, épargnant leurs hommes, appelant à lui tous les personnages de talent ou seulement de bonne naissance, et leur conférant les emplois publics, sans se ressouvenir de leur passé politique, il utilisait toutes les forces vives de l'empire pour son grand édifice politique : contraints ou forcés, il amenait tous les citoyens, quelle que fût leur couleur, à lui prêter aide ; il conduisait enfin la nation, par une insensible pente, jusque sur le terrain préparé par ses mains. Que la fusion actuelle ne fût encore faite qu'à la surface ; que les anciens partis s'entendissent bien moins dans l'assentiment au nouvel ordre de choses que dans leur haine, c'est ce qu'il savait de reste : il savait en même temps qu'à s'unir, même superficiellement, les antagonismes s'émoussent, et qu'un grand politique, dans cette voie, ne fait qu'aller au-devant du temps. Le temps seul peut éteindre ces haines, à mesure que la génération se couche dans le tombeau. Jamais il ne songea à rechercher qui le haïssait ou méditait l'assassinat. Il était bien l'homme d'État qui sert le peuple sans chercher une récompense, pas même la récompense de l'affection populaire ; il renonçait à la faveur du siècle en vue des bénédictions de l'avenir ; il ne voulait qu'une chose, être le sauveur et le rajeunisseur de la nation romaine.

Son œuvre. Essayons de rendre compte en détail de ce transport de l'ancienne société romaine dans une orbite nouvelle, et rappelons-nous d'abord que César est venu, non point pour commencer, mais pour achever la révolution. Conçu par Gaius Gracchus, le plan de la cité nouvelle avait passé aux mains de ses fauteurs et successeurs, lesquels, avec plus ou moins de talent ou de bonheur, l'avaient suivi, sans en dévier jamais.

Chef né des populaires, et leur chef aussi par droit d'héritier, César, depuis trente ans, avait tenu haut leur drapeau, sans changer, sans cacher jamais ses couleurs : il reste démocrate, étant devenu monarque. Entré dans l'hérédité du parti, il l'accepte toute entière, sauf, bien entendu, les frénésies sauvages des Catilina et des Clodius : à la cause de l'aristocratie, à tous les aristocrates vrais, il a voué de sa personne la plus amère haine, il a conservé immuable la devise et la pensée de la démocratie romaine, adoucissement du sort des débiteurs, colonisation transmaritime, niveau insensiblement passé sur les inégalités des conditions juridiques des classes, au sein de l'État, pouvoir exécutif affranchi de la suprématie du sénat.

Sur ces bases, la monarchie césarienne, loin qu'elle soit contraire au principe démocratique, en est plutôt, je le répète, l'achèvement et la fin. Rien de commun entre elle et le despotisme oriental de par la grâce de Dieu : elle est la monarchie telle que Gaius Gracchus l'eût voulu fonder, telle que la fondèrent Périclès et Cromwell ; elle est, pour le dire, la nation représentée par son plus haut et son plus absolu mandataire. En cela, la pensée première de l'œuvre de César ne fut point une nouveauté ; mais ce qui est bien à lui, c'est la réalisation de cette même pensée, chose principale, en définitive ; c'est la grandeur de l'exécution, grandeur faite pour surprendre l'admirable ouvrier lui-même, s'il en avait été le témoin ; grandeur devant laquelle s'inclinent tous ceux qui l'ont contemplée dans son vivant éclat, ou dans le miroir des annales du monde, à quelque époque, à quelque école politique qu'ils appartiennent. Dans la mesure de leur intelligence des merveilles de l'humanité et de l'histoire, l'émotion les saisit tous, profonde et plus profonde chaque jour à la vue de ce grand spectacle ; tous ils se sentiront émus jusqu'à la consommation des siècles.

Ici, l'heure est venue pour nous de revendiquer hautement le privilége que l'historien s'arroge tacitement ailleurs ; l'heure est venue de protester contre cette méthode, à l'usage commun de la naïveté et de la perfidie, qui se sert du blâme et de l'éloge comme d'une phrase de style banale et générale, et qui, au cas actuel, en dehors des situations données, s'en va rétorquant contre César la sentence portée contre ce qu'on appelle le *césarisme*. Assurément, l'histoire des siècles passés est la leçon des siècles présents. Mais qu'on se garde de la trop commune erreur ! Est-ce qu'à feuilleter les annales anciennes on y peut retrouver les événements du jour? Est-ce que le médecin politique y peut faire recueil de symptômes et de spécifiques pour sa diagnose et sa thérapeutique dans le siècle présent ? Non, l'histoire n'est instructive qu'en un sens. Comme elle étudie les civilisations d'autrefois, elle met à nu les conditions organiques de la civilisation même, elle montre les forces fondamentales partout semblables et leur assemblage partout divers : loin qu'elle prône l'imitation vide de pensée, elle nous conduit et nous incite aux œuvres nouvelles et indépendantes. En ce sens l'histoire de César et du césarisme romain, par la hauteur non surpassée du maître-ouvrier, par la nécessité de l'œuvre, a tracé de l'aristocratie moderne une critique plus amère que ne saura jamais l'écrire la main de l'homme. En vertu de cette même loi de nature, qui fait que le plus mince organisme l'emporte incommensurablement sur la plus artistique machine, la constitution politique la moins complète, dès qu'elle laisse un peu de jeu à la libre décision de la majorité des citoyens, se montre infiniment supérieure au plus humain, au plus original des absolutisme. Elle est susceptible de progrès, et dès lors elle vit. L'absolutisme est ce qu'il est, partant, chose morte. C'est cette loi naturelle aussi qui s'est manifestée dans la monarchie absolue de Rome, d'autant que sous l'impulsion première du génie qui l'avait fondé et qu'en l'absence de tout contact étroit avec l'étranger, le régime nouveau s'y est maintenu, plus qu'en aucun autre État, dans sa pureté et son autonomie première. Mais après César, comme on verra *par les livres suivants*,[1] et comme *Gibbon* l'a depuis longtemps démontré, l'edifice de l'empire ne s'est tenu ensemble que par les dehors : il ne s'est agrandi que mécaniquement, si je puis dire, pendant qu'au dedans, César mort, tout se desséchait et mourait avec lui. Que si, au début du régime autocratique, que si dans la pensée du dictateur surtout (VI, p. 370), il y avait place encore pour le rêve et le vaste espoir de l'alliance du libre développement du peuple avec le pouvoir absolu, sous le gouvernement des meilleurs empereurs de la souche julienne eux-mêmes, on n'a pu que trop tôt et tristement vérifier si c'est chose possible, et jusqu'où c'est chose possible, de verser dans le même vase l'eau et le feu.

L'œuvre de César était nécessaire et salutaire, non parce qu'elle apportait le bien-être national, mais parce qu'au sein du système antique, assis sur l'esclavage, totalement incompatible avec le principe d'une représentation constitutionnelle républicaine, au sein d'une cité ayant ses lois, murée avec elles durant 500 ans, et tombée dans l'ornière de l'absolutisme oligarchique, la monarchie militaire absolue était devenue la clef de voûte indispensable, logique, et qu'elle était enfin le moindre des maux. Vienne le jour où l'aristocratie à esclaves des *Virginies* et des *Carolines* se sera, dans cette voie, avancée aussi loin que la société-sœur de la Rome de Sylla, le

---

[1] [Ces livres, nous les attendons curieusement.]

césarisme y surgira, encore une fois légitimé par l'histoire [1].

A l'inaugurer ailleurs et dans de tout autres conditions sociales, il n'y a que parodie et usurpation. L'histoire refusera-t-elle au vrai César l'honneur qui lui est dû, parce que sa sentence, en face des faux Césars, courrait risque d'erreur dans l'esprit des simples, et prêterait aux pervers une occasion de mensonge et de duperie ? L'histoire est comme la Bible, comme la Bible qui n'en peut mais au regard des fous, de leurs contresens et de leurs citations saugrenues ; elle sait d'ailleurs supporter les entorses qu'on lui donne et remettre le bon et le vrai à sa place !

La nouvelle monarchie. Son titre.
49 av. J.-C.
48.
45-44.
46.
44-48.

Quoi qu'il en soit, la dignité du nouveau chef de l'État revêtait au dehors une forme étrange. César, à son retour d'Espagne en 705, avait pris la dictature provisoire : après la bataille de Pharsale, et à dater de l'automne de 706, il l'avait reprise pour un temps indéterminé ; après la bataille de Thapsus, à titre de charge annuelle et pour dix ans, à dater du 1er janvier 709 ; enfin, en 710, il sera désigné dictateur à vie [2]. De plus, en 708, on le voit investi de la censure, pour trois ans, sous le nom nouveau de *maître des mœurs* (*præfectus morum*), puis plus tard (710), l'office lui est pareillement conféré à vie. En 706, il a été fait consul avec les attributions ordinaires du consulat (sa candidature, on s'en souvient, fut la cause principale de l'explosion de la guerre civile) ; plus tard,

---

[1] Ceci a été écrit en 1857. Alors on ne pouvait savoir que de prochains et immenses combats et que la plus magnifique victoire qu'il ait été donné à l'histoire des hommes d'enregistrer, épargnerait bientôt cette nouvelle épreuve aux Etats-Unis, en assurant à leur avenir les joies de la liberté entière, abritée à toujours contre un césarisme local, et ne se connaissant d'autre maître qu'elle-même !

44.
[2] Ainsi, quand il meurt (710), il est dictateur pour la quatrième fois, et dictateur désigné à vie ; c'est le titre que lui donne Josèphe (*Antiq.* 14, 10, 7).

il est consul pour cinq, puis pour dix ans ; une fois même il est consul *sans collègue* (709). Pareillement, sans prendre nominalement le tribunat du peuple, il a assumé sur lui en 706, et pour la vie, un pouvoir égal au pouvoir tribunicien. Bientôt il occupe la première place et il vote le premier dans le sénat [1], et enfin (708), il est *imperator* perpétuel [2]. Pour ce qui est de la direction suprême du culte, il n'eut pas besoin qu'elle lui fût conférée, puisque déjà il était *grand pontife* (VI, p. 322) : en revanche, il se fit nommer du second grand collége de prêtres, il fut *augure*.

45 av. J.-C.

48.

46.

A cet amas bizarre d'honneurs civils et sacerdotaux, une multitude de lois et de sénatus-consultes plus divers encore vint ajouter le droit de décider la paix et la guerre sans rogation au sénat et au peuple, la libre disposition des armées et du trésor, la nomination des préteurs des provinces, la présentation avec effet obligatoire à une partie des magistratures urbaines, la conduite des élections dans les comices centuriates, les nominations au patriciat, enfin toute une série d'attributions extraordinaires de même nature, sans compter les honneurs plus vides, les décorations, le titre de *Père de la Patrie*, sans compter son

---

[1]. [Il a son siége entre les deux consuls, quand il n'est pas consul lui-même (V. *infrà*, p. 71). — Il donne le signal aux jeux. — Dio. 43, 14.]

[2]. [Le titre d'*Imperator*, sous la république, était décerné au général victorieux, et prenait fin, dès lors, en même temps que le commandement (*imperium*). César, durant son proconsulat des Gaules, l'avait donc porté en la manière accoutumée : mais c'était chose nouvelle que de le conserver après ses campagnes militaires, après la célébration de son triomphe. Ici se trouve en germe la distinction future d'un double titre d'*Imperator*, l'un permanent, qui *précédera* plus tard le *nom* du titulaire, et l'autre à temps, susceptible de collation itérative, et qui se place *après le nom*. Aussi nous voyons que César, déjà *imperator perpétuel*, n'en était pas moins acclamé *imperator* sur le champ de bataille, au jour de ses victoires : toutefois il n'a jamais porté ce titre en préfixe lui-même : il s'appelait et se faisait appeler : *Cæsar imperator*, sans mettre à la suite le chiffre dénominateur des collations successives. Suet. *Cæs.* 76. Dio. 43, 44.]

nom même conféré au mois de sa naissance, au mois de
Juillet (*Julius*), comme nous l'appelons encore, et tant d'autres manifestations du délire des cours se dégradant dès le
début jusqu'à la déification ridicule [1]. Par un compromis
visible entre les génuflexions de la courtisannerie et les
répugnances des anciens républicains à accepter le vrai
titre de la monarchie césarienne, on avait tenté une sorte
de division nominale des pouvoirs illimités du monarque,
division illogique autant que diffuse. Est-ce que de sa
nature le pouvoir absolu ne se refuse pas à la spécification des attributions? Croire que César a voulu cacher sa
royauté de fait sous le badigeon de ses magistratures
anciennes et nouvelles et de ses fonctions extraordinaires,
c'est se laisser aller à une conjecture plus naïve qu'habile.
Pour les clairvoyants il n'est pas besoin de preuves : ils
savent de reste qu'en prenant la puissance suprême, non
pour quelques années ou à titre de dignité personnelle
temporaire ou à vie, comme Sylla avait fait la régence,
César ne voulait rien moins qu'instituer dans l'État un
organe permanent, une dignité héréditaire : ils savent
aussi qu'à l'institution nouvelle, dans sa pensée, devait
s'ajouter une appellation simple et correspondante, car
s'il y a faute en politique à créer des noms vides, il y a
faute égale, assurément, à détenir sans le nom la substance et la plénitude du pouvoir.

Mais enfin quelle formule, quel titre César avait-il donc
choisi? Chose difficile à dire, j'en conviens. Dans les
temps de transition on ne peut encore distinguer les parties de l'édifice qui sont provisoires de celles qui sont à
demeure; et puis la dévotion des clients s'en va devançant

---

[1] [Sa figure en ivoire était portée processionnellement au milieu
des images des dieux, dans les fêtes ; elle avait sa place au Capitole
en face de celle de Jupiter. — Enfin, toujours par décret du sénat,
il devait lui être élevé une statue de bronze, le représentant debout
sur le globe du monde et portant cette inscription : « à César, demi-dieu ! » — Dio. 43, 14.]

le signe du maître, et l'accable, quoiqu'il en ait, sous le
faix des votes de confiance et des lois honorifiques.

La puissance tribunicienne, moins qu'aucune autre,
fournissait l'étiquette propre au nouveau régent : constitutionnellement parlant, le tribun du peuple n'avait jamais
commandé, il n'avait fait qu'intervenir à l'encontre du
magistrat en commandement.

Le vêtement du consulat n'allait pas mieux à la nouvelle monarchie : qu'était-ce que le consul sans son
inséparable collègue? César visait ouvertement à rabaisser
à un titre nu la magistrature autrefois suprême : quand
il la prit, il ne la garda point toute l'année, la plupart du
temps, et bientôt la laissa retomber sur la tête de quelque
subordonné. Pour ce qui est de la dictature, on ne peut
nier que parmi ses nombreuses charges elle est celle qu'il
a le plus souvent occupée : elle lui est d'un usage pratique
et légal en la forme ; et cela se conçoit, il la prend pour
ce qu'elle a été toujours, sous l'ancienne constitution, à
savoir une magistrature suprême et extraordinaire en
temps de crise extraordinaire. Mais elle se recommandait
mal, elle aussi, à titre de dénominateur de la monarchie
nouvelle : jadis exceptionnelle et partant impopulaire, elle
était trop circonscrite pour servir d'expression au pouvoir
actuel.

Selon toute apparence, et il n'en pouvait être autrement après le rôle qu'il avait joué au milieu des
partis, ce n'était point assez pour César de la dictature
anormale de Sylla, il lui fallait la dictature absolue de
l'ancienne république, et cela, sans limite de temps. Au
contraire, le titre d'*imperator*, dans son acception récente,
était à tous égards le mieux approprié à la monarchie
nouvelle, à cause de sa nouveauté d'abord, et aussi parce
qu'à ce choix, nulle autre cause appréciable ne se révèle.
Les vieux vases ne valaient rien pour la liqueur nouvelle; on accommodait le nom à la chose, et comme
autrefois dans la loi *Gabinia*, mais avec moins de netteté,

*César
Imperator.*

la démocratie avait esquissé la définition des pouvoirs remis à son chef, elle entendait formuler par une expression forte et complète la concentration actuelle du commandement magistral, de l'*imperium*, dans la main d'un régent populaire, désormais indépendant du sénat. C'est ainsi que dans les médailles césariennes, dans celles des derniers temps surtout, la dictature n'est mentionnée qu'accessoirement au titre impérial [1] : de même dans sa loi sur les délits politiques (*Lex Julia majestatis*), c'est encore l'*imperator* qui semble parler. Mais, et c'est là le fait décisif, le titre d'empereur n'a point été conféré à César seul : il en est investi pour lui et pour ses descendants directs et adoptifs. La postérité l'a compris ainsi, sinon les contemporains immédiats, et au mot d'empire elle a attaché l'idée de monarchie.

Pour donner à sa nouvelle fonction le baptême démocratique et religieux, César voulut sans doute y réunir le tribunat du peuple et le pontificat suprême, tous les deux héréditaires désormais (quoique cette hérédité n'ait été proclamée que pour le pontificat). Dans le droit politique, l'*empire* se gérait comme le consulat ou le proconsulat au-delà de la banlieue de Rome : il ne disposait pas seulement du commandement militaire : pouvoir judiciaire, et par suite, pouvoir administratif, tout lui appartenait [2]. Vis-à-vis du consul, l'empereur se comportait en

---

[1] [Mais l'empreinte porte pour la première fois l'effigie du magistrat souverain.]

[2] Rien de plus erroné que l'opinion, très-répandue pourtant, suivant laquelle l'*empire* serait de son essence le pouvoir militaire ou le généralat suprême à vie : tel n'est point le sens du mot, et nos auteurs anciens ne l'entendent point ainsi. L'*imperium*, c'est le *commandement* : l'*imperator* est l'homme investi du commandement; et dans ces deux expressions, comme dans les deux mots grecs correspondants, κράτος, αὐτοκράτωρ, on ne saurait trouver l'acception spéciale et unique du généralat, d'autant qu'à Rome la magistrature, dans sa notion pure et complète, embrassait le droit de la guerre et le droit de justice, le pouvoir militaire et le pouvoir civil dans sa compétence indivisible [VII, appendice, pp. 377 et s.]. C'est

quelque sorte comme le consul ancien au regard du préteur. Quoiqu'ils eussent égale puissance, en cas de concours, le préteur avait cédé au consul ; aujourd'hui le consul cédait à l'empereur, et pour que la distinction fût plus tranchée, le siége impérial dans le sénat, placé entre les chaises curules des consuls, les dominait d'une certaine hauteur (p. 67, n. 1).

Au fond, la puissance de l'empereur ne l'emportait sur la puissance consulaire et proconsulaire, qu'en ce qu'elle n'était limitée ni dans le temps ni dans son ressort territorial, en ce que, conférée à vie et héréditairement transmissible, elle s'exerçait aussi dans les murs de Rome [1]. Tandis que le consul s'arrêtait devant l'obstacle d'un collègue, son égal, l'empereur avait libre champ. Au cours des temps, la magistrature suprême primitive s'était

donc à bon escient que Dion déclare (55, 17 : cf. 43, [44. 52, 41) qu'en prenant le titre d'*empereur*, les Césars ont entendu affirmer « leur toute-puissance d'autocrates à l'encontre des anciennes déno- » minations de roi, de *dictateur* (πρὸς δήλωσιν τῆς αὐτοτελοῦς σφῶν » ἐξουσίας, ἀντί τῆς τοῦ βασιλέως τοῦ τε δικτάτωρος ἐπικλήσεως) : — » les anciens titres ont nominalement disparu, » ajoute-t-il, « mais » la chose et l'effet restent dans le titre nouveau d'*imperator* (τὸ » δὲ δὴ ἔργον τῇ τοῦ αὐτοκράτορος προσηγορίᾳ βεβαιοῦνται) : l'empe- » reur a le droit, par exemple, de lever des soldats, de frapper » l'impôt, de déclarer la guerre et conclure la paix ; il a la puissance » suprême, dans la ville et hors de la ville, sur tous, citoyens ou » non citoyens : il exerce en tous lieux sa haute justice, édictant la » peine capitale ou toute autre peine : il s'arroge enfin toutes les » attributions qui, dans les temps anciens de Rome, appartenaient » au pouvoir suprême. » Est-il possible de dire plus nettement que le mot *imperator* est synonyme du mot *rex*, de même qu'*imperare* est synonyme de *regere* ? — Mais alors n'y a-t-il point contradiction à entendre Tibère s'appeler plus tard « le maître de ses esclaves, » l'*imperator* de ses soldats, le prince (πρόκριτος, *princeps*) de ses » concitoyens (Dio. 57, 8) ? » Ne ressort-il pas de là, ce semble, une assimilation de la fonction impériale avec la fonction purement militaire ? En aucune façon, l'exception ici vient confirmer la règle. On sait que Tibère affectait de ne point vouloir de l'*empire* nouveau à la façon de César (Suet. *Tib*. 26 : Dio. 57, 2 : Eckhel, 6, 200) : il n'était, à l'entendre, que l'*imperator* spécial, l'*imperator* purement militaire, ou porteur d'un titre nu.

[1] [*Intra pomœrium.*]

vue ramenée à d'étroites limites : elle s'inclinait devant l'appel au peuple (*provocatio*), devant le vote et l'avis du sénat. Pour l'empereur toutes les barrières tombaient.

Rétablissement de la Royauté.

Disons-le d'un mot : l'empire nouveau, c'était la restauration de la royauté antique. En quoi, en effet, le consul différait-il du roi de Rome, si ce n'est dans le ressort délimité quant au temps et au lieu, dans le partage du pouvoir avec un collègue, et dans la coopération du conseil sénatorial ou du peuple exigée par la loi en certains cas (II, pp. 7 et s.)? Il n'est aucun des traits de la monarchie nouvelle qu'on ne retrouve dans l'ancienne : concentration dans la main du prince des pouvoirs suprêmes, militaire, judiciaire et administratif : suprématie religieuse dans la cité : droit de décréter avec force de loi : le sénat abaissé au rang de simple conseil d'État, le patriciat et la préfecture urbaine ressuscités ! Enfin, dans la constitution impériale de César, exactement comme dans celle de Cromwell et de Napoléon, la quasi-hérédité revêt une forme spéciale, et le monarque, par l'adoption, peut se nommer un successeur. Mais ce ne sont là que de simples analogies : entre la royauté de Servius Tullius et l'empire césarien, la similitude, pour qui va au fond des choses, est plus frappante encore. Les rois de Rome, si absolus qu'ils fussent, n'en étaient pas moins à la tête d'un peuple libre : ils étaient les protecteurs nés du simple plébéien contre la noblesse. De même, César ne venait point pour donner congé à la liberté, mais bien pour lui donner son complément ; et tout d'abord il brisait l'intolérable joug de l'aristocratie.

Pourtant qu'on ne s'étonne pas de le voir, comme un curieux d'antiquités politiques, allant chercher à 500 ans en arrière le modèle de son nouvel état. Puisque dans tous les temps la magistrature suprême à Rome était restée la royauté, limitée par une foule de lois spéciales, il faut bien reconnaître que la notion du pouvoir royal ne s'y était point non plus effacée. En des temps divers, à des points de vue aussi fort divers, on y était de fait plus ou moins revenu, par la dictature républicaine, par les décemvirs, par la régence de Sylla. Obéissant à une nécessité logique en quelque sorte, dès que s'était fait sentir le besoin d'un pouvoir d'exception, toujours à côté de l'*imperium* limité et ordinaire, on avait institué l'*imperium* illimité ; or celui-ci n'était autre que le pouvoir royal. D'autres raisons encore recommandaient ce retour à l'ancienne forme. L'humanité a mille peines à créer le neuf, elle tient comme à un patrimoine sacré aux institutions d'autrefois. César faisait sagement se rattachant à Servius Tullius, comme plus tard Charlemagne s'est rattaché à lui, comme Napoléon l'a tenté au regard de Charlemagne. Il n'usa point de détours : il ne dissimula point. Comme ses successeurs, il agit au grand jour ; et, en cela faisant, il voulait que l'État nouveau eût sa formule claire, nationale, populaire. Depuis les temps anciens, on voyait au Capitole les statues des sept rois selon l'histoire conventionnelle de Rome. César ordonna de dresser à côté sa statue, à lui huitième [1]. Il se montrait en public dans le costume des anciens rois d'Albe. Sa loi récente sur les délinquants politiques différait de la loi de Sylla en ce point principal que l'empereur, à côté des comices populaires et sur la même ligne qu'eux, s'y gérait comme l'expression vivante et la personnification du peuple. Dans la formule en usage pour le serment politique, le Génie (*Genius*) de l'empereur était invoqué avec Jupiter et les Dieux-Pénates du peuple romain. Chez tous les peuples de l'antiquité, le signe extérieur de la monarchie, c'est l'image du monarque inscrite sur les monnaies : à dater de l'an 710, on voit la tête de César sur les monnaies romaines (p. 70, *n.* 1).

44 av. J.-C.

Certes, après tout cela, on eût été mal fondé à se plaindre que César laissât le public dans l'ignorance de

---

[1] [V. *supra*, p. 68.]

son avènement : il se montre nettement et en toute forme le monarque, le *Roi* de Rome. Il est possible d'ailleurs, mais c'est là chose peu vraisemblable et de peu d'importance, qu'il ait eu d'abord la pensée de donner à sa dignité nouvelle, non pas le titre d'*empire*, mais celui de *royauté* [1].

De son vivant déjà, bon nombre de ses ennemis, et aussi de ses amis, crurent qu'il visait à se faire expressément nommer roi de Rome, et parmi ses partisans le plus ardents il s'en trouva qui de diverses manières et à des heures différentes lui mirent la couronne sous la main. Marc-Antoine entre tous, étant consul, lui offrit carrément le diadême devant le peuple assemblé (15 février 710, jour des *Lupercales*).

[1] [Sur ce point, on peut débattre, mais ce qu'on ne saurait admettre, c'est qu'il ait jamais songé à trôner dans Rome à titre d'*Imperator*, ne prenant qu'au dehors le titre de roi des non-Romains. Cette opinion s'appuie sur un unique récit. Dans la séance du sénat où il fut assassiné, un prêtre d'oracle, *Lucius Cotta*, aurait rapporté une prophétie sibylline, aux termes de laquelle « les Parthes ne pouvaient être vaincus que par un roi. » Ensuite de quoi on aurait dû mettre aux voix la collation du titre royal à César, dans les provinces romaines. Ce récit, à la vérité, circula dans Rome, immédiatement après sa mort. Mais disons bien vite qu'il ne trouve nulle part sa confirmation, même de seconde main ; que, de plus, il est expressément tenu pour faux par un contemporain, Cicéron (*de divin.*, 2, 54); que les historiens postérieurs, Suétone notamment (*Cæs.* 79) et Dion (44, 15), ne le mentionnent que comme un bruit dont ils sont loin de se porter garants ; et qu'enfin il ne gagne point en authenticité à se trouver relaté par Plutarque (*Cæs.* 60, 64. — *Brut.* 10) et par Appien (*B. civ.* 2, 110) : l'un, selon sa coutume, le donnant à titre d'anecdote, et l'autre l'arrangeant en fait à sensation sans plus de preuve. Outre que rien ne l'atteste, ce détail est au fond impossible. Oublions, si l'on veut, qu'avec son génie et son tact politiques, César n'était point homme à jouer le jeu des petits oligarques, à trancher les grandes questions à l'aide de la machine à oracles, encore est-il inadmissible qu'il ait pu songer à diviser, dans la forme et dans le droit, ce vaste État sur lequel il passait le niveau. [*Lucius Aurelius Cotta* ou *Gaius Aur. Cotta*, le *quindécemvir*, qui serait venu prêter à César l'appui d'une prétendue prédiction sibylline, était probablement l'un des frères d'Aurélia, et par conséquent l'oncle maternel du dictateur. (Suet. *Cæs.* 70. Cic. *de divin.* 54, 100). Il avait été l'auteur de la *Loi des Juridictions*, de 684 (VI, p. 242).]

Mais il refusa constamment ces avances. De ce qu'il sévit ensuite contre ceux qui s'emparaient de la circonstance au profit de leur opposition républicaine, il n'en faut pas conclure que son refus n'ait point été sérieux. Il n'est pas prouvé davantage que ces tentatives aient eu lieu par son ordre et en vue de préparer la foule au spectacle inaccoutumé d'une tête portant le diadème. Ne suffisait-il point du zèle d'amis imprudents, se donnant sans mission carrière, pour provoquer de pareilles manifestations? On peut croire aussi que la scène avec Antoine n'a été autorisée ou commandée que pour mettre fin à d'incommodes criailleries par un coup d'éclat, devant tout le peuple, par un refus solennel, inscrit, de l'ordre même de César, dans le calendrier officiel [1]. Selon toute vraisemblance, estimant à leur juste valeur les avantages d'une formule couramment admise, et tenant compte aussi des antipathies populaires contre le nom bien plus que contre la chose, il ne voulut pas d'un titre auquel se rattachait une malédiction ancienne : il repoussa ce nom de *roi*, qui rappelait aux Romains de son temps les despotes de l'Orient plutôt que les Numa et les Servius Tullius, et, sous le titre d'*empereur*, il prit la royauté [2].

Quel que fût son titre, Rome, après tout, avait un maître, et vit aussitôt se former une cour avec ses pompes obligées, avec son étiquette de fades et vides magnificences. Au lieu de se montrer en public avec la toge consulaire à franges rouges (*laticlave*), on vit l'empereur, portant l'antique habit royal tout de pourpre, assister, sans se lever de dessus sa chaise d'or, au défilé solennel des sénateurs. Le calendrier énuméra les jours de sa nati-

La nouvelle cour.

---

[1] [Cic. *Phil.* 2, 87. « *Cæsari, dictatori perpetuo, M. Antonium consulem populi jussu, regnum detulisse, Cæsarem uti noluisse.* »]
[2] [V. sur les faits auxquels se réfère M. Mommsen, Dio. 44, 9, 10, App. *Bell. civ.* 2, 108, 109. — Suet. *Cæs.* 79. — Plut. *Cæs.* 61. *Anton.* 72. — Hor. 3, 16, 4, 2. — Vell. 2, 56, et autres. Le récit détaillé appartient à la suite de cette histoire, si M. Mommsen l'entreprend jamais.]

vité, de ses victoires, et les jours votifs à lui consacrés. Quand il rentrait dans Rome, les plus importants de ses serviteurs se portaient en bandes et au loin à sa rencontre. Ne faire que l'approcher est tenu à grand avantage, à ce point que les loyers des maisons enchérissent dans le quartier où il habite. La foule qui assiège ses audiences rend si difficile l'accès jusqu'à lui, que même avec ses intimes il lui faut souvent converser par écrit, et que les plus notables personnages font antichambre chez lui des heures durant. En toutes choses, on s'aperçoit, bien plus d'ailleurs qu'il ne le voudrait, qu'on n'a plus affaire à un simple concitoyen. Puis, voici venir une noblesse monarchique, ancienne et nouvelle tout à la fois, et cela de singulière façon : la pensée première de son institution n'est autre que la substitution de la noblesse du roi à celle de l'oligarchie, le pur patriciat refoulant dans l'ombre le commun des nobles. Les patriciens, en effet, subsistaient encore sans droits, sans priviléges réels, mais formant toujours la même caste exclusive (II, p. 62, 63). Comme ils n'avaient point ouvert leurs rangs à des familles nouvelles (II, p. 24, et IV. *Add.* et *Var.* du t. II, p. VI) elles avaient été s'amoindrissant avec le cours des siècles : à l'heure où nous sommes, on ne comptait plus guère que 15 ou 16 *gentes* patriciennes. César, issu de l'une d'elles, fit conférer à l'empereur, par plébiscite, le droit d'en créer de nouvelles, fondant en regard de la noblesse républicaine sa noblesse patricienne à lui, celle-ci merveilleusement assortie de toutes les conditions qu'exige le régime monarchique, vernis des vieux noms, dépendance absolue envers le maître et totale insignifiance. Ainsi, et sous toutes ses faces, la domination césarienne se manifestait.

<small>La nouvelle noblesse patricienne.</small>

Sous un monarque à puissance en fait illimitée, il ne pouvait guère être question d'une constitution écrite, encore moins du maintien de l'ancienne institution républicaine, assise sur la coopération légiférante du peuple, du sénat et des divers magistrats. César en revint nettement à la tradition du temps des rois. Les comices demeurèrent, comme sous l'ancien roi de Rome et à côté de lui, la plus haute, la dernière expression de la volonté souveraine du peuple, tandis que le sénat, ramené à sa condition primitive, ne fut plus qu'un conseil consultatif pour le maître : celui-ci, enfin, concentrait à nouveau dans sa personne tous les pouvoirs de la magistrature, si bien que, comme les rois de l'ancien temps, il n'avait plus aucun fonctionnaire indépendant à ses côtés.

Sur le terrain législatif, le monarque démocratique demeure fidèle au dogme primitif du droit public de Rome. A l'assemblée du peuple seule, en commun avec le roi qui l'a convoquée, appartient le gouvernement organique de la chose publique, et le populiscite sanctionne régulièrement les *constitutions* émanées du chef de l'État. Sans doute, les comices actuels ne vivent plus de cette liberté forte d'autrefois : ils n'ont plus l'autorité morale et politique, s'abritant dans le *oui* et le *non* des anciens votes quiritaires : la part que les citoyens prennent à la législature, très-limitée sous l'ancienne république, mais du moins efficace et vivante, cette part n'est plus qu'une ombre vaine dans la pratique des institutions nouvelles. Non qu'il ait fallu contre les comices user de mesures restrictives et spéciales : l'expérience des siècles attestait assez qu'à l'égard du souverain nominal, tous les gouvernements, oligarchie ou monarchie, en avaient pris à leur aise. Mais, par cela même qu'ils sauvegardaient le principe de la souveraineté populaire, et qu'ils étaient une vivante protestation contre le *sultanisme* oriental, les comices césariens constituaient un élément sérieux dans le système ; et, pour indirecte qu'elle fût, leur importance était réelle.

D'une autre part, il ressort clairement des faits, comme il est vérifié par de nombreux témoignages, que César, tout le premier, et non pas seulement ses successeurs,

Législature.

Ordonnances.

avait remis en vigueur cette autre règle du droit public primitif, suivant laquelle toute ordonnance émanée du magistrat suprême, ou plutôt du magistrat unique, a force absolue, tant que dure sa magistrature ; et alors même que le pouvoir légiférant n'appartient qu'au roi et au peuple réunis, la constitution royale obtient vigueur à l'égal de la loi, jusqu'à la fin des pouvoirs de son auteur [1].

Le Sénat, conseil d'État monarchique. Mais bien qu'il accordât aux comices une part au moins nominale dans la souveraineté, le roi-démocrate n'était en aucune façon disposé à entrer en partage du pouvoir avec le précédent gouvernement, avec le collége sénatorial. Pour César, à l'inverse de ce qu'il fut plus tard sous Auguste, celui-ci ne devait rien être qu'un conseil suprême de l'empire, utile pour la préparation de ses lois, pour la promulgation des plus importantes ordonnances en matière d'administration, soit par voie de sénatus-consulte, soit du moins sous le nom du corps sénatorial. Il arriva, en effet, que tel sénatus-consulte fût rendu, dont aucun des sénateurs n'avait eu avis, hormis ceux appelés à la rédaction de son texte.

Du côté de la forme, nulle difficulté grande à ramener ainsi le sénat au rôle primitif de simple assemblée consultative, dont il était sorti jadis bien plus par le fait que par le droit : d'autre part, il était nécessaire de couper court à toute velléité de résistance. Comme l'aréopage d'Athènes avait été le foyer de l'opposition contre Périclès, le sénat romain l'était aussi contre César. Et ce fut pour ce motif, principalement, que les sénateurs, jusque-là au nombre *normal* de 600, au *maximum* (V, p. 362, n. I), nombre d'ailleurs singulièrement réduit à la suite des récentes crises, se virent tout-à-coup complétés extraordinairement et portés à 900 : de plus, afin de les

---

[1] [*Quod principi placuit legis habet vigorem*, dira plus tard Justinien, *Instit.*, 1, 3, 6.]

maintenir à ce même chiffre, tout au moins, les questeurs annuels, c'est-à-dire les membres nouveaux entrant chaque année dans le sénat, furent élevés de 20 à 40 [1]. Pour les fournées extraordinaires, le monarque se les réservait à lui seul. Et quant au recrutement ordinaire, il s'y était assuré une influence durable et décisive, en imposant par une loi aux colléges électoraux l'obligation de nommer questeurs les 20 premiers candidats munis de sa lettre de recommandation. Enfin, le chef de l'État était maître de conférer à tel individu non éligible les honneurs attachés à la questure ou à telle autre charge au-dessus de la questure, lui donnant ainsi du même coup, par une mesure exceptionnelle, un siége dans le sénat. Les choix complémentaires extraordinaires, naturellement, tombèrent sur des partisans du nouveau régime. Les portes de la corporation suprême s'ouvrirent non-seulement à des notables de l'ordre équestre, mais aussi à de simples plébéiens, à maints individus de douteuse provenance, sénateurs jadis rayés de la liste par les censeurs ou condamnés en justice, étrangers arrivés des Espagnes ou des Gaules, qui apprenaient à parler latin en entrant dans la curie, anciens officiers subalternes, non pourvus même de l'anneau des chevaliers, fils d'affranchis ou de gens de métier réputé vil, et bien d'autres encore.

Dans les cercles exclusifs de la haute société, pour qui cette transformation du personnel sénatorial était un sujet d'amertume et de colère, on ne voulut voir dans l'œuvre de César que l'abaissement prémédité du sénat. Comme si César eût été l'homme de la politique qui se suicide elle-même ! Bien décidé à n'avoir point un conseil qui le menât, il tenait cependant l'institution pour nécessaire.

Jugeant mieux le régent de Rome, on aurait dû se

---

[1] A notre compte approximatif (*loc. cit.*), on arrivera ainsi au chiffre moyen de 1000 à 1200 sénateurs.

dire qu'il voulait tout simplement dépouiller le sénat de son rôle de représentant absolu de la noblesse oligarchique, et le refaire ce qu'il avait été sous les rois, la grande consulte officielle représentant toutes les classes de l'État dans leurs plus intelligents éléments, et n'excluant nécessairement ni l'homme d'humble naissance ni l'étranger. Comme l'antique roi de Rome (I, p. 95, IV, *add. au t.* I, p. IX. — II, p. 10, et IV, *add. au t.* II, p. IV et V), César appelait dans son sénat des non-Italiens ! [1]

<small>Gouvernement personnel de César.</small>

La noblesse écartée du pouvoir et minée dans son existence, le sénat réduit à n'être plus qu'un instrument, le gouvernement et l'administration appartenaient désormais à l'autocratie pure et absolue : tout l'exécutif était dans la main du monarque. Et d'abord, en toute matière d'importance, l'empereur décidait en personne. César a su pratiquer le gouvernement personnel dans des proportions presque inconcevables pour nous, simples hommes d'aujourd'hui: Ce phénomène ne s'explique pas seulement par la rapidité, la sureté de travail du grand homme, il a aussi sa raison dans une cause plus générale. Quand nous les voyons, tous ces grands politiques de Rome, les César, les Sylla, les Gaius Gracchus, déployer une activité qui dépasse notre notion de l'activité humaine, ce miracle, n'en cherchons point la cause dans un amoindrissement de notre nature depuis ces temps, mais bien dans la révolution qui s'est faite dans la vie domestique. La maison romaine était une machine savante, où tout s'agençait et accroissait pour le maître, tout, jusqu'aux forces intellec-

---

[1] [On sait toutes les colères excitées par les fournées de Gaulois, ou d'officiers vétérans, appelés à la curie. — On s'en vengeait par des pamphlets, des placards et des bons mots :

« *Gallos Cæsar in triumphum ducit, idem in curiam.*
« *Galli braccas deposuerunt, latum clavum sumpserunt.* »

Et ailleurs : *Bonum factum, ne quis senatori novo curiam monstret* (Avis : N'indiquez pas la curie au nouveau sénateur) ! Suet. *Cæs.* 80.]

tuelles de ses affranchis et de ses esclaves : à savoir les gouverner, le maître unissait à son travail celui de tous les esprits à son service. C'était là vraiment l'idéal de la centralisation bureaucratique, idéal auquel tend de tout son zèle notre hiérarchie de comptoir, en restant bien loin derrière son modèle, de même que la puissance capitaliste demeure loin derrière le système de l'esclavage ancien! César sut étonnamment tirer parti de l'instrument qu'il avait conquis. S'agit-il d'un poste de confiance, nous voyons que systématiquement il le confie, à moins que d'autres considérations ne s'y opposent, à ses esclaves, à ses affranchis, à ses clients de basse extraction. Son œuvre montre en somme tout ce qu'un génie tel que le sien peut produire à l'aide de pareils serviteurs. Que si l'on se demande par le détail comment s'accomplirent toutes ces merveilles, on ne le tirera point au clair. Toute bureaucratie a aussi cela de commun avec la fabrique : le produit qui en sort n'appartient point à tel ou tel ouvrier, il est le produit de l'usine dont il porte l'estampille. Seulement c'est chose certaine jusqu'à l'évidence que César n'a point voulu d'aides ayant une influence personnelle sur ses créations, ou même ayant le secret de son dessein : maître et maître unique, il travailla sans associés, et n'employa que des ouvriers.

Il va de soi d'ailleurs que, dans les choses de la politique, il évita, autant qu'il le put, d'agir par mandataire. Était-il obligé d'y recourir durant ses fréquentes absences de Rome, par exemple, lui fallait-il y instituer un représentant suprême, il ne voulait point, chose à noter, de son représentant légal ordinaire, le *préfet urbain :* il se choisissait son homme de confiance, sans compétence officielle reconnue. Le plus souvent il donna ses pouvoirs à son banquier, à un souple et habile négociant phénicien, à *Lucius Cornelius Balbus* de Gadès [1]. En admi-

[1] [VII, p. 253-254. Il usa au même titre des services d'Oppius et

Gouvernement personnel en matière de finances.

nistration, il garda par devers lui, sur toutes choses, la clef du Trésor, dont le sénat s'était emparé à la chute des rois : s'assurant le pouvoir, il ne la confia plus qu'à des serviteurs à lui dévoués exclusivement et jusqu'à la mort.

Son domaine privé, naturellement, demeura séparé du domaine de l'État : mais il n'en garda pas moins la haute-main sur tout le système financier et monétaire, et il géra la fortune publique comme lui-même et les grands de Rome avaient coutume de gouverner leur propre fortune. A l'avenir, la recette des tributs provinciaux, et l'administration monétaire en général seront attribuées à des esclaves et à des affranchis de l'empereur, à l'exclusion des personnes de rang sénatorial, mesure grave dans ses conséquences et d'où sortiront un jour la classe importante des *procurateurs* et la « *maison impériale.* »

Les provinces.

Il en fut autrement des provinces. Placées pour les finances sous la main des nouveaux collecteurs impériaux, plus que jamais elles devenaient de purs commandements militaires, l'Égypte seule demeurant confiée aux agents directs du monarque. Isolés complétement sous le rapport géographique, en même temps que fortement centralisés sous le rapport politique, les pays des bords du Nil, ainsi que le prouvent de reste les nombreuses tentatives des émigrés et chefs de faction italiens, durant les dernières crises, offraient un terrain commode à qui voulait s'y établir. Mieux que partout ailleurs un général habile pouvait s'y débarrasser à toujours du joug de la métropole. C'est pour cette raison, on doit le croire, que César, au lieu de déclarer l'Égypte province romaine,

43 av. J.-C.

d'Aulus Hirtius, son ancien lieutenant et le rédacteur du dernier livre des *Commentaires sur la guerre des Gaules* (VII, p. 340 et *supra* p. 10); de M. Æmilius Lepidus, son préfet dans Rome pendant la campagne d'Ilerda (VII, p. 260), le futur collègue d'Octave et de M. Antoine dans le triumvirat de 711, de M. Antoine, lui-même, son maître de la cavalerie en Italie, pendant la campagne d'Orient, et d'autres encore.]—

aima mieux y tolérer les inoffensifs Lagides : pareillement, les légions en stationnement, loin d'être laissées à un sénatorien, à un homme de l'ancien gouvernement, furent remises à un *domestique* de l'empereur (*supra*, p. 12), comme il avait été fait pour les places de collecteurs de l'impôt.

En même temps, il prit souci, toujours, de ne point donner le commandement des soldats romains à des valets, à l'instar des rois de l'Orient. Il demeura de règle que les grandes provinces avaient pour gouverneurs des consulaires, et les moindres, d'anciens préteurs ; et, supprimant les cinq années d'indisponibilité, prescrites par la loi de 702 (VI, p. 171), il en revint à l'ancienne pratique : aussitôt la sortie de charge à Rome, le magistrat provincial entra dans son gouvernement. En revanche, le régent se réserva la répartition des provinces entre les candidats idoines, répartition qui jadis se faisait tantôt par plébiscite ou par sénatus-consulte, tantôt de commun accord entre les titulaires, par la voie du sort [1]. D'ailleurs, en obligeant plus d'une fois les consuls en charge à se démettre, avant la fin de l'année, pour faire place à des suppléants (*consules suffecti*), en élevant de 8 à 16 le nombre des préteurs annuels, en conférant à l'empereur la nomination de moitié de ces préteurs, comme il avait celle de la moitié des questeurs, en se réservant aussi la faculté de nommer, sinon des *consuls*, du moins des préteurs à simple titre honoraire, comme il nommait déjà des questeurs surnuméraires, César s'assurait un personnel de créatures largement suffisant pour l'administration des provinces. De même que leur nomination, leur rappel ne

52 av. J.-C.

44.

---

[1] [C'est ainsi qu'au commencement de 710, dans la prévision de son prochain départ pour l'Asie, il nomme ou fait nommer les seize préteurs, parmi eux C. Cassius, M. Brutus, Lepidus, qui aura la Narbonnaise, et qui cède la maîtrise de la cavalerie à Domitius Calvinus. Asinius Pollio a l'Espagne ultérieure. Decimus Brutus et Trebonius figurent aussi sur la liste pour cette année et l'année suivante. (Suet. *Cæs.* 41. Drumann, 3, 681).]

dépendait que de lui : il s'établit en règle que le proconsulat ne devait pas durer plus de deux ans, le propréteur ne restant, au contraire, qu'une année dans sa province.

La Métropole. — En ce qui concerne la métropole et la résidence impériale, César voulut assurément la confier de même, et pour un certain temps, à des administrateurs nommés par lui. En conséquence, il ressuscite l'ancienne organisation du temps des rois (I, p. 89) ; et, à diverses fois, pendant ses absences, il prépose aux affaires de la cité, soit un, soit plusieurs officiers, ses représentants directs, sans rogation au peuple, et pour un délai indéterminé. Concentrant en eux toutes les attributions administratives, ils ont même le droit de battre monnaie en leur nom, mais non, comme bien on pense, à leur effigie [1]. Au cours de l'an 707 et des neuf premiers mois de l'an 709, on ne voit dans Rome ni préteurs, ni édiles curules, ni questeurs : en 707, encore, il n'y a de consuls nommés qu'à la fin de l'année, et en 709 César est consul unique.

Tout cela ne ressemble-t-il point à un essai de rétablissement de l'antique pouvoir royal, jusque dans Rome elle-même, essai qui ne s'arrête qu'aux limites commandées par le passé démocratique du nouveau monarque ? Ne laissant debout, en dehors du roi, d'autres magistrats que le préfet urbain, quand le roi n'est point dans la ville, et les tribuns et édiles plébéiens, lesquels ont charge de veiller aux franchises populaires, consulat, censure, préture, édilité curule et questure, César supprime tout le reste [2]. Un peu plus tard, il est

---

[1] [P. 70.]

[2] Aussi voyez les prudentes formules employées par les lois de César, au sujet des grandes magistratures : *Cum censor aliusve quis magistratus Romæ populi censum aget* (lex Jul. municip.; l. 141): — *Prætor iste quei Romæ jure deicundo praerit* (l. Rubr. passim): *Quæstor urbanus queive aerario praerit* (l. Jul. munic., l. 37 et passim). [V. les textes et commentaires de ces lois au *Corp. lat. insc.* pp. 115 et s.]

vrai, il prendra une voie autre, ne s'arrogeant point le titre de roi, et se gardant de détruire ces vieux noms grandis avec la glorieuse histoire de la république. Aux consuls, préteurs, édiles, tribuns et questeurs, il maintiendra leur compétence en la forme : mais leur situation ne laissera pas que d'être du tout au tout changée. L'empire ramené à la métropole, c'était là la pensée fondamentale sous la république ; et les magistrats municipaux de Rome étaient vraiment magistrats de l'empire. Dans la monarchie césarienne, il en advint autrement : les magistrats de la capitale ne constituèrent plus que la première des *municipalités* ; le consulat ne fut plus qu'un titre nominal, sans autre signification pratique que l'expectative y attachée d'un grand gouvernement provincial. Par la main de César, la ville romaine subit le sort qu'elle avait de coutume réservé aux cités sujettes ; et sa suzeraineté se transforma en une sorte de franchise communale au sein de l'État.

Déjà nous avons dit que les préteurs et questeurs furent doublés : autant en advint des édiles plébéiens, auxquels s'adjoignirent deux *édiles des céréales* (œdiles ceriales), préposés à l'approvisionnement de la ville. Rome a toujours la nomination aux offices, nomination libre pour ce qui est du consulat, du tribunat et de l'édilité du peuple : nous avons indiqué plus haut que pour les préteurs, les édiles curules et questeurs à nommer annuellement, l'empereur s'est réservé le droit de propositon, et que ce droit lie les électeurs. Nulle atteinte directe aux antiques palladiums des libertés populaires : que si toutefois tel ou tel tribun se montre récalcitrant, on sait fort bien agir contre lui, le déposer même et le rayer de la liste des sénateurs [1]. L'empereur est son propre ministre dans toutes les questions générales ou importantes : par ses serviteurs, il est maîtres des finances, par ses lieutenants, de l'armée : il

[V. *supra*, p. 58 n. 1.]

a réduit les anciens magistrats de la république au rôle de simples officiers municipaux : à tous ses pouvoirs enfin il ajoute le droit de désignation de son successeur. L'autocratie est fondée.

Église d'État.

Dans la hiérarchie religieuse, au contraire, bien qu'il ait promulgué une loi explicite sur cette partie du système politique, César n'innova en rien d'essentiel, sauf sur un point. Il rattacha le pontificat suprême et la dignité augurale à la personne du régent : de même, et comme conséquence, il créa un quatrième siège dans chacun des trois grands collèges, et trois nouveaux sièges dans le quatrième, celui des *Epulons*. La religion d'État avait servi d'étai puissant à l'oligarchie républicaine : rien n'empêche qu'elle ne rende pareil service à la monarchie. La politique religieuse conservatrice du sénat émigre chez les nouveaux rois de Rome. Varron, l'obstiné conservateur, publie-t-il en ces temps ses « *Antiquités des choses divines*[1], » ce code religieux de la théologie d'État de Rome, il le dédie tout naturellement à César, grand-pontife. L'auréole amoindrie qui brillait encore autour du Jupiter romain, rejaillit sur le trône fondé d'hier, et les vieilles croyances italiques, à leurs dernières lueurs, servent d'instrument passif à un *Césaropapisme* aussi vide, il est vrai, qu'impuissant.

Juridiction royale.

L'antique juridiction royale est restaurée dans les choses de la justice. De même que le roi était à l'origine le juge suprême des matières civiles et criminelles sans avoir, au criminel à s'arrêter devant le recours en grâce de l'appel

---

[1] [*Antiquitates rerum divinarum*, seconde partie, divisée en XVI livres, de son grand traité des *Antiquités*, et dont le plan a été imité par St Augustin dans sa « *Cité de Dieu*. » Il y rendait compte de la mythologie et des rites italiens, depuis les plus anciens temps. Prêtres, temples, sacrifices et victimes, fêtes et cérémonies, tout ce qui faisait la matière du culte y était savamment exposé. — V. sur Varron, polygraphe, *infra*, ch. XII ; et *L. H. Krahner, Comentatio de M. T. Varr. antiquitatum ..... libris*, Hal. Sax. 1834 : — *Franeken, Dissertatio exhibens fragmenta T. Varr. quae inveniuntur in libris S. August. de Civit. Dei*. Lugd. Batav. 1836.]

au peuple, ou à renvoyer aux jurés la décision sur le litige civil, de même César s'arroge le droit d'attirer à lui les causes capitales et privées : il les juge seul alors, et les termine par sentence, fût-il même absent de Rome. En cas d'absence, il les fait vider par le haut magistrat dans la ville. Et de fait, nous le voyons, à l'instar des rois de Rome, tantôt siégeant au Forum et jugeant, devant tous, les citoyens accusés de haute trahison, et tantôt dans sa maison, disant la sentence au regard des princes-clients traduits pour semblable crime [1]. Les citoyens romains semblent n'avoir plus sur les autres sujets qu'un seul privilége, celui de la publicité du débat.

Mais, quelque impartialité, quelque soin qu'y pût apporter César, à ressusciter ainsi la fonction royale du souverain justicier il ne pouvait juger, la nature des choses le voulait, que le scas exceptionnels. Force lui fut, dans les causes civiles et criminelles ordinaires, de laisser la justice aux mains des anciens magistrats républicains. Comme au temps jadis, les criminels sont traduits devant les *commissions* spéciales de jurés, assignées aux divers délits : au civil, on va comme avant devant le tribunal *centumviral* des successions, ou aussi devant le juge unique donné pour le cas : la présidence et la conduite des

<small>Maintien des anciennes juridictions.</small>

---

[1] [Ainsi ce fut dans la *maison* de César que se plaida (novemb. 709) le procès du roi Déjotarus, accusé par son petit-fils, Castor, d'avoir conspiré contre la vie du dictateur lorsque, revenant du Pont, après avoir vaincu Pharnace à Ziéla, il avait accepté l'hospitalité du roi Galate. Cicéron défendit celui-ci, et nous avons son plaidoyer (*Pro rege Dejot.*). César s'était adjoint comme conseils quelques amis, et notamment le jurisconsulte *Serv. Sulpicius Rufus* (VII, p. 258). — Il ne rendit pas de suite son jugement : et « ce fut » le poignard de Brutus, » dit Drumann (6, p. 305), « qui rendit la sentence d'acquittement. » Il est vrai qu'après la mort du dictateur les amis du roi intéressèrent *Fulvie*, la femme de M. Antoine, à sa cause, moyennant un billet de 100.000,000 HS. Sur quoi Antoine fit afficher au Forum que César, par ses dernières volontés, restituait Déjotarus dans toutes ses possessions ; et Cicéron de dire : *Hæc vivus eripuit, reddit mortuus* (*Philipp.* 2, 37, 94 ; cf. 95).]

<small>45 av. J.-C.</small>

procès demeurant, dans Rome, aux préteurs principalement, dans les provinces aux gouverneurs.

Pour ce qui est des crimes politiques, ils appartiennent de même, et sans innovation en ce point, à une commission de jurés ; mais César, dans une ordonnance expresse [1], a pris soin de spécifier et définir les actes légalement punissables ; et, excluant libéralement tous les procès d'opinion et de tendance, il a édicté comme peine, non la mort, mais l'exil. On se rappelle que les sénatoriaux n'avaient voulu de jurés que ceux tirés du sénat, que les purs sectaires des Gracques, au contraire, n'admettaient que les chevaliers. César, fidèle à son système de pacification des partis, s'en réfère simplement à la loi de transaction de Gaius Aurelius Cotta (VI, p. 242), sous la réserve sans doute des dispositions modificatives de la loi pompéienne de 699, c'est-à-dire, en mettant de côté les *tribuns du trésor (aerarii)*, sortis des dernières couches du peuple, en exigeant un cens judiciaire de 400,000 sesterces (30,000 *thal.*, = 113,500 fr.) au *minimum*, et en admettant ensemble et sénateurs et chevaliers aux fonctions du jury, pomme de discorde si longtemps disputée.

Les justices royale et républicaine avaient d'ailleurs concurremment compétence, si bien que la cause pouvait être portée soit devant le tribunal du roi, soit devant le juge auquel elle ressortissait dans l'institution du temps de la république. Naturellement, en cas de conflit, la juridiction royale l'emportait : mais, une fois rendue devant

[1] [La loi *Judiciaria*, de César, de l'an 705, avait réglé les juridictions, conformément aux indications fournies par le texte, et en reprenant en sous-œuvre les lois *Aurelia* (du préteur (684) *Gaius* (ou *Lucius*, suivant M. Mommsen) *Aurelius Cotta*, l'oncle maternel du dictateur, et le *quindecemvir* cité p. 74, n. 1), et *Pompeia* (*lex Pompeia judiciaria* (VII, p. 157).]

Quant aux lois Juliennes pénales proprement dites : citons la loi des concussions (*repetundarum*) de l'an 704 probablement, puis celles de l'an 705 : *L. de majestate*, *L. de vi* (V. à l'appendice la liste des diverses lois juliennes).]

VIEILLE RÉPUBLIQUE, NOUVELLE MONARCHIE

l'un ou l'autre siége, la sentence était définitive. En quelques circonstances pourtant, et par une voie détournée, le nouveau roi sut fort bien aussi se réserver une faculté de révision.

Appel devant le Monarque.

Les tribuns du peuple, en déclarant l'*intercession*, avaient pu jadis arrêter ou casser, comme tout autre acte de la fonction des magistrats, les verdicts mêmes des jurés institués par eux, sauf pourtant au cas exceptionnel où la loi excluait cette intervention tribunicienne : il en était ainsi, par exemple, des tribunaux jurés des *centumvirs* établis par une législation récente (V, p. 376), et des diverses *commissions criminelles* spéciales. Partout ailleurs, en vertu de ses fonctions de tribun du peuple, l'empereur avait donc pouvoir d'annuler tout verdict, toute décision rendue en justice jurée, dans les matières civiles ordinaires et privées, puis d'évoquer par devant lui la cause, de par sa compétence souveraine.

Par ce moyen, en outre de sa juridiction royale en dernier ressort, laquelle concourait avec les juridictions ordinaires, César ne créait rien moins qu'une sorte de tribunal d'appel, qu'une procédure à la fois de première et seconde instance, absolument inconnue des anciens, procédure qui grandit en importance dans la suite des temps, et qu'on verra pratiquer jusque dans les temps modernes [1].

Décadence de la justice romaine.

Toutes ces innovations, nous ne voulons pas dire ces améliorations, quand nous songeons à la plus considérable, à l'appel ainsi réglé, ne remédièrent point, tant s'en faut, aux abus du système judiciaire. Dans un état à esclaves, le procès criminel est nécessairement vicié,

---

[1] Ce n'est, à vrai dire, que sous le règne d'Auguste que ces principes nouveaux fonctionnent et se manifestent au complet : mais comme ces remarquables réformes judiciaires se trouvent contenues, pour ainsi dire, dans l'*institution impériale* telle que César l'a ordonnée, il nous semble à propos de les faire aussi remonter jusqu'à lui.

puisqu'en fait, sinon en droit, il tombe dans la main des maîtres. Le Romain, on le comprend, ne punissait pas le délit de son esclave comme un délit en soi : il mesurait le châtiment aux services ou à l'agrément qu'il tirait du coupable : les esclaves criminels étaient mis à l'écart, à peu près comme les bœufs rétifs, et, comme on vendait ceux-ci pour l'abattoir, on vendait ceux-là pour l'école des gladiateurs [*ad ludum*] [1].

A l'encontre des hommes libres, le procès criminel, purement politique à l'origine, et demeuré tel en grande partie, avait perdu, dans les troubles des temps récents, son caractère exclusivement judiciaire : il s'était changé en une lutte de faction, où l'on combattait avec la faveur, l'or et la force. C'était, d'ailleurs, le tort de tous, magistrats, jurés, parties, public même : mais nul n'infligea au droit de plus mortelles blessures que les avocats et leurs pratiques. Sous l'efflorescence parasite du beau langage des diseurs de cause, les notions positives du droit avaient disparu étouffées ; et l'on ne retrouvait plus dans les usages de la jurisprudence la ligne de démarcation, souvent fugitive aux yeux du peuple, qui sépare la simple opinion de la preuve. Écoutez parler le *causidicus* le plus rompu aux affaires en ces temps ! « Choisissez bien votre » accusé, s'écrie-t-il ; quel que soit le crime, et qu'il l'ait » ou non commis, vous pouvez le traduire : il sera sûre- » ment condamné ! » Il nous reste, de ce siècle, de nombreux plaidoyers en matière criminelle : à peine si l'on pourrait en citer un entre tous, où l'avocat ait pris soin de fixer et définir la prévention et de formuler nettement la preuve à charge et à décharge [2].

---

[1] [Gaius, 1, 13. — Paull. *Sentent.* 5, 17, 1, et *Ulpian,* cité par le compilateur de la *Mosaic. et roman. legum collatio,* 11, 7, 4.]

[2] Cicéron, dans son *Traité de l'Orateur* (*de Orat.* II, 42), fait allusion surtout aux procès criminels quand il met cette remarque dans la bouche d'*Antonius,* le grand avocat : « Les hommes jugent » le plus souvent selon leurs haines, leur affection, leurs désirs, leur

Avons-nous besoin de le dire, la même contagion infectait la procédure civile : elle subissait les influences des passions politiques, qui se mêlaient à toutes choses : et, par exemple, dans la cause de *Publius Quinctius* (674-673), on vit rendre tour à tour les décisions les plus contradictoires, selon que Cinna ou Sylla avait la haute main dans Rome [1]. Les porteurs de pouvoirs des parties, non juristes souvent, ne contribuaient pas peu, de dessein prémédité ou non, à accroître la confusion. Cependant, par la nature même des choses, l'esprit de faction n'envahissait qu'exceptionnellement les prétoires civils, et la plaidoirie chicanière n'y pouvait point assaillir ni entamer aussi profondément les saines doctrines du droit. Les défenses qui

89 av. J.-C.
81.

» colère ou leur douleur : joie, espérance, crainte ou erreur, ils
» obéissent aux émotions de leur âme, plutôt qu'à la vérité ou qu'au
» prescrit du texte, ou aux règles de droit, plutôt qu'à la formule du
» procès ou qu'à la loi. » [*Plura enim multo homines judicant odio aut amore, aut cupiditate, aut iracundia, aut dolore, aut lætitia, aut spe, aut timore, aut errore, aut aliqua permotione mentis, quam veritate aut praescripto, aut juris norma aliqua, aut judicii formula, aut legibus*]... Et, se fondant là-dessus, il déduit et complète en ce sens son enseignement pour les avocats, ses auditeurs.

[1] [Le plaidoyer pour Quinctius, dans l'opinion des principaux critiques, est le premier en date de tous ceux de Cicéron. Il fut, en tous cas, son premier plaidoyer *in causa privata*, et nous a été en entier conservé. Cicéron avait alors 26 ans, et revenait d'Athènes : il eut le grand Hortensius pour avocat adverse. — Quiconque s'est assis sur le banc des écoles, connaît ce curieux procès fait à Quinctius. Au fond, il ne s'agit que d'un débat terre à terre entre un oncle et son neveu (*Nævius*), au sujet d'un compte de gestion d'un domaine exploité en société dans la Narbonnaise. — Répétitions réciproques, lenteurs préméditées, chicanes, le procès porté jusqu'à Rome; assignations en comparution devant le préteur : envoi en possession de Nævius, parce que Quinctius n'a pas comparu ou n'a pu comparaître dans le délai utile, caution (*judicatum solvi*) demandée et débat sur cette caution, etc., etc.; toute cette procédure hérissée d'incidents est exposée par Cicéron, qui à plusieurs reprises atteste la protection donnée à Nævius par le préteur Syllanien. On suppose que Quinctius gagna son procès, en fin de compte. — V. Drumann, 3, p. 82-84. — Th. Mommsen, *Zeitschrift für Alterl. Wissensch.* (*Journal de la science de l'antiquité*), 1845, pp. 1086-1099. — *Real-encycl. Pauly*, V. *Nævius*.]

nous restent, sans être de bons et vrais mémoires d'avocats, dans le sens strict du mot, tiennent bien moins du libelle que ne le font les harangues criminelles ; on y a davantage souci de la jurisprudence. Un jour, on se le rappelle, César laissa Pompée mettre un bâillon à la bouche des avocats (VII, p. 171), il renforça même les mesures prises. A cela il n'y avait pas grand mal. Il y aurait eu même tout bénéfice, avec une institution de magistrats et jurés mieux choisis, mieux surveillés, et si l'on avait mis fin à la corruption ou à la peur des juges. Il est difficile, sans doute, de détruire dans l'esprit de la foule le sentiment sacré et le respect du droit ; il est plus difficile encore de les faire renaître. A déraciner cent abus, le législateur ne remédiait pas au vice fondamental : le temps lui-même, le grand guérisseur des maux guérissables, n'apportait qu'un remède douteux.

Décadence de l'armée.

L'armée romaine, au temps de César, était à peu de chose près dans la même condition que l'armée carthaginoise au temps d'Annibal. Les classes gouvernantes fournissaient encore seules l'état-major : le simple soldat se recrutait parmi les sujets, plébéiens et provinciaux. Le général, financièrement et militairement, s'était fait presque indépendant du pouvoir central ; dans la bonne et la mauvaise fortune, il n'avait guère à compter que sur lui-même et sur les ressources directes de sa province. La vertu civique, le sentiment national avaient déserté les aigles. L'esprit de corps restait l'unique et intime lien. L'armée n'était plus le bras de la république. En politique, nulle volonté qui lui soit propre ; elle se plie, docile, à la volonté du chef : dans la guerre, sous la main de ses tristes capitaines habituels, elle n'est plus qu'une tourbe flottante et sans force. Mais vienne un vrai général, aussitôt elle se relève, et elle atteint à une perfection que la milice citoyenne ne peut connaître.

Quant au personnel des officiers, la décadence est des plus profondes. Les hauts ordres, sénateurs et chevaliers, s'étaient de plus en plus désaccoutumés du métier des armes. Jadis on se disputait les grades dans l'état-major : aujourd'hui, qu'un simple chevalier consente à servir, sa promotion au tribunat militaire est assurée ; déjà même, pour remplir les cadres, il faut descendre aux hommes de médiocre extraction. Un citoyen de bonne famille entre-t-il dans les légions, il s'arrange pour passer son temps en Sicile ou dans quelque autre province où jamais il n'ira à l'ennemi. On est un phénomène à se montrer d'une bravoure et d'une habileté même vulgaires ; et les contemporains de Pompée, notamment, en faisant de lui un dieu Mars, se jetèrent tête baissée dans une admiration dangereuse. Aux jours de désertion et d'émeute, l'état-major était le premier à donner le signal ; et, en dépit de la coupable mollesse des chefs, c'était un incident quotidien que leur renvoi demandé par les soldats. César a retracé de sa main, non sans pointe d'ironie, les scènes qui se passèrent dans son camp, à la veille de marcher contre Arioviste : tous le maudissent, tous pleurent, chacun de faire son testament ou de solliciter instamment son congé (VII, p. 49) [1] !

Parmi les légionnaires, vous n'en trouvez plus un seul qui sorte des hautes classes sociales. Légalement, tout citoyen, comme par le passé, doit le service militaire ; mais la levée se fait sans règle, et d'une manière absolument inique : on passe à côté de nombreux assujettis, pendant qu'on retient trente ans et plus sous les aigles le milicien une fois enregimenté.

Quant à la cavalerie civique, elle a encore apparence de vie : en réalité, elle n'est plus qu'une garde noble montée. Tous ces beaux cavaliers parfumés, tous ces précieux chevaux de luxe ne jouent plus de rôle que dans les fêtes de la capitale. La milice de pied légionnaire ne

---

[1] *B. g.* I. 39.

consiste plus qu'en un ramas de mercenaires pris dans les plus basses couches de la population romaine : aux sujets désormais, à fournir exclusivement la cavalerie et les troupes légères ; et tous les jours leur nombre s'accroît dans les rangs même de l'infanterie de ligne. Quant aux centurions, autrefois chefs énergiques et surs des cohortes, et qui partis des derniers rangs des *pilani* (VII, p. 362, n. 1) sous l'ancienne règle, conquéraient à la longue le *cep de vigne* (*Ibid.*, p. 363), leur promotion aujourd'hui est due à la seule faveur, souvent même à une enchère en argent. Est-il besoin de le dire ? Le désordre étant au comble dans les finances de l'État, et la plupart des magistrats se laissant acheter et fraudant, la solde du légionnaire était irrégulièrement payée ou ne l'était qu'à moitié. De cet état de choses il sortait la conséquence forcée. Le plus souvent, les armées romaines pillaient les provinces ; tous les jours en révolte contre leurs chefs, devant l'ennemi elles se dispersaient : et l'on en vit une, considérable par le nombre, celle de Marcus Pison, en Macédoine (697), se fondre totalement, sans combat, sans défaite, par le seul effet de cette gangrène intérieure (VII, p. 146). Et pourtant, de ces mêmes éléments viciés, d'habiles capitaines, Gabinius, Pompée, César, surent tirer encore de bonnes et vaillantes armées, des armées modèles sous plus d'un rapport, mais appartenant à leur général bien plus qu'à l'État. Nous ne parlons pas de la marine, sa ruine était bien plus complète encore, par-dessus toute chose antipathique aux Romains, le service naval ne s'était jamais nationalisé chez eux. Là encore, sous le régime oligarchique, tout ce qui pouvait périr avait péri, en fait de système et d'organisation.

57 av. J.-C.

Réorganisation par César.

César, pour remettre sur pied l'état militaire de Rome, se contenta de renouer et resserrer le lien de la discipline, que des chefs faibles et incapables avaient laissé tomber. Il ne pensa point que l'armée eût besoin d'une réforme radicale, ni qu'elle la pût supporter : il la prit

VIEILLE RÉPUBLIQUE, NOUVELLE MONARCHIE

telle quelle, comme Annibal avait pris la sienne. Quand nous le voyons statuer, dans sa *loi municipale*, que pour être apte avant l'âge de 30 ans à une magistrature locale, ou aux fonctions de *duumvir* ou de *quatuorvir*, il faut avoir servi trois ans comme cavalier, c'est-à-dire avec rang d'officier, ou six ans dans l'infanterie [1], nous constatons bien par là qu'il a tenté d'attirer dans l'armée les hommes de bonnes familles : mais il demeure évident aussi que l'esprit militaire s'effaçant de plus en plus au sein de la nation, le régent regardait comme impossible d'attacher absolument, comme autrefois, l'aptitude aux honneurs civiques à la condition du temps de service accompli dans son entier. Par le même motif, il ne tenta point de réorganiser l'ancienne cavalerie civique. Il améliore les recrutements ; il règle et accourcit les congés : mais il s'en tient à l'infanterie de ligne levée dans les basses classes du peuple romain, à la cavalerie et à l'infanterie légères formées des contingents des sujets. Chose qui surprend, il ne fait rien pour réorganiser la flotte de guerre. Par une innovation des plus graves, et non sans danger pour son auteur même, contraint qu'il y est sans doute par l'insuffisance de ses cavaliers du contingent sujet (VII, p. 86), il met en oubli la vieille tradition militaire de Rome, qui prohibe les soldats mercenaires, et introduit dans ses escadrons des étrangers à sa solde, des Germains surtout. Il innove encore en instituant des *lieutenants-de légion à pouvoir prétorien (legati legionis pro-prætore)* (VII, p. 360). Auparavant, la légion marchait conduite par les tribuns militaires, à la nomination soit du peuple, soit du gouverneur de province : ces officiers, au nombre de six, alternaient dans le commandement ; et ce

Mercenaires étrangers.

Lieutenants de légion.

---

[1] [*Lex Jul. municip.* = *Corp. inscript. latin.* p. 121, l. 89. — Egger, *latin. serm. vetustioris reliquiæ*, L, § VI, p. 304. — Sur cette loi, déjà plusieurs fois citée (V. *supra*, p. 88, *n.*), et sur laquelle nous aurons à revenir souvent, V. *appendice*, lois principales de César.]

n'était que par mesure transitoire, et dans les cas extraordinaires, que le général lui donnait un chef unique (VII, pp. 360-364). Désormais les commandants de légion, ou *lieutenants pro-préteurs* formeront une institution permanente et régulière ; ils ne seront plus nommés par le *préteur* de la province auquel ils obéissent, mais par le régent suprême de Rome ; et la création nouvelle remonte, ce semble, aux arrangements pris par César, à l'occasion et en suite de la loi Gabinia (VI, p. 253, et *n.* 1). Pourquoi cette introduction d'un officier supérieur, inconnu jusque-là dans le cadre de la hiérarchie militaire ? Le besoin se faisait sentir, j'imagine, d'une centralisation plus forte dans le commandement : de plus, les officiers bons et capables devenaient rares. Enfin et surtout, il importait à l'empereur d'établir dans l'armée même, et dans la personne des lieutenants à sa nomination directe, un contre-poids sérieux à la puissance des gouverneurs de province.

Le nouveau général en chef.

Mais le changement le plus important dans l'organisation nouvelle, c'est, sans contredit, le poste réservé à l'empereur, chef permanent de l'armée. A la place de l'ancien collège de gouvernement, ignorant des choses de la guerre et de tous points inefficace, l'empereur en personne tiendra l'armée tout entière dans sa main. A une direction presque purement nominale, succède un commandement suprême, réel et énergique. Comment se gérait-il en face des chefs militaires spéciaux, tout puissants dans leur province ? Sur ce point, nous n'avons aucun document précis. On peut ici, par voie d'analogie, se remettre en mémoire les rapports établis entre les anciens préteurs et le consul, ou encore entre le consul et le dictateur. Le gouverneur, dans sa province, avait l'autorité militaire suprême ; mais, à tout instant, l'empereur était en droit de la lui reprendre, pour lui-même ou pour son délégué. En outre, tandis que l'*imperium* du gouverneur était limité à sa province, celui de l'empereur, pareil à l'autorité royale ou consulaire des plus anciens temps, ne reconnaissait d'autres limites que les frontières de l'empire. Je tiens pour hautement probable que, dès ce jour aussi, en même temps qu'il se réservait le choix direct des lieutenants légionnaires, César avait ramené à lui la collation des grades de tribun militaire et de centurion, de tous ceux, au moins, laissés jusque-là à la nomination du gouverneur de province [1]. De même, l'organisation du recrutement, des congés définitifs, et les cas criminels les plus graves ressortirent, j'imagine, de son pouvoir souverain. La compétence des préteurs et proconsuls ainsi réduite et définie, le contrôle impérial ainsi régularisé, on n'avait plus à craindre pour les armées ni leur dépérissement par le vice d'une négligence fatale, ni leur changement en une horde à la dévotion des généraux.

La situation tournait décidément à la monarchie militaire, quand César prit le commandement suprême. Toutefois il s'en fallait de beaucoup qu'il voulût faire de l'armée toute seule la base et l'instrument de sa puissance. L'armée permanente, il la tenait pour nécessaire dans l'État césarien; mais cette nécessité ne s'imposait à lui que par la raison géographique : n'était-il pas besoin de rectifier les frontières immenses de l'Empire, et de les assurer par des garnisons à demeure? Soit avant, soit pendant la dernière guerre civile, César avait travaillé à la pacification de l'Espagne : en Afrique, sur les confins du grand désert, au nord-ouest, sur la ligne du Rhin, il avait établi des postes solides. Il s'occupa de garnir de même les territoires de l'Euphrate et du Danube. Il nourrissait avant tout un projet d'expédition contre les Parthes : il voulait venger la journée de Carrhes, et comptait employer trois ans à cette

Plan militaire de César.

Défense des frontières.

---

[1] On sait qu'une partie des tribuns militaires était jadis élue par le peuple (IV, pp. 55-56, 104 : VII, p. 361). César, ici encore démocrate exact, n'innova point à la règle.

guerre. C'était prévoir juste que de régler une bonne fois les comptes de Rome avec un dangereux ennemi. Il préméditait aussi une attaque contre le Gète *Boerebistas*, l'infatigable batailleur, qui s'étendait en conquérant sur les deux rives du Danube [1]. Enfin il songeait à protéger l'Italie du côté du nord-est, par les mêmes moyens que ceux appliqués au nord des Gaules. Rien ne démontre d'ailleurs qu'à l'instar d'Alexandre, César ait jamais rêvé une carrière infinie de victoires et de conquêtes. Quelques-uns, il est vrai, racontent qu'après les Parthes, il devait marcher contre les peuples de la mer Caspienne ; de là, remonter vers la mer Noire ; puis, contournant son rivage septentrional, revenir vers le Danube, réduire sous sa loi tous les Scythes et les Germains, du Danube à l'Océan boréal, peu éloigné de la Méditerranée, selon les croyances géographiques de son temps ; et enfin rentrer en Italie par les Gaules.[2] Mais, je le demande, sur quel fondement, sur quelle autorité s'appuient ces fantastiques desseins ? Étant donné l'empire romain de César, avec son agglomération déjà colossale d'éléments barbares, quasi indomptables, et dont l'assimilation à elle seule exigeait le travail de plusieurs siècles, de telles conquêtes, à les supposer militairement exécutables, eussent-elles été autre chose que la répétition plus éclatante et plus funeste de la faute du Macédonien, de l'expédition dans l'Inde ? Si l'on en juge par la conduite de César en Bretagne et en Germanie, et par les actes de ceux qui furent les héritiers de sa pensée politique, tout porte à croire au contraire que, fidèle à la doctrine de Scipion Emilien, au lieu de demander aux dieux l'extension du territoire de l'Empire, il n'eut souci que de le conserver intact. S'il voulut encore des conquêtes, il les voulut pour l'organisation meilleure des frontières, et cela, selon la mesure grandiose de son génie. Il voulut

---

[1] [VII, p. 117. — Suet. *Jul. Cæs.* 44. — V. aussi Strab.]
[2] Plut. *Cæs.* 58.

s'assurer la ligne de l'Euphrate ; au nord-est, occuper sur la ligne du Danube une limite jusque-là vacillante, et au lieu d'une position absolument nulle, y construire une défense tout-à-fait sérieuse. Ne voyons donc point en César un conquérant universel, à l'instar d'un Alexandre ou d'un Napoléon ! Ce qui du moins ressort de toute certitude, c'est qu'il ne fit point de son armée l'étai premier et principal de la monarchie nouvelle, c'est qu'il n'éleva point le pouvoir militaire au-dessus du pouvoir civil. Loin de là, il mit le premier dans le second. Que dis-je, il le lui subordonna autant que faire se pouvait. Ces vieilles et fameuses légions des Gaules, inestimables appuis d'un État purement militaire, il s'attacha à les annuler sous un flot de faveurs honorifiques, sachant trop bien que leur esprit de corps ne s'accommodait point du régime des sociétés civiles ; et leurs noms glorieux, transportés avec elles, allèrent décorer les *Municipes* de fondation nouvelle [1]. Les légionnaires congédiés et dotés d'assignations foncières, ne furent point, comme ceux de Sylla, établis côte à côte, et militairement organisés : on les vit, en Italie surtout, s'asseoir isolés sur leurs fonds de terre, et dispersés par toute la Péninsule.

César tente autre chose que l'État militaire.

Dans la seule Campanie, où certaines régions du pays restaient disponibles, les vieux Césariens se rencontraient inévitablement nombreux et groupés. Il fallait cependant à l'Empire une armée permanente, si difficile que fût son maintien au milieu des institutions de la vie civile. César y pourvut, d'abord en n'innovant en rien à l'ancienne ordonnance, laquelle n'exigeait qu'un certain nombre d'années passées sous les aigles, mais non d'un service continu ou non interrompu par des licenciements partiels : il y pourvut encore, en abrégeant, comme nous l'avons dit, le temps même du service, d'où s'ensuivait un mouvement de mutations fréquentes dans le personnel des soldats.

* [V. *infra* : les Provinces.]

Régulièrement congédié à la fin de son temps, le vétéran se transformait en colon rural. Enfin, et surtout, l'armée était tenue à distance de l'Italie et des grandes localités, principal théâtre de la vie civile et politique : le soldat actif allait là où, dans la pensée du monarque, était sa vraie place, à la station des frontières, et faisant front à l'ennemi du dehors. Dans l'état purement militaire, vous trouvez toujours l'institution type d'une *garde*, largement organisée et privilégiée : elle n'existe point dans l'État de Jules César. Non que j'ignore la formation d'une sorte de *garde du corps* du général en chef dans toute armée en campagne (V. p. 466), mais, dans le système de César, *la cohorte prétorienne* demeure à l'arrière-plan : elle ne se compose guère que des officiers d'ordonnance, que des compagnons non militaires du chef. Rien là qui ressemble à une troupe spéciale d'élite, rien chez elle qui suscite la jalousie des soldats de la ligne. César, dans ses guerres, avait négligé l'usage d'une garde personnelle : monté sur le trône, il en voulut encore moins. Quoique entouré de meurtriers tous les jours, et le sachant, il refusa la motion du Sénat, qui lui offrait une *garde noble*. Dès que l'apaisement des choses le permit, il congédia l'escorte espagnole dont il s'était fait suivre d'abord dans la ville : il ne garda que ses seuls licteurs, cortége traditionnel du magistrat suprême romain [1]. Une fois aux prises avec la réalité, il lui fallut sans doute abandonner une bonne part du programme de son parti et de celui de sa propre jeunesse, à savoir, l'établissement dans Rome d'un régime à la Périclès, édifié non sur le pouvoir du sabre, mais sur la seule confiance du peuple ; il se montra du moins fidèle, et cela avec une énergie sans égale dans l'histoire, à la pensée fondamentale d'une monarchie non militaire. Je veux que ce fût là un idéal impossible, encore nour-

---

[1] [Suet. *Cæs.* 84, 86, App. *B. civ.* 2. 109.— Plut. *Cæs.* 57.]

rissait-il cette illusion, la seule qu'il ait connue. Mais chez ce grand esprit, le désir impatient fut plus fort que la clairvoyance. Le système qu'il portait dans sa tête n'était pas seulement de sa nature, et nécessairement, le pouvoir personnel absolu : ce pouvoir n'était pas seulement condamné à mourir à la mort de son fondateur, comme les établissements pareils de Périclès et Cromwell. Comment croire qu'au sein de cette nation désorganisée, comment croire un seul instant que le huitième roi de Rome, à l'instar des sept anciens rois, réussirait durant tout le cours de sa vie à ne gouverner la cité qu'avec l'aide des lois et du droit ? Était-il un seul instant vraisemblable que cette armée permanente, ayant fait dans les dernières guerres civiles l'épreuve de sa force, et désappris la crainte et la discipline, s'accommoderait jamais du rôle de l'obéissance passive dans l'organisme d'une société civile ? Pour qui considère de sang-froid combien dans les plus hautes ou les plus basses classes le respect de la loi avait cessé d'être, avoir espéré le maintien d'un régime purement légal ne peut sembler que chimère. La réforme militaire de Marius ayant fait du soldat tout autre chose qu'un citoyen (V. p. 167), la révolte des légions en Campanie et le champ de bataille de Thapsus montraient assez clairement comment l'armée obéissait désormais à la loi. Et le héros de la démocratie lui-même ne put qu'avec peine et qu'à demi refréner les forces qu'il avait déchaînées. A un signe de lui, mille épées s'élançaient encore du fourreau ; malgré son signal, déjà elles n'y rentraient plus. Les destins sont plus forts que le génie. César voulait être le restaurateur de la société civile : en dépit de lui-même, il ne fonda que la monarchie militaire abhorrée, il ne renversa l'*État dans l'État* des aristocrates et de la haute banque, que pour mettre à leur place l'*État soldatesque dans l'État* : avant comme après, la société subit la tyrannie : avant comme après, une minorité privilégiée l'exploita. Mais c'est aussi le secret des hautes natures que de créer jusqu'au milieu de leurs erreurs. Le grand homme échoue dans ses plus originales tentatives; il n'arrive point à son idéal, qu'importe ? Ses tentatives demeurent la meilleure richesse de la nation. Par le fait de César, l'état militaire romain, après plusieurs siècles, se changea en un état politique : grâce à lui, si peu qu'ils ressemblassent à l'immortel fondateur, les empereurs romains se gardèrent de tourner d'ordinaire le soldat contre les citoyens, et le tinrent en face de l'ennemi du dehors : grâce à lui enfin, ils estimèrent trop haut et la nation et l'armée, pour faire de l'armée la garde de police de la nation.

<small>Administration financière.</small> Les finances romaines avaient leur solide assiette dans l'immensité même de l'Empire, et dans l'absence de tout système de crédit. Y rétablir l'ordre, était chose relativement peu difficile. Si jusqu'alors la République avait eu à lutter contre des embarras d'argent, le mal ne tenait en rien à l'insuffisance du revenu public : dans les dernières années, celui-ci s'était même prodigieusement accru. Aux recettes des anciens temps, estimées au total à 200 millions HS (15,000,000 *thal.* = 64,250,000 fr.), s'ajoutaient désormais 85,000,000 HS (6,500,000 *thal.* = 24,125,000 fr.), versement annuel des provinces de Bithynie et Pont, et de Syrie, d'institution récente ; et, jointe à d'autres sources de revenu, nouvelles ou plus productives, aux recettes constamment ascendantes des impôts sur le luxe, par exemple, cette plus-value compensait, et bien au-delà, la perte des fermages campaniens. Qu'on n'oublie pas non plus les versements extraordinaires et énormes effectués naguère dans les caisses du Trésor par Lucullus, Métellus, Pompée, Caton, et tant d'autres. Les embarras financiers avaient donc leur cause principale dans l'accroissement des dépenses ordinaires et extraordinaires, et aussi dans le désordre immense des affaires. Pour ne citer que l'annone distribuée à la populace de Rome, les sommes englouties dépassaient toute mesure : <small>63 av. J.-C.</small> dès 691, par le fait de Caton qui l'avait augmentée ; la

dépense annuelle, de ce seul chef, s'élevait à 30,000,000 HS (2,300,000 *thal.* = 8,625,000 fr.); et depuis la suppression de la redevance payée jusqu'alors par les bénéficiaires (696), elle n'absorbait pas moins que le cinquième du budget des recettes [1].

58 av. J.-C.

Le budget militaire avait aussi grandi, depuis qu'il fallait pourvoir aux garnisons de Cilicie, de Syrie et des Gaules, en sus de celles de l'Espagne, de la Macédoine et des autres provinces. Au premier chapitre des dépenses extraordinaires, on voit figurer les grosses sommes consacrées à l'armement naval: par exemple, cinq ans à peine après les grandes razzias de 687, contre les pirates (VI, p. 263), la flotte avait absorbé 34,000,000 HS (2,600,000 *thal.* = 9,750,000 fr.). Viennent ensuite les sommes très-considérables absorbées par les armements et les expéditions militaires: Pison, par exemple, pour la mise sur pied de l'armée de Macédoine (697), avait coûté 18,000,000 HS (1,370,000 *thal.* = 5,137,500 fr.) en une seule fois [2]. Pompée, pour l'entretien et la solde de l'armée d'Espagne, dépensa 24,000,000 HS par an (1,826,000 *thal.* = 6,767,500 fr.); et somme pareille fut versée à César pour les légions des Gaules. Mais, si considérables que fussent les allocations prélevées sur le Trésor, il est plus que probable qu'on y aurait pu suffire, si l'administration financière de Rome, jadis si parfaite, n'avait, elle aussi, reçu l'atteinte de la corruption des temps et de l'affaiblissement général. Souvent les paiements cessèrent dans les caisses publiques, uniquement par la négligence des agents à faire rentrer les échéances. Le Trésor avait pour

67.

57.

---

[1] [On a vu que l'annone, supprimée par Sylla (V. pp. 359 et 375), avait été rétablie en partie dès 681 (VI, p. 234), et, en totalité, par Caton, en 691 (VI. p. 352). César, au cours de son consulat (695), avait menacé de la faire gratuite, et l'année d'après la loi *Clodia*, du tribun Clodius, avait réalisé la menace (Cic. *ad Att.* 2, 19: *pro domo*, 10: *pro Sextio*, 25: *Dio Cass.* 38, 13).]

[2] [VII, p. 116, et *supra* p. 94.]

73.
63-59.

préposés deux des questeurs, jeunes magistrats changeant tous les ans, et qui, à tout le moins, demeuraient passifs. Jadis, les bureaux et le personnel des comptables étaient tenus en juste et haute estime, à raison de leur honorabilité : aujourd'hui, les plus criants abus se commettaient tous les jours, parmi eux, depuis surtout que leurs charges étaient vénales.

Réformes financières de César.

Mais voici que les fils du système financier de Rome ont cessé d'être dans la main du sénat, et que tous ils aboutissent au cabinet de César: aussitôt une vie nouvelle, une ordonnance plus sévère, un mouvement plus puissant se manifestent dans tous les organes et les rouages de la vaste machine. Les deux institutions de Gaïus Gracchus, les deux chancres rongeurs des finances romaines, la ferme de l'impôt direct et l'annone sont supprimées ou se transforment. César ne veut point, à l'instar de son prédécesseur, tenir la noblesse en échec par une aristocratie banquière et par la populace de la grande ville ; il les écarte du pied et délivre l'État de tous les parasites de haut et de bas étage : ici, je le répète, loin d'imiter Gracchus, il marche de pair avec l'oligarque Sylla. En matière d'impôt indirect, il maintient, au contraire, les fermiers.

Suppression de la ferme de l'impôt direct.

Ceux-ci avaient pour eux l'usage antique et primordial : on ne pouvait d'ailleurs s'en passer. Simplifier à tout prix la perception des taxes indirectes évaluées à forfait, telle avait été la maxime constante de l'administration des finances, maxime à laquelle César se montra, lui aussi, inviolablement fidèle. En ce qui touche l'impôt direct au contraire, tantôt, comme pour les redevances en huiles ou grains, de l'Afrique et de la Sardaigne, on n'y voulut plus voir en général que des prestations en nature directement versées à l'État, ou transformées en taxes fixes ; et quant à la perception des quotités à payer, elle demeura abandonnée aux circonscriptions imposables.

Les distributions de blé dans Rome passaient avant

César pour un droit utile appartenant à la cité-reine, et dont la prestation, puisqu'elle était reine, demeurait à la charge des sujets. César s'empressa d'abolir le principe : mais il ne pouvait oublier que, sans l'annone, une foule de citoyens absolument misérables eussent été condamnés à mourir de faim. Il la maintint donc de fait. L'annone sempronienne, renouvelée par Caton (*V. supra*, p. 104), octroyait à tout citoyen le droit à son lot gratuit en céréales ; et, sous ce régime, la liste des bénéficiaires au dernier état n'allait pas à moins de 320,000 noms : César en fit rayer tous les individus aisés ou autrement pourvus : elle tomba aussitôt à 150,000, nombre *maximum* des parts fixé une fois pour toutes [1]. Il décida que tous les ans elle serait soumise à révision, et qu'il serait pourvu, par l'inscription des postulants les plus nécessiteux, aux vacances ouvertes par la mort ou la sortie des titulaires. Le privilége politique créé par les Gracques se changea en un secours au paupérisme.

Réforme de l'annone.

Inauguré pour la première fois, un dogme important entrait en scène, et se faisait sa place dans l'ordre moral et dans l'histoire. Ce n'est que lentement et par degrés que la société civile s'avance vers la solidarité des intérêts : dans l'antiquité primitive, on voit bien l'État protéger les siens contre l'ennemi du dehors et contre le meurtrier ; mais il ne se croit pas tenu de fournir au citoyen, dans l'absolu dénûment, les moyens nécessaires à sa subsistance, et de le défendre contre l'ennemi le plus dur, contre la faim. La civilisation athénienne, d'abord dans les lois de *Solon* et des successeurs de Solon, avait émis cette maxime que la cité a le devoir de prendre soin de ses invalides, et généralement de ses pauvres, mais cette règle civique n'avait pas dépassé les étroites limites de la société athénienne : César en fait une institution organique. Avant lui, elle était pour l'État un fardeau et une

---

1 [Suet. *Cæs.* 41. Dio, 44, 21. T. Liv. *Epitom.* 115.]

honte : par lui, elle n'est plus qu'un de ces établissements de bienfaisance, comme il s'en voit tant de nos jours, où la charité infinie de l'homme lutte corps à corps avec les infinies misères de l'humanité [1].

Budget des recettes.

Ce n'était point assez de ces réformes de principe. César se mit à l'œuvre de la refonte des budgets des recettes et des dépenses. A sa voix, les recettes ordinaires sont partout réglées et fixées. De nombreuses cités, des provinces entières, soit indirectement, à la faveur du droit de cité romaine ou latine, soit directement, en vertu de *priviléges*, jouissaient de l'immunité de l'impôt : citons pour exemples, au premier cas, toutes les villes de Sicile [2], au second, la ville d'*Ilion* (III, p. 365) [3]. Ailleurs et plus souvent encore, la quotité de l'impôt des villes est abaissée : c'est ainsi qu'à toutes celles de l'Espagne ultérieure, et sur la motion de César, après sa préture, le sénat a accordé une réduction, et, qu'à l'heure actuelle, la plupart des cités de la province d'Asie, sur qui pesaient les taxes les plus écrasantes, obtiennent des facilités pour la perception de leur impôt direct; que, de plus, il leur est fait remise du tiers. Quant aux taxes et revenus nouveaux, comme les tributs frappés sur les peuples assujettis d'Illyrie, et surtout sur les cités gauloises (ces derniers seuls rapportaient une somme totale de 40,000,000 HS, = 3,000,000 de *thal.*, = 11,250,000 fr. par an); il faut dire que leur taux était peu élevé. Pour quelques villes, cependant, la Petite-Leptis, en Afrique, *Sulci*, en Sardaigne [4], et pour un bon

---

[1] [Au jugement des meilleurs critiques, M. Mommsen, dans son livre sur les *Tribus romaines* (Altona, 1844) a dit le dernier mot sur l'*annone* et son histoire avant et après J. César.]

[2] C'était la conséquence de la *latinité* octroyée à la Sicile : d'ailleurs Varron, dans un livre (*de re rust.*, 2, *præfat.*) publié après la mort de Cicéron, atteste clairement l'abolition des *dîmes* siciliennes, et, parlant des *provinces à blé* d'où Rome tire sa subsistance, il ne nomme plus que l'Afrique et la Sardaigne. De la Sicile, pas un mot.

[3] [Plin., *Hist. nat.*, 5, 33.]

[4] [*Sulci*, sur l'*Isola di S. Antioco*, près du golfe de *Palmas*.

nombre de localités espagnoles, il y eut aggravation, en punition de leur conduite durant les dernières guerres. Les douanes, très-productives des ports italiens avaient été supprimées [1] (694) durant la crise (VI, p. 365) : César les rétablit, et à juste titre, leur principal produit portant sur les marchandises de luxe venues d'Orient. Ajoutez à ces sources ordinaires, nouvelles ou nouvellement rouvertes, les recettes extraordinaires, les sommes advenues au vainqueur après la guerre civile, le butin amassé dans les Gaules, l'encaisse trouvée dans le Trésor à Rome, les trésors enlevés des temples de l'Italie et de l'Espagne, les contributions extorquées, sous forme d'emprunt ou de don forcé et d'expropriation aux princes et cités sous la dépendance de la République, les amendes imposées pareillement, par sentence ou simplement sur ordre de payer, à plusieurs riches citoyens; ajoutez-y surtout les confiscations réelles pratiquées sur les adversaires de César après leur défaite : tout cela s'élevait à un chiffre énorme. La seule amende frappée sur les grands marchands d'Afrique, qui avaient siégé dans l'anti-sénat, se monta à 100,000,000 HS (7,500,000 *thal.*, = 28,025,000 fr.). Les acheteurs des biens de Pompée les payèrent 70,000,000 HS (5,300,000 *thal.*,=9,775,000 fr.). Rigueurs nécessaires ! La puissance des nobles vaincus se fondait surtout sur leurs fortunes colossales : César ne la pouvait abattre qu'en mettant les frais de la guerre à leur charge. Il atténua d'ailleurs l'odieux de la mesure, en versant dans le trésor le produit tout entier des confiscations ; et, bien loin de fermer les yeux, comme Sylla, sur les fraudes de ses favoris, il fit sévèrement rentrer les prix de ventes,

60 av. J.-C.

Les Sulcitains avaient donné asile à Nasidius, l'un des amiraux Pompéiens, et César, revenant d'Afrique, leur imposa 10,000,000 HS de contribution extraordinaire, sans compter la taxe annuelle aggravée (Hirt. *Bell. Afric.* 98).]

[1] [Par une loi rendue à l'instigation de Pompée, sur motion du préteur Metellus.]

fussent-ils dus par ses plus fidèles amis, Marc-Antoine ou autres [1].

Budget des Dépenses.

La réduction considérable effectuée sur l'annone avait aussitôt amené une réduction proportionnelle dans le budget des dépenses. Les distributions maintenues en faveur des pauvres de la ville, et aussi les prestations en huile pour les thermes romains, nouvellement instituées par César, étaient assises désormais sur les redevances en nature de la Sardaigne, et principalement de l'Afrique : par suite, le fisc y demeurait totalement ou presque en tout étranger. D'autre part, les dépenses ordinaires de l'état militaire s'étaient accrues, et par l'augmentation de l'armée permanente, et par l'élévation de la solde annuelle du légionnaire, portée de 480 HS (34 *thal.*, = 126 fr.) à 900 (68 1/2 *thal.* = 250 fr.). Mesures inévitables, en effet. Avant César, la frontière était sans défense, or, la défense nécessitait un accroissement considérable de l'armée. Quant au doublement de la solde, César entendait bien sans doute enchaîner ainsi le soldat (VII, p. 233) : mais un autre motif en avait déterminé et fit durer l'innovation. La solde de 1 sesterce 1/3 par jour (2 *silbergros*, environ 0,20 cent.) remontait aux anciens temps, à l'époque où la monnaie avait une valeur supérieure; on l'avait pu maintenir, tant que dans Rome la journée d'un simple manœuvre n'avait guère dépassé 3 HS (5 *silberg.*, = 0,50 cent.) : alors, quand le milicien allait à l'armée, il avait bien moins souci de la solde que des gains accidentels et pour la plupart illicites du service militaire. Il est, au reste, difficile de se faire une idée du chiffre des dépenses extraordinaires auxquelles César eut à parer, bon gré malgré : les guerres par elles-mêmes engloutirent des sommes monstrueuses ; et peut-être les promesses et

---

[1] [Antoine avait enchéri sur tous les amateurs à la vente des biens de Pompée : il dut payer, à son grand étonnement (Dio. 45, 9. — Cic. *Philipp.* 2, 25.]

les assurances données au cours de la guerre civile exigèrent-elles pareil tribut. Quel funeste exemple, et il ne sera pas perdu pour l'avenir, que ce *donativum* de 20,000 HS (1,500 *thal.* = 3,645 fr.), alloué à chaque simple soldat, pour son concours armé : que ces 300 HS (22 *thal.* = 82 fr. 50 cent.), payés à tout citoyen de la plèbe romaine, en addition à l'annone, pour n'avoir pas pris les armes [1] ! A la vérité, dès qu'il avait, sous la pression des circonstances, engagé sa parole, César n'en rabattait rien et s'acquittait en roi. Mettant son point d'honneur à obéir à l'impulsion quotidienne de sa générosité, sa générosité lui coûtait gros. Durant les troubles récents, les travaux publics avaient été scandaleusement abandonnés ; il y consacra d'énormes sommes. Tant au cours de la guerre des Gaules, qu'après cette guerre finie, on calculait que les constructions édifiées dans Rome allaient à 160,000,000 HS (12,000,000 *thal.*, = 45,000,000 fr.). Quoi qu'il en soit, et somme toute, l'administration financière de César eut cela de notable, que grâce à d'habiles et énergiques réformes, grâce à l'action unie et réglée de l'économie et de la libéralité, il sut richement et pleinement pourvoir à toutes les justes exigences de la situation. Dès le mois de mars 710, il avait accumulé dans le trésor de l'État, 700,000,000 HS ; dans son trésor privé, 100,000,000 (en tout, 61,000,0000 *thal.* = 229,000,000 fr.), c'est-à-dire plus de dix fois au-delà de l'encaisse ayant jamais existé à l'époque la plus florissante de la République (IV, p. 66).

44 av. J.-C.

Dissoudre les anciens partis, donner à la société romaine la constitution la mieux adaptée au moment, une armée de combat excellente et des finances bien ordonnées, certes, la tâche était difficile : elle n'était pas la plus difficile dans l'œuvre de César. Pour revivifier la nation italique, il fallait une réorganisation fondamentale, s'atta-

Situation économique.

[1] [Suet. *Cæs.* 38.]

quant à toutes les parties du grand Empire, transformant et Rome et l'Italie et les provinces. Essayons ici d'esquisser le tableau de la situation de la veille, et d'une civilisation nouvelle et meilleure inaugurée par le dictateur.

La capitale. La bonne et antique race latine avait disparu de Rome. Il est de l'essence des choses que dans toute capitale, l'empreinte nationale et municipale aille s'usant, et s'efface plus vite que dans les villes secondaires.

Les hautes classes s'y retirent bientôt de la vie de la cité; elles n'y ont plus leur patrie, à vrai dire, et se rejettent dans le grand État. Bientôt aussi, et par un courant inévitable, une colonie étrangère y afflue ; les voyageurs d'affaires et les voyageurs de plaisir s'y concentrent, ainsi que toute la foule cosmopolite des oisifs, des hommes tarés ou criminels, ou de ceux qui ont fait banqueroute à la loi sociale et morale. Nulle part, autant qu'à Rome, ce phénomène remarquable ne s'est de tous points réalisé. Pour le riche romain, la maison de ville n'était plus qu'un pied-à-terre. Les magistrats municipaux de Rome s'étant transformés en fonctionnaires d'empire, la *curie* en une assemblée de citoyens d'un vaste état, on ne veut plus au sein de la capitale ni des petites associations de quartier, ni de toutes les autres corporations indépendantes: la vie communale cesse du coup. En même temps des parties les plus lointaines des immenses possessions romaines, on accourt dans la ville pour spéculer, pour mener la vie de débauche et d'intrigue, pour se former à l'état de malfaiteur, ou pour s'y cacher de l'œil de la loi. Par cela seul que Rome était capitale, tous ces abus s'engendraient nécessairement, je le veux : il en surgit d'autres, nés souvent du hasard, et plus graves peut-être.

La populace. Jamais grande ville autant que Rome ne fut pauvre en moyens d'alimentation : les importations réelles, les métiers exercés par la domesticité esclave, y faisaient d'abord l'industrie libre impossible. L'esclavage, lèpre mortelle de la cité antique, entraîne partout de funestes suites : à

Rome le mal dépassait tout ce qui s'était vu ailleurs. Nulle part dans le monde, pareilles bandes d'esclaves, remplissant les palais de ville des grandes familles ou des opulents parvenus. Nulle part ailleurs, pareil assemblage de foules serviles, réceptacle des peuples des trois continents : Syriens, Phrygiens et autres semi-Hellènes, se coudoyant avec les Lybiens et les Maures, Gètes et Ibères, mélangés avec les Gaulois et les Germains, dont le flot allait grossissant ! La démoralisation, compagne inséparable de l'esclavage, le contraste odieux de la loi positive et de la loi morale éclataient aux yeux. Passe encore pour le valet des champs, labourant enchaîné, comme le bœuf sous le joug : mais quoi de plus vil que l'esclave citadin à demi civilisé ou civilisé tout-à-fait, et se donnant de grands airs ! Et que dire de ces armées d'affranchis, libres de fait ou de droit, ignoble cohue de mendiants ou d'enrichis malaisés qui n'étaient plus serfs, et n'étaient point citoyens, enchaînés à leur patron par toutes les lois économiques et juridiques, et se targuant d'être hommes libres ? Les affranchis surtout pullulaient : ils venaient en ville, y trouvant mille sortes d'emplois faciles : le petit commerce, les petits métiers étaient presque exclusivement dans leurs mains. Leur influence dans les élections est maintes fois attestée : toujours au premier rang, à l'émeute de la rue, c'est par eux d'ordinaire que le démagogue du jour donne le signal : à son mot d'ordre, leurs boutiques et leurs échoppes se ferment. Ce qui pis est, c'est que le gouvernement, loin de lutter contre la corruption du peuple dans Rome, y poussait de toutes ses forces dans l'intérêt de sa politique égoïste. Une loi prudente avait interdit le séjour de la ville à tout condamné pour crime capital : par un honteux oubli, elle ne s'exécutait plus. Il y allait de la sûreté commune à surveiller de près les associations et les clubs populaires : cette surveillance, elle avait été négligée d'abord, et, plus tard, on l'avait proclamée un crime de lèse-liberté (VII, p. 124). Les fêtes

Conduite de l'oligarchie envers elle.

publiques s'étaient accrues, au point que les sept fêtes ordinaires à elles seules, féries romaines, féries plébéiennes, celles de la Mère des dieux Idéenne, de Cérès, d'Apollon, de Flore (IV, p. 179) et de la Victoire, duraient ensemble soixante-deux jours, sans compter les *jeux* de gladiateurs, et une foule d'autres jeux extraordinaires. A ce prolétariat, vivant au jour le jour, on devait à toute force les céréales à vil prix : mais à les lui assurer, les magistrats n'avaient mis ni sollicitude ni conscience ; les cours avaient passé par des fluctuations fabuleuses et d'incalculables écarts [1]. Enfin l'appât officiel de l'annone attirait dans la capitale toute la foule des prolétaires ayant titre de citoyens, et qui, étant sans ressources, avaient le travail en horreur.

<small>Anarchie et désordre matériel.</small>

A mauvaise semence, mauvaise récolte. Les clubs et les bandes, fléau de la politique, le culte d'Isis et les autres superstitions pieuses, fléaux de la religion, avaient désormais pris racine dans Rome. A toute heure la cherté des vivres, et souvent la famine absolue, la vie des passants en danger plus qu'en tout autre lieu [2] : le banditisme et l'assassinat étaient devenus métier régulier et métier unique. Attirer à la ville les gens du dehors, c'était déjà préparer le meurtre : cependant, nul n'aurait osé, sans escorte armée, parcourir la banlieue. La ville, par son aspect extérieur, était l'expression même du désordre social, et la vivante satire du système aristocratique. On n'avait rien fait pour régler le régime du Tibre : à peine si l'on avait reconstruit en pierre, et cela jusqu'à l'île seu-

---

[1] Dans l'espace d'un petit nombre d'années, en Sicile même, dans le pays de la production, le *modius* (environ 8 lit. 63) romain s'était vendu 2 HS, puis 20 : qu'on se fasse, par cet exemple, une idée du mouvement des prix à Rome, où l'on ne pouvait vivre que du blé d'outre-mer, à Rome, l'antre des spéculateurs.

[2] [V., comme exemple, la fin du Ier livre du *de re rust.* de Varron : un meurtre y interrompt le dialogue et les interlocuteurs se séparent, sans autrement se mettre en émoi d'un événement si ordinaire.

lement, l'unique pont alors existant (VI, p. 19). C'était peu de chose aussi que les travaux d'aplanissement essayés dans la cité aux sept collines : on laissait aux décombres le soin de niveler tant bien que mal. Les rues, étroites, à angles fréquents, montaient et descendaient les rampes : nul entretien : leurs trottoirs étaient petits, mal pavés. Les maisons du commun peuple étaient de brique, et hautes à donner le vertige. Des architectes spéculateurs les avaient bâties pour le compte des petits propriétaires, ceux-ci tombant bientôt dans la mendicité, quand ceux-là faisaient de colossales fortunes. Au milieu de cette mer de misérables bâtisses, surgissaient, pareilles à des îles, les palais fastueux des riches, enlevant l'air et la place aux petits édifices, comme leurs habitants prenaient au petit citoyen sa place et son droit dans l'État. A côté de ces palais aux portiques de marbre et des statues grecques, les temples des dieux, croulant de vétusté, faisaient triste figure avec leurs images grossières, presque toutes encore taillées dans le bois. De police des rues, des quais, des constructions, des incendies, à peine si l'on eût pu trouver trace. Tous les ans faisaient rage les inondations, le feu, les éboulements : nul n'y prenait garde, si ce n'est peut-être quelque prêtre officiellement consulté sur le sens et la portée du *signe* ou du *prodige*. Représentez-vous Londres avec la population (naguère) esclave de la Nouvelle-Orléans, avec la police de Constantinople, avec l'immobilité industrielle de la Rome moderne, avec les agitations politiques du Paris de 1848, et vous aurez l'assez exact tableau de la magnifique cité républicaine, dont Cicéron et ses contemporains déplorent la ruine dans leurs boudeuses épîtres !

César, lui, ne gémit point, et cherche le remède partout où le remède est possible. Rome restera, comme avant, la capitale du monde. Lui restituer son caractère primitif de ville italique eût été chose inexécutable, et d'ailleurs contraire au plan du régent. De même qu'Alexandre, pour son empire gréco-oriental, avait trouvé

Plans et travaux de César à Rome.

un heureux centre dans Alexandrie, la cité hellénique, juive, égyptienne, et par-dessus tout cosmopolite, de même aux yeux de César, la capitale du nouvel empire universel romano-hellénique, la ville de Rome, point central entre l'Orient et l'Occident, ne pouvait plus demeurer la simple ville péninsulaire : elle se dénationalisait, devenant la capitale de toutes les nations. Il toléra donc qu'à côté du *Pater Jovis* s'élevât le culte nouveau des divinités d'Égypte, et dans les murs de la cité-reine, il laissa même aux Juifs la libre pratique de leurs rites exclusifs et étranges. Au mélange souvent repoussant des foules parasites, Orientaux, Hellènes et autres, affluant dans Rome, il n'opposa aucune digue; et, trait caractéristique, dans les jours de fêtes populaires, il laissa non-seulement jouer des pièces latines ou grecques, mais le théâtre entendit parler toutes les langues, le phénicien, l'hébreu, le syrien et l'espagnol [1].

Le prolétariat combattu et diminué.

Mais tout en acceptant en pleine connaissance de cause les conditions actuelles de Rome capitale, César n'en travailla pas moins avec l'énergie que l'on sait à l'amélioration d'un état de choses déplorable et honteux. Malheureusement, ce sur quoi il pouvait le moins, c'était les bases vicieuses elles-mêmes. Il ne pouvait extirper l'esclavage avec toutes ses plaies, et l'on se demanderait en vain, s'il aurait, avec le temps, essayé du moins de restreindre le chiffre de la population servile dans Rome, comme il le fit ailleurs. Il ne chercha point non plus à faire sortir de terre une industrie libre : pourtant ses immenses travaux de construction y vinrent en aide dans une certaine mesure à la misère du pauvre, et lui ouvrirent les moyens d'un salaire étroit, honorable du moins [2]. En revanche, il lutta de toutes ses forces contre l'extension du prolétariat

---

[1] [Au retour de Munda, il y eut des jeux d'histrions de toutes langues (*per omnium linguarum histriones*. Suet. *Cæs.* 39).]
[2] [Sall. *Epist. ad Cæs.* 2. 7.]

libre, et voulut en réduire l'innombrable armée. L'annone attirait à Rome un courant continu : dès qu'elle s'est transformée en une taxe des pauvres, limitée à un nombre fixe de têtes, on voit l'immigration, tout en persévérant, singulièrement diminuer [1]. César attaqua d'ailleurs le prolétariat libre en sous-œuvre, et avec l'aide des tribunaux, dont les sentences commandées faisaient incessamment le vide dans ses rangs, et par une vaste colonisation transmaritime ; c'est ainsi que sur les 80,000 colons qu'il envoya hors d'Italie durant les quelques années de son règne, il en avait pris un très-grand nombre dans les couches inférieures de la plèbe de Rome : la plupart des nouveaux habitants de Corinthe, par exemple, n'étaient autres que des affranchis. Et j'ajoute que ce ne fut point là une mesure transitoire. César, convaincu, comme tout homme intelligent, que le seul vrai remède à la misère du prolétariat réside dans un système bien ordonné de colonisation ; maître d'ailleurs, vu l'état de l'empire, de pratiquer ce système dans une mesure quasi infinie, César, dis-je, a certainement eu la pensée de parer au mal d'une façon durable, et d'ouvrir à toujours une issue au flot toujours renouvelé. Il prit ses mesures pour arrêter sur le marché de Rome ces fluctuations désolantes des prix des denrées alimentaires les plus importantes. Les finances publiques, à nouveau réglementées et libéralement administrées, lui fournirent d'amples moyens d'action : deux magistrats de création récente, *les édiles des céréales* (*supra*, p. 85), furent préposés tout spécialement à la surveillance du négoce importateur, et tinrent la main à la police du marché.

---

[1] Il n'est point sans intérêt de voir un sage écrivain postérieur à César, l'auteur des deux *Lettres politiques* faussement attribuées à Salluste [*ad Cæs. dux epist, de Republica ordinanda*], lui donner le conseil de rejeter l'annone de Rome sur tous les autres municipes. Le critique voyait juste ; et la même pensée inspirera un jour à Trajan sa grande organisation municipale des secours aux orphelins (*Epist.* 2, 8. *Et frumentum id quod antea premium ignaviæ fuit, per municipia et colonias, illis dare conveniet*, etc...).

Réforme des clubs.

Bien mieux qu'on ne l'aurait pu faire par les lois prohibitives, il fut paré aux dangers des clubs par l'effet même de la constitution réformée. La république, les élections et les juridictions républicaines ayant pris fin, il était coupé court à la corruption, aux violences électorales ou devant les colléges des juges, aux saturnales politiques de la plèbe, surtout. Les affiliations ressuscitées naguère par la loi Clodia [1] furent dissoutes : les associations de tout genre subirent désormais la surveillance de l'autorité. A l'exception des corporations et sociétés des premiers temps de Rome, des assemblées religieuses des juifs [2], et d'autres colléges spécialement exceptés, pour lesquels il paraît avoir suffi naguère d'une simple déclaration faite au sénat, désormais il faudra une concession sénatoriale en bonne forme, avec agrément préalable de l'empereur, pour l'établissement de toute corporation permanente, ayant ses réunions à jours fixes, et ses cotisations périodiques [3]. La justice criminelle, plus vigilante et sévère, la police, plus énergique, manifestaient les intentions du maître. Les lois, celle surtout contre la *violence* [4], s'armèrent de sanctions plus fortes, et abolirent cette imprudente transaction du droit républicain, aux termes de laquelle le criminel, convaincu du fait, était admis à se dérober à la peine plus grave encourue, en s'exilant de lui-même [5]. Les règlements, détaillés par le menu, qu'a promulgués César sur le fait de la police de la ville, nous ont été en grande

Police des rues.

49 v. J.-C.
49.

[1] [*Lex Clodia, de sodalitatibus et collegiis* (v. *supra*, VII. pp. 124. 125.]
[2] [Joseph. *Antiq.* 14, 10, 8.]
[3] [Cette réforme est ordonnée par la loi *Julia de collegiis* (705).]
[4] [*Lex Julia de Vi* (705).]
[5] [Il évitait par là, soit avant, soit après la sentence, les effets de la peine capitale, ceux de l'*aquæ et ignis interdictio* : « l'exil, dit « Cicéron, n'est plus la peine, il est un port de refuge contre la « peine (*exsilium enim non supplicium est, sed perfugium portus-« que supplicii : nam qui volunt pœnam aliquam subterfugere..... « eo solum vertunt, hoc est, sedem ac locum mutant. — Pro Cæcin. « 34).* »]

VIEILLE RÉPUBLIQUE, NOUVELLE MONARCHIE

partie conservés [1] : quiconque les voudra lire, y verra comment le grand empereur prend souci d'imposer aux possesseurs des maisons riveraines la charge du bon entretien des rues, du pavé des trottoirs, tout en pierres taillées sur la largeur de la voie : comment il s'occupe du passage et du port des litières, de la conduite des chars, qui, vu la nature des rues romaines, ne peuvent circuler que le matin et après la tombée de la nuit. La police locale demeure d'ailleurs, comme avant, principalement confiée aux quatre édiles : chacun d'eux, à dater de César, sinon même plus tôt, est préposé à une circonscription spéciale.

César, réunissait en lui, et l'amour de la bâtisse, propre à tout bon romain, et le talent de l'organisateur. Sous son règne, les constructions publiques dans la capitale et l'administration des établissements d'utilité commune prirent un essor soudain, faisant honte aux déplorables œuvres des derniers temps de l'anarchie, et dépassant d'aussi loin les travaux de l'aristocratie romaine, dans son meilleur siècle, que le génie du dictateur dépassait les efforts honnêtes des Marciens ou des Emiliens. Et ce ne fut pas seulement par la grandeur des édifices ou l'immensité des sommes dépensées qu'il rejeta ses prédécesseurs dans l'ombre. Ses monuments publics à Rome se distinguent entre tous par leur cachet extérieur de grand sens politique et d'utilité générale. Il ne bâtit point, comme ses successeurs, des temples et des édifices de pur luxe : il s'attaque au Forum, lieu de réunion des comices, siège des grands tribunaux, rendez-vous des hommes de bourse, des hommes d'affaires et des oisifs du jour : il le débarrasse et des comices et des prétoires de justice : aux premiers, il assigne les *Saepta Julia* [*enclos Julien*], sur le Champ-de-Mars ; il assigne aux autres, entre le Palatin et le Capitole, un emplacement nouveau, le *Forum Julium* [2]. Mû

La construction à Rome.

---

[1] [*Lex Julia municipalis*, déjà plusieurs fois citée. — V. à l'appendice.]

[2] [Avec le temple de la *Vénus Genetrix*, au centre. Celui-ci fut

par la même pensée, il affecte aux *Bains publics* une prestation de 3,000,000 de livres d'huile, en grande partie fournies par l'Afrique. Le baigneur, dorénavant, recevra *gratis* dans les Thermes, l'approvisionnement nécessaire pour les onctions et massages : on sait quelle était, dans la diététique des anciens, l'importance des bains et des soins analogues ; et la mesure prise par César répondait aux besoins de la propreté et de l'hygiène publique. Mais ce n'était là qu'un premier pas de fait dans la voie des transformations complètes qu'il avait conçues. Déjà se préparaient les plans d'une nouvelle Curie, d'un nouveau et splendide *portique*, d'un théâtre rivalisant avec celui de Pompée, d'une bibliothèque publique grecque et latine, à l'instar de celle naguère détruite à Alexandrie, et la première de son genre à Rome [1] ; enfin d'un temple de Mars, qui, par sa richesse et sa magnificence, devait surpasser tous les temples d'autrefois. Conception plus originale encore, César voulut changer tout le cours inférieur du Tibre, à partir du *Ponte Molle* actuel [2]. Alors le fleuve ne fut plus descendu vers Ostie, en séparant le *Champ Vatican* du *Champ de Mars* : mais passant derrière le Champ de Mars et le Janicule, il aurait gagné par les marais Pontins le hâvre de Terracine. Ce dessein gigantesque eût d'un coup procuré à la ville, extrêmement resserrée de ce côté, la libre disposition de grands terrains à bâtir : César, en effet, rejetant le Vatican sur la rive gauche, y installait le Champ de Mars, et livrait l'emplacement actuel à la construction publique et privée : en même temps, il des-

---

46 av. J.-C.   inauguré le dernier jour du quadruple triomphe, en septembre 708. (Dio, 43, 24, — *VI. kalend. oct. Veneri Genetrici in foro Cæsar. V. kalend. Pincian. Orelli Inscr.* 2. 399).]

[1] [Rassemblée par les soins d'Asinius Pollio (Suet. *Cæs.* 44. Plin. *H. nat.* 7, 31).]

[2] [« Mais, par occasion, voici ce que Capiton raconte des agran-
« dissements de la ville. On veut amener le Tibre du pont Milvius
« à la colline Vaticane, puis faire de tout ce terrain un champ de
« Mars. » Cic. *ad Att.* 13, 33.]

séchait les marais Pontins, assainissait toute la côte latine, et donnait à Rome un bon port de mer qui lui avait toujours manqué. C'était s'en prendre aux vallées et aux montagnes : le nouvel empereur ne reculait pas dans la lutte même avec la nature [1].

Néanmoins, si la capitale, à tous les arrangements nouveaux, gagnait en commodité et en beauté, elle y perdait pour toujours, nous l'avons dit, son ancienne suprématie politique. Avec le temps, la concentration de l'État romain dans Rome était devenue tous les jours chose plus funeste et contre nature : un dogme le voulait, dogme entièrement lié avec la république, et qui ne pouvait périr qu'avec elle. Pour la première fois, il est totalement écarté, sauf toutefois dans quelques-unes de ses fonctions légales. Dorénavant, le régime politique de la capitale est placé sur la même ligne que celui des autres municipalités. Prouvons-le d'un mot. César, ici comme partout, en même temps qu'il ordonne et réglemente les choses, prend soin aussi de leur donner leur nom officiel : or, sa Loi municipale italique, à dessein assurément, dispose à la fois et pour Rome et pour les autres cités [2]. On peut ajouter aussi que Rome, en tant que capitale, n'ayant plus la capacité de la vie communale, prendra place à l'avenir, sous ce rapport, derrière les autres municipalités de l'empire. La Rome républicaine avait été un antre de brigands : elle fut aussi une cité. La Rome de la monarchie, tout en se parant des magnificences des trois continents, toute éclatante qu'elle est d'or et de marbre, n'était déjà plus autre chose qu'une résidence royale avec son hôpital des pauvres, c'est à savoir un mal nécessaire dans l'État.

Tandis qu'au sein de la capitale impériale, l'œuvre administrative de César se bornait à la publication d'un simple code de police, et à la suppression des plus pal-

L'Italie.

---

[1] [Suet. *Cæs.* 44. Plut. *Cæs.* 58. Dio, 44, 5.]
[2] [V. la loi J. *municipalis*, à l'appendice.]

pables abus, il avait à remplir en Italie, mission bien autrement difficile, la restauration de l'ordre économique. Là, deux vices principaux appelaient son attention, deux vices d'où découlaient à l'infini les autres, la disparition de la classe agricole, l'accroissement contre nature de la population commerçante. L'état agronomique de l'Italie, le lecteur le connaît et ne l'a pu oublier. Quelques efforts qu'on eût fait pour parer à l'évanouissement de la petite propriété, il n'était presque plus un seul coin de l'Italie propre (j'en excepte toutefois les vallées de l'Apennin et des Abbruzes), où la culture des terres se fit encore par la main du libre paysan. En ce qui touche l'économie rurale, nous ne signalerons pas d'essentielle différence entre le régime du temps de Caton (IV, pp. 91-102, pp. 111 et s.) et celui que Varron nous fait connaître [1] ; si ce n'est qu'au temps de Varron, les habitudes de la vie campagnarde portent la trace envahissante, en bien comme en mal, des mœurs de le grande ville romaine. « Jadis, dit Varron, la » grange était plus grande que l'habitation du maître ; » aujourd'hui, c'est le contraire, le plus souvent. » Dans les champs de Tusculum et de Tibur, sur les côtes de Terracine et de Baïa, là où avaient semé et récolté les vieux paysans latins et italiques, s'élèvent brillantes et improductives les *villas* des grands de Rome. Il faut l'espace d'une ville entière pour beaucoup de ces villas, avec leurs dépendances et jardins, leurs aqueducs, leurs viviers d'eau douce et d'eau salée, où l'on élève et l'on apprivoise les poissons de la mer et des rivières, avec leurs escargotières [*cochlearium*] et parcs à loirs [*glirarium*], leurs garennes à lièvres et lapins, leurs réserves pour les cerfs, chevreuils et sangliers, et leurs volières [*aviaria, ornithones*], où l'on nourrit jusqu'à des paons et des grues. Encore le luxe des grandes villes enrichit-il de nombreux travailleurs : il nourrit plus de pauvres que ne le fait la

---

[1] [*De re rustica*, libri III.]

charité, avec son tribut d'aumônes. Les volières et les piscines des riches étaient de fort coûteuses fantaisies. Au dehors comme au dedans, la *villa* avait pris des proportions telles, qu'on estimait tel *colombier* à 100,000 HS (7,600 *thal.* = 24,500 fr.) au moins; que l'engraissement des animaux était passé à l'état de science; que le fumier des volières entrait en compte dans les produits ruraux; qu'un seul marchand d'oiseaux put un jour livrer à la fois 5,000 grives vivantes (on en pratiquait aussi l'élevage), à 3 deniers (21 *silbergros*, = environ 2 fr. 20 c.) la pièce; qu'un poissonnier put livrer jusqu'à 2,000 murènes en une fois; et qu'enfin on tira 40,000 HS (3,050 *thal.* = 11,444 fr. 50 c.) de la vente du poisson des viviers de Lucius Lucullus, à la mort de celui-ci. Certes, en de telles occurrences, il était facile à l'homme d'affaires intelligent de réaliser de gros bénéfices sur une mise de fonds relativement mince. Aux environs de Faléries, on cite tel petit éleveur d'abeilles, propriétaire d'un jardinet et de plates-bandes de thym, de moins d'un arpent, qui se faisait un revenu annuel en miel d'au moins 10,000 HS (760 *thal.* = 2,850 fr.) C'était à qui aurait les plus beaux fruits : si bien que souvent dans les villas élégantes, le *fructuarium*, avec ses tablettes de marbre, servait de salle à manger : le maître y étala plus d'une fois, comme produits de son cru, des fruits achetés au dehors. A cette époque, on planta les cerisiers venus d'Asie-Mineure : les vergers d'Italie se parèrent de bon nombre d'autres arbres à fruit exotiques. Les potagers, les parterres de roses et de violettes du Latium et de la Campanie étaient d'un grand rapport; et le « marché friand » (*forum cupedinis* [1]), près de la *voie sacrée*, où se vendaient les fruits, le miel et les couronnes de fleurs, avait son importance dans la vie des citadins de Rome. En somme, et telle qu'elle se comportait, l'économie rurale, adonnée au régime plan-

---

[1] [Varr. *de ling. l.* 5, 32, 41.]

teur, avait atteint un degré de développement difficile à dépasser. Le val de Réaté, les alentours du lac Fucin, les régions du Liris et du Volturne, toute l'Italie moyenne enfin étalaient à l'envi les plus florissantes cultures : d'intelligents propriétaires y pratiquaient même certaines industries compatibles avec le régime rural à bras d'esclaves : auberges, tissages, tuileries, s'élevaient non loin des villas, pour peu que le lieu fût propice. Les producteurs italiens, en vin et en huile plus particulièrement, non contents d'approvisionner les marchés de la Péninsule, se livraient en outre à un grand trafic d'exportation au-delà des murs sur ces deux articles. Dans un traité précis et spécial de l'agriculture du temps [1], l'auteur compare l'Italie à un grand verger. Lisez chez un poète contemporain [2] la description complaisante des beautés de sa patrie : vous n'y voyez que prairies bien arrosées, champs de blé fertiles, et joyeux vignobles enveloppés des lignes sombres de l'olivier : là, sa villa, joyau de la contrée, souriante et gracieuse sous sa parure variée, s'entoure des plus délicieux jardins, et se cache derrière une ceinture d'arbres aux fruits nourrissants. Cette peinture, image fidèle de la nature que le poète avait sous les yeux, nous reporte en plein milieu des plus florissantes parties de la Toscane actuelle et de la *Terre de labour*. A vrai dire, le régime pastoral qui, par les causes précédemment déduites, gagnait chaque jour dans l'Italie du sud et du sud-est, ce régime, à tous égards, était un pas rétrograde ; il n'en participait pas moins au mouvement général de l'économie rurale. On poursuivait à grands frais l'amélioration des races : tel âne réservé à la reproduction se payait jusqu'à 60,000, 100,000 et 400,000 HS (4,600 *thal.* = 16,250 fr. : 7,570 *thal.* = 28,487 fr. 50 c. : 30,000 *thal.* = 112,500 fr.). En résumé, l'agriculture italique

---

[1] [Varron, de r. *rust.*]
[2] [Catulle, *passim.*]

bien conduite, à une époque où tout lui profitait, progrès général intellectuel et ampleur des capitaux, arrivait à des résultats bien autrement brillants qu'au temps de l'antique régime rural : elle débordait même au-delà des frontières de la Péninsule, l'agronome italien s'en allant jusque dans les provinces, exploiter de vastes parcours avec son bétail nomade, ou les mettre en champs de céréales.

Bâti sur les ruines de la petite culture, le système grand-domanier avait démesurément, et contre toutes les saines lois, prospéré : par suite, à côté de lui, le régime de l'argent s'était développé d'une façon inouïe. Le trafiquant italien rivalisant d'efforts avec le juif, avait inondé les provinces et les États clients : puis, bientôt, tout le capital avait reflué. Après tout ce que nous venons de dire, un seul fait suffira pour caractériser la situation : sur le marché de Rome, le taux régulier de l'intérêt de l'argent était tombé à 6 pour 0/0 l'an, c'est-à-dire à la moitié du cours moyen dans toute l'antiquité.

Économie des capitaux.

Dès qu'ils avaient pour assiette unique le capital et la spéculation, l'agriculture et l'économie mercantile ne pouvaient qu'aboutir aux plus funestes inégalités dans la distribution des fortunes. Durant cette dernière époque de la République, Rome réalise l'image d'une société composée de millionnaires et de mendiants ; et jamais système peut-être ne mérita mieux l'accusation banale dont il a été fait abus tant de fois : jamais, ne se vit mieux en relief ce caractère dominant de l'État à esclave, l'homme riche, qui vit de la sueur de ceux dont il est le maître, nécessairement et toujours personne respectable ; le pauvre, qui vit du travail de ses mains, nécessairement personne vile dans tous les rapports de la vie publique et privée. Il y a là comme une loi fondamentale qui s'affirme avec une impitoyable et incontestable sûreté [1]. De classe moyenne, dans

Maux sociaux.

---

[1] Quoi de plus frappant que les distinctions posées par Cicéron lui-même, en son traité du *Devoir* (*de offic.* 1, 42) : « Parmi les

le sens actuel du mot, Rome n'en a point, c'est le cas
ordinaire dans toute société qui se fonde et s'achève avec
l'institution servile : l'ordre moyen, pour les Romains, et
non sans quelque apparence de vérité, ce sont les riches
négociants, les riches propriétaires qui, soit manque de
culture, soit culture suffisante, savent se renfermer dans
leur sphère, et se tiennent éloignés des affaires publiques.
Chez les premiers, j'en conviens, bon nombre d'affranchis
ou de parvenus s'abandonnaient au vertige et voulaient

« professions et les manières de faire fortune, voici celles qui géné-
« ralement sont tenues pour libérales, et celles qui sont viles. Et
« d'abord on méprise tous les gains encourant la haine des
« tiers, les gains des receveurs de péage, ou des prêteurs à usure.
« Illibéraux et vils sont les gains des mercenaires, et de quiconque
« on achète le bras et non l'art : le salaire ici n'est que la rétribu-
« tion de la servitude. Il faut tenir pour vils ceux qui ne trafiquent
« avec les marchands que pour aussitôt revendre : ils ne peuvent
« faire de profits qu'à force de mentir : or, quoi de plus honteux que
« l'imposture? Tout artisan fait œuvre vile : quoi de commun entre
« l'atelier et l'homme bien né? Encore moins faut-il prêter estime
« à ces métiers qui pourvoient à nos besoins matériels : *pécheurs,
« poissonniers, bouchers, oiseleurs, charcutiers, cuisiniers! (Celarii,
« lanii, coqui, fartores, piscatores, aucupes)*, comme dit Térence
« [*Eun.* 2, 3, 257.]. Ajoutez-y les *parfumeurs*, les *baladins*, et tous
« les *teneurs de maisons de jeu*. Quant à ces arts qui supposent
« plus de savoir, ou dont l'utilité n'est point à dédaigner, la *méde-
« cine*, l'*architecture*, sciences qui touchent aux choses honnêtes,
« ils siéent aux hommes dont la condition ne jure point avec eux.
« Tout petit commerce est chose de bas étage : si le trafic est grand
« et copieux, s'il importe de tous pays, s'il écoule les denrées par
« masses et loyalement, il convient de n'en plus trop faire fi. Que
« si même le marchand rassasié de gains, ou plutôt simplement
« satisfait, de même que souvent de la pleine mer il a mis le cap
« sur le port, quitte cette fois le port et se retire dans ses champs
« et ses domaines, il a certes droit à tous nos éloges. Mais de tous
« les moyens d'acquérir, l'*agriculture* à mon sens est le meilleur,
« le plus fécond, le plus doux, le plus digne de l'homme libre! »...
Ainsi l'*honnête homme*, à tout prendre, c'est le propriétaire foncier :
le commerce n'est toléré que comme moyen d'arriver au but final,
la science n'est qu'un métier à laisser aux Grecs, ou aux Romains
de condition médiocre : ceux-ci par elle achètent jusqu'à un certain
point leur admission dans les cercles de la haute société. Ne trouve-
t-on pas là tout entière l'aristocratie du *colon-planteur*, avec une
teinte marquée d'esprit mercantile, sous le vernis léger d'une culture générale?

jouer à l'homme de bon ton : les sages et les modestes étaient rares. Citons néanmoins un type célèbre, dont le nom revient dans tous les écrits du temps, *Titus Pomponius Atticus*. Enrichi par les immenses domaines qu'il faisait valoir en Italie et en Epire, par un négoce d'argent qui allait se ramifiant dans toute l'Italie et la Grèce, en Macédoine et jusqu'en Asie-Mineure, il accumula d'énormes biens, tout en restant spéculateur comme devant. Jamais il ne se laissa tenter par la vie publique : il ne fut ni fonctionnaire ni même banquier du fisc. Aussi loin des Harpagons avides que des luxueux et sensuels débauchés d'alors (il consacrait 100 sesterces (7.*thal.* 1/2. = 26 fr. 80 c.) par jour à la dépense de sa table), il se fit une existence facile et commode, goûtant tour à tour les plaisirs de la ville et de la campagne, en commerce de bel esprit avec le meilleur monde de Rome et de la Grèce, savourant toutes les joies de la littérature et de l'art¹. Plus nombreux au contraire et plus solides étaient les propriétaires ruraux de la vieille roche. Les livres du temps nous ont gardé le portrait de *Sextus Roscius*,, qui périt dans les proscriptions de l'an 673. Il est bien, lui aussi, le type du campagnard, du *pater familias rusticanus* : sa fortune, prisée à 6,000,000 HS (457,000 *thal.* = 1,743,750 fr.), consiste presque tout entière dans ses treize domaines : il pratique lui-même, et passionnément, l'agriculture raisonnée : de voyages à Rome, il n'en fait point ou ne les fait que rarement, et quand il se montre dans la capitale, ses rudes façons contrastent avec l'élégance du sénateur, autant que son armée de grossiers

T. Pomponius Atticus.

81 av. J.-C.

---

¹ [Nous n'ajouterons rien à ce portrait d'Atticus, l'ami de Cicéron, déjà maintes fois mentionné au cours de cette histoire, et dont le nom reviendra bien souvent encore. Nous renvoyons à la *Correspondance Cicéronienne*, et à l'élégante biographie de *Cornelius Nepos*, ceux qui seraient curieux de plus de détails. — On lira aussi avec intérêt l'étude de M. *Boissier* sur *Cicéron et ses amis*. — V. aussi *Dictionnaire de Smith* v° Atticus, — et *R. Encyclop.*, de Pauly, ibid.]

valets de labour avec l'essaim des serviteurs citadins [1]. Ces braves campagnards, et les villes rustiques (*municipia rusticana*) formées par eux, surent garder bien mieux la discipline et les vieilles mœurs, la langue noble et pure des pères, que ne faisaient les cercles brillants et cosmopolites de la noblesse romaine, ou que la gent marchande, ayant partout domicile et n'étant domiciliée nulle part.

La classe des propriétaires fonciers forme bien le noyau de la nation : dès qu'il a fait sa fortune, le spéculateur se prend à vouloir compter parmi les notables du pays: il achète de la terre, et s'il ne peut devenir un *squire* romain, il en rêve le titre pour son fils. Cette classe rustique, elle se manifeste dans toute agitation politique où le peuple entre en jeu, dans tout mouvement intellectuel d'où sort et verdit quelque bourgeon littéraire. C'est en elle que l'opposition contre la nouvelle monarchie puise ses forces les meilleures : c'est elle qui suscite Varron, Lucrèce, Catulle. Jamais peut-être ne retrouverons-nous d'image plus vive et plus fraîche de cette saine vie des champs, que dans l'aimable peinture d'Arpinum, en tête du IIe livre du *Traité des lois* de Cicéron (*de Legib.*, 2, 1-3), paysage charmant, verte oasis perdue dans un terrible Sahara d'écrits volumineux et trop souvent vides.

Les pauvres. Cependant tous ces marchands à l'esprit cultivé, tous ces agriculteurs robustes disparaissent comme étouffés derrière les deux autres classes qui dominent dans Rome, la populace qui mendie, et la haute société proprement dite. Nulle donnée statistique qui nous fasse connaître les chiffres relatifs de la misère et de la richesse : qu'on se souvienne pourtant du témoignage d'un homme politique d'il y a cinquante ans. A l'entendre, dans la population de Rome,

---

[1] [V. sur S. Roscius d'Amérie, Cic. *pro Sext. Roscio Amer.*, dont Cicéron défendit le fils, accusé de *parricide*, et dont les biens confisqués, en sa qualité d'anti-syllanien, avaient été adjugés à son accusateur *Chrysogonus*. C'est dans sa plaidoirie même que l'orateur romain nous fournit les détails auxquels M. Mommsen fait allusion.]

on n'eût pas pu compter 2,000 familles ayant une riche fortune bien assise (V, p. 88). Depuis lors, cette même population a changé : mais faut-il croire que la disproportion entre les riches et les pauvres ne soit pas demeurée la même ? De sérieux indices conduisent, au contraire, à l'affirmer. L'appauvrissement croissant ne se manifeste que trop dans ces foules qui se ruent aux distributions de l'annone et vers l'échoppe des racoleurs ; et quant à l'augmentation correspondante de l'opulence des riches, un écrivain contemporain en témoigne expressément, lorsque parlant de l'époque de Marius, il déclare qu' « alors, un
» avoir de 2,000,000 HS (152,000 *thal.* = 570,000 fr.),
» s'appelait une fortune ! » Ce que nous savons de la richesse de quelques hommes nous fournit le même enseignement. Le grand propriétaire *Lucius Domitius Ahenobarbus* [consul 700] avait promis à 20,000 soldats, 4 jugères de terre (VII, pp. 140, 246, 262, 273, 324) par tête, pris sur ses domaines : la fortune de Pompée était évaluée à 70 millions HS (5,300,000 *thal.* = 19,875,000 fr.) : celle de l'acteur Ésope [1], à 20 millions (1,520,000 *thal.* = 5,690,000 fr.). Marcus Crassus, le riche des riches, débuta dans la carrière avec 7 millions HS (530,000 *thal.* = 1,987,500 fr.) : à sa mort, après avoir jeté au peuple des sommes fabuleuses, il lui restait encore 170 millions HS (13,000,000 *thal.*=48,750,000 fr.). Une telle richesse, à côté d'une telle pauvreté, engendrait des deux parts un mal économique et moral, tout différent en apparence, absolument identique en réalité. L'homme des basses classes ne pouvant échapper à la faim qu'en recevant son pain de l'État, la mendicité, effet et cause tour à tour de sa misère, le replongeait forcément dans la corruption et dans la paresse du prolétariat quémandeur. Au lieu d'aller au travail, le plébéien de Rome se faisait badaud de théâtre, et telle était l'affluence dans les

54 av. J.-C.

[1] [V. *infra* ch. XII, « *Mise en scène.* »]

tavernes et les *lupanars*, que les démagogues trouvaient tout avantage à mettre d'abord taverniers et souteneurs dans leurs intérêts : tel était le succès des combats de gladiateurs, symptôme et aliment de la démoralisation la plus effrénée qui eût existé jamais dans l'ancien monde, que l'on gagnait gros à en vendre les programmes. En ces temps aussi se place une innovation abominable. Ce n'est plus la loi du duel ou la libre volonté du vainqueur qui dispose de la vie ou de la mort du vaincu : désormais, le caprice des spectateurs en décide. Sur un signe, le vainqueur épargne ou tue le malheureux gisant à terre. Le métier de gladiateur est en hausse, quand la liberté est en baisse. Pendant que sur les champs de batailles, l'intrépidité, l'émulation font défaut, on les retrouve parmi les armées de l'arène, où la loi professionnelle commande au gladiateur de recevoir le coup mortel sans un cri, sans un tressaillement ; et l'on voit jusqu'à des hommes libres se vendre aux entrepreneurs comme esclaves de combat, moyennant solde et entretien [1]. Les plébéiens du v.° siècle, eux aussi avaient pâti et ressenti la faim : du moins ils n'avaient point fait de leur liberté métier et marchandise ; encore moins les juristes d'alors auraient-ils, à l'aide des faux-fuyants d'une honteuse pratique, déclaré licite et engendrant action en justice le contrat immoral et illégal par lequel le nouveau gladiateur s'engageait « à se laisser » enchaîner, fouetter, brûler ou tuer, si la règle le veut.[2] »

---

[1] [Dio, 43, 24. — V. aussi *Dict. de Smith*, R. *antiquities*, v° *Gladiatores*,— et *Real-Encycloped.* de Pauly, *eod. v°*. Au temps de César, des chevaliers, et jusqu'à un fils de préteur, descendirent dans l'arène. — Un sénateur, *Fulvius Selinus*, osa même un jour demander à se donner en spectacle. César refusa.]

[2] [Les hommes libres qui s'engageaient comme gladiateurs étaient désignés sous le nom d'*auctorati* (Hor. *Sat.* 2, 7, 58), et leur engagement s'appelait l'*auctoramentum*. C'est Pétrone (*Satyric.* 117) qui nous a conservé la formule de leur serment : « *In verba Eumolpi* « *juravimus, uri, vinciri, verberari ferroque necari et quidquid* « *aliud Eumolpus jussisset, tanquam legitimi gladiatores domino* « *corpora animosque religiosissime addicimus.* »]

Dans la haute société, on n'assiste point à pareils scandales : au fond, pour aller autrement, les choses n'en allaient pas mieux. L'aristocrate oisif y rivalisait avec la fainéantise du prolétaire : l'un couchait sur le pavé : l'autre demeurait jusqu'au plein jour noyé dans l'édredon. La prodigalité régnait là, sans mesure et sans goût. Dans la politique, comme au théâtre, elle allait s'étalant, au grand préjudice de tous deux. Le consulat s'achetait à des prix énormes : ainsi, dans l'été de 700, on vit payer une première *division* seule des votes, 10,000,000 HS (760,000 *thal*. = 2,820,000 fr.). Ailleurs, le luxe fou des décorations de théâtre étouffait l'intérêt artistique de la scène. Les loyers dans Rome étaient en moyenne quatre fois plus chers que dans les autres villes : une maison s'y vendit un jour 15,000,000 HS. (1,150,000 *thal* = 4,312,500 fr.). La maison de *Marcus [Emilius] Lepidus* (consul en 676); la plus belle de Rome au temps de la mort de Sylla, trente ans plus tard, n'aurait pas été mise au centième rang parmi les palais des riches [1]. Déjà nous avons dit les folies faites dans les maisons de campagne. Telle villa que je pourrais citer, à cause de son vivier magnifique, se vend 4,000,000 HS (300,000 *thal*. = 1,125,000 fr.). L'homme du bel air n'en saurait posséder moins de deux, l'une près de la capitale, dans la Sabine ou sur le Mont Albain, l'autre à portée des bains de Campanie : il veut avoir aussi son jardin devant les portes de Rome. Et ce n'est point assez des villas : les tombeaux, vrais palais aussi, dont quelques-uns sont restés debout, attestent quel énorme amas de pierre il fallait au riche Romain pour mourir en homme du bon ton. Il ne manquait ni d'amateurs de chiens ni d'amateurs de chevaux : un cheval de luxe se payait communément 24,000 HS (1830 *thal* = 6,862 fr. 50). On

---

[1] [Plin. *H. nat.* 36, 2, 8, 24. Il s'agit ici du Lépidus, père du triumvir, qui s'insurgea contre le sénat en 677, et mourut à Cosa, après avoir fui d'Italie. VI. pp. 145. 152-156.]

courait après les meubles en bois précieux. Je vois vendre 1,000,000 HS. (76,000 *thal* = 255,000 fr.) une table de cyprès d'Afrique. On raffine sur les vêtements de pourpre ou de gaze translucide ou sur les plis de la toge doctement étudiés devant le miroir. Un jour, Hortensius l'orateur actionne son collègue pour fait d'*injure*, parce qu'il l'a froissé et a dérangé sa toge dans la presse. On raffine sur les joyaux et les perles, qui remplacent depuis peu les anciens bijoux en or infiniment plus beaux et d'un meilleur goût. N'était-ce point pure magnificence de barbare, que d'aller exposer, quand Pompée triompha sur Mithridate, le portrait tout en perles du triomphateur, que de garnir les salles à manger de sophas et d'étagères incrustés d'argent, et la cuisine elle-même d'ustensiles du même métal? Aux collectionneurs du temps, il ne suffit plus d'avoir des gobelets d'argent avec médaillons artistiques enchassés : on brise les gobelets pour attacher ceux-ci à des vases en or. Même luxe en cours de voyage. « Quand le préteur va en route » dit Cicéron, à propos d'un gouverneur de Sicile, « ce qui naturellement n'a pas lieu l'hi-
» ver, mais bien au premier printemps, non au printemps
» du calendrier, mais bien à celui des premières roses,
» il fait avancer, à l'instar du roi de Bithynie, sa
» litière à huit porteurs : et là, assis sur de mols coussins,
» garnis de gaze de Malte et remplis de feuilles de roses,
» une couronne sur la tête, une couronne autour du cou,
» un fin sachet, aussi rempli de roses, sous le nez, il se
» fait conduire jusqu'à sa couchée ! » [1]. Et tout ce luxe encore n'approche pas du luxe le plus effréné, le plus

Luxe de la table. grossier de tous, celui de la table! Dans les villas, tout l'agencement intérieur, toute la vie qu'on y mène, n'a qu'un objet, qu'un but, le dîner : on y a salle à manger

---

[1] [V. le passage si connu de l'*act*. 2 in *Verrem*, liv. 5, 27 : *cum autem ver esse cœperat, cujus initium iste non à Favonio…. notabat, sed cum rosam viderat, etc.*]

d'été, salle à manger d'hiver; et comme si ce n'était point assez, on mange dans la galerie de tableaux, dans le fruitier, dans la volière, ou encore sur une estrade élevée au milieu de la garenne : ailleurs, un Orphée de commande se montre en costume de théâtre, sonne sa fanfare, et les daims et les sangliers dressés d'accourir aussitôt [1]. Voilà pour l'ornement : le fond, y répondait. Le cuisinier avait pris ses grades en gastronomie, et le maître du lieu était en état souvent d'en remontrer aux aides. Le rôti classique avait depuis longtemps cédé le pas aux poissons de mer et aux huîtres : mais aujourd'hui les poissons d'eau douce Italiens sont bannis des bonnes tables ; les mets fins et les vins de la péninsule sont tenus pour grossiers. Aux fêtes populaires, outre le Falerne, on distribue à la ronde le *Sicile, le Lesbos, et le Chios ;* tandis que quelque trente ans avant il avait suffi, pour les grands galas, de faire circuler une fois l'amphore de vin grec. Dans la cave d'Hortensius on comptait jusqu'à 10,000 amphores (de 33 quarts Berlinois [2]) de vin étranger. Aussi les viticulteurs d'Italie commençaient-ils à se plaindre fort de la concurrence des crus de l'archipel grec. Quel naturaliste en quête d'animaux et de végétaux nouveaux, a jamais parcouru les terres et les mers, avec un zèle pareil à celui des

---

[1] [Varr. *De re rust.* 3, 13. — V. *infra*, p. 19, ch. XII.]

[2] [M. Mommsen évalue l'amphore à 33 quarts prussiens. Il diffère en cela de Hultsch (*Métrologie*, Berlin, 1862), qui l'estime à environ 23 quarts, ou lit. 26, 263 (*l. c.* p. 99, et 306; tableau XI.) Plin. le Natur., qui cite le fait relatif à Hortensius, s'exprime ainsi : « *super millia cadum heredi reliquit.* » Or le *cadus* (du grec κάδος, vaisseau à liquides), n'était point une mesure fixe, non plus que l'amphore : il faut croire d'ailleurs que comme il s'agit de vin grec, le *cadus* ou l'*amphore* équivalait ici au *quadrantal* (ou amphore quadrantale), égale au *pied cubique* (*quadrantal vocabant antiqui quam ex græco amphoram dicunt.* Fest. h. verbo). Mais l'amphore grecque ou attique, l'ἀμφορεύς ou μετρητής, contenait 3 *urnæ*, ou une *urna* de plus que l'amphore latine (1 1/2 *amphora*). A ce compte nous retrouvons l'évaluation approximative de M. Mommsen (34,41 quarts prussiens, ou lit. 39,39); et les 1,000 *cadi* d'Hortensius auraient donné 3939 hectol.]

artistes gastronomes en quête de mets élégants ? [1]. Et quand les convives s'étaient gorgés de tant de mets divers, il fallait bien, pour ne point avoir d'indigestion, avaler quelque vomitif, ce qui ne choquait personne [2]. Bref la débauche en tout genre était érigée en système, et largement menée : elle avait ses professeurs, enseignant à la jeunesse élégante la théorie et la pratique du vice. A quoi bon insister plus longtemps sur cette variété monotone dans l'ignoble ? Là pas plus qu'ailleurs les Romains ne faisaient preuve d'originalité : ils se bornaient à copier monstrueusement, grossièrement, le luxe de l'Orient hellénique. Aussi bien que Saturne, Plutus dévore ses enfants. La concurrence en demande de tous ces objets stériles destinés aux besoins des grands eut pour résultat l'exhaussement inouï des prix : bientôt furent englouties les

L'excès des dettes.

63 av. J.-C.

[1] Macrobe (*Saturn.* 2, 9) nous a conservé le menu du festin donné par *Mucius Lentulus Niger* (avant 691), à son avènement au pontificat, festin auquel assistèrent les autres pontifes, et parmi eux, César [alors *rex sacrorum*], les Vierges vestales, plusieurs autres prêtres, et quelques dames proches parentes. « Entrées : les hérissons de mer : les huîtres fraîches, à volonté : » les palourdes et spondyles : les grives aux asperges, les poulardes » grasses sur les pâtés d'huîtres et de coquillages : les glands de » mer noirs et blancs ; puis encore les spondyles, les glycomarides, » les oursins : les becs-figues; les filets de chevreuil; la côte de » porc; les volailles grasses saupoudrées de farine: les becs-figues ; » les *murex* et les pourpres. Service principal : les tétines de truie: » la hure de porc : les pâtés de poisson, les pâtés de tétine de truie : » les canards : les sarcelles à l'étuvée, les lièvres ; les rôtis d'oi- » seaux : les petits fours au gruau : les petits fours du *Picenum*. » — Tels sont les festins des collèges sacrés dont Varron dit qu'ils font « brûler l'enchère des prix de toutes les délicatesses de la cui- » sine » (*collegiorum cœnæ quæ tunc innumerabiles excandefaciebant annonam macelli. — De re rust.* 3, 2.]. Ailleurs, dans une satire, il énumère, comme il suit, les mets fins exotiques les plus recherchés : « Paons de Samos : poules de Phrygie : grues de » Mélos : chevreaux d'Ambracie : thons de Chalcédoine : murènes » du détroit de Gadès : poissons-ânes (?) de Pessinunte : huîtres et » moules de Tarente : esturgeons (?) de Rhodes : scares (?) de Cilicie : » noix de Thasos : dattes d'Égypte : glands d'Espagne. »

[2] [Cæsar, dînant chez Cicéron, boit et mange bien, et prend de l'*émétique* (*ad Att.* 13. 52.).]

fortunes colossales de tous ces prodigues emportés par le torrent ; et chez ceux-là mêmes qui ne faisaient que suivre par nécessité ou convenance, l'aisance, fondée sur le plus solide patrimoine s'en alla à vau-l'eau. La candidature consulaire devint pour les grandes maisons la route ordinaire de la ruine : il en faut dire autant des jeux, des folles constructions, des autres coûteuses recettes de la vie de plaisir. Les richesses étaient princières, mais voici que les dettes, dettes de princes aussi, les dépassent. César, tout actif déduit, était, en 692, en face d'un passif de 25,000,000 HS (1,900,000 *thal.* = 7,125,000 fr.). Marc Antoine à 24 ans devait 6,000,000 HS (460,000 *thal.* = 1,725,000 fr.), et 14 ans après 40,000,000 HS (300,000 *thal.* = 11,250,000 fr.). Curion devait 60,000,000 HS (4,500,000 *thal.* = 16,875,000 fr.); et Milon 70,000,000 HS (5,500,000 *thal.* = 20,625,000 fr.). Cette vie dissipatrice au premier chef du monde élégant de Rome reposait toute sur le crédit, et le fait est là qui atteste qu'un jour les candidats consulaires se firent en empruntant une telle concurrence que l'intérêt s'éleva d'un seul coup à Rome, de 4 à 8 0/0. Au lieu d'amener à son heure un réglement, une liquidation quelconque, ensuite de quoi sa situation demeurât clairement établie, l'insolvabilité du débiteur, était, jusqu'au bout, masquée et atermoyée : au lieu d'aliéner ses biens, et surtout ses biens-fonds, il continuait d'emprunter, de se donner des airs de richard, jusqu'au jour où la ruine éclatait bruyamment, où la déconfiture s'ouvrait scandaleuse, comme pour Milon, dont les créanciers ne touchèrent qu'un peu plus de 4 0/0 de leurs créances liquides. Perturbations rapides, courant d'un bond de la richesse à la banqueroute, esprit de vertige érigé en système, tout cela ne profitait qu'au banquier rusé et froid, qui sait donner et refuser à son heure l'ouverture de crédit. La détresse financière arriva promptement au point où nous l'avons vu déjà, au plus périlleux moment de la crise sociale du ve siècle ; les propriétaires fonciers

<small>62 av. J.-C.</small>

obérés ne possédaient plus leurs terres qu'à titre précaire et nominal en face de leurs créanciers : les débiteurs ordinaires devenaient à proprement parler les esclaves des porteurs de titres, et de deux choses l'une, ou bien étant de médiocre condition, ils se montraient à leur suite dans dans la troupe des affranchis, quand ceux de noble naissance parlaient et votaient au Sénat sur un signe, ou bien ils conspiraient contre la propriété, épouvantant le créancier par d'horribles menaces, et demandant quittance aux complots et à la guerre civile. Ainsi s'explique la richesse et la puissance d'un Crassus: ainsi éclatent au mot d'ordre de la « feuille blanchie des registres de créance [1], » les tumultes dont les Cinna, les Catilina, les Cœlius et les Dolabella furent les héros : ainsi s'étaient livrés, un siècle avant, dans le monde Hellénique, la bataille en tous points semblable de ceux qui possédaient contre ceux qui ne possédaient pas (IV. p. 14.). Le terrain économique miné à une telle profondeur, on comprend quels épouvantables ravages apportait le moindre orage politique ou financier: je n'ai pas à en énumérer les désastres périodiques, disparition du capital, avilissement soudain de la propriété foncière, banqueroutes sans nombre, cessation générale des paiements ! On les avait subis pendant la guerre sociale, et la lutte contre Mithridate (VI. p. 26-27), on les subit encore pendant la guerre civile.

Désordre des mœurs.

Il va de soi que les bonnes mœurs, et la vie honnête de famille, à tous les dégrés de l'échelle sociale, n'étaient plus que choses de rebut. La pauvreté ne devenait pas seulement le pire vice et la grande honte, on la proclamait aujourd'hui le vice unique : pour de l'argent l'homme politique vendait sa patrie, le citoyen sa liberté : pour de l'argent on avait des grades à l'armée, et les tablettes de vote des jurés : pour de l'argent, la noble dame s'abandonnait comme la prostituée des rues : les faux en

---

[1] [Les *Novæ Tabulæ, supra* p. 55-56.]

écritures, les parjures pleuvaient, et un poète populaire appélle le serment en justice « un emplâtre à mettre sur les dettes » ! On ne savait plus le sens du mot honneur : à repousser la corruption offerte, on n'était point tenu pour un galant homme, mais pour un ennemi ! La statistique criminelle de tous les temps et de tous les pays ne fournira pas facilement, que je sache, un pendant au tableau des crimes géminés, odieux et contre nature, que déroule sous nos yeux le procès d'*Aulus Cluentius*, au sein même d'une des notables familles d'une petite ville agricole de l'Italie [1].

Cependant la fange avait beau s'accumuler plus épaisse et plus empoisonnée tous les jours dans les bas fonds de la société, ce n'était à la surface que vernis brillant et poli, que belles manières, qu'universels concerts d'amitiés. Ce n'était qu'allées et venues, que visites réciproques : si bien que dans les maisons des grands, il fallait tous les matins, au lever du maître, faire régler ou par le maître lui-même, ou par l'esclave de sa chambre, l'ordre et la marche des empressés. Souvent les hommes considérables obtenaient seuls audience particulière [2] ; quant aux autres, on les admettait par fournées, puis, pour en finir, le reste défilait en masse. Gaius Gracchus, le premier fondateur de la monarchie, comme on sait, avait introduit cet usage. En même temps que les visites de courtoisie,

Les amitiés.

---

[1] [*Aulus Cluentius Habitus,* chevalier romain du municipe de *Larinum,* en Apulie, fut accusé du crime d'empoisonnement commis sur son beau-père, *Statius Albius Oppianicus*. Son accusateur était son beau-frère, instrument des haines de *Cluentia,* sa propre mère. — Cicéron le défendit, et le fit acquitter (688). La corruption paraît avoir agi sur les juges au moins autant que l'éloquence du grand avocat, qui pourtant se vanta d'avoir « *jeté de la poudre aux yeux de ses juges* » (*se tenebras offudisse judicibus gloriatus.* Quintil; 2, 17).— De fait, on rencontre toute une collection d'ignobles crimes au sein de cette famille d'Atrides bourgeois : incestes, poison, corruption, haines de marâtre, de gendres et de beaux-fils, tout y est.]

[2] [V. Cic. *ad famil.* 6, 13. 6, 14. 4. 57. *ad Att.*, 14, 4.]

l'échange de lettres courtoises a pris grande faveur : entre gens qui n'ont ni relations personnelles ni relations d'affaires, il est de mode de faire courir par terre et par mer les « missions amicales ». Par contre, on n'écrit plus de dépêches sérieuses et réelles d'affaires, à moins pourtant que la lettre ne s'adresse à quelque corporation. Pareillement, les invitations à un repas, les étrennes usuelles du jour de l'an, les fêtes domestiques n'ont plus rien de leur caractère intime : tout est devenu solennité publique : la mort même ne délivre point de la foule innombrable des « proches » ; et s'il veut faire une belle fin, le riche Romain doit laisser à chacun d'eux un souvenir. Comme il arrive dans certaines régions de notre monde de la bourse, la vie domestique, avec ses usages discrets, ses familiarités intimes et choisies, s'était totalement perdue dans la Rome d'alors : ce n'était plus qu'un tumulte de gens affairés, de simples connaissances, colportant force révérences, force paroles fleuries absolument vides, et à la place du génie vivant de l'Amitié se dressait son spectre, l'un des plus malfaisants, j'imagine, parmi tous les spectres d'enfer qu'avait évoqués le siècle des proscriptions et de la guerre civile.

Les femmes.

L'émancipation des femmes offre un autre aspect caractéristique de cette décadence trop éclatante du temps. Depuis longues années déjà la femme avait conquis la franchise quant à ses biens (IV. p. 175) : aujourd'hui nous rencontrons des *procureurs* spéciaux, mettant leur zèle au service des dames riches, qui vivent indépendantes ; ils gèrent leur fortune, suivent leurs procès, les dominent grâce à leur habitude des affaires et de la jurisprudence, et retirent de leurs peines maints pourboires, maints legs, qui les font plus riches que ne sont ailleurs les coulissiers de bourse [1]. Mais ce n'est point

---

[1] (Le mariage par *coemption*, permettant le rachat ou l'émancipation de la femme, et le divorce, bien plus aisément que l'ancien

assez pour la femme de s'être débarrassée de la tutelle économique du père ou du mari. Ses intrigues amoureuses sont constamment en jeu. Les *Mimes* (*Mimæ*) et danseuses, avec leurs industries de virtuoses ou multiples, se sont mises au niveau de ce que nous les verrons être dans les modernes capitales : les *Primé donne*, les *Cythéris*, et autres, quelque nom qu'elles portent, salissent à chaque page le livre de l'histoire. A dire le vrai, les artistes libres parmi les femmes du monde aristocratique viennent faire concurrence et tort aux comédiennes jouant par licence. Dans les premières maisons de Rome, les liaisons irrégulières ne se comptent plus : il faut l'énormité de l'événement pour faire tapage, et à recourir à la justice, on se rendrait presque ridicule. Un scandale sans pareil se commit un jour : Publius Claudius, en 693, pénétra dans la maison du Grand-Pontife, où se célébrait la fête des matrones. Cinquante ans avant, à raison d'un crime mille fois moins odieux, il y avait eu peine de mort pour de nombreux coupables (VI. p. 62). Cette fois on n'instruisit pas pour ainsi dire, et Clodius demeura impuni [1]. 61 av. J.-C.

mariage religieux par la *confarréation*, ce dernier tombait en désuétude. — La femme émancipée ne se remariait pas, ou mariée, elle était laissée souvent à la tête de ses affaires d'argent : de là, cette apostrophe de Cicéron : « *Mulieres omnes propter infirmitatem consilii majores in tutorum potestate esse voluerunt : hi* (les jurisconsultes nouveaux) *invenerunt genera tutorum quæ mulierum potestate continerentur. Pro Muræn. 2.* — Gaius, *Instit.* 2, 118.]

[1] [VII, p. 125. — Nous avons mentionné ce grand scandale, mais nous y revenons, pour donner quelques détails sur la procédure à laquelle M. Mommsen fait allusion. A la fête nocturne de la *Bonne Déesse* (*bona Dea*) qui se célébrait cette année (692) chez J. César, alors préteur, Clodius, déguisé en femme, s'introduisit au milieu des matrones et des vestales. Il était l'amant avéré de *Pompeia*, l'épouse du futur dictateur, répudiée plus tard à cette occasion. Il fut reconnu par une esclave : il y avait *inceste*, et la fête, souillée, fut renvoyée à un autre jour. César ne porta pas plainte, mais le Sénat, saisi par *G. Cornificius*, vota l'institution d'une *commission extraordinaire* (*quæstio de pollutis sacris*). La rogation portée devant le peuple, ne put passer d'abord : les bandes de Clodius s'agitaient, l'un des consuls favorisait le coupable. Enfin une *loi* fut 62.

Venant le mois d'avril, alors que les affaires s'arrêtaient à Rome, et que tout le beau monde accourait à Baia et à Pouzzoles, la saison des bains s'ouvrait. Son principal attrait consistait dans la facilité des relations permises et non permises, dans les promenades en gondoles ou sur la plage, avivées par la musique, le chant, et les élégants *ambigus*. Là, les femmes régnaient sans conteste [1]. Mais bientôt il ne leur suffit plus d'être souveraines dans leur empire ; elles se jetèrent dans la politique, se montrèrent dans les conciliabules des partis : par leur or et leurs intrigues elles influencèrent le mouvement des coteries. A voir ces *femmes d'État* se produire sur le théâtre des Scipions et des Catons, à voir ces jeunes beaux au menton rasé, à la voix flûtée, à la sautillante allure, la gaze sur la tête et sur la poitrine, portant manchettes au poignet et sandales de femme aux pieds, copiant enfin la fille de joie, on se prenait à gémir sur ce monde renversé, où les deux sexes semblaient vouloir changer de rôle. Et voyez ce que l'on pense du mariage jusque dans les cercles aristocratiques ! L'un des meilleurs et plus honnêtes

---

rendue, après longs débats, qui disait que les juges de la cause seraient tirés au sort dans les trois ordres. Alors, *L. Cornelius Lentulus Crus* accusa Clodius : mais celui-ci fit marcher la corruption, et finalement se vit acquitté par 31 voix contre 25. Au débat, Cicéron avait comparu comme témoin, et son témoignage détruisait un *alibi* provoqué par Clodius : de là la haine implacable de celui-ci contre l'orateur (*Schol. Bobb. in orat. in Clod. et Curion.* — *Asconius, in orat. pro Mil.*)]

[1] [Cic. *pro Rabir.* 10. « Ne voyons-nous pas souvent, en quête de
» voluptés et de molles jouissances, des citoyens romains, des
» jeunes gens de la noblesse, et jusqu'à des sénateurs de haute
» naissance, loin de leurs jardins et de leurs villas suburbaines, se
» montrant dans Naples, dans cette ville si populeuse, un turban
» de soie (*mitella*) sur la tête ? — Et Sénèque (*Epist.* 51) ajoute au
» tableau. Il appelle Baia le « rendez-vous des vices (*diversorium
» vitiorum*) ». — Quelle nécessité d'y aller voir les gens ivres, flânant
» sur le rivage, les festins sur l'eau, et les lacs qui retentissent du
» bruit des symphonies, et tant d'autres excès qu'une luxure sans
» frein ni loi se permet, que dis-je, qu'elle affiche ? » — Cf. Tibull.
3. 5. — Ovid. *De art. amandi*, 1. 255.]

hommes du temps, Marcus Caton, n'hésite point, sur la demande d'un ami qui veut sa femme, à divorcer d'avec elle ; puis cet ami vient-il à mourir, il la reprend et l'épouse une deuxième fois [1]. Le célibat, les unions stériles sont de plus en plus fréquents dans les hautes classes. Autrefois déjà, le mariage était considéré comme une charge, qu'il fallait bien subir dans l'intérêt public (IV. p. 174. VI. p. 38): aujourd'hui Caton le jeune et tous ses disciples se rangent à la maxime, dont Polybe, il y a un siècle, a dit qu'elle a été l'un des dissolvants de la société Grecque (IV. p. 342). « Il est du devoir du citoyen » de conserver les grandes fortunes, et pour cela de ne » point avoir trop d'enfants. » Qu'étaient-ils devenus les temps où s'appeler un « prolétaire » [2], constituait pour tout Romain un titre d'honneur ?

Dépopulation de l'Italie.

Un pareil état social avait eu pour conséquence l'effrayante diminution de la race latine : dans les splendides campagnes Italiennes on ne rencontrait plus qu'immigrants parasites, ou qu'arides déserts. Une bonne partie de la population indigène se portait à l'étranger. Déjà, pour suffire au personnel des fonctionnaires, et aux garnisons Italiques dispersés tout autour de la Méditerranée, il avait fallu tirer de la péninsule une somme de capacités et de bras qui dépassait assurément ses forces, sans compter que tout ce monde envoyé à l'étranger était à jamais perdu pour le peuple Romain. A mesure que la République avait grandi et englobé les autres nations dans l'empire, la toute puissante aristocratie s'était déshabituée de plus en plus de voir dans l'Italie son unique patrie. Des hommes levés, ou racolés pour les armées, bon nombre avait disparu dans les guerres nombreuses du dehors, dans la guerre civile, sanglante s'il en fut : les autres, retenus au service

---

[1] [V. ch. XII, la note sur Hortensius, à qui Caton laisse épouser sa femme, qu'il reprendra plus tard, avec une fortune accrue par ce second mariage.]

[2] [*Proletarius, qui fait souche d'enfants.*]

pendant de longues années, souvent pendant toute la durée d'une génération, étaient devenus absolument étrangers à Rome. Comme la profession militaire, la spéculation mercantile occupait au dehors, leur vie durant, ou pendant bien des années aussi, et les propriétaires fonciers, et presque tous les commerçants : ces derniers surtout, dans le cours de leur carrière voyageuse avaient perdu les traditions de la vie de citadin de la ville-mère, même de la vie de famille, pour eux devenue trop étroite. Pour les remplacer il ne restait à l'Italie que les esclaves, les affranchis prolétaires, les artisans et marchands accourus en foule d'Asie-Mineure, de Syrie et d'Égypte, croissant et multipliant dans Rome, et plus encore dans les places maritimes d'Ostie, de Pouzzoles et de Brindes (VI. p. 46). Et même ce n'était point dans la plus grande et la plus importante région de la péninsule que s'opérait le remplacement des absents par un élément impur : partout ailleurs la population disparaissait à vue d'œil. Le mal était sans remède dans les contrées pastorales. L'Apulie, cette terre promise des troupeaux est signalée déjà par les contemporains comme le pays le plus vide d'hommes de toute l'Italie : la campagne de Rome se changeait de jour en jour en désert, sous l'influence et la réaction réciproque et constante du départ des paysans, et de l'empoisonnement progressif de l'atmosphère. Labici, Gabies, Bovilles, jadis aimables petites villes, étaient tellement déchues, qu'il devenait difficile d'y trouver les représentants nécessaires pour les cérémonies des fêtes latines. Tusculum, qui fut toujours l'un des plus charmants endroits du Latium, ne se composait plus que de quelques familles notables, établies dans Rome, mais gardant leur droit local de cité : elle comptait moins d'électeurs que nombre d'autres bourgs de l'intérieur. La population mâle en état de porter les armes, jadis colonne et sauve-garde de la vieille Rome, s'y était réduite à ce point, qu'en comparant les choses du passé à l'état présent, les récits de la chronique des guerres des Eques et des Volsques paraissaient autant de fables, et qu'on ne les lisait pas sans un étonnement mêlé d'effroi. Il n'en était point ainsi partout, je le répète, et notamment dans les autres parties de l'Italie du milieu et de la Campanie; encore est-il vrai de dire avec Varron, que « les villes d'Italie, jadis riches en hommes, étaient vides ! »

Quel tableau plus triste que celui de la péninsule sous le gouvernement de l'aristocratie ? Entre le monde des mendiants et le monde des riches, l'antagonisme est, comme avant, menaçant : il ne s'est produit ni conciliation ni apaisement. Des deux côtés les partis pris, les souffrances réciproques ont accru les haines. Plus les richesses ont monté à des hauteurs vertigineuses, plus s'est creusé l'abîme de la misère, et plus souvent aussi dans ce tourbillon changeant de la spéculation et du jeu de hasard on a vu les individus tour à tour portés d'en bas au faîte de la roue de fortune, puis précipités du faîte en bas. Plus le fossé est béant entre les deux sociétés, plus aussi elles se font concurrence dans un égal anéantissement des mœurs de la famille, germe et noyau de toute nationalité, dans une égale dépravation et une égale licence. Elles vont de pair enfin dans le dessèchement économique, dans la servilité lâche, dans la vénalité, sauf les différences du tarif, dans la démoralisation criminelle, dans leurs appétits de guerre à la propriété. Alliées pour le mal, la richesse et la misère chassent les Italiens de l'Italie, et la remplissent ici d'une tourbe remuante d'esclaves, là d'un silence de mort. Tableau effrayant, je le répète, mais qui n'a rien d'exceptionnel : dans tout état à esclaves, aussitôt que s'établit et règne le capital, il ravage, comme chez les Romains, et détruit le monde sorti splendide de la main de Dieu. Pendant que l'onde des fleuves s'irise de mille couleurs, le marais fangeux revêt une teinte uniforme : de même l'Italie de l'époque cicéronienne ressemble à la Hellade de Polybe, et bien plus encore à la Carthage

L'Italie sous l'oligarchie.

des temps d'Hannibal, où le capital régnant en maître absolu, a détruit les classes moyennes, fait monter à leur apogée le commerce et les plantations, et recouvert d'un vernis trompeur la cité gangrenée dans ses mœurs et dans ses institutions politiques. Quelqu'aient été les torts de lèse-nation et de lèse-civilisation que l'on a pu, de nos jours, jeter à la face du système capitaliste, ces torts ne sont rien, comparés aux crimes d'autrefois, de même que l'homme libre, si pauvre qu'il soit, reste toujours bien au-dessus de l'esclave. Vienne à maturité la semence de dragon jetée sur les terres de l'Amérique du Nord, et l'on reverra semblables récoltes ! [1].

Réformes césariennes.

Au fond, les blessures économiques par lesquelles périssait l'Italie n'étaient pas guérissables, et là où le remède n'était qu'en partie possible, il devait venir et de l'effort du peuple et du temps. Il n'est point donné au plus sage des gouvernements ni au plus habile médecin de ramener la sève première dans le système d'une circulation corrompue : quand le mal plonge jusque dans les racines, tout ce qu'on peut faire, est de détourner les accidents qui pourraient mettre obstacle à l'action bienfaisante de la nature. Ces moyens préservatifs, le nouveau gouvernement, dans l'intérêt de la paix, les appela à son aide ; et aussitôt tombèrent comme d'eux-mêmes quelques-uns des plus dangereux chancres entés sur le corps social, l'accroissement artificiel du prolétariat, l'impunité des criminels, la vénalité des charges et d'autres encore. On pouvait aussi mieux faire que de ne point faire le mal. César n'était pas de ces hommes par trop sages, qui n'opposent point de digues à la mer, parce que nulle digue ne défie le flot d'équinoxe à la barre du fleuve. Assurément il vaudrait mieux pour un peuple, pour l'économie politique nationale, suivre de soi-même la voie tracée par la nature : mais à Rome, le peuple était hors

---

[1] [V. *supra*, p. 66, à la note.]

VIEILLE RÉPUBLIQUE, NOUVELLE MONARCHIE

de la voie, et force fut bien à César d'employer son immense énergie personnelle à le ramener de haut dans la tradition du patriotisme et de la famille, dût sa réforme économique s'imposer à coups de lois et de décrets.

Il fallait parer d'abord au mouvement qui emportait les Italiens hors de l'Italie, et à leur absence prolongée, obliger le monde élégant et le monde mercantile à ramener au plus tôt ses foyers sur le sol de la patrie. César abrège la durée du service militaire [1]; il interdit à tous les citoyens de l'ordre sénatorial de séjourner hors de l'Italie si ce n'est pour raison d'intérêt public : quant aux autres Italiens en âge nubile (de 20 à 40 ans) il leur est interdit de résider plus de trois années consécutives à l'étranger [2]. Déjà au cours de son premier consulat, et mû par les mêmes motifs, César, quand il établissait une colonie à Capoue, avait pris en considération toute particulière les colons qui avaient plusieurs enfants (VI. p. 374). Devenu empereur, il donne des récompenses extraordinaires à ceux chargés d'une nombreuse progéniture [3]: en même temps, comme justicier suprême, il traite le divorce et l'adultère avec une rigueur qui déroute toutes les idées romaines.

Il descend même jusque dans les détails d'une loi somptuaire, s'attaquant notamment à la manie prodigue des bâtisses, dans ses excès les plus insensés, les constructions sépulcrales : il limite à certaines conditions de temps, d'âge et de rang l'usage des vêtements de pourpre, et des perles : il les défend aux hommes adultes : il établit enfin un *maximum* pour les dépenses de la table, et prohibe même certains mets luxueux. Toutes ordonnances qui n'étaient point neuves : ce qui était neuf en elles, c'est que « le

Mesures contre l'absentéisme.

Mesures dans l'intérêt de la famille.

Lois somptuaires.

---

[1] [Conformément à l'un des conseils, dans les *Orationes ad Cæsarem*, attribuées à tort à Salluste.]

[2] [Suet. *Cæs.* 42.]

[3] [Suet. *Cæs.* 43. — Gell. 3, 15. C'est le renouvellement du *Jus trium liberorum.*]

maître des mœurs » y tenait la main, c'est qu'il avait ses agents payés qui surveillaient les marchés publics, c'est que ses appariteurs allaient chez les grands pour inspecter leur table, et confisquer, le cas échéant, les plats servis en contrebande [1]. A cet enseignement théorique et pratique de la tempérance imparti au beau monde par la police de la nouvelle monarchie, il n'y avait point certes de régénération à attendre : le luxe, seulement, allait se cacher, mais s'il est vrai de dire que l'hypocrisie est l'hommage que le vice rend à la vertu, encore convenait-il de ne pas dédaigner, en un tel moment, les semblants de décence officielle. Après tout c'était un pas de fait vers le mieux.

La crise des dettes.

Plus sérieuses et plus fécondes en promesses de succès semblaient être les réformes tentées, à la même heure, dans les systèmes financier et agricole. Des mesures transitoires étaient commandées par la crise de l'argent et des dettes. Je ne parle que pour mémoire de la loi arrachée à César par un cri de *haro!* contre les capitaux qui se cachaient : elle disposait que nul ne pourrait garder en caisse, or ou argent, plus de 60,000 HS (4,600 *thal.* = 17,250 fr.) [2]. et apaisait ainsi les colères de l'aveugle public pressuré par l'usure : dans la formule de promulgation, il était bien dit sans doute qu'il ne s'agissait là que de la remise en vigueur d'une ancienne ordonnance tombée en oubli : mais rien n'était moins vrai, et la précaution prise atteste que César avait honte tout le premier de la mesure ; j'imagine qu'elle n'a pas reçu d'application. Une question bien autrement grave était celle des créances et des dettes : le parti, soi-disant Césarien demandait

[1] [Suet. *Cæs.* 43. : cf. Cic. *ad famil.* 7, 26 : 9, 15 : *ad Att.* 13, 7. César ne pouvait guère se faire illusion sur l'insuccès forcé de son remède : peut-être, comme on l'a remarqué, ne fit-il, en y recourant, qu'obéir en apparence aux exigences jalouses de la démocratie.]

49 av. J.-C.

[2] [Cette loi remonte à la première dictature (705), au retour de la première campagne d'Espagne. Dio. 41. 38.]

violemment l'abolition pure et simple. Nous avons vu plus haut comment César n'y donna pas les mains (*supra* p. 55, 134) : il accorda toutefois aux débiteurs, et cela dès l'an 705, deux adoucissements importants. Par une première loi, l'intérêt arriéré leur fut remis, l'intérêt payé fut précompté sur le capital [1]. Aux termes d'une seconde, le créancier fut tenu à recevoir en paiement tous les biens meubles et immeubles de l'obligé, et ce au taux de la valeur réelle avant la guerre civile, et avant leur avilissement par l'effet de cette guerre [2]. Prescription non injuste en soi : du moment que le porteur de la créance était regardé comme le propriétaire des biens du débiteur, jusqu'à concurence de la somme due, n'était-il point admissible qu'il dût supporter sa part de la perte réalisée sur le gage ? Quant à l'annulation du paiement des intérêts, soit payés, soit arriérés, la mesure revenait, en fait, à faire perdre au créancier 25 pour 0/0 environ sur le capital en demande au temps de la promulgation de la loi, intérêts non compris. Elle était une satisfaction donnée aux exigences bruyantes des démocrates, elle équivalait à l'abolition partielle de la créance du prêteur : quelqu'impitoyable qu'il se fût montré à se faire payer les usures, jamais sa rigueur n'aurait justifié l'anéantissement complet et rétroactif de son droit à l'intérêt stipulé. On ne peut s'expliquer une telle loi, qu'en se rendant un compte exact du point de vue du parti démocratique. A cet égard, la prohibition de l'intérêt, emportée d'assaut par les Plébéiens en 412 (II, p. 78), n'avait pas longtemps subsisté devant l'effort de la no-

49 av. J.-C.

342.

---

[1] [Nous n'en trouvons pas la mention expresse : mais la mesure ressort nécessairement de l'autorisation donnée au débiteur de déduire du capital, à titre de paiement effectué contrairement à la loi, les intérêts payés, soit comptant, soit sur billet (*si quid usuræ nomine numeratum aut perscriptum fuisset* (Suet. *Cæs.* 42). — [Cf. Plut. *Cæs.* 37. App. *b. civ.* 2, 48. Dio, 41, 37-38.]

[2] [*Cæs. b. civ.* 3, 3. — Ce fut à la suite de ces réglements que Cœlius et Milon se révoltèrent (*supra*, p. 55) : *Cæs. b. civ.* 3, 20-21.]

blesse, demeurée par la préture maîtresse des juridictions civiles : mais en la forme de droit, elle était encore loi écrite, et les démocrates du VIIe siècle, qui se disaient les continuateurs de l'ancienne révolution sociale (VI, p. 338), avaient affirmé dans tous les temps qu'à servir l'intérêt il y avait paiement de l'indu ; et au milieu des troubles de l'ère de Marius, ils avaient même réussi à mettre un instant leur doctrine en pratique (V, p. 237). On ne peut croire que César ait partagé ces idées grossières : lorsque dans ses commentaires, il touche à l'incident relatif à la liquidation des dettes, il ne mentionne que son ordonnance qui prescrit la remise au créancier des biens du débiteur, pour tenir lieu du paiement direct [1] ; quant à l'abolition de l'intérêt arriéré, il se garde d'en parler, ce qui équivaut peut-être à se la reprocher tout bas. Mais chef de parti, il dépendait de son parti, et ne pouvait donner un démenti en face au dogme démocratique, à l'époque surtout où s'agitait cette question brûlante. Alors il se disposait à partir pour l'Epire, et n'était point encore le tout-puissant victorieux de Pharsale. Il laissa faire, ce semble, plutôt qu'il ne porta lui-même cette atteinte au droit, à la justice et à la propriété : il eut du moins le mérite d'atermoyer avec les passions monstrueuses qui voulaient la radiation de toutes les créances ; et il convient de lui tenir compte de ce fait après tout honorable, que les débiteurs estimèrent ses concessions absolument insuffisantes et s'en montrèrent bien plus irrités que les capitalistes maltraités par l'ordonnance. On les vit, ainsi que nous l'avons raconté plus haut, Cœlius et Dolabella à leur tête, recourir follement à des voies de fait aussitôt réprimées, et tenter d'arracher par l'émeute et la guerre civile la libération gratuite que repoussait leur chef.

    Mais ce n'était point assez du soulagement apporté aux

---

[1] [*B. civ.* 3, 1.]

besoins actuels, César voulut encore, en tant que législateur, élever un rempart durable contre la puissance abusive du capital. Tout d'abord, il proclama la règle sainte qui tient la liberté individuelle pour un bien non assimilable à la propriété, qui la proclame un droit inaliénable de l'homme, qui veut que l'État seul la puisse enlever à un coupable, jamais au simple débiteur. S'inspirant peut-être des lois plus humaines de l'Égypte et de la Grèce, et nommément des lois de Solon [1], César le premier, introduisit dans le droit commun ce grand principe en pleine et directe opposition avec l'ancienne règle de la banqueroute, et après César, nul ne l'a combattu. On se rappelle qu'aux termes de la loi civile, le débiteur insolvable était jadis adjugé au créancier (I, p. 210). Plus tard, la loi *Pœtelia*, à la vérité, quand le premier n'était qu'embarrassé dans ses paiements sans se trouver sous le coup d'une insolvabilité absolue, lui avait ouvert, comme moyen de salut pour sa liberté personnelle, l'expédient de l'abandon d'actif (II, p. 78), puis, le citoyen même en pleine déconfiture avait aussi obtenu certains tempéraments accessoires : mais quoi qu'on eût fait dans la pratique, la règle avait subsisté immuable pendant tantôt cinq cents ans, et la procédure ne s'ouvrait d'ordinaire contre les biens, qu'en cas de mort du débiteur, que s'il avait perdu son droit de cité, ou que s'il ne pouvait être trouvé. César, le premier, je le répète, accorda à l'insolvable la faculté qui sert encore aujourd'hui de base à toutes les liquidations de banqueroute : à l'avenir, que l'actif suffise ou non au paiement du passif, le débiteur par le délaissement de ses biens, et sauf amoindrissement de

Réglement nouveau des banqueroutes.

---

[1] [Les lois royales de l'Égypte (Diod. 1, 79) et les lois de Solon (Plutarch. *Sol.* 13, 15) proscrivaient toute reconnaissance de dette, par laquelle en cas de non-paiement, le débiteur aurait engagé sa liberté personnelle : ces dernières tout du moins, lorsqu'il y avait déconfiture, n'autorisaient aucune rigueur allant au-delà de l'abandon complet de l'actif.

ses droits honorifiques ou politiques, aura du moins la
liberté sauve : il pourra recommencer la vie des affaires ;
il ne sera tenu de son passif antérieur et non couvert
par la liquidation de sa déconfiture, qu'autant qu'il le
pourra acquitter, sans se ruiner une seconde fois. A
émanciper ainsi la liberté individuelle du servage du capital, le grand démocrate conquérait une impérissable
gloire. Il alla plus loin, et il voulut encore à l'aide de ses
lois usuraires refréner la puissance abusive de ce même
capital, dans l'ordre politique. En quoi il demeurait fidèle
aux antipathies de son parti contre les créances portant
intérêt en matière de contrats pécuniaires. En Italie le
prêt à intérêt au regard du capitaliste prêteur est limité à
une somme *maxima*, calculée sur l'importance de ses
immeubles italiens et ne dépassant pas ce semble la moitié
de leur valeur. Toute infraction constitue un délit, lequel
est poursuivi dans les formes prescrites par les lois républicaines sur l'usure, et par devant une commission de
jury. A supposer la mise en pratique du système, il devait
avoir pour effet d'obliger les hommes d'affaires à se faire
sans retard propriétaires fonciers dans la péninsule : on
allait voir s'évanouir l'armée des capitalistes qui ne vivent
que de l'intérêt de leurs placements, et pendant que ceux-
ci, pour pouvoir continuer leur trafic, achetaient bon gré,
mal gré, des biens fonds en leur nom personnel, le nombre
et la classe diminuaient aussi des emprunteurs obérés
et des propriétaires nominaux, qui n'exploitaient plus les
domaines que pour le compte de leurs créanciers. Il est
manifeste d'ailleurs que César n'a jamais eu la pensée
naïve de renouveler la prohibition de l'intérêt, au sens où
l'entendait l'ancien parti populaire : il voulut en assurer
la pratique, bien au contraire, mais la pratique dans certaines limites. S'est-il borné à ces mesures spéciales à
l'Italie, à la loi du *maximum* appliqué au capital de prêt ?
La chose me paraît invraisemblable, et j'estime que de
même, et pour les provinces surtout, il a dû établir un

Lois contre l'usure.

VIEILLE RÉPUBLIQUE, NOUVELLE MONARCHIE

taux *maximum* de l'intérêt. Déjà telles dispositions en cette matière, comme l'interdiction de l'intérêt supérieur à 1 0/0 par mois, l'interdiction de l'*anatocisme*, ou de la demande en justice d'une somme d'intérêts arrérages dépassant le chiffre du capital primitif, toutes dispositions probablement empruntées aussi aux législations grecques et égyptiennes [1], étaient en vigueur dans l'empire, en Asie-Mineure, aux termes des ordonnances de Lucius Lucullus, d'abord, ou de ses successeurs, qui y avaient aussi tenu la main. Les préteurs les avaient bientôt importées dans plusieurs autres gouvernements, et enfin, un sénatusconsulte de 704 leur avait pour partie conféré force de loi dans toutes les provinces. Peut-être convient-il de rapporter à César l'application complète de ces réglements de Lucullus : de fait, nous les rencontrons plus tard transformés en lois générales, et ils deviennent la base de toute la législation romaine, j'ajouterai presque, des législations modernes en cette matière.

50 av. J.-C.

Des mesures prises à l'encontre des abus du capital, à celles tendant à faire rentrer le système agricole dans la voie la plus profitable au bien de l'état, il n'y avait qu'un pas. Un premier et essentiel besoin se faisait sentir, celui de l'amélioration de la justice et de la police. A cette heure, nul n'avait en Italie de sécurité pour sa personne et pour ses biens, meubles ou immeubles. N'avait-on pas vu les chefs de bande à Rome, quand leurs hommes n'étaient point retenus dans les murs par les menées politiques, s'en aller faire métier de voleurs dans les forêts de l'Étrurie, ou conquérir en d'autres contrées des agrandissements de domaines au profit du patron qui les avait à sa solde ? César mit fin à ce règne de la force et de la violence ; et toutes les classes encore

Encouragements à l'agriculture.

---

[1] La dernière au moins se retrouve dans les lois royales égyptiennes (Diod. 1. 79). La législation de Solon, au contraire, ne pose aucune restriction au taux de l'intérêt, et autorise même expressément son élévation arbitraire.

debout de la population rurale ressentirent immédiatement le bienfait. Les travaux publics entrepris par le nouveau monarque n'étaient point confinés dans Rome, il voulut qu'ils profitassent encore à l'Italie : il fit tracer une route commode, qui partant de Rome, et aboutissant à l'Adriatique par les cols de l'Apennin, devait faciliter le trafic intérieur ; il prépara l'épuisement du lac Fucin, dans l'intérêt de l'agriculture du pays marse [1]. Ailleurs, il touche directement au système économique. Il oblige les éleveurs de bétail italique à avoir le tiers au moins des gardiens de leurs troupeaux en hommes nés libres et adultes, arrêtant du même coup le recrutement du banditisme, et rouvrant une carrière au prolétariat libre [2].

<small>Distributions de terres.</small>

Venait la question agraire à laquelle déjà, au temps de son premier consulat, César avait dû toucher (VI, p. 371). Ici, plus prudent que Tibérius Gracchus, il se garda de tenter la restauration à tout prix de la classe agricole, même au prix d'une révolution contre la propriété se dissimulant sous des cautèles juridiques. Pour lui, comme pour tout autre politique sérieux, la première, la plus inviolable des maximes d'État réclamait avant tout la sécurité de la propriété ou de ce qui vaut comme tel dans l'opinion publique. Sur ce terrain nettement délimité, il s'efforça seulement de préparer l'essor des petits domaines italiques : la question vitale à ses yeux était là. Il se mit à l'œuvre activement. Les possessions privées, qu'elles fussent à titre de propriétaire, ou de censive héréditaire, qu'elles remontassent à Gaius Graccus ou à Sylla, il les respecta toutes indistinctement. Il en agit autrement avec le domaine italien de la République, avec les nombreux immeubles, appartenant de droit à l'État, et demeurés aux mains des corporations sacrées : là il pro-

---

[1] [Suet. *Cæs.* 44.]
[2] [Suet. *Cæs.* 42. App. *b. c.* I. 8.]

cède à sa manière, simple et sévère, et qui n'admet ni retard ni négligence même dans les plus petits détails. Il fait faire la révision générale de tous les titres des possesseurs par devant la commission des *Vingt*, exprès reconstituée (VI, pp. 371, 374) ; puis, il ordonne les assignations parcellaires de terre, selon la méthode des Gracques, naturellement en tout ce qu'elle comporte d'applicable à l'agriculture. Pour ce qui est des pâturages d'été de l'Apulie, et des pâturages d'hiver du Samnium, appartenant à l'État, il les maintient dans le domaine public. Que si les terres mises en distribution ne suffisent pas, il a décidé qu'on achetera des propriétaires Italiens, aux frais du trésor, le complément foncier nécessaire. Il fallait choisir les nouveaux allotis. Comme on le pressent, César les prend parmi les soldats mis en réforme, remédiant ainsi, autant que faire se peut, aux charges de la conscription, changeant le mal en bien, et restituant à la patrie, sous forme de classe agricole, des prolétaires qu'il lui a enlevés sous forme de recrues. Notons en passant qu'il paraît avoir de préférence envoyé tout d'abord ses colons improvisés dans les cités latines dépeuplées, à Véies, à Capène [1]. Il dispose que les allotis ne pourront se défaire de leurs terres que vingt ans après leur installation, transaction heureuse entre la pleine liberté d'aliéner, laquelle eût bien vite ramené les lots assignats fonciers aux mains des grands capitalistes, et les restrictions permanentes et vaines jadis imaginées par Tibérius Gracchus (V, pp. 28, 36, 84), et par Sylla (V, p. 357 : VI, p. 232), pour mettre ces terres hors du commerce.

La main de l'énergique *Imperator* de Rome s'est montrée secourable au peuple Italique : elle a remédié aux maladies de sa vie économique, elle a fortifié les éléments meilleurs qui subsistent. Les municipes demandent à

Rénovation du système municipal.

---

[1] [On cite aussi *Bovianum*, *Aufidena*, *Casilinum*, *Calatia*, *Lanuvium*.]

leur tour une réorganisation. Issus des crises de la guerre sociale, partie intégrante et vaste du système économique et politique de l'Empire (V, p. 379), ils communiqueront à la monarchie absolue les éléments de sa vie sociale, ils réveilleront et activeront la circulation, aujourd'hui suspendue, des plus nobles sucs de l'organisme public. Faisons ressortir ici les dispositions principales des deux lois municipales de César, l'une promulguée en 705, pour la Gaule cisalpine, l'autre en 709, pour toute l'Italie [1], celle-ci demeurée à toujours le droit commun et fondamental. Epuration sévère des collèges locaux, débarrassés de tous leurs éléments morbides, sans trahir l'ombre d'une préoccupation de parti, restrictions apportées dans la limite du possible à l'excessive centralisation, libre mouvement laissé à la commune, avec l'élection de ses magistrats, avec la juridiction civile et criminelle dans certaines limites : à côté de cela, quelques précautions d'intérêt public, les restrictions mises aux associations, par exemple (p. 116), voilà ce qui signale ces lois à notre attention. César, en les rédigeant, ne visait à rien moins que la réforme sociale du peuple italique. La tâche de la critique est facile à qui voudra leur reprocher leur insuffisance, énumérer les vices qu'elles laisssaient se perpétuer, et faire voir aussi en combien de points elles étaient une gêne sensible à la liberté des transactions. Plus facile encore serait-il de dire combien le mal était absolument incurable. Et néanmoins, l'homme pratique admirera l'œuvre et l'ouvrier. Quand Sylla lui-même avait désespéré, et n'avait tenté qu'une réorganisation pour la forme, n'était-il pas méritoire à César d'attaquer l'hydre chez elle, et de lutter corps à corps ? Il a certes accompli tout ce qui était dans la mesure du possible à un homme d'État, à un Romain. Il n'espérait pas

---

[1] [Nous avons dit déjà (*supra*, pp. 84, 95, 117, etc.) qu'il nous reste de ces lois de très-considérables fragments. V. à l'App. les *Leges Juliæ*.]

non plus, il ne pouvait espérer de ses réformes le rajeunissement de l'Italie. C'est ailleurs, et par une toute autre voie qu'il l'a entrepris : mais avant de raconter sa tentative, il convient d'exposer ici le tableau des provinces, et la condition dans laquelle il les avait trouvées.

A l'avènement de César, il y avait dans l'Empire 14 provinces : sept en Europe, les deux Espagnes citérieure et ultérieure, la Gaule Transalpine, la Gaule Italienne avec l'Illyrique, la Macédoine avec la Grèce, la Sicile, la Sardaigne avec la Corse : cinq en Asie, l'Asie propre, la Bithynie et le Pont, la Cilicie avec Chypre, la Syrie, la Crète : deux en Afrique, Cyrène, et l'Afrique propre. Ajoutez-y les trois gouvernements de création nouvelle institués par César, les deux Gaules Lyonnaise et Belgique (VII, p. 106), et l'Illyrie, détachée de la Cisalpine : en tout 17 provinces [1].

Les provinces.

On peut l'affirmer, l'administration des quatorze provinces de la république, entre les mains de l'oligarchie, avait dépassé tout ce qui s'est vu jamais en abus, tout au moins dans l'occident, où pourtant se rencontrent nombreux les exemples à noter en ce genre. L'imagination ne saurait aller au delà en fait d'horrible et d'odieux. Disons de suite que les Romains seuls n'étaient point responsables. Avant eux, presque en tous pays, les régimes grecs, phéniciens ou asiatiques avaient chassé de l'âme des peuples tous les sentiments élevés, l'idée du droit, les souvenirs de la liberté des temps meilleurs. Tout provincial accusé était tenu, s'il en était requis, de se présenter en personne à Rome pour y répondre à l'accusation. Tout proconsul ou préteur s'immisçait de son plein arbitre dans

Leur administration par l'oligarchie.

---

[1] A voir César instituer seize propréteurs annuels et deux proconsulats dans les provinces, les deux proconsuls demeurant deux ans en charge (p. 84), on pourrait induire de là qu'il entrait dans ses projets de porter les provinces à vingt. Mais rien ne serait moins certain qu'une telle conclusion, d'autant qu'il entrait dans ses vues qu'il y eût moins d'offices et plus de candidatures.

la justice et dans l'administration des cités sujettes : il prononçait la peine capitale, il cassait les actes des conseils locaux : en temps de guerre, il disposait à son gré, et Dieu sait de quelle scandaleuse façon, des milices. Ainsi Cotta, au siège d'Héraclée Pontique (VI, p. 194), avait mis celles-ci aux postes dangereux, pour épargner ses Italiens, et les opérations n'ayant point marché à souhait, avait fait décapiter les ingénieurs. Ni la loi morale, ni la loi criminelle n'étaient faites pour le gouverneur romain et les gens de sa suite : voies de fait, profanation, meurtres avec ou sans forme de procès, tous les jours ils commettaient tous les crimes. Et pourtant, ce n'était point là un spectacle nouveau : quelle contrée n'était point habituée à un régime d'esclavage ? Gouverneur carthaginois, satrape syrien, ou proconsul venu de Rome, peu importait qui fût le tyran ? Les jouissances du bien-être matériel, les seules dont on eût encore le goût dans les provinces, auprès de ces nombreux et cruels maîtres, étaient souvent troublées par les événements : toutefois si nombreux que fussent les retours de fortune, encore ne frappaient-ils que des individus isolés. Mais un joug affreux pesait également sur tous, le joug d'une exploitation financière systématique, implacable, sans pareille dans le passé. Ici les Romains continuaient à faire preuve, et d'une terrible façon, de leur génie d'hommes d'argent. Nous avons esquissé dans un autre volume (VI, pp. 7-16) le système de l'impôt provincial, ses conditions, d'abord modérées et intelligentes, puis l'accroissement de ses exigences, et ses effets destructeurs : il va de soi que ceux-ci seuls avaient progressé. Les taxes ordinaires causaient d'ailleurs plus de souffrances par l'inégalité de la répartition et les vices de la perception, que par l'élévation de leur taux. Les politiques romains confessaient tout les premiers que l'obligation du logement militaire équivalait pour une cité à une prise d'assaut par l'ennemi, quand les légions s'y cantonnaient en quartiers d'hiver.

L'impôt, dans son principe, avait eu le caractère d'une compensation en échange du fardeau de la guerre accepté par la République; la cité contribuable étant en droit, par conséquent, de réclamer l'immunité du service ordinaire de guerre. Mais voici qu'un jour, en Sardaigne, par exemple, Rome oblige des provinciaux à fournir presque toutes les garnisons des places; puis bientôt, elle les condamne à un impôt plus onéreux, à la fourniture de toute la cavalerie des armées régulières. Quant aux prestations irrégulières, livraisons de blé, gratuites ou à peu de chose près, au profit exclusif du prolétariat de la capitale, armements quotidiens et toujours coûteux des flottes, défense des côtes contre les pirates, contributions énormes en travaux d'art, en bêtes fauves, avances de tout genre pour subvenir aux folies luxueuses du théâtre et des combats d'animaux, réquisitions militaires en cas de guerre, toutes ces charges étaient souvent écrasantes autant qu'incalculables. Un exemple nous en fera voir le résultat. Pendant les trois années que dura le gouvernement de Gaius Verrès en Sicile, le nombre des agriculteurs tomba de 84 à 32 à *Leontini*, de 187 à 86 à *Motyka*, à *Herbita* de 252 à 120, à *Agyrion* de 250 à 80, si bien que dans quatre des plus fertiles districts de l'île, il se trouva 59 propriétaires sur 100 aimant mieux laisser leurs terres en jachère que d'en continuer la culture sous un pareil régime. Et ces propriétaires encore n'étaient point de petits et pauvres paysans : leur nombre minime l'indique, et des documents précis l'attestent, ils appartenaient tous à la classe des gros planteurs, presque tous, ils étaient citoyens romains ! [1]

Dans les États clients, si les formes de l'impôt différaient, l'impôt pesait plus lourdement encore : à côté des Romains, le prince indigène pressurait les sujets. En Cappadoce, en Égypte, le paysan était ruiné aussi bien

---

[1] [Cic. *in Verrem.* 2 act. 3, 120.]

que le roi ; l'un ne pouvait payer le collecteur des taxes, l'autre ne pouvait payer son créancier. Ajoutez à cela les exactions du préteur, celles de ses « amis, » dont chacun se gérait comme ayant titre sur lui, et comme étant en droit, grâce à lui, de ne s'en retourner à Rome que la poche bien garnie. En vérité, l'oligarchie romaine, semblable à une grande troupe de voleurs, s'en allait, par vocation et par métier, au pillage des malheureuses provinces. A être le plus habile, on n'y mettait pas plus de ménagements. A quoi bon? Ne faudrait-il pas un jour partager avec avocats et jurés? On volait plus sûrement, en volant davantage. Et puis on se piquait d'honneur : le grand bandit n'avait que mépris pour le petit pillard, celui-ci que mépris pour le simple écornifleur : que si, par cas extraordinaire, l'un d'eux venait à être condamné, quelles n'étaient point ses vanteries sur le gros chiffre des concussions dont il demeurait convaincu? Ainsi se comportaient aujourd'hui dans les magistratures provinciales les descendants des grands hommes habitués jadis à ne revenir en Italie qu'avec la reconnaissance des sujets, et l'approbation de leurs concitoyens !

Les capitalistes dans les provinces.

Ce n'était pas tout. Un autre fléau, plus redoutable s'il est possible, l'armée des trafiquants italiques, encore moins contrôlés que les gouverneurs, s'était abattu sur les provinces. Les plus grandes terres, tout le commerce, tout l'argent s'y concentraient dans leurs mains. Dans les territoires transmaritimes, tous les biens-fonds appartenant aux familles notables de l'Italie, abandonnés qu'ils étaient à la lèpre des régisseurs, étaient voués à la ruine, et ne recevaient jamais la visite du maître, si ce n'est pourtant ceux convertis en parcs de chasse, et qui, dès ces temps, dans la Gaule transalpine, s'étendaient chacun sur une superficie de près d'un mille carré d'Allemagne [1]. L'usure florissait comme par le passé. Les petits proprié-

---

[1] [Environ deux lieues carrées de France.]

taires ruraux de l'Illyrique, de l'Asie, de l'Égypte, à l'époque contemporaine de Varron, n'étaient déjà plus, d'ordinaire, que les esclaves pour dettes de leurs créanciers romains ou non romains, comme autrefois les *nexi* plébéiens au regard des prêteurs à intérêt. On voyait jusqu'à des villes placer leurs capitaux à quatre du cent par mois. D'ordinaire, les trafiquants actifs et influents, en vue de faciliter leurs spéculations hors de Rome, se faisaient donner un titre de chargé d'affaire par le Sénat [1], un titre d'officier par le propréteur, avec bonne escorte, s'il était possible. Nous tenons le récit suivant de source très-autorisée. Un de ces honnêtes et belliqueux banquiers avait un jour je ne sais quelle créance sur Salamine de Chypre. Il exigeait paiement, et bloqua tout le conseil de ville, tant et si bien que quatre des conseillers moururent affamés. Au supplice de cette double oppression, l'une et l'autre également intolérable, et dont les moyens combinés étaient devenus de règle usuelle, venaient s'ajouter les souffrances générales, imputables aussi à la République, indirectement à tout le moins. Les guerres nombreuses coûtaient aux provinces de gros capitaux, soit qu'ils fussent la proie des barbares et des armées romaines, soit qu'ils fussent anéantis. De police sur terre ou sur mer, il n'y en avait point : partout se montraient les brigands et les pirates. En Sardaigne, dans l'intérieur de l'Asie Mineure, le banditisme était endémique : en Afrique, en Espagne ultérieure, il avait fallu garnir de murs et de tours tous les édifices situés hors de l'enceinte fortifiée des villes. Dans un précédent chapitre, nous avons décrit les ravages effrayants des flibustiers (VI, pp. 171 et s.). Avait-on recours à la panacée du système prohibitif, à l'interdiction de la sortie de l'or ou des céréales, ressource ordinaire des prêteurs romains contre les retours infail-

Guerres et brigandages.

---

[1] [Il s'agit ici de la soi-disant « mission libre (*legatio libera*) » ou mission sans affaire d'État à traiter.]

libles des crises d'argent et des famines, les choses n'en allaient pas mieux pour cela. Enfin, presqu'en tout pays, comme si ce n'était point assez de la détresse universelle, les cités tombaient en dissolution par l'effet des désordres locaux, et des concussions de leurs propres magistrats.

Résumé de la situation.

Quand les souffrances, loin d'être passagères, se perpétuent durant des siècles, faisant peser sur les communautés et sur les individus leur fardeau inévitable et qui va croissant d'années en années, l'administration publique ou privée, fût-elle admirablement organisée, ne peut que succomber à la tâche. Une indicible misère s'étendait du Tage à l'Euphrate sur toutes les nations. « Toutes les cités ont péri, » lit-on dans un écrit publié dès l'an 684. Nous en avons le témoignage exprès en ce qui concerne l'Espagne et la Gaule Narbonnaise, les deux provinces relativement les moins éprouvées. En Asie Mineure, des villes comme Samos et Halicarnasse étaient dépeuplées : en regard des cruautés infligées à la population libre, l'esclavage ordinaire semblait un port de salut. Même le patient asiatique, les hommes d'État romains nous le disent, se prenait du dégoût de la vie. Est-on curieux de mesurer les profondeurs où peut descendre l'homme dans la pratique du crime, ou dans sa résignation non moins coupable en face de l'iniquité sans bornes, qu'on jette les yeux sur les comptes-rendus des procès du temps, on y verra ce qu'ont été les grands de Rome, et ce que les Grecs, les Phéniciens et les Syriens ont pu supporter. Plus d'un magistrat romain avouait tout haut et sans détour, que le nom de Rome, dans toute l'Asie, dans toute la Grèce, était tenu en inexprimable haine : un jour les Héracléotes-Pontiques massacrèrent tous les collecteurs des douanes. Fait regrettable, dira-t-on ! La chose à regretter, c'est qu'il n'en arrivât pas plus souvent ainsi !

70 av. J.-C.

Les Optimates se moquèrent de leur nouveau maître,

qui s'en allait, l'une après l'autre, visiter ses « métairies! » En vérité, l'état des provinces sollicitait toute l'activité sérieuse et toute la sagesse d'un de ces hommes rares, à qui la royauté doit de ne pas être pour les peuples un exemple éclatant de l'insuffisance humaine. Les blessures faites, le temps seul pouvait les guérir. A César il appartenait de veiller à ce que le temps pût agir, à ce qu'il ne fût pas infligé de blessures nouvelles. Il changea l'administration de fond en comble. Les proconsuls et les propréteurs syllaniens avaient été chez eux de réels souverains, sans pouvoirs limités, sans contrôle : ceux de César ne furent plus que les serviteurs disciplinés d'un sévère maître ; et ce maître, par l'unité, par la durée de sa puissance à vie, était pour les sujets une garantie plus naturelle et meilleure que le caprice changeant de maint tyranneau annuel. Comme auparavant, les provinces furent réparties entre les deux consuls sortants et les seize préteurs : mais de ceux-ci l'Empereur en nommait huit directement, et en outre, la désignation de tous les gouvernements n'appartenait qu'à lui seul (p. 83). Gouvernement et magistrats étaient donc dans sa dépendance. Il s'appliqua aussi à délimiter les pouvoirs de ces derniers. Leur laissant d'ailleurs l'administration de la justice et le contrôle administratif des cités, il plaça au-dessus de leur *Imperium* le commandement suprême centralisé à Rome, et à côté d'eux les attributions des lieutenants (p. 96) ; il mit le levier effectif, selon toutes les vraisemblances, dans les mains d'agens impériaux (p. 82 et s.), en telle sorte que le gouverneur de province se voyait désormais entouré, paralysé même au besoin par tout un personnel auxiliaire, relevant directement de l'Empereur, de par la loi de la hiérarchie militaire, ou de par celle plus sévère encore de la domesticité du palais. Naguère, quand se montrait le préteur ou le questeur, autant valait deux voleurs détachés de la bande, pour ramasser la contribution forcée. Les officiers de César étaient là, désormais,

César et les provinces.

Magistrats césariens.

pour protéger le faible contre le fort : au contrôle nul et pire que nul des tribunaux de la chevalerie ou des sénatoriaux romains, avait succédé la responsabilité réelle du fonctionnaire, par devant un juste et vigilant monarque. Au temps de son premier consulat, il avait remis en vigueur et accru les pénalités de la loi des concussions. Cette loi fut appliquée aux commandants des provinces avec une rigueur inexorable, et qui parfois dépassait même les prévisions du texte. Les agents du fisc s'étaient-ils permis un acte inique, César les punissait comme le chef de maison punit ses valets et affranchis trouvés en faute.

Réglementation des taxes.

Pour ce qui est des taxes publiques extraordinaires, elles redescendirent à leur juste mesure, au niveau des besoins réels : les taxes ordinaires reçurent aussi de notables adoucissements. Nous nous sommes étendus déjà sur le remaniement du système de l'impôt (p. 104) ; extension des cas d'immunité, abaissement sur une large échelle des contributions directes, restrictions au régime des dîmes en Afrique et en Sardaigne, suppression complète des intermédiaires de la perception de l'impôt direct, n'était-ce point là autant de réformes, autant de bienfaits, salués par les provinciaux ? César, comme son grand précurseur démocratique Sertorius (VI, p. 148), a-t-il voulu débarrasser aussi les sujets de la charge du logement militaire ? A-t-il tenu la main à ce que ses troupes se construisissent à l'avenir des campements permanents, une sorte de ville militaire ? Nous n'en avons pas la preuve. Mais jamais, encore moins le jour où il échangea contre la royauté son rôle de prétendant, jamais il ne fut homme à abandonner l'habitant au soldat ; et bien certainement, les héritiers de sa politique n'ont fait qu'exécuter sa pensée, en édifiant de nombreux *camps-stations* [1], et transformant ces camps en cités véritables, en foyers de civilisation placés aux frontières des barbares.

---

[1] [*Castra stativa.*]

Les vices administratifs corrigés, il restait à combattre, tâche autrement difficile, les capitalistes romains, et leur puissance écrasante. Pour briser celle-ci, il eût fallu l'emploi de remèdes plus dangereux que le mal. César, pour le moment, dut se contenter de la suppression de quelques abus, soit qu'il interdit les *missions libres* sénatoriales, véritables brevets donnés à la spéculation usuraire, soit qu'il réprimât énergiquement la violence publique et l'usure flagrante, tantôt avec l'aide de la loi pénale commune, tantôt avec les lois spéciales applicables dans les provinces (p. 148). La guérison totale, on ne la pouvait attendre que du bien-être ressuscité à la longue sous un régime meilleur. Dans les derniers temps, il avait été pris nombre de mesures transitoires, ayant pour but de venir au secours d'une situation obérée. En 694, César, alors préteur en Espagne Ultérieure (VI, p. 366), avait assigné aux porteurs de créance, pour se faire payer sur ce gage, les deux tiers du revenu des débiteurs. De même, et auparavant, Lucius Lucullus, proconsul en Asie, avait déclaré nuls pour partie les arriérés d'intérêt grossis outre mesure, et pour la partie validée, assigné en paiement le quart du produit des terres appartenant aux obligés, ou une quotité équivalente sur le produit des maisons louées et du travail des esclaves (VI; p. 308). Les auteurs ne nous font point connaître si, après la guerre civile, César a réglé par des moyens analogues la liquidation générale des dettes dans les provinces : mais par tout ce qui a été dit déjà, et par ce qui fut fait en Italie (pp. 144 et s.), nous ne pouvons guère douter qu'il n'ait aussi touché à la question, hors de l'Italie, ou qu'il n'ait eu l'intention d'y toucher.

Résumons-nous : César, dans la mesure des forces humaines, avait débarrassé les provinces de la tyrannie des fonctionnaires et des hommes d'argent : elles pouvaient espérer à coup sûr que le gouvernement, rajeuni et fortifié, allait devenir aussi la terreur des hordes sau-

Marginalia: Réaction contre le système capitaliste. — 60 av. J.-C.

vages voisines, et qu'il saurait disperser les pirates de terre et de mer, comme le soleil levant chasse les nuages. Les anciennes blessures saignaient encore, mais déjà les sujets de Rome entrevoyaient l'aurore d'une ère meilleure ; ils voyaient s'élever le premier gouvernement intelligent et humain qui leur eût été donné après des siècles de douleur, la première politique de paix, s'appuyant cette fois, non sur la lâcheté, mais sur la force. Ce ne sera que justice, si au jour de la mort du grand libérateur, on les voit avec les meilleurs parmi les Romains, pleurer sur son cadavre [1].

Commencement de l'empire italo-hellénique.

Cependant les réformes du système provincial n'avaient point eu la suppression des abus existants pour objet principal. Sous la République, pour les aristocrates aussi bien que pour les démocrates, les provinces n'avaient rien été que ce qu'on les appelait souvent, « les domaines du peuple romain [2], » et c'était comme telles qu'on en avait usé et abusé. Leur exploitation prenait fin aujourd'hui. Sans doute, elles allaient peu à peu cesser d'être, en tant que provinces, mais la race italo-hellénique revivifiée s'y préparait une patrie neuve et plus vaste, où parmi cent peuples divers, il ne s'en trouverait plus un seul qui dût se sacrifier pour les autres ; où tous pour un, un pour tous, ils allaient se fondre désormais au sein d'une nationalité pleine de sève et de grandeur, appelée à guérir les maux et les plaies du passé, ce à quoi la vieille Italie était restée manifestement impuissante. L'émigration italienne avait, depuis bien des siècles, sans jamais s'arrêter, envahi tous ces pays du dehors, et, sans que les émigrants en eussent conscience, elle avait préparé l'agrandissement actuel. Au reste, Gaius Gracchus, le créateur de la monarchie démocratique, portait en lui déjà la pensée première de la grande fusion, quand il

---

[1] [Sent. *Cæs.* 69. Flor. 42, 92. Sén. *Qu. nat.* 5, 18.]
[2] [*Ager populi Romani.*]

provoquait la conquête de la Transalpine et l'envoi des colonies romaines à Carthage et à Narbonne, quand enfin il poussait les Italiens hors de leur péninsule. Il en avait eu aussi la pensée, ce Quintus Sertorius, le second politique de génie sorti de la démocratie romaine ! N'avait-il pas appelé les barbares de l'Occident aux bienfaits de la civilisation latine, donnant le costume romain à la jeunesse noble de l'Espagne, l'obligeant à parler le latin, et à recevoir dans le séminaire d'Osca, les rudiments de l'instruction et de l'urbanité italiques (VI, p. 448)? A l'avènement de César, une population italienne considérable, à la vérité non fixée ni concentrée, était répandue déjà dans tous les territoires provinciaux et cliens ; et sans parler ici des villes déjà fondées au-delà des Pyrénées et dans la Narbonaise, sur le modèle des cités péninsulaires, il nous suffira, comme exemple, de faire mention des contingents nombreux de soldats citoyens, levés par Sertorius en Espagne, par César dans la Gaule, par Juba en Numidie, par les Constitutionnels en Afrique, en Macédoine, en Grèce, en Asie Mineure et en Crète. Inutile après cela de rappeler cette lyre latine, encore mal accordée, sur laquelle les poètes de Cordoue chantaient les guerres de Sertorius et la louange du héros romain, et ces traductions des poètes grecs, estimées pour l'élégance de la diction, publiées peu après la mort de César par le transalpin *Publius Terentius Varron de l'Aude* [1], le plus ancien versificateur latin, natif des pays extra-italiques, qui se soit fait un nom.

D'un autre côté, Rome et la Grèce, depuis que Rome était sortie de terre, pour ainsi dire, se pénétraient réciproquement. Mais si, en unifiant l'Italie, la latinité victorieuse s'était assimilée les peuples vaincus, elle n'avait fait que se souder la nationalité grecque, sans l'absorber, même dans ses côtés extérieurs. Où qu'allât le légion-

---

[1] [*Terentius Varro Atacinus. v. infra.* ch. XII.]

naire, il marchait suivi du maître d'école hellénique, conquérant, lui aussi, à sa manière. On le rencontre de bonne heure, ce maître, enseignant la langue des Grecs sur les bords du Guadalquivir : à Osca, les jeunes espagnols apprenaient le grec aussi bien que le latin. Les hautes études à Rome n'étaient point autre chose que la prédication, en langue italique, du grand Évangile de l'art et des mœurs des Hellènes, et les Hellènes auraient été mal venus à protester autrement que tout bas contre l'audace modeste des conquérants latins civilisateurs, transportant chez les barbares de l'Occident ce même Évangile affublé du costume de leur idiôme romain. Depuis longtemps déjà, Rome, et Rome seule, était pour tous les Grecs l'épée et le bouclier de l'hellénisme : ils invoquaient Rome en tous pays, là même et là surtout où le sentiment national se maintenait plus pur et plus fort, sur les frontières barbares où la nationalité courait des dangers, à Massalie, sur les rives septentrionales de la mer Noire, sur l'Euphrate et le Tigre. Et Pompée lui-même, en bâtissant des villes au fond de l'Orient, n'avait-il pas repris l'œuvre d'Alexandre de Macédoine, interrompue durant de longs siècles? La pensée d'un empire italo-grec, double par la langue, un par la nationalité, n'était point nouvelle, autrement elle eût été une faute ; mais de la pensée flottante encore, arriver à la nette conception ; mais réunir d'une main sûre tous les faibles essais dispersés, c'était là une œuvre grandiose, et ce fut l'œuvre du troisième et du plus grand politique de la démocratie romaine.

<small>Les nationalités prédominantes.</small> Il y avait une condition première et essentielle au nivellement politique et national du monde. Cette condition n'était rien moins que le maintien et l'extension des deux peuples à qui appartenait en commun l'empire et par suite le refoulement aussi rapide que possible des races barbares, ou appelées barbares, placées à côté d'eux. Outre les Romains et les Grecs, peut-être convient-il de mentionner

un troisième peuple, leur rival en ubiquité dans le monde d'alors, appelé d'ailleurs à jouer un rôle considérable dans le nouvel État créé par César. Je veux parler des Juifs. Race remarquable, flexible et opiniâtre à la fois, dans l'antiquité comme dans les temps modernes, ils sont partout et ne sont chez eux nulle part : puissants partout, ils n'ont nulle part la puissance. Au temps de César, les successeurs de David et de Salomon n'étaient rien de plus que Jérusalem n'est pour eux de nos jours. Que s'ils se rattachaient au petit royaume Hiérosolymitain comme au centre visible de leur unité religieuse et intellectuelle, leur nationalité, loin de se circonscrire au peuple sujet des Hasmonéens, allait s'étendant au contraire sur toutes les communautés juives éparses dans les empires parthe et romain. Dans Alexandrie, et de même dans Cyrène, ils s'étaient fait au sein de la grande cité une cité plus petite, se gouvernant elle-même, séparée et délimitée, assez semblable au « quartier juif » de nos villes [1], plus libre toutefois et obéissant à un « maître du peuple, » à la fois juge sans appel et administrateur. A Rome, dès avant César, la population juive était nombreuse, et se tenant serrée autour de sa nationalité : j'en vois la preuve dans l'assertion d'un contemporain. A l'entendre, imprudent serait le préteur qui, dans sa province, ferait tort à un Juif. Il pourrait être sûr qu'à sa rentrée dans Rome, la populace le sifflerait. Déjà aussi, les Juifs faisaient du commerce leur occupation principale : le trafiquant juif s'en allait à la suite du marchand et du conquérant romain, comme il fera plus tard à la suite du Vénitien ou du Génois. A côté du capital de la gent mercantile romaine, les capitaux juifs affluaient en tous pays. Enfin, alors comme aujourd'hui, les occidentaux nourrissaient une

Les Juifs. Leur position dans l'empire.

---

[1] [En France, il n'existe plus de Ghettos ou quartiers juifs : il en reste trace à Metz, à Strasbourg; et l'on connaît le quartier juif de Francfort : mais on le rencontre surtout dans les villes de l'Allemagne orientale et de l'ancienne Pologne.]

antipathie toute particulière contre cette race foncièrement
orientale, contre ses opinions et ses mœurs insolites.
Quoiqu'il en soit, et si peu réjouissante figure que fît le
judaïsme dans le triste tableau du siècle, il n'en constitue
pas moins un élément historique considérable, trouvant la
loi de son développement dans le cours naturel des choses,
et que le vrai politique ne pouvait ni méconnaître ni combattre. César, à l'exemple d'Alexandre, son devancier, aima
mieux, autant que faire se pouvait et en parfaite connaissance de cause, lui prêter aide et assistance. Par la
fondation de la communauté juive d'Alexandrie, le Macédonien avait fait pour la nation presque autant que son
roi David, en édifiant le Temple de Jérusalem : César, à
son tour, appela les Juifs et à Alexandrie et à Rome par
la concession d'avantages et de priviléges spéciaux ; il
protégea notamment leur culte contre l'intolérance des
prêtres locaux grecs et romains [1]. Non que ces deux
grands hommes eussent jamais songé à traiter la nationalité judaïque comme l'égale des nationalités hellénique
ou italo-hellénique. Mais le Juif n'est point un Occidental,
il n'a point reçu le don de Pandore du génie politique.
Indifférent à la forme de l'État, il abandonne aussi diffi-
cilement ce qui fait le fonds de son caractère national,
qu'il accepte sans peine le costume d'une autre nationalité, et se soude jusqu'à un certain degré à tous les peuples
étrangers. N'était-il point, si on le peut dire, créé exprès
pour avoir sa place dans l'Empire, dans cet état bâti sur les
ruines de cent états divers ayant eu leur vie propre, dans
cette nationalité nouvelle en quelque sorte abstraite, aux
angles à l'avance émoussés ? Le Judaïsme, dans l'ancien

---

[1] [Joseph. *Antiq.* 14, 8-10. Ils avaient rendu des services à César,
durant la campagne d'Égypte. César les avait vengés de Pompée, le
destructeur de leur temple (VI, p. 292). Parmi les priviléges dont ils
jouirent, du fait de César, Joseph mentionne la remise du tribut
de la 7ᵉ année ou année sabbatique, dans laquelle ils ne semaient ni
ne recueillaient. — Enfin il leur avait laissé bâtir une synagogue
sur le Tibre (Jos. *Antiq.* 14, 3-5, et Philo. *leg ad Gai.* 2.]

monde apportait, lui aussi, un ferment actif de cosmopolitisme et de désagrégation des peuples. C'était donc toute justice qu'il entrât dans l'orbite de la cité césarienne, cité universelle par son principe politique, cité de l'humanité par son principe national [1].

Quoiqu'il en soit, la latinité et l'hellénisme n'en demeuraient pas moins les éléments exclusifs du système nouveau. En même temps que l'État italique pur, la république avait pris fin. Que la noblesse romaine maudit César pour avoir de propos délibéré détruit Rome et l'Italie, pour avoir rêvé de transporter dans l'Orient grec le centre de l'Empire, et sa capitale à Ilion ou Alexandrie [2], on peut s'expliquer le reproche, en le proclamant insensé. En réalité, la latinité conservera la prépondérance dans l'organisation césarienne : partout l'idiome latin est l'idiome officiel des décrets : que si seulement ils sont destinés aux pays de langue grecque, un texte grec y est accolé au texte latin [3]. D'ordinaire, les rapports des deux grands peuples sont réglés dans la monarchie nouvelle, comme ils l'avaient été sous la république dans l'Italie unie. Protection est donnée à la nationalité grecque, partout où elle se rencontre ; mais, dès qu'il est possible, il y a accroissement au profit de la nationalité italienne, héritière désignée des races en cours de dissolution. Ainsi le voulait la force des choses. Mettre sur le pied de l'éga-

L'hellénisme.

---

[1] [V. sur le *Judaïsme* au temps de César, un excellent résumé, de M. Merivale, *Hist. of the Rom. under the Empire*, t. III, ch. xxix.]

[2] [*Valida fama percrebuit migraturum Alexandriam vel Ilium, translatis simul opibus imperii* (Suet. *Cæs.* 79. cf. Lucan. 9, 998 — et Horat. *Od.* 3, 3.]

[3] [« Voulons que ce décret soit publié en grec et en latin sur une table de bronze... afin que tous en puissent prendre connaissance! » (Formule donnée par Jos. *Antiq.* XII, 12, 5. XIV, 10, 2.) — De même, plus tard, le *Testament* d'Auguste, connu sous le nom de *Monument d'Ancyre*, sera gravé en latin et en grec sur des tables de bronze, et placé dans les temples des villes impériales. V. l'édition critique donnée par M. Mommsen : *Res gestæ divi Augusti ex Monum. Ancyr. et Apollon.* Berlin, 1865.]

lité absolue la latinité et l'hellénisme, eût été préparer à bref délai, selon toute vraisemblance, la catastrophe qui s'accomplira dans les temps byzantins. La Grèce ne l'emportait pas seulement par l'autorité morale en tous genres sur le monde romain, elle l'emportait par l'étendue et le nombre : en Italie même, elle avait ses essaims innombrables d'Hellènes ou Demi-Hellènes, immigrants forcés ou volontaires, armée d'obscurs apôtres dont on ne saurait trop porter l'influence en ligne de compte. Pour ne relater ici que l'un des plus graves symptômes, n'est-il pas vrai que le régime des valets grecs, serviteurs, maîtres du monarque, a pris naissance en même temps que la monarchie ? Le premier nom qui figure sur la liste longue et répugnante de ces individus, est celui de *Théophane de Mytilène*, le serviteur et l'affidé de Pompée [1] : telle fut sa puissance sur son faible maître, que plus que personne, peut-être, il a contribué à la rupture entre lui et César. A sa mort, ses compatriotes lui rendirent des honneurs divins, non sans cause. Il ouvrit l'ère des *maires du palais* de l'Empire. C'était encore, sous une étrange forme, la domination des Grecs sur les romains. Donc, aucun motif ne sollicitait le gouvernement impérial à provoquer d'en haut, en Occident tout au moins, l'expansion de l'hellénisme : il suffit, là où on le trouvait, de lui donner aide et protection. Et quand les orages politiques amenèrent César à renverser en Occident et en Égypte les deux colonnes de la *Grécanité*, Massalie et Alexandrie, il se garda de les détruire et dénationaliser à toujours. Quand il décharge la Sicile du fardeau de la dîme, quand il octroye le Droit latin aux

---

[1] Pompée le fit citoyen romain (Cæs. *bell. civ.*, 3, 8. — Plut. *Pomp.* 49, 76). Il obtint la liberté pour sa ville natale qui lui décerna les honneurs divins. Il laissa des *Mémoires* sur les hauts faits de son maître, dont Plut. d'ailleurs signale la partialité (Pomp. 37). — V. Mém. de l'Acad. des Inscript. t. XIV, p. 143 *Recherches* sur la vie et les ouvrages de Théoph. de Mytil., par Sevin.]

cités Siciliotes, avec la perspective prochaine de la complète égalité civile, ce n'est pas qu'il veuille latiniser l'île, mais c'est que la nature l'ayant faite bien moins la voisine que la plus belle des régions de l'Italie, il importe qu'elle soit annexée au système italien, exactement comme Naples et Rhegium, sous la réserve de sa tradition grecque.

Cependant, les colonisations, les latinisations se poursuivaient au profit de l'élément romain sur tous les points de l'Empire. Toute terre non concédée par acte exprès à une cité, à un particulier, était tenue pour domaine de l'État, dans les provinces. L'occupant actuel n'en avait la possession héréditaire qu'à titre de tolérance et de précaire. Cette maxime, née de la combinaison fâcheuse du droit formel et du droit de la force brutale, avait néanmoins sa raison d'être nécessaire. Par elle, Rome avait sa libre main sur les peuples voués à l'anéantissement. César la maintint en vigueur, et par lui elle passa de la théorie démocratique, dans le catéchisme fondamental juridique de la nouvelle monarchie. En première ligne, dans cette question de l'extension de la nationalité romaine, se présentaient naturellement les Gaules. Dans la Cisalpine, où depuis longtemps la démocratie tenait la révolution pour accomplie (VI, p. 120; VII, p. 149), César n'eut qu'à parachever celle-ci et à la clore, en proclamant l'admission en bloc de toutes les cités transpadanes à la cité romaine pleine, et l'égalité politique absolue (705), concession faite à bon nombre d'habitants déjà et depuis bon nombre d'années. De fait, jouissant depuis 40 ans du droit latin, la province s'était latinisée complètement. Certains exclusifs se moquèrent du Celto-Latin à l'accent rauque et guttural : il manquait « ce je ne sais quel agrément du parler de Rome » à tous les Insubres et Venètes, à ces vieux légionnaires de César, qui s'étaient conquis à la pointe de l'épée leur place sur le Forum, et leur siége dans la Curie (*supra* p. 80). Il n'en est pas moins vrai que dès avant César, la Cisalpine, avec sa population

La latinisation.

Dans la Gaule cisalpine.

49 av. J.-C.

rurale et dense était devenue terre italienne, et que pendant des siècles elle resta l'asile des mœurs, et de la culture italiques. Nulle part, Rome exceptée, les professeurs de belles-lettres latines n'ont rencontré, autant qu'en cette province, accueil sympathique et encouragement.

La Narbonnaise. Pendant que la Cisalpine devenait partie intégrante de l'Italie, l'ancienne Transalpine prenait sa place. Les conquêtes de César, d'une province frontière, en avaient fait une province intérieure : par sa proximité et son climat, elle semblait appelée plus qu'aucun autre territoire à devenir aussi avec le temps un pays italien. Conformément au vieux programme démocratique, en matière de colonisation transmaritime, le courant de l'émigration avait été principalement poussé de ce côté. Narbonne, déjà ancienne, avait reçu de nouveaux émigrants : à *Bæterræ* (Béziers), non loin de Narbonne, à *Arelate* (Arles), à *Arausio* (Orange), près du Rhône, et à *Forum Julii* (Fréjus), place maritime fondée d'hier, on avait envoyé quatre nouvelles colonies, dont les noms perpétuaient le souvenir des braves légions auxquelles Rome devait la conquête des Gaules [1]. Quant aux localités non pourvues de colons, il semble qu'elles aient été toutes, ou du moins presque toutes, acheminées vers la *Romanité* par l'octroi

---

[1] Narbonne était la colonie de la Dixième (*decumani*) : Baeterrae, celle de la Septième (*septimani*); Forum Julii, de la Huitième (*octavani*) : Arles, et avec Arles la colonie latine de *Ruscino* (la Tour de Roussillon?), de la Sixième (*sextani*) : Arausio de la Seconde (*secundani*). La Neuvième légion manque; son numéro avait été déshonoré par la révolte de Plaisance (VII, p. 297). Que les colons de ces diverses cités eussent été exclusivement tirés des légions éponymes, on ne le dit point, et il n'y a point lieu de le croire, les vétérans ayant été pour la plupart établis en Italie. Quand Cicéron se plaint de ce que César aurait confisqué en bloc des provinces et des contrées entières (*de offic.* 2, 7: cf. *Philipp.* 13, 15, 31, 32), il va de soi que ses plaintes (comme il est prouvé déjà par leur étroite liaison avec pareil reproche relatif au triomphe sur les Massaliotes), se réfèrent aux incorporations de territoire dans la Narbonnaise, et surtout aux confiscations territoriales imposées à Massalie, en vue même des colonies ici mentionnées.

de la cité latine, absolument comme on avait fait autrefois pour la Gaule cisalpine, *Nemausus* (Nîmes), par exemple, chef-lieu du district enlevé à Massalie, à la suite de son hostilité contre César (VII, pp. 262 et s., 273), de ville massaliote qu'elle était, était devenue municipe du Droit latin, avait reçu un ample territoire, et même la faculté de battre monnaie [1]. Répétons-le, à l'heure même où la Cisalpine franchit l'échelon de l'égalité civile, la province Narbonnaise lui succède dans la condition du stage préparatoire, et comme dans la Cisalpine aussi, les plus considérables villes y recevant la cité pleine, les autres n'y ont que la latinité.

Dans les autres territoires de l'Empire qui ne sont ni grecs ni latins, et qui sont moins rapprochés de l'influence italienne et du mouvement d'assimilation parti de l'Italie, César se borne à créer quelques foyers civilisateurs, comme avait été Narbonne dans la Gaule, et cela en vue d'y préparer aussi l'égalité future. On rencontre de tels essais dans toutes les provinces, à l'exception de la plus petite et de la plus pauvre, la Sardaigne.

Nous avons décrit ailleurs l'organisation donnée par César à la Gaule du Nord (VII, pp. 112 et s.). La langue latine s'y installe partout comme langue officielle, sinon dans toutes les relations de la vie commune : la ville la plus septentrionale de l'Empire, dotée du Droit latin, la colonie de *Noviodunum* (Nyon), est édifiée sur les bords du Léman.

Gaule septentrionale.

[1] La tradition ne fait point expressément connaître de qui les cités de la Narbonnaise non colonisées, et Nemausus entre autres, tenaient leur droit latin. Mais César (*b. civ.* 1, 35), fait entendre nettement que Nemausus, jusqu'en 705, était bourg massaliote ; et au rapport de Tite-Live (Diod. 41, 25 : Flor. 2, 13 : Oros. 6, 15), c'est bien là la contrée sur laquelle portèrent les confiscations ordonnées par César. D'un autre côté, des monnaies antérieures à Auguste, et de l'affirmation de Strabon, il ressort que Nemausus était cité du Droit latin. Il s'ensuit que c'est César qui a concédé ce droit. Et quant à Ruscino (*Roussillon*, près de Perpignan), et aux autres cités latines de la Gaule narbonnaise, on peut conjecturer qu'elles l'ont aussi reçu en même temps que Nemausus.

49 av. J.-C.

L'Espagne.

L'Espagne était la province la plus peuplée. Les colons romains, autant que nous sachions, n'y furent conduits que dans la seule localité maritime importante d'Empories, cité Helléno-Ibérique, où ils s'installèrent à côté de l'ancienne population. Par contre, Gadès, ville marchande antique et riche, dont César, au temps de sa préture, avait déjà remanié tout le système intérieur, reçoit de l'Empereur le plein droit du municipe italique (705); comme Tusculum jadis, en Italie (II, p. 138), elle est la première hors de l'Italie, qui n'ayant pas dû sa fondation à Rome, soit admise dans l'association civique romaine. Quelque années plus tard (709), la cité pleine est donnée à quelques villes espagnoles, et probablement aussi le Droit latin à un plus grand nombre d'autres.

49 av. J.-C.

Carthage.

En Afrique, l'œuvre que Gaius Gracchus n'avait pu mener à fin, s'accomplit : sur le lieu même où a fleuri la capitale de l'ennemi héréditaire de Rome, César fait conduire 3,000 colons italiens, et en outre de nombreux possesseurs à titre locatif ou précaire de terres situées dans le territoire carthaginois. Grâce à une situation incomparable, la nouvelle « colonie de Vénus » (tel est le nom de la Carthage romaine), grandit avec une rapidité surprenante [1]. Utique, jusqu'alors chef-lieu administratif et commercial de la province, avait été dotée d'abord, ce semble, du droit latin, juste compensation de la concurrence qu'allait lui créer la résurrection de sa trop puissante voisine. Dans le pays Numide, récemment annexé à l'Empire, l'importante Cirta, et les autres villes attribuées au *condottiere* romain Publius Sittius, tant pour lui que pour les siens (*supra*, p. 36), sont rangées parmi les *colonies militaires*. Quant aux grandes villes provinciales, dont la rage insensée de Juba et des enfants perdus du parti constitutionnel avait fait des monceaux de décombres et de cendres, elles se relevèrent moins vite

---

[1] [Suet, *Cæs.* 42. Plut. *Cæs.* 57. Strab. 17, 3.]

qu'elles n'étaient tombées, et maintes ruines encore existantes y rappellent le souvenir d'un temps de désastres. Les deux cités Juliennes de Carthage et de Cirta furent et restèrent dorénavant les centres principaux de la colonisation romaine en Afrique.

Dans la région désolée de la Grèce proprement dite, en dehors d'autres entreprises accessoires, comme, par exemple, la plantation d'une colonie romaine à *Buthrotum* (*Butrinto*, en face de *Corfou*), César s'occupa tout particulièrement de la reconstruction de Corinthe : non-seulement il y envoya des colons-citoyens en nombre considérable, mais il conçut le plan d'un percement de l'Isthme, afin d'éviter à la navigation le circuit dangereux autour du Péloponnèse, et d'ouvrir au commerce italo-asiatique un passage direct par les golfes Corinthiaque et Saronique [1]. Enfin, dans des régions plus lointaines de l'Orient hellénique, le monarque romain appela à la vie civile diverses immigrations italiennes, à Sinope, à Héraclée, entre autres, où les nouveaux venus entrèrent en partage, comme à Empories, avec les habitants, à *Beryte (Beyrout)*, hâvre important sur la côte de Syrie, lequel fut doté d'une constitution pareille à celle de Sinope. Il établit aussi une station dans l'île du Phare, qui commandait le port d'Alexandrie d'Égypte.

<small>Corinthe.</small>

<small>L'Orient.</small>

Ces mesures eurent pour résultat la participation des provinces aux franchises municipales des villes italiennes. Toutes les cités du plein droit romain, c'est-à-dire toutes celles de la Cisalpine, tous les municipes et colonies de citoyens dispersés dans la Transalpine et ailleurs étant désormais sur le pied d'égalité avec les villes d'Italie, comme celles-ci s'administrèrent eux-mêmes, et eurent leur droit de juridiction, droit limité, il est vrai (les plus graves procès ressortissant du magistrat romain,

<small>Le système des cités italiques étendu aux provinces.</small>

---

[1] [Suet. *Cæs.* 42, 44. Plut. *Cæs.* 57, 58. — V. aussi Dio. 43. 50 : Strab. 17, 3, 15. Pausan. 2, 1-2.]

c'est-à-dire, dans les cas ordinaires, du commandant de la province [1]). Quant aux cités latines autonomes en la forme, quant aux cités déclarées affranchies, c'est-à-dire aujourd'hui, toutes les villes de la Narbonnaise ou de la Sicile qui n'avaient point encore la cité romaine, et y compris aussi bon nombre de cités dans les autres provinces, elles possédaient non-seulement leur administration en propre, mais même un droit illimité de juridiction ; et le propréteur ou proconsul n'intervenait jamais qu'en vertu de son pouvoir de contrôle, pouvoir à la vérité fort arbitraire. Bien avant César, sans doute, il se rencontrait dans certaines provinces des cités au droit plein, comme Aquilée, Ravenne, Narbonne. Ailleurs, telle province entière, comme la Cisalpine, n'avait renfermé que des villes dotées déjà de la constitution italique; mais où se produisait l'innovation grande dans la politique, sinon tout-à-fait la nouveauté dans le droit public, c'était dans le phénomène d'une province uniquement et entièrement peuplée de citoyens à l'égal de l'Italie [2], et dans le

[1] Il est certain que les cités du Droit plein romain n'avaient qu'une juridiction limitée. Mais chose qui étonne d'abord, et qui pourtant ressort indubitablement du texte même de la loi municipale pour la Cisalpine (V. *infra* : *Append.*), les procès dépassant la compétence locale, dans cette province, étaient portés, non devant le gouverneur provincial, mais devant le préteur de Rome. Et pourtant, le gouverneur, dans sa province, tient de droit la place et du préteur qui prononce, à Rome, entre les citoyens de Rome, et de l'autre préteur qui juge entre citoyens et étrangers. Dans la règle, il aurait donc dû connaître des causes ressortissant au magistrat supérieur. Mais cette anomalie s'explique peut-être comme un reste de l'organisation antérieure à Sylla. On se souvient qu'alors les deux magistrats de Rome (le préteur urbain et le préteur pérégrin), avaient juridiction sur tout le territoire continental jusqu'aux Alpes ; et que par suite, dès que le procès dépassait les limites de la compétence municipale, ils étaient dévolus aux préteurs. Au contraire, à Narbonne, Gadès, Carthage et Corinthe, la connaissance de ces mêmes causes appartenait au commandant provincial: il y aurait eu d'ailleurs des difficultés pratiques à ce que le procès allât s'instruire et se vider à Rome.

[2] Je ne comprends pas pourquoi l'on a voulu voir une antinomie inconciliable dans le fait du droit de cité romaine concédé à toute

fait avéré que d'autres gouvernements se montraient en voie de se peupler de la même façon. D'un seul coup allait disparaître la première des deux grandes causes d'antagonisme entre l'Italie et les provinces ; et quand à la seconde, l'interdiction du stationnement régulier des armées ailleurs que dans les provinces, l'Italie demeurant terrain prohibé, elle tendait également à cesser. Dans l'état de choses actuel, les troupes se tiennent partout où il y a une frontière à défendre ; et pour ce qui est des gouverneurs dont la contrée n'est point frontière, ceux de Narbonne ou de Sicile, par exemple, ils n'ont plus rien de militaire que le nom. J'ajoute qu'une autre démarcation, de pure forme cette fois, avait en tous temps et sous d'autres rapports (III, p. 87), existé entre l'Italie et les provinces : elle se continue aujourd'hui. L'Italie demeure dans le ressort de la justice civile administrée dans Rome par les préteurs-consuls : dans les provinces, la juridiction, gardant son caractère militaire, appartient aux proconsuls et aux propréteurs. Mais au fond, la procédure, qu'elle fût civile ici, et là militaire, n'offrait plus depuis longtemps de différence dans la pratique ; et peu importent désormais les titres des magistrats, alors qu'ils ont l'Empereur au-dessus d'eux.

Dans toutes ces fondations, dans toute cette organisation municipale, dont la conception première, sinon l'exécution complète et jusque dans les détails, remonte à César, se révèle un système vaste et arrêté. L'Italie ne sera plus la reine des peuples vaincus : elle sera la métropole de la nation italo-hellénique revivifiée. La Cisalpine

Égalité progressive des provinces et de l'Italité.

une contrée, et le maintien dans cette même contrée du régime provincial. N'est-il pas notoire que la Cisalpine a reçu la cité en bloc, en 705 au plus tard, qu'elle est restée néanmoins *province* romaine tant que César a vécu, qu'elle n'a été réunie à l'Italie qu'après sa mort (Dio. 48, 12), qu'enfin, jusqu'en 711, il est fait mention des magistrats qui l'administrent ? L'erreur était-elle possible en présence de la loi municipale de César, où ne se rencontre jamais le mot d'Italie, et qui désigne toujours la Gaule Cisalpine ?

49 v. J.-C

43.

est admise à l'égalité civile absolue; elle atteste et autorise l'espoir qu'un jour, dans la monarchie césarienne, comme aux siècles florissants de la jeune République, il sera donné à toute région latinisée d'aller se placer, égale en droits et en condition, à côté de la province sœur, son aînée, à côté de la ville métropolitaine elle-même. Déjà les pays voisins, la Sicile grecque et la Gaule méridionale, rapidement transformés, ont pris les devants, et marchent à leur nivellement politique et national. Derrière elles, et loin derrière elles encore, se tiennent les autres provinces. Là, jouant le rôle de la colonie romaine de Narbonne dans la Gaule méridionale, on rencontre les grandes villes maritimes, Empories, Gadès, Carthage, Corinthe, Héraclée Pontique, Sinope, Béryte, Alexandrie, villes aujourd'hui italiques ou hellénoitaliques, points d'appui de la civilisation italienne dans l'Orient grec, ou colonnes déjà debout du futur édifice politique et national de l'Empire uni. C'en est fait de la domination de la cité de Rome sur le littoral de la Méditerranée. A Rome a succédé le grand État Méditerranéen : son premier acte est la réparation des deux grands crimes de lèse-civilisation commis par la Métropole. Les ruines de Carthage et de Corinthe, les deux plus vastes centres commerciaux du territoire de la République, avaient marqué la date critique du passage du protectorat romain à la tyrannie politique, à l'exploitation financière excessive des provinces sujettes. Le rétablissement immédiat, éclatant, de Carthage et de Corinthe marque l'ère de la fondation d'une nouvelle et grande société, embrassant dans la même loi d'égalité politique toutes les régions de la Méditerranée, et les appelant toutes au bienfait de l'unité nationale véritable. Au nom antique de la cité corinthienne, César ajoutait à bon droit le nom nouveau d'« honneur des Jules [1]. »

---

[1] [*Laus Julia*, sur les médailles. Eckel, 2, 238.]

Le nouvel empire ne comportait qu'une nationalité nécessairement destituée du caractère individuel de ses peuples : il était une œuvre constructive, sans vie propre, plutôt qu'un produit naturel spontané et vivace ; il avait besoin avant toutes choses de l'unification de ces institutions diverses au sein desquelles se meut la vie des peuples, constitution et administration, religion et justice, monnaie, poids et mesures, en laissant subsister, bien entendu, dans les divers pays, les différences et les particularités compatibles avec l'unité. Ici d'ailleurs, il ne peut être question que des commencements. L'achèvement de l'édifice monarchique appartenait à l'avenir. César a seulement posé les fondements pour le travail des siècles. Mais nous retrouvons sur le sol la plupart des lignes tracées par le grand homme : à les rechercher l'historien éprouve des jouissances plus amples qu'à parcourir le temple en ruine des nationalités.

Organisation du nouvel empire.

En ce qui touche la constitution et l'administration de l'Empire, nous avons montré les plus importants facteurs de l'unification nouvelle, la souveraineté transportée du Sénat romain au monarque, roi du monde Méditerrané, ce même Sénat changé en un conseil suprême d'Empire représentant à la fois l'Italie et les provinces, et surtout le système civique de l'ancienne Rome et de l'Italie en voie de s'étendre à toutes les villes provinciales. Cette extension du droit de cité latin, puis romain, à toutes les localités devenues mûres pour leur entrée dans l'égalité politique, devait insensiblement conduire à une organisation communale homogène. Mais il était un besoin auquel il fallait donner immédiate satisfaction : une institution était à créer qui pût fournir au gouvernement central sa base administrative, et lui mettre sous les yeux le tableau exact de la population et des fortunes, dans chaque cité : je veux parler du cens, refondu, amélioré. César en entreprit d'abord la réforme en Italie. Avant lui, chose incroyable, le cens n'avait jamais été relevé que dans la

Le cens impérial.

capitale seule, au grand dommage des citoyens surchargés, et des affaires publiques. Aux termes d'une ordonnance de César [1], en même temps que le cens se faisait dans Rome, à l'avenir, il y devait être aussi procédé dans toutes les villes de l'Italie, sous la direction de l'autorité locale : les listes indiquant le nom de chaque citoyen, le nom de son père ou du patron affranchisseur, la tribu, l'âge et les biens, devaient être remises au fonctionnaire du Trésor romain en temps utile, et celui-ci, à son tour, avait mission de dresser, à époque fixe, l'état général des citoyens et des richesses. César songeait à ordonner pareille mesure dans toutes les provinces : ce qui le prouve, indépendamment du fait même de la réorganisation censitaire italienne, c'est qu'il avait prescrit déjà le mesurage et le cadastre universels (710) [2]. La formule était donnée, qui permettait d'opérer dans les villes extra-italiques aussi bien que dans celles d'Italie, tous les relevés nécessaires au bon fonctionnement de l'administration centrale. On constate facilement aussi que César voulait remonter à la tradition des temps républicains, et calquer ses listes de cens sur celles de la vieille Rome. Il faut se souvenir, en effet, que la République, comme César aujourd'hui le faisait pour l'Italie en bloc, avait appliqué l'institution propre à la ville romaine, son délai quinquennal et toutes ses autres règles fondamentales, aux nombreuses cités sujettes de la Péninsule et de la Sicile (II, p. 249. III, p. 90). Le cens avait été l'une des premières

---

[1] Comment a-t-on pu douter que l'innovation date de César, et qu'elle ne remonte pas à une époque quelconque postérieure à la guerre sociale? Cicéron le constate (*in Verr. Act.* 1, 18, 54, etc.). — [Quant au règlement relatif au cens, v. la *L. Julia municip. à l'appendice*, 142 et s.]

[2] [Le fait est mentionné par *Æthicus*, dans sa *Cosmographie* (ive siècle). V. Dureau de la Malle, *Economie polit. des Romains*, I. 166 et s.. — Les mensurations faites par l'ordre de César, ont dû, selon M. Merivale, faciliter la construction de la *carte du monde* d'Agrippa, mentionnée par Pline, *h. nat.* 52, 3. — V. *Hist. of the Romans under the Empire*, 2, 422.]

colonnes de l'édifice ancien qu'avait laissé tomber une aristocratie immobile et glacée : sans lui, plus rien qui permît à l'autorité suprême de se rendre compte et des contingents civiques disponibles et des forces de la matière imposable, et d'exercer enfin un efficace contrôle administratif (IV, p. 78). Les vestiges sont là, et l'ensemble des faits le démontre jusqu'à l'évidence, César préparait le renouvellement dans tout l'Empire de l'institution tombée en désuétude depuis plusieurs siècles.

La religion et la justice ne comportaient pas un nivellement profond, nous n'avons pas besoin de le dire, et pourtant, quelle que fût d'ailleurs la tolérance du nouvel État pour les croyances locales et les statuts locaux, la nécessité se faisait sentir et d'un culte commun qui répondît à la nationalité italo-hellénique, et d'une législation générale planant au-dessus des diverses lois municipales. Il les fallait avoir l'un et l'autre, et de fait l'Empire les avait déjà. — Dans le domaine religieux, depuis des siècles s'était produit un travail actif d'assimilation des cultes italiens et grecs, tantôt dans la forme extérieure par la réception, tantôt dans le fond par la fusion, des notions divines ayant cours. Les dieux amorphes de l'Italie s'y prêtant, comme l'on sait, il n'avait jamais été difficile d'associer Jupiter à Zeus, Vénus à Aphrodite, de marier enfin chacune des idées et des croyances latines à son antitype chez les Grecs. Déjà, du moins, dans ses assises principales, la religion italo-hellénique était fondée : le monde latin avait conscience qu'après avoir passé par la nationalité romaine pure, il entrait dans la quasi-nationalité complexe des deux peuples fusionnés ; et Varron, par exemple (la preuve en est fournie par lui), dans son traité théologique plus haut mentionné (p. 86), distingue les dieux « communs, » c'est-à-dire, ceux vénérés à la fois par les Grecs et les Romains, des dieux propres à la cité de Rome.

La religion de l'empire.

Venons à la législation. Ici, l'action de l'État s'exerce

La législation impériale.

plus immédiate dans les matières du droit criminel et de police ; il suffit d'ailleurs d'une loi intelligente pour donner satisfaction aux besoins juridiques. Dans ce qui était de la mission du législateur, nulle difficulté sérieuse n'empêchait d'atteindre au degré d'uniformité matérielle réclamé par l'unité de l'Empire. En matière civile, au contraire, là où l'initiative se dégage du commerce réciproque, où la législation n'a plus qu'à donner la formule, le droit commun, que le législateur seul eût été impuissant à créer, s'était, en effet et depuis longtemps, sous l'influence qui vient d'être signalée, développé tout naturellement dans le sens même de l'uniformité désirable. Le droit civil de Rome reposait encore sur les règles empruntées au vieux droit latin, telles que la loi des XII Tables les avait reproduites. Les lois postérieures y avaient successivement introduit un certain nombre d'amendements sollicités par l'expérience des temps : l'un d'eux, le plus important à coup sûr, avait consisté à supprimer l'antique et incongrue ouverture du procès par l'échange des phrases sacramentelles imposées aux parties (I, p. 215), y substituant l'*Instruction* rédigée par écrit, que le magistrat directeur faisait tenir au juge juré unique (la *formule* proprement dite). Mais, après tout, la législation populaire n'avait fait qu'entasser sur ce fond tombant de vétusté un chaos inextricable de lois spéciales, surannées, oubliées presque toutes et comparables à l'arsenal incommode des statuts de l'Angleterre. Plusieurs tentatives heureuses de rédaction scientifique et systématique avaient ouvert quelques voies plus faciles et éclairé l'antique labyrinthe (VI, p. 146). Mais il n'était donné à aucun juriste romain, fût-il un *Blackstone*, de combler les lacunes trop énormes, trop capitales. De cette *coutume* civile, écrite pour une ville il y avait plus de 400 ans, avec toutes ses annexes diffuses et confuses, comment songer à faire la législation d'un grand État ? Le mouvement social se chargea de la besogne. Depuis de longs siècles déjà, des relations quotidiennes entre Romains et non Romains était sorti un *Droit international privé* [*Jus Gentium*, (I, p. 214)], c'est-à-dire, tout un ensemble de règles s'imposant d'elles-mêmes aux rapports mutuels, et suivant lesquelles le juge prononçait à Rome dans toutes les causes où il ne pouvait être décidé ni d'après la loi civile, ni d'après la loi étrangère; où sans avoir à viser tel ou tel droit particulier, romain, hellénique, phénicien ou autre, on s'en référait aux notions générales à l'usage du commerce humain quelqu'il soit. La jurisprudence nouvelle avait trouvé son point d'appui. D'abord arbitre des rapports juridiques entre Romains, elle mit à la place de l'ancienne loi usée et pratiquement inapplicable, un droit civil de fait et nouveau, véritable compromis entre la loi nationale des XII Tables, et le droit international ou, comme on l'appelait, le *droit des gens* [1]. Dans son application, le juge tenait la main d'ailleurs, sauf les modifications amenées par le temps, aux dispositions de la loi civile dans les matières du mariage, de la famille et des successions. Mais dans toutes les causes relatives aux choses placées dans le commerce, dans toutes les questions de propriété ou d'obligations nées des contrats, il décidait conformément au droit des gens. On le vit même recourir souvent à tel ou tel statut important du droit local provincial, en matière d'usure, par exemple (p. 149), ou de gage hypothécaire. La révolution était grande. Se fit-elle d'un coup ou par essais successifs? Par qui, en quel temps? Eût-elle un seul ou plusieurs auteurs? Jusqu'où pénétra-t-elle dans les relations de la vie civile? Toutes questions auxquelles il est impossible de répondre. Ce que nous savons seulement, c'est que la réforme, comme il est naturel de le penser, est sortie des prétoires de Rome,

Le droit civil nouveau ou l'Édit.

---

[1] [Ou mieux; le *Droit des peuples*. Les mots *Jus gentium* ne signifient pas autre chose.]

qu'elle a été tout d'abord écrite dans l'*Instruction* que le préteur annuel publiait à son entrée en charge, pour servir de règle aux parties, et dans laquelle il consignait à l'avance les principales maximes juridiques qu'il entendait appliquer au cours de son année judiciaire (*edictum annuum* ou *perpetuum prœtoris urbani*). Nous savons aussi que cette même réforme, préparée de longue main par les édits des temps antérieurs avait sûrement atteint son complément dans l'époque actuelle. Théoriquement parlant, la jurisprudence nouvelle était encore abstraite si l'on peut dire, la pensée juridique romaine s'y étant dépouillée de son caractère exclusif et national, autant du moins qu'elle en avait eu conscience. Mais cette jurisprudence était en même temps pratique et positive, en ce sens qu'elle n'allait point se perdre dans le crépuscule nébuleux de l'équité générale, ou dans le pur néant d'un prétendu *droit naturel*. Placée dans la main d'un magistrat constitué, ayant ses règles préfixes pour l'application concrète à des cas délimités, elle n'était point seulement susceptible de recevoir une formule légale, elle l'avait en partie reçue déjà dans l'*Edit annuel* publié pour la ville. Elle répondait réellement aux besoins du moment, alors qu'elle offrait à la procédure, aux acquisitions de la propriété, aux contrats, un cadre agrandi et plus commode, tel que l'exigeaient les progrès de la vie civile. Elle était enfin devenue, dans toute l'étendue des territoires romains, le *droit commun* essentiellement *subsidiaire*. Car, tandis que les innombrables statuts locaux demeuraient la règle de tous les rapports juridiques en dehors du commerce général, ou des litiges se rattachant aux usages de la vie civile locale entre habitants du même ressort de justice, la juridiction officieuse, en Italie et dans les provinces, se modelant sur l'édit de la ville, non applicable évidemment par lui-même, vidait les instances pécuniaires ou réelles entre justiciables appartenant à des ressorts différents. L'édit prétorien avait alors la place et l'importance que le

Droit romain a conquises dans nos institutions allemandes. Chez nous, en effet, le Droit romain est à la fois abstrait et positif, autant du moins que les contraires se concilient; chez nous aussi, comparé à notre vieille jurisprudence, il s'imposa de bonne heure par ses textes d'une adaptation commode à toutes les formes de la vie juridique, et il devint le *droit commun auxiliaire* des lois civiles locales [1]. Seulement la jurisprudence romaine a sur la nôtre un avantage essentiel: tandis que chez nous le Droit subsidiaire est préconçu et artificiellement construit, à Rome le mouvement dénationalisateur dans la jurisprudence, apporte sa formule tout naturellement et à l'heure opportune.

César trouva les choses en cette situation. Il aurait conçu le projet d'un code nouveau [2]. Si le fait est vrai, je tiens pour facile de dire ce qu'il entendait par là. Son code devait uniquement comprendre le droit des *civils* ou des citoyens romains, et n'eût pu être un code général qu'en un seul sens, c'est à savoir que, renfermant le corps des lois de la nation dominante, lois conformes au temps, il devait s'imposer de lui-même dans tout l'Empire à titre de Droit subsidiaire commun. — Pour les matières criminelles, s'il est vrai que le projet s'étendit à elles, il suffisait d'une révision et d'un remaniement des ordonnances de Sylla. — En matière civile, alors qu'il

Projets de codification:

---

[1] En Allemagne le Droit romain est droit écrit et a force de loi auxiliaire commune, là où le Droit civil local (*Landrecht*) est muet. Il est plus que la raison écrite subsidiaire ; il est enfin ce qu'il était dans nos provinces françaises de *Droit écrit*. A ce compte il est l'objet d'une étude pratique et vivante autrement approfondie qu'en France. — V. Savigny, *Traité du Droit romain* : — Windscheid. *Lehrbuch des Pandektenrechts* (Traité du Dr. des Pandectes), 3 v, Dusseldorff, 1867. — Ihering, *Geist des r. Rechts* (Esprit du Dr. r.), 3 vol. Leipzig, 1866, etc.]

[2] « [*Destinabat... jus civile ad certum modum redigere, atque ex immensa legum copia optima quæque et necessaria in paucissimos conferre libros* » (Suet. Cæs. 44). Déjà Cicéron avait fait, pour son propre usage, un résumé méthodique des lois. Gell. 1, 22.]

s'agissait d'un Etat, dont la nationalité s'appelait l'*humanité*, la formule nécessaire, la seule admissible, se trouvait écrite dans cet édit du préteur urbain, librement sorti du mouvement juridique des rapports sociaux : il n'était besoin que de lui donner la garantie et la précision légales. La loi *Cornelia*, de l'an 687, avait fait le premier pas dans cette voie, en prescrivant au préteur de s'en tenir fidèlement aux maximes proclamées par lui à son entrée en charge, et en lui faisant défense d'appliquer une autre règle (VI, p. 348), prescription sage qu'il faut mettre à côté de la loi des XII Tables, et qui, pour la fixation du Droit civil nouveau, avait toute l'importance de celle-ci pour la fixation du Droit ancien. Mais s'il est vrai que depuis le plébiscite Cornélien, l'édit n'était plus subordonné au juge; si le juge, au contraire, était légalement au-dessous de l'édit; et si dans la pratique, et dans l'enseignement de la jurisprudence, le code du préteur avait refoulé le vieux droit civil, chaque préteur, à son entrée en judicature, n'en demeurait pas moins le maître de changer du tout au tout et arbitrairement l'édit de son prédécesseur : par suite, la loi des XII Tables, avec ses annexes, avait encore, en la forme, la prédominance sur le Droit prétorien; si bien qu'en cas d'antinomie, la disposition ancienne du Droit civil étant écartée par l'intervention arbitraire du magistrat, il en résultait, à prendre les choses au pied de la lettre, une violation du Droit écrit. Quant à l'application subsidiaire de l'édit dans le prétoire des étrangers à Rome et dans les divers tribunaux des provinces, elle dépendait absolument du bon plaisir du magistrat suprême. De là, pour César la nécessité de décréter l'abrogation définitive de la vieille loi civile, dans toutes celles de ses dispositions qui n'avaient point passé dans la loi nouvelle ; de là la nécessité d'une juste limite à poser à l'abus des modifications arbitraires du fait du magistrat annuel, enfin d'une règle à poser aussi pour l'application subsidiaire du code césarien à côté des statuts locaux. J'ajoute que, comme il n'en pouvait être autrement, tel a été assurément le plan de César. Ce plan, le temps manqua pour sa mise à exécution ; et l'on vit pendant six siècles encore se perpétuer dans la jurisprudence un état transitoire fâcheux, jusqu'au jour où l'indispensable réforme, incomplète, il est vrai, sortit des mains de l'un des successeurs de César, l'empereur Justinien [1].

La péréquation du système des monnaies et des poids et mesures, chez les Latins et les Grecs, était aussi depuis longtemps en progrès. En ce qui touche les poids, les mesures des solides et des superficies, les déterminations dont le trafic commercial ne pouvait se passer étaient presque aussi vieilles que lui (I, p. 278) : mais, quant à la monnaie, elles ne remontaient guère qu'au lendemain de la fabrication des pièces d'argent (IV, p. 136). Cependant les péréquations autrefois établies ne suffisaient plus : les systèmes métriques et monétaires les plus variés s'étaient établis dans le monde grec. Là encore la nécessité commandait, et César, à n'en point douter, méditait pour le nouvel empire uni, une réforme non essayée avant lui sur une aussi grande échelle. Il voulait que la monnaie, les mesures et les poids romains eussent cours légal en tous pays ; qu'ils fussent dans toutes les relations d'affaires l'unique base officielle de compte : il entendait restreindre à l'usage local tout ce qui ne rentrait pas dans le système romain, ou établir par rapport à ce système une échelle comparée, mais invariable. Toutefois on ne constate son intervention effective qu'en ce qui touche la monnaie d'or, et le calendrier.

Poids et mesures : monnaie.

Le système monétaire de Rome reconnaissait les deux étalons des deux métaux nobles, admis dans la circulation générale selon un rapport déterminé, l'or évalué et reçu au poids [2], l'argent tarifé selon son empreinte. En réalité,

La pièce d'or est la monnaie normale.

---

[1] [Avant Justinien, quelques tentatives de codification eurent lieu ; et le code de Théodose lui avait frayé la voie.]

[2] Les pièces d'or, que Sylla (VI, p. 29), et que Pompée, à la

depuis l'extension du commerce transmaritime, l'or, comme agent monétaire, avait de beaucoup dépassé l'argent. L'argent romain avait-il déjà cours forcé dans l'empire, même avant cette époque? C'est ce qui demeure incertain : en tous cas, sur tout le territoire, l'or non monnayé tenait principalement lieu de monnaie générale officielle; et cela, d'autant que les Romains en avaient prohibé la frappe dans toutes les provinces et dans tous les Etats clients. Le *denier* s'était légalement et de fait répandu, sans compter l'Italie propre, bien entendu, dans la Cisalpine, en Sicile, en Espagne, et en bien d'autres pays occidentaux principalement (VI, p. 32). Avec César, commence la monnaie d'empire. Comme Alexandre, il estimait que la fondation de la monarchie nouvelle, embrassant le monde civilisé, comportait aussi, à titre distinctif et en premier ordre monétaire, l'usage du métal devenu l'agent universel du commerce. Il fit donc frapper une pièce d'or nouvelle aussi (valant 7 *thal.* 18 *silbergros* (= 28 fr. 05 c.) au taux moderne) : il la répandit en telles quantités, qu'un jour, on en a pu trouver, dans un trésor enfoui quelque sept ans après sa mort, un énorme dépôt d'environ 80,000. Je l'admets, du reste, la spéculation financière a pu et dû s'en mêler [1]. Pour ce qui est

---

même époque, avaient fait frapper, en petit nombre d'ailleurs, ne contredisent point cette opinion : très-vraisemblablement elles n'étaient reçues qu'au poids, tout comme les Philippes d'or [*], qu'on rencontre encore dans la circulation au temps de César. Elles ont cela de remarquable, qu'elles devancent la monnaie d'or césarienne, de même que la Régence de Sylla devance la nouvelle monarchie.

[1] Il semble constant qu'autrefois les sommes dues en monnaie d'argent aux créanciers de l'État, ne pouvaient leur être remboursées, malgré eux, en or et au taux du rapport légal entre l'or et l'argent. A dater de César, au contraire, la pièce d'or a cours partout sur le pied de 100 HS d'argent. Et le fait a d'autant plus d'importance, qu'à la suite des immenses quantités d'or versées dans la

---

[*] [Le statère de Philippe II, de Macédoine, pesait grammes 8,6 environ, et valait de 5 à 6 thal. = 18 f. 75 c. à 22 fr. 50 c. (valeur actuelle, 30 f. 30 c. environ.]

de la monnaie d'argent, dans tout l'Occident, où déjà le denier était généralement reçu, César en établit définitivement le cours légal et prédominant : en même temps, il fermait l'atelier de Massalie, le seul qui dans ces régions, frappât encore en concurrence avec l'atelier de Romé. Les monnaies de billon, argent ou airain, demeurent tolérées dans une multitude de localités occidentales : ainsi l'on rencontre des *trois-quarts de deniers* dans certaines cités latines du sud des Gaules, des *demi-deniers* dans certains cantons celtes du Nord, et après César, une multitude de petites pièces de bronze circule encore dans nombre de localités de l'Ouest. Mais, qu'on le remarque, toute cette monnaie d'appoint est frappée au pied romain, et il est à croire qu'elle n'est point obligatoire ailleurs que dans les transactions locales. Quant à régler et unifier le système monétaire en Orient, César ne semble pas y avoir plus songé que le précédent gouvernement. Et pourtant, en Orient, circulait par grandes masses une monnaie d'argent grossière, la plupart du temps peu résistante à l'usure du relief et au frai. Quelquefois, comme en Egypte, on rencontrait une monnaie de bronze analogue dans l'usage à notre argent de papier : ailleurs, dans les places de commerce syriennes, on souffrait beaucoup de la rareté de l'ancienne monnaie du pays, calculée sur le pied Mésopotamien. Quoiqu'il en soit, nous trouverons plus tard, dans toutes ces contrées, le denier circulant au taux légal : c'est en deniers que se régleront officiellement les comptes [1], les monnaies locales n'en continuant pas moins à circuler aussi dans leur rayon restreint : elles auront pareillement cours légal, mais en perdant sur le denier [2]. Tous usages qui ne s'établiront point en un seul

circulation par César, ce métal, durant quelques années, était en baisse de 25 p. 0|0, relativement au cours légal.

[1] On ne rencontre pas d'inscription, sous l'ère impériale, où les valeurs soient portées autrement qu'en monnaie romaine.

[2] Ainsi la *Drachme attique*, bien que sensiblement plus lourde

jour, et qui, en partie, remontent peut-être avant César. En tous cas, ils complètent l'organisation monétaire de l'empire Césarien : la nouvelle pièce d'or avait eu son type dans la pièce de poids quasi égal d'Alexandre, et elle s'adaptait tout particulièrement à la circulation dans l'Orient.

Réforme du calendrier.

La réforme du calendrier se rattache à un même ordre d'idées. Le calendrier républicain, chose incroyable, en était encore au travail ancien des Décemvirs (II, p. 314), remaniement maladroit de l'*Octaéterie* d'avant *Méton* [1]. Par l'effet combiné de calculs mathématiques détestables et d'une plus détestable administration, les *fastes* devançaient le *temps vrai* de 67 jours pleins : par exemple la *fête de Flore* [2] (les *Floralia*), qui tombe au 28 avril, était inscrite au 11 juillet. César voulut redresser ces erreurs énormes, il appela à son aide le mathématicien grec

que le denier, n'est reçue qu'à égale valeur ; la *Tétradrachme d'Antioche*, plus lourde de 15 grammes en moyenne, ne vaut que 3 deniers romains, lesquels ne pèsent que 12 grammes. Ainsi le *Cistophore d'Asie Mineure*, qui, valeur argent, dépasse 3 deniers, n'est reçu au tarif légal que pour 2 deniers et demi : la *demi-drachme rhodienne*, valant 3/4 de denier en argent, n'est aussi reçue que pour 5/8, et ainsi de suite.

[1] [Avant Méton, pour mettre d'accord les années solaire et lunaire en usage, on recourait à une période intercalaire, dite *Octaéterie*, de 8 années solaires ou de 99 mois lunaires. *Méton*, fils de *Pausanias*, et natif d'Athènes, inventa, avec *Euctémon*, un cycle de 19 ans, également intercalaire, et répondant à la 4ᵉ année de la 86ᵉ olympiade ou à l'an 432 avant J.-C. (Diod. Sic. 12, 36). — Sur les intercalations compliquées du calendrier anté-césarien, v. Macrob. *Sat.* I, 13, 14 : Censorin. *de Die natal.* 20. — Les Pontifes, d'ailleurs, dans un but politique, ou en vue d'être utiles à quelque ami, ne se gênaient pas pour omettre ou ajouter un intercalaire dans leurs Fastes. Cicéron, une fois, le leur demanda comme chose toute naturelle, afin de raccourcir son séjour en Cilicie, qui lui pesait (*ad Att.* 5, 9. *ad div* 7, 2, 8, 6). — A dater de l'an 702, l'année n'avait été que de 355 jours, sans intercalation, et les consuls de l'an 708, qui devaient entrer le 1ᵉʳ janvier en charge, avaient réellement commencé leurs fonctions le 13 octobre 707, 18 jours après l'équinoxe.]

[2] [Aussi Suet. (*Cæs.* 40) le note : *ut neque messium feriæ æstati, neque vindemiarum autumno competerent.*]

52 av. J.-C.
46.

47.

Sosigènes [1], et adopta pour l'usage religieux et officiel le comput de l'année agricole italique ordonné selon le calendrier égyptien d'*Eudoxe* [2], en y ajoutant d'intelligentes intercalations [3]. En même temps il abolit le nouvel an du 1er mars, du calendrier ancien, y substitua, comme étant aussi la date du commencement de l'année, celle du 1er janvier, échéance déjà fixée pour les mutations des grandes magistratures, et depuis lors acceptée aussi dans la vie civile [4]. Ces deux arrangements eurent pour point de départ le 1er janvier 709 : avec eux entra en vigueur le *Calendrier Julien*, du nom de son auteur. Il eut cette fortune qu'après la chute de la monarchie césarienne, il demeura usuel dans le monde civilisé, et qu'il survit encore dans ses éléments principaux. Un édit fort détaillé y fut ajouté à titre d'éclaircissements, édit renfermant un *calendrier stellaire* emprunté à l'astronomie égyptienne, accommodé, assez maladroitement d'ailleurs, à l'Italie, et donnant jour par jour le lever et le coucher des plus importantes constellations [5]. Sur ce terrain aussi, l'égalité désormais est faite dans les mondes romain et grec.

45 av. J.-C.

[1] [*Sosigènes*, Égyptien, commentateur de l'écrit aristotélique *sur le ciel*, et d'un Traité περὶ ὄψεως, n'est guère connu d'ailleurs que par sa collaboration au calendrier Julien.]

[2] [Eudoxe (*Eudoxos*) de Rhode, vécut vers 366, astronome, géomètre et médecin, il introduisit la *Sphère* en Grèce, et rectifia l'année selon les calculs égyptiens (Octaétérie), qu'il avait étudiés sur place. Aratus a traduit ses *Phénomènes*.]

388.

[3] L'année 708, appelée l'*année de confusion* (Macrob. 1, 16), fut allongée de façon à réparer les erreurs préexistantes, et à faire partir du 1er janvier 709, la première année de l'*ère Julienne*. César avait ajouté 90 jours à cette année 708 de l'ancien calendrier, ces 90 jours se décomposant ainsi : 1° un mois intercalaire de 23 jours, entre le 23 et le 24 février, et 2° deux mois intercalaires à la fin de novembre, l'un de 29, l'autre de 31 jours, plus 7 jours complémentaires comptés en dehors, en tout, 67 jours. — A dater de l'an 709, il est ajouté tous les 4 ans un jour intercalaire, entre le 23 et le 24 février.

46.
45.
45.

[4] [V. VII, append., pp. 381 et s.]

[5] L'identité de cet édit, rédigé, peut-être, par *Marcus Flavius* (Macrob. Saturn. 1, 14-16) et de l'écrit *sur les Constellations*, attri-

Résumé.
L'œuvre
de César.

Telles furent les bases posées par César à sa monarchie méditerranéenne. Une seconde fois dans Rome, la question sociale avait abouti à une crise où, la situation étant donnée, les antagonismes semblaient et étaient en effet irréductibles ; où, jusque dans leur expression et leur langage, toute conciliation était et semblait impossible. Au temps jadis, la République avait dû son salut à l'absorption de l'Italie dans Rome, et de Rome dans l'Italie. Dans la nouvelle patrie, agrandie, transformée, si les éléments hostiles survivaient encore, du moins avaient-ils été refoulés. Aujourd'hui, de même, Rome sera sauvée par l'absorption consommée ou préparée des provinces méditerranéennes : la guerre des pauvres et des riches qui, dans la péninsule italique, ne pouvait finir qu'avec l'anéantissement de la nation, cette guerre n'a plus de sens, plus de champ de bataille dans l'Italie nouvelle, étendue sur un triple continent. Les colonies latines avaient fermé l'abîme menaçant d'engloutir la société romaine au ve siècle : les colonies transalpines et transmaritimes gracchiennes au viie, comblent le gouffre plus profondément entr'ouvert. Pour la seule Rome, l'histoire a fait un miracle, que dis-je, son miracle, elle l'a répété,

---

bué à César, me semble prouvé par le sarcasme de Cicéron (Plut., *Cæs.* 59) : « Aujourd'hui la Lyre se lève par ordre ! » Du reste, on savait avant César que *l'année héliaque* de 365 jours 6 heures, admise par le calendrier égyptien, dépassait quelque peu la longueur de l'année vraie. Selon le calcul le plus exact de *l'année tropique* qu'ait connu l'antiquité, celui d'Hipparque [astronome grec florissant vers 594], l'année vraie durait 365 jours 5 heures 52′ 12″ : selon le compte exact, aujourd'hui, sa durée réelle est de 365 jours, 5 heures 48′ 48″. [Tellement qu'aujourd'hui, il y aurait dans le calendrier Julien une erreur moyenne de 1 jour par 130 ans. — Au temps de Grégoire XIII (1582), il avançait de 13 jours. Grégoire, rectifiant le calcul de la durée des jours, retrancha 10 de ces 13 jours : son calendrier est celui en vigueur actuellement, *avec 3 jours d'erreur*, par conséquent, entre l'époque de l'équinoxe civil, et celle de l'équinoxe astronomique vrai. (v. Ideler, *Handb. der mathem. und techn. Chronologie (manuel de chronol. mathématique et technique),* t. II.]

et deux fois rajeunissant l'Etat, deux fois elle l'a tiré d'une crise intérieure, alors même qu'il demeurait incurable. Sans doute, il y a de la corruption, et beaucoup, dans ce rajeunissement : comme l'unité de l'Italie s'est faite sur les ruines des nationalités étrusques et samnites, la monarchie méditerranéenne s'édifie à son tour sur les ruines de races et d'Etats innombrables jadis vivants et forts. N'est-ce point de la corruption aussi que sortent des Etats jeunes de sève, aujourd'hui en voie de floraison? Les peuples qui tombèrent, et sur qui s'assit le nouvel édifice, n'étaient que d'un rang secondaire ; ils étaient prédestinés à la ruine et au nivellement civilisateurs. Quand César a détruit, il a exécuté la sentence de l'histoire qui décrète le progrès : partout où il les a trouvés, il a donné protection aux germes de l'avenir, dans son propre pays et dans le pays frère des Hellènes. Il a préservé et renouvelé la société romaine ; et non-seulement il a épargné la société grecque, mais il s'est appliqué à régénérer les Hellènes, y apportant les mêmes vues, la même sûreté de génie qu'à la reconstruction de Rome, il a repris enfin la grande œuvre interrompue d'Alexandre de qui, tout porte à le croire, il avait sans cesse l'image devant les yeux de l'esprit. Il n'a pas seulement accompli ses deux tâches l'une à côté de l'autre, mais l'une par l'autre. Les deux facteurs essentiels de l'humanité, progrès général et progrès individuel, État et civilisation, unis en germe chez les Gréco-Italiens primitifs, ce peuple pasteur qui vécut d'abord loin des côtes et des îles méditerranées, ces grands facteurs, dis-je, s'étaient séparés un jour, quand la souche mère se divisa en Italiques et en Hellènes; et depuis bien des siècles, la séparation s'était continuée. Mais voici venir le petit-fils du prince troyen, et de la fille du roi latin (p. 41, note 1) : d'un État sans culture propre, et d'une civilisation toute cosmopolite, il saura faire sortir un ensemble nouveau, où état et culture se retrouveront et s'uniront encore sur les sommets de la vie humaine, dans la maturité féconde d'un heureux âge, et rempliront dignement l'immense cadre mesuré à un tel épanouissement.

Les lignes sont là, devant nos yeux, telles que César les a tracées pour son édifice, sur lesquelles il a lui-même bâti, sur lesquelles, suivant attentivement et pendant des siècles les jalons plantés par le grand homme, la postérité s'essaiera à bâtir à son tour, sinon avec le même génie et la même énergie, du moins avec l'aveu et les intentions du maitre. Bien peu est achevé : beaucoup est préparé. Le plan était-il complet? Pour en décider, il faudrait l'audace d'une pensée rivale : dans ce qui est là devant nous, où trouver une lacune de quelque importance? Chaque pierre posée en dit assez pour immortaliser l'ouvrier : les fondations accusent un ensemble plein d'harmonie. César n'a régné que cinq ans et demi, moitié moins de temps que le grand Alexandre : il n'a pu séjourner que 15 mois en tout dans la capitale, durant les intervalles de ses sept grandes campagnes [1]; et pendant ce court délai, il a su organiser les destins présents et à venir du monde, posant ici les frontières entre la civilisation et la barbarie, là ordonnant la suppression des gouttières donnant sur les rues de la capitale, trouvant assez de loisir et de liberté d'esprit pour suivre les concours poétiques du théâtre, et pour remettre en personne la couronne au vainqueur, avec son compliment improvisé en vers [2]. La rapidité, la sûreté de l'exécution, témoignent

49 av. J.-C.
47.

46.
45-44.

[1] César vint à Rome en avril et décembre 705, n'y restant chaque fois que peu de jours : il y séjourna de septembre à décembre 707 : il y resta quelque chose comme quatre mois pendant l'automne de l'année 708 (année de 15 mois) : enfin, il y demeura jusqu'à sa mort, d'octobre 709 à mars 710 :

[2] [Un historien moderne, M. *Merivale* (*history of the Romans under the Empire*, London, 1850, t. II, p. 403), fait la même remarque et regrette de ne pouvoir suivre la chronologie des plans et des créations politiques de César « cette étude serait, ajoute-t-il, » profondément intéressante : on aimerait à voir l'idée première

d'un plan longuement médité, complet et ordonné dans tous ses détails, et même ainsi, l'exécution ne nous étonne pas moins que le plan. Les fondements en place, le nouvel état appelait l'avenir : l'avenir seul, et sans limites, le pouvait achever. En ce sens, César était fondé à se dire qu'il avait atteint son but; et peut-être était-ce là sa pensée, quand parfois on entendit ces mots tomber de sa bouche : « *J'ai assez vécu!* [1] » Mais comme l'édifice était sans fin, le maître, tant qu'il eut vie, ne cessa d'y apporter pierre sur pierre, toujours égal dans la souplesse et dans l'effort, ne précipitant rien, mais ne remettant rien, comme si pour lui l'aujourd'hui n'avait pas de lendemain. Il a travaillé, il a bâti plus qu'aucun mortel avant et après lui : homme d'action et créateur, après tantôt deux mille ans, il vit dans la mémoire des peuples, il est le premier, l'unique « *César Imperator!* »

» germer dans de multiples directions, et les diverses mesures,
» imparfaites d'abord, arriver ensuite à un résultat harmonieux.] »
[1] [Suet. *Cæs.* 86.]

CHAPITRE XII

RELIGION, CULTURE, LITTÉRATURE ET ART

Religion d'État.   Dans le domaine de la religion et de la philosophie, nul élément nouveau ne s'est produit. La religion d'État romano-hellénique, la philosophie officielle du portique indissolublement liée avec elle, constituaient pour tout gouvernement, oligarchie, démocratie ou monarchie, un instrument commode, mieux que cela, indispensable. Construire l'État à neuf sans l'élément religieux, eût été chose impraticable, autant qu'inventer une religion nouvelle à mettre à la place de l'ancien culte approprié à l'ancienne Rome. Parfois, sans doute, on avait vu rudement s'abattre le balai révolutionnaire sur les toiles d'araignée du système augural (VII, p. 124), mais l'appareil pourri et disloqué n'en avait pas moins survécu au tremblement de terre où s'abîma la République : il fut tout entier transporté avec sa fausse majesté et ses rites vides dans le camp de la monarchie nouvelle. Il va de soi qu'auprès des libres esprits il ne fit que croître en disgrâce. Pour ce qui est de la religion d'État, l'opinion publique n'y montrait guère qu'indifférence : partout on n'y voulait plus voir qu'une institution de commande et de convenance publique : nul n'en prenait souci, si ce n'est peut-être quelques érudits de la politique ou quelques antiquaires. Envers sa sœur la philosophie, il en alla tout autrement chez les gens les moins prévenus, elle ne trouva plus qu'hostilité, juste et infaillible effet à la longue de ses creuses doctrines et de son charlatanisme perfide. Et l'école, elle-même, semblait prendre conscience de sa nullité ; aussi, fait-elle un effort vers le syncrétisme, et tente-t-elle de s'ouvrir ainsi à un souffle vivifiant. *Antiochus d'Ascalon* [1] (il florissait vers 675), qui se vantait d'avoir su fondre en une savante unité le stoïcisme de Zénon avec les idées de Platon et d'Aristote, remporta dans Rome plus d'un succès. Sa philosophie, assez mal venue, fut à la mode chez les conservateurs d'alors : les dilettantes et les lettrés du beau monde l'étudièrent avec ardeur. Quiconque voulait un champ plus libre pour la pensée, ou ignorait le portique, ou lui était hostile. On avait en dégoût ces pharisiens de Rome, ces fanfarons aux

79 av. J.-C.

---

[1] [Antiochus d'Ascalon, le *fondateur de la Ve académie*, l'ami de Lucullus, et le maître de philosophie de Cicéron, à Athènes (en 675 : *Academ., passim.,* et *Brut.* 91). Il était, aux yeux de l'orateur romain, le plus achevé et le plus ingénieux des philosophes du temps : *politissimum et acutissimum omnium nostræ memoriæ philosophorum. Acad.* 2. 35). Il avait été le disciple, entre autres, de Philon d'Alexandrie, dont il prit plus tard à partie le platonisme dégénéré en scepticisme (*Acad.* 2, 4). Puis bientôt fondant ensemble, dans un éclectisme habile les doctrines diverses des principales sectes, il soutint, avec l'ancienne Académie, que l'intelligence a son *criterium* pour discerner sûrement le vrai du faux, ou pour parler avec l'Ecole, pour discerner les images fournies par les objets réels des simples conceptions immatérielles (*Acad.* 2. 18. 19). En somme, également éloigné des paradoxes moraux, des stoïques, et des rêveries métaphysiques des académiciens outrés, il se rapprochait davantage des doctrines positives de l'Aristotélisme : il voulait l'honnêteté dans la vie, en jouissant des biens que la nature a mis à la portée de l'homme (*honeste vivere, fruentem rebus iis quas primas homini natura conciliet. Acad.* 2, 42). Il accompagna Lucullus en Syrie, où il mourut, ce semble, vers 686.]

79.

68.

grands mots pleins d'ennui : on aimait mieux, quittant les sentiers pratiques de la vie, se rejeter les uns, dans l'*apathie* (ἀπάθεια) énervée ; les autres, dans l'ironie qui nie tout : de là, les progrès croissants de l'épicuréisme dans les grands cercles de Rome : de là, le droit de cité conquis par les cyniques de la secte de Diogène. Condamnée qu'elle était à la sécheresse et à l'infécondité, alors que, loin de chercher le chemin de la sagesse dans la rénovation des doctrines traditionnelles, elle se contentait du présent, et ne prêtait foi qu'à la sensation matérielle, cette philosophie valait encore mieux que le cliquetis de mots et que les notions vides de la sagesse stoïque ; et le cynisme l'emportait sur tous les systèmes philosophiques d'alors, en ce que, les méprisant tous, hommes et sectes, il se contentait de n'être point un système, avantage immense, en vérité. Donc, dans les deux armées de l'épicuréisme et du cynisme, on menait guerre ardente, et non sans succès, contre le portique : ici, prêchant pour les gens sérieux, l'épicurien Lucrèce [1], avec l'accent puissant d'une conviction profonde et d'un saint zèle, s'attaquait aux dieux, à la providence divine des stoïques, à leurs doctrines, à la théorie de l'immortalité de l'âme humaine : là, devant le gros public qui aime à rire, Varron, le cynique, décochait les flèches rapides de ses satires lues de tous, et frappait au but encore plus sûrement [2]. Et tandis que les meilleurs de l'ancienne génération se montraient hostiles pour le Portique, les hommes de la génération nouvelle, Catulle, par exemple, se tenaient simplement à distance, et leur critique n'en était que plus vive, par cela qu'ils ignoraient et voulaient ignorer.

Les religions orientales.

Cependant, à côté de la foi incroyante maintenue par les seules convenances politiques, on se rattrapait largement ailleurs. L'incroyance et la superstition, ces deux

---

[1] [V. *infra*].
[2] [V. *infra*, les *Satyres Ménippées*.]

prismes divers du même phénomène historique, allaient de pair et se donnant la main dans le monde. Il ne manquait point de gens même, qui les réunissaient en eux, niant les dieux avec Epicure, priant et sacrifiant devant la moindre chapelle. Naturellement il n'était plus question que des seuls dieux orientaux : à mesure que la foule accourait des provinces grecques en Italie, ceux-ci, en nombre toujours croissant, inondaient l'Occident à leur tour. Nous savons quelle importance avaient conquise les cultes de Phrygie : les hommes déjà sur l'âge, Varron et Lucrèce, nous l'attestent par leurs attaques et les plus jeunes nous le disent de même : témoins les glorifications du poétique Catulle qui, d'ailleurs, conclut par une prière caractéristique : « Déesse, éloigne de moi tes fureurs, et » jette-les sur les autres [1] ! » A côté des dieux de Phrygie, vinrent se ranger ceux de la Perse : ils avaient eu pour premiers propagateurs les pirates de l'Est et de l'Ouest qui se rencontraient sur les flots de la Méditerranée : leur plus ancien sanctuaire était, dit-on, à l'occident de l'*Olympe* de Lycie. Mais au cours de son émigration vers l'ouest, le culte oriental avait perdu tout ce qu'il renfermait primitivement d'éléments moraux et de spiritualisme élevé : ce qui le prouve, c'est que la plus grande divinité de la pure doctrine de *Zarathustra*, *Ahouramazda*, demeura inconnue aux occidentaux. Leurs adorations se tournèrent de préférence vers le Dieu qui, dans l'ancienne religion populaire des Perses, avait pris la première place, *Mithra*, fils du *Soleil*. Plus vite encore que les hôtes du ciel perse, aux figures plus éthérées et plus douces, se répandirent dans Rome les cohortes mystérieuses et lourdes des grotesques théogonies égyptiennes, *Isis*, mère de la Nature avec toute sa suite, *Osiris*, qui meurt toujours et toujours

<small>Le culte de Mithra.</small>

<small>Le culte d'Isis.</small>

---

[1] [*Dea, dea magna, Cybelle, Didymi Dea domina;*
Procul a mea sit furor omnis, hera domo:
Alios age incitatos, alios age rabidos.
(Cat. carm. 63. *Atys.*)]

ressuscite, le sombre *Sérapis*, l'*Horus-Harpocrate*, sévère et silencieux, et l'*Anubis Cynocéphale*. L'année même où Clodius lâcha la bride aux *clubs* et aux conventicules (696) et par l'effet de cette émancipation populacière sans nul, doute, ces essaims de dieux firent mine d'aller se loger jusque dans la vieille citadelle du Jupiter Romain, au Capitole : ce ne fut pas sans peine qu'on les arrêta. Il leur fallait à tout prix un Temple : on leur assigna du moins les faubourgs. Aucun culte ne jouissait d'une semblable popularité parmi les basses classes du peuple : quand un jour le Sénat ordonna la destruction du sanctuaire d'Isis, élevé dans l'enceinte des murs, il ne se trouva pas d'ouvrier qui osât y porter la main, et force fut bien au consul Lucius Paullus (704 — VII, p. 213), de donner le premier coup de hache [1]. Point de fille si débauchée, à coup sûr, qui ne fût à proportion dévote envers la déesse. Il va de soi que les sorts, l'onéirocritie et tous les arts libres de même espèce étaient métiers fructueux. On professait la science des horoscopes. *Lucius Tarutius* de *Firmum*, homme considérable, érudit dans son art, grand ami de Cicéron et de Varron, déterminait très-sérieusement, après force calculs, la date de la naissance des rois Romulus et Numa, et même celle de la fondation de Rome, et, s'aidant de la sagesse chaldéenne et égyptienne, confirmait les récits de la légende romaine à la grande édification des croyants des deux partis [2]. Mais phénomène plus remarquable encore, on vit se produire, pour la première fois dans le monde Romain, un essai de fusion entre la foi grossière et la pensée spéculative, manifestation non méconnaissable des tendances que nous avons coutume

---

[1] [Val. Maxim. 1. 3. 3.]

[2] [*Tarutius* de *Firmum*, mathématicien et astrologue (*in primis chaldaicis rationibus eruditus*, dit Cic. *de divin.* 2, 47), fixait le jour natal de Rome aux fêtes de Palés (*Parilia*, le 11ᵉ jour avant les calendes de mai, ou 21 avril), alors que la lune était dans le signe de la *Balance* (*in Jugo*). Plutarque le mentionne aussi (*Romul.* 12).

d'appeler le *Néoplatonisme*. Il eut pour premier et plus ancien apôtre *Publius Nigidius Figulus,* notable romain, appartenant à la faction la plus rigide de l'aristocratie, préteur en 696, et qui mourut exilé d'Italie pour cause politique, en 709. Vrai prodige d'érudition, plus étonnant encore par l'obstination de ses croyances, il bâtit avec les éléments les plus disparates un système de philosophie religieuse, dont il enseignait les principes dans ses leçons orales, bien plus encore que dans ses livres consacrés aux matières théologiques et aux sciences naturelles. Repoussant loin de lui les squelettes et les abstractions des systèmes ayant cours, il puisa, jusque sous les décombres, aux sources de cette philosophie anté-socratique, dont la pensée s'était révélée aux sages des anciens temps sous sa forme la plus vivante et la plus sensible. Chez lui, d'ailleurs, il va de soi que les sciences physiques transcendentales jouaient un rôle considérable. Dirigées en ce sens, ne les voit-on pas chez nous aussi, tous les jours, offrir une prise puissante au charlatanisme mystique et aux pieux escamotages ? A plus forte raison en était-il de même dans l'antiquité, davantage ignorante des véritables lois de la nature. Quant à la théologie de Figulus, elle n'était autre que ce baroque mélange, où s'étaient abreuvés déjà ses co-religionnaires grecs, où l'on trouvait brassés ensemble la sagesse orphique et autres anciens dogmes, et les dogmes nouveaux inventés en Italie, et les mystères de la Perse, de la Chaldée et de l'Égypte. De plus, comme si la confusion n'était point déjà assez grande, et sous couleur d'achever l'harmonie du système, notre philosophe y ajoutait les données de la science étrusque, enfants du néant, et la science indigène du vol des oiseaux. Cela fait, la doctrine fut mise sous l'invocation politique, religieuse et nationale du nom de Pythagore, cet ultra-conservateur dont la maxime principale était « fonder l'ordre; empêcher le désordre ; » de Pythagore, le faiseur de miracles, le conjurateur d'esprits, l'antique sage natif de

Nigidius Figulus.

58 av. J.-C.

45.

l'Italie, dont la légende s'entrelace avec la légende de Rome, et dont le peuple contemplait la statue debout sur le Forum. La naissance et la mort ont leur affinité : comme il avait assisté au berceau de la République, ami du sage Numa, collègue de la *Mater Egérie* divinement prudente, Pythagore était aussi le dernier refuge, à l'heure suprême, de l'art sacré des augures des oiseaux. Mais le système de Nigidius n'était point seulement une merveille, il enfantait aussi des prodiges : au jour où naquit Octave, Nigidius prédit à son père la grandeur future du fils. Pour les croyants, les prophètes à sa suite évoquaient les mânes ; et chose qui dit tout, ils indiquaient les cachettes où gisaient les trésors perdus. Toute cette science, vieille et neuve à la fois, avait fait sur les contemporains une impression profonde : dans tous les partis, on vit les hommes les plus considérables, les plus savants, les plus vaillants, et Appius Claudius, le consul de l'an 700, et l'érudit Marcus Varron, et Publius Vatinius, officier brave s'il en fut, s'adonner eux aussi, à la nécromancie : la police dut s'en mêler, paraît-il, et réprimer ces entraînements de la société romaine. Tristes et derniers efforts qui ne sauveront pas là religion ! Semblables aux efforts honnêtes de Caton dans l'ordre politique, ils nous frappent par leurs côtés lamentables et comiques tout ensemble. Qu'on se moque tant qu'on voudra de l'Évangile et de l'Apôtre, ce n'en est pas moins chose bien grave que de voir les hommes vigoureusement trempés se laisser choir, eux aussi, dans l'absurde [1] !

[1] [A ce portrait de Nigidius Figulus, nous voudrions ajouter quelques détails purement biographiques. On ne sait ni la date ni le lieu de sa naissance. Mais il appartenait au Sénat, où en l'an 691, il appuya les motions de Cicéron, son ami, contre les Catilinariens (Cic. *pro Sull.* 14. — Plut. *an seni sit gerenda respubl.* 27). Préteur en 695, il est exilé, on l'a vu plus haut, par César (709) (p. 59), et meurt loin de Rome vers 710. Eusèbe (*Chron.* 184) lui donne les titres de *Pythagoricus et Magus;* et de fait, au dire de Cicéron, d'Aulu Gelle et d'autres, il passait pour l'un des plus

CULTURE 201

L'éducation de la jeunesse continue à se mouvoir dans le programme, ailleurs décrit, de la précédente époque, dans les *humanités* comprenant les deux langues [1]. Toutefois plus le temps marche, et plus le monde romain, dans sa culture générale, va s'assujettissant aux formes instituées par les Grecs. On délaisse les exercices de la balle, de la course et de l'escrime, pour la gymnastique perfectionnée de la Grèce ; et s'il n'existe point encore d'établissements publics en ce genre, on ne rencontre déjà plus de *villa* élégante qui n'ait sa *Palœstre* à côté de ses *Thermes*[2]. Que si l'on veut pousser plus loin, et se demander

Éducation.

savants hommes de son temps, quoique Aulu Gelle lui reproche aussi le défaut de clarté dans le style et l'exposition (*Ætas M. Ciceronis et C. Cæsaris ... doctrinarum multiformium variarumque artium quibus humanitas erudita est, culmina habuit M. Varronem et P. Nigidium. ... Nigidianæ autem commentationes non proinde in vulgus exeunt ... et obscuritas subtilitasque earum, tanquam parum utilis, derelicta est. Noct. att. 19. 14*). M. Egger (*Latin. serm. vetust. reliq.* pp. 59 et s.) a réuni quelques fragments de Nigidius disséminés dans les livres des grammairiens postérieurs, dans A. Gelle surtout. — Quant à ses recherches sur la physique et la philosophie, *V.* entre autres le témoignage de Cicéron, au prologue de son exposition du Timée, où Nigidius figure comme l'un des interlocuteurs (*fuit enim ille vir quum ceteris artibus quæ quidem dignæ libero essent, ornatus omnibus, tum acer investigator et diligens earum rerum quæ a natura involutæ videntur*). On y lit que quand le consulaire se rendit en Cilicie, Nigidius, qui venait de quitter son gouvernement, l'attendit à Ephèse, où Cratippe vint aussi le retrouver. — Nous connaissons par des fragments assez nombreux, je le répète, les *Commentarii Grammatici* de Nigidius, en 30 livres : on cite aussi de lui une étude : *de Sphæra barbarica et græcanica*, et divers autres traités : *de animalibus : de hominum naturalibus* (des *organes génitaux de l'homme*) : *de extis : de auguriis ; de ventis ; de Deis*, etc. — Nous renvoyons enfin le lecteur à une lettre touchante de Cicéron, réconfortant Nigidius dans son exil (*ad famil.* 4 13) ; et nous signalerons aux curieux d'érudition, le travail de *Burigny, mém. de l'Académ. des inscript. et belles-lettres*, 29, p. 190, ainsi que l'étude plus récente de Hertz : *de Publ. Nigidii Figuli studiis atque operibus*. Berlin, 1845.]

1. [V. VII. pp. 66 et s.]
2. [Cicéron lui-même avait la sienne. *Ad. Attic. passim.* — Mais les Romains confondirent bientôt les gymnases et les palestres. L'un et l'autre mot chez eux devinrent synonymes.]

Sciences générales en matière d'éducation.

quelle transformation s'était opérée en ce siècle dans l'ensemble de l'éducation, que l'on compare le programme de l'*Encyclopédie* catonienne (IV, pp. 264 et 265) avec celui du livre analogue de Varron sur les *Sciences scolastiques* [1]. Chez Caton, l'Art oratoire, l'Agriculture, la Jurisprudence, la Guerre et la Médecine ne constituent point les éléments d'une éducation scientifique spéciale : chez Varron, autant qu'on le peut induire avec quelque vraisemblance, le cycle des Études comprend la Grammaire, la Logique ou la Dialectique, la Réthorique, la Géométrie, l'Arithmétique, l'Astronomie, la Musique, la Médecine et l'Architecture. Ainsi, au cours du VIIe siècle, l'Art militaire, la Jurisprudence et l'Agriculture sont passées de l'état de sciences générales à celui de sciences professionnelles. Chez Varron, en outre, l'éducation de la jeunesse adopte le programme grec tout entier : à côté des leçons de grammaire, de rhétorique et de philosophie, introduites en Italie dès les temps antérieurs, des cours se sont ouverts pour la géométrie, l'arithmétique, l'astronomie et la musique, plus longtemps demeurées l'enseignement propre des écoles de la Grèce [2]. L'astronomie, par exemple, en donnant la nomenclature des étoiles, amusait le dilettantisme vide des érudits du temps. Associée à l'astrologie, elle donnait pâture aux superstitions pieuses alors toutes puissantes : aussi est-elle pour la jeunesse un canevas d'études régulières et approfondies. On en a la preuve, et les poèmes didactiques d'Aratus parmi les autres œuvres de la littérature Alexandrines, ont des premiers trouvé bon accueil auprès des jeunes Romains curieux de s'ins-

---

[1] [*IX libri disciplinarum* : Il n'en reste rien ou presque rien. V. *Infra*, etc.]

[2] Ces sept sciences constituent, comme on sait, les *sept arts libéraux*, lesquels, sauf la distinction à faire quant aux époques entre les trois arts plus anciennement reçus en Italie, et les quatre arts plus récemment introduits, se sont perpétués dans les écoles du moyen-âge.

truire [1]. A la série des cours grecs se joignaient la médecine, branche ancienne du programme de l'éducation indigène, et enfin l'architecture, art indispensable aux Romains, devenus bâtisseurs de palais et de villas, en même temps qu'ils délaissaient le travail des champs.

Mais si l'éducation grecque et latine a gagné en étendue, et en rigueur d'école, elle a perdu beaucoup du côté de la pureté et de la délicatesse. La science grecque, recherchée avec une irrésistible ardeur, a donné sans doute un vernis plus savant à la culture. Mais expliquer Homère ou Euripide n'est point un art après tout. Elèves et maîtres trouvèrent leur compte à la poésie Alexandrine : celle-ci, les choses étant ce qu'elles étaient dans le monde romain, s'accommodait à l'esprit de tous, bien mieux que la vieille et vraie poésie nationale de la Grèce. Pour n'être pas vénérable autant que l'Iliade, elle n'en comptait pas moins un nombre respectable d'années ; et aux yeux des professeurs, les Alexandrins étaient de véritables classiques. Les poésies érotiques d'*Euphorion*, « les « *Causes* » de *Callimaque* et son « *Ibis*, » « *l'Alexandra* » comique et obscure de *Lycophron*, renfermaient toute une mine de *mots* rares (*glossæ*) bien faits pour les chrestomathies et les commentaires des interprètes [2]. N'y trouvait-on pas force

Études grecques.

L'Alexandrissime.

---

[1] [*Aratos*, contemporain d'Aristarque de Samos et de Théocrite (IIIe siècle avant J.-C.), vécut à la cour d'*Antigone Gonatas*, le macédonien. Grammairien et philosophe, il mit en vers les deux traités en prose d'un auteur plus ancien (*Eudoxos*), sous les titres de *Phénomènes*, et de *Pronostics*. Ces ouvrages qui n'ont qu'un intérêt scientifique assez mince, sont élégamment écrits, et Quintilien les loue (X, 1). Ils trouvèrent grande faveur à Rome, et furent traduits trois fois en vers latins. La première traduction des *Phénomènes* est due à Cicéron, très-jeune encore, lorsqu'il exécuta son travail (*de Nat. Deorum*, 2. 41) : la seconde à *César Germanicus*, petit-fils d'Auguste : la troisième à *Festus Avienus*. Il nous reste des fragments des unes et des autres (on les trouvera réunis dans l'édition d'Aratus, de *Buhle*, 1793-1801. Leipzig.]

[2] [*Euphorion*, fils de *Polymnète*, né à *Chalcis* d'Eubée vers l'an 480, au temps des guerres de Pyrrhus en Italie. — Il vécut à la cour d'Antiochus le Grand, dont il fut le bibliothécaire, et mourut en

244 av. J.-C.

phrases et sentences péniblement contournées et de pénible explication, force excursions à perte de vue, tout un ramas

Syrie. Philosophe, grammairien et polygraphe, il composa aussi de très-nombreux poèmes, épiques, mythologiques et élégiaques, dont il ne nous reste que les noms. L'*Anthologie* nous a gardé de lui deux *épigrammes*, du genre érotique : il eut, dans ce genre, Cornelius Gallus, Tibulle et Properce pour imitateurs. — Cicéron, vengeant la gloire oubliée d'Ennius, s'attaquait vivement aux prôneurs de l'obscur et fade poète (*cantores Euphorionis Tuscul.* 3. 19, et *de Divin.* 11. 64.) Meinecke a écrit une étude *de Euph. Chalcid. vita et scriptis*, qu'on pourra lire dans ses *Analecta Alexandrina* : Berlin, 1843. (V. aussi l'*Anthologie grecque*, traduite, éd. Hachette, *Paris*, 1863, t. I, pp. 114 et 427, t. II, notice p. 424, et l'épigramme de *Cratès*, t. I. p. 422). — *Callimaque* est plus connu. Appartenant à une branche des *Battiades* de Cyrène : il vécut à Alexandrie, sous les Ptolémées Philadelphe et Evergète, il fut préposé en chef à la bibliothèque d'Alexandrie. Grammairien, philologue, poète et critique, il écrivit, dit-on, huit cents ouvrages ou traités, dont, sauf pour quarante environ, nous n'avons même plus les titres. Comme Euphorion il accumulait et compilait les curiosités mythologiques et légendaires. — Citons parmi ses *reliquiæ*, six *hymnes* dans le genre épique, poèmes érudits et péniblement écrits, non moins pénibles à lire ; soixante-trois épigrammes, insérées dans l'*Anthologie* ; et des fragments d'*élégies*, dont l'une a été imitée par Catulle (*de coma Berenices*). Il servit aussi de modèle à Ovide et Tibulle. — Parmi ses livres en prose, il faut regretter surtout sa « *Bibliothèque littéraire* (πίναξ παντοδαπῶν συγγραμμάτων), véritable catalogue chronologique des ouvrages conservés au *Musée* d'Alexandrie. — Les « *causes* (αἴτια) » auxquelles fait allusion M. Mommsen étaient un poème didactique en quatre chants sur les mythes, les rites, et les traditions pieuses. Nous en connaissons quelques vers. — Apollonius de Rhodes, l'auteur du poème des Argonautes, comptait parmi les disciples de Callimaque. Imitateur d'Homère et des Anciens, il se permit contre son maître une acerbe critique : (V. *Anthol.*, éd. Hachette, I, p. 429) : Callimaque y répondit par l'*Invective* de l'« *Ibis* » qu'Ovide a imitée. En résumé, s'il fut le « prince de l'élégie » (Quintil. 10, 58), il montra plus d'art que de génie, et la postérité a ratifié le jugement d'Ovide

Quamvis ingenio non valet, arte valet.
(*Amor.* 1. 15).

Les éditions de Callimaque sont nombreuses. Citons celle d'*Ernesti*, Leyde, 1761, et la dernière, de Blomfield, London, 1815. — De *Lycophron*, de Chalcis aussi, nous dirons seulement qu'il fut de même attaché au *Musée* d'Alexandrie sous Ptolémée Philadelphe, qu'il eut pour mission de classer les manuscrits des *comiques*, et qu'il écrivit sur eux un livre érudit malheureusement perdu. Il fut inextricable et mystérieux de mythes oubliés, tout un arsenal enfin d'érudition pesante en tous genres? Il fallait chaque jour à l'école des morceaux de résistance plus difficiles; et tous ces produits de la littérature Alexandrine, chefs-d'œuvre de l'industrie des maîtres, devenaient autant de merveilleux thèmes pour les bons écoliers. On vit donc les Alexandrins, à titre de modèles et de textes d'épreuve, envahir à demeure les gymnases italiques. Ils firent avancer la science, qui en doute? mais aux dépens du goût et du bon sens. Puis bientôt cette soif de culture malsaine, s'emparant de toute la jeunesse romaine, celle-ci voulut, autant qu'il était possible, aller à la source même de la science Hellénique. Les cours des maîtres grecs de Rome n'étaient bons que pour les premiers essais, mais on voulait converser avec les Grecs: ou affluait aux leçons des philosophes grecs, à Athènes, aux leçons des rhéteurs, à Rhodes [1]: on faisait son voyage littéraire et artistique en Asie mineure, où l'on trouvait et étudiait sur place les antiques trésors du génie des Hellènes, où se continuaient, à l'état de métier, il est vrai, les traditions du culte des muses. Quant à la capitale de l'Égypte, regardée comme le sanctuaire des disciplines plus austères, comme elle était plus loin, elle était moins fréquemment visitée par la jeunesse en quête de savoir.

de la *Pléiade*, comme Callimaque, écrivit de nombreuses tragédies, un drame satirique contre *Ménédème* d'Erétrie, le philosophe, et enfin un long monologue iambique en 1474 vers, la « *Cassandra* (ou *Alexandra*) », poème d'une obscurité proverbiale, même chez les Anciens (σκοτεινὸν ποίημα, dit *Suidas*), et sur lequel les scholiastes et commentateurs se sont donné carrière. Il y met en scène la *prophétesse* de la chute de Troie, remonte aux Argonautes, aux Amazones, à Io et à Europe, etc., etc. — La dernière édition de l'*Alexandra* est due à Bachmann, 2 vol. Leipzig, 1828.

Sur tous ces poètes, et sur la Pléiade Alexandrine, nous renvoyons le lecteur à l'*Essai historique sur l'Ecole d'Alexandrie*, de M. *Matter*, Paris. 1820.]

[1] [Ainsi firent Pompée, César, Cicéron, même dans leur âge mûr. — Ces deux derniers reçurent à Rhodes les leçons d'*Apollonius d'Alabanda* (en Carie), plus connu sous le nom de *Molon*. *Brut.* 90. 91. — Suet. Cæs. 4.]

Études latines. En même temps que le programme des études grecques, le programme latin s'élargit, lui aussi, résultat pur et simple, en partie, du mouvement de l'hellénisme. Les Latins, au fond, recevaient des Grecs et l'impulsion et la méthode. Bientôt sous l'influence des idées démocratiques, la tribune du Forum s'ouvrit à toutes les classes, et appela la foule. Les conditions politiques de la Rome nouvelle ne contribuèrent pas peu à l'agrandissement du rôle des orateurs : « où que vous jettiez les yeux ; les rhéteurs foi- » sonnent ! » C'est le mot de Cicéron. Ajoutez-y le culte des écrivains du vi[e] siècle, qui, à mesure qu'ils s'enfoncent dans le passé, s'entourent davantage de l'auréole classique, et composent l'âge d'or de la littérature latine. Sur eux se concentre l'effort du travail pédagogique, ils lui fournissent le plus puissant contingent. Puis voici que de tous les côtés la barbarie immigre ou fait irruption dans l'Empire, que des contrées populeuses, les Gaules, les Espagnes, se latinisent. La langue romaine, les lettres latines y gagnent d'autant. En eût-il été de même, si l'idiôme indigène fût demeuré cantonné dans le Latium ? A Côme, à Narbonne, le maitre de lettres était un personnage bien autrement important qu'à Ardée ou à Præneste. Et pourtant, à tout prendre, la culture baissait, loin d'être en progrès. La ruine des villes provinciales italiques, l'affluence énorme des hommes et des éléments étrangers, l'abaissement politique, économique et moral de la nation, et, par-dessus tout, les ravages des guerres civiles faisaient à la langue un dommage auquel ne pouvaient parer tous les maitres d'école du monde. Les étroits contacts avec la civilisation grecque d'alors, les influences plus directes de la science loquace d'Athènes, de la rhétorique rhodienne et de l'Asie mineure, infectaient la jeunesse des miasmes les plus vicieux de l'hellénisme. De même que l'importation de l'hellénisme en l'Orient avait nui à l'idiôme de Platon, de même la propagande latine chez les Gaulois, les Ibères et les Libyens, amenait la corruption de la langue romaine. Ce public qui applaudit aux périodes savamment arrondies, cadencées et rhytmées de l'orateur, qui fait payer cher au comédien la moindre faute de grammaire ou de prosodie, ce public, je le veux, possède sa langue maternelle : elle a été étudiée à fond, et par l'école elle est devenue le commun bien de toutes les classes. Il n'en est pas moins vrai qu'à entendre les contemporains le mieux à même d'en juger, la culture hellénique chez les Italiens de l'an 690 est bien déchue de ce qu'elle était un siècle avant; ailleurs aussi, ils déplorent la corruption du bon et pur latin d'autrefois, il n'y a plus que de rares personnages à le pratiquer. On le rencontre encore dans la bouche de quelques vieilles matrones du grand monde; mais les traditions de la vraie élégance, l'esprit, le sel latin des ancêtres, la finesse de Lucilius, les cercles littéraires des Scipions, tout cela s'est perdu. Que parle-t-on d'*urbanité* (*urbanitas*), ce mot et cette idée créés d'hier? Loin que la politesse règne dans les mœurs, elle s'en va bien plutôt; dans la ruine de la langue et des mœurs, chez les barbares latinisés ou chez les latins devenus barbares, l'on ressent au vif l'absence même de toute urbanité. Les satires de Varron, les lettres de Cicéron, nous rendent le ton de la conversation élégante, soit : mais elles sont l'écho des antiques mœurs encore vivantes à Réatè, à Arpinum : à Rome, il n'en reste plus rien.

64 av. J.-C.

Ainsi le système d'éducation de la jeunesse demeurait au fond le même : seulement, par l'effet de la décadence nationale, bien plus que par le vice du système, le bien y étant plus rare qu'au temps jadis, le mal s'y montrait plus souvent. Cependant, là encore, César apporta sa révolution. Tandis que le Sénat romain avait combattu d'abord la culture littéraire, puis n'avait fait que la tolérer, le nouvel Empire Italo-Hellénique, dont l'*humanité* (*humanitas*) constitue l'essence, la prend en main et entend la diriger d'en haut. César octroye la cité à tous les maîtres

Instruction publique. Premiers établissements.

ès-arts libéraux, à tous les médecins dans Rome [1] : ce premier pas annonce la création future de grands établissements où la haute instruction sera dispensée dans les deux langues à la jeunesse romaine, et qui seront l'expression complète et puissante de la culture nouvelle dans l'État nouveau. Puis bientôt, le régent décide la fondation dans la capitale d'une bibliothèque publique grecque et latine ; et il nomme pour son conservateur le plus érudit des Romains, Marcus Varron, faisant voir aussi par là qu'il ouvre à la littérature universelle ce royaume de Rome qui s'étend sur le monde [2].

La langue.

Pour ce qui est de la langue en elle-même, son évolution se rattache à deux éléments tout opposés, au latin classique des cercles cultivés d'une part, et de l'autre, au latin vulgaire de la vie usuelle. Le premier est le produit de la culture italienne. Déjà dans le cercle des Scipions, parler le « *pur latin* » a été une règle favorite ; la langue maternelle n'y a plus toute sa naïveté première, et tend à se distinguer du langage de la foule. Mais dès le début du siècle, il se manifeste une réaction remarquable contre le classicisme affecté des hautes classes et de leur littérature, réaction se rattachant étroitement, au dehors et au dedans, à celle toute semblable qui se fait à la même heure chez les Grecs. Déjà en effet, *Hégésias* de Magnésie, rhéteur et romancier [3], et tous les rhéteurs et lettrés

La Vulgarité en Asie-Mineure.

---

[1] [Suet. *Cæs.* 42.]

[2] [C'est de l'ancienne bibliothèque d'Asinius Pollion (V. p. 118, n. 1), qu'il s'agit.]

[3] [Contemporain des Lagides, et de Timée (III° siècle). Rhéteur et historien, mais jetant en effet le roman dans l'histoire, il avait écrit une vie d'Alexandre, dans le style *asiatique*, marqué par la recherche précieuse, la minutie puérile, et l'amour du merveilleux. Cicéron le prend à partie pour sa manière saccadée et hachée (*quid... tam fractum, tam minutum. Brut.* 83 : et ailleurs : *saltat, incidens particulas. Orat.* 67. 69). Strabon et Denys d'Halyc. confirment son opinion. Enfin A. Gelle dit de son histoire : *libri miraculorum fabulorumque pleni, res inauditæ, incredulæ* (*Noct. Att.* 9. 4). Quelques lignes nous en ont été conservées par Photius, et Den. d'Halyc. (*de compar. verb.* 4).]

d'Asie-Mineure à la suite avaient fait leur levée de bouclier contre l'atticisme orthodoxe. Ils demandèrent droit de bourgeoisie pour la langue usuelle, que le mot ou la phrase vinssent d'Athènes, de Carie ou de Phrygie : ils parlèrent et écrivirent, non pour les coteries des élégants, mais pour le goût du gros public. Le précepte était bon, à coup sûr, mais tant valait le public d'Asie-Mineure, tant valait la pratique: or, chez les Asiatiques de ce temps, le sens de la pureté sévère et sobre s'était absolument perdu, l'on ne visait qu'au clinquant, à la mignardise. Sans m'étendre ici sur les genres bâtards et les productions de cette école, romans, histoires romanesques et autres, disons seulement que le style des *Asiatiques* était tout haché, sans cadence ni période, mol et tourmenté tout miroitant de paillettes et de phœbus, trivial d'ailleurs, et par-dessus tout maniéré. « Qui connait Hégésias, » s'écrie Cicéron, n'a pas à chercher loin un sot [1] ! »

Et pourtant la nouvelle manière fit son chemin dans le monde latin. La *rhétorique* à la mode chez les Grecs ayant, comme on l'a vu (VI, p. 70), envahi les programmes de l'éducation latine à la fin de l'époque précédente, en était arrivée à ses fins au commencement du siècle actuel. Avec *Quintus Hortensius* (640-704), le plus illustre des avocats du temps de Sylla, elle avait occupé la tribune aux harangues. On la vit alors, usant de l'idiome latin, s'accommoder servilement au faux goût importé de Grèce. Le public n'avait plus l'oreille sage et chaste du temps des Scipions : il applaudit tout naturellement le *nouveau venu*, habile qu'il se montrait à couvrir sa vulgarité d'un vernis factice. L'événement avait sa haute importance. De même qu'en Grèce la lutte littéraire s'était concentrée dans l'école des rhéteurs, de même à Rome, la langue judiciaire, bien plus encore que la littérature proprement

La *vulgarité* à Rome.

114-50 av. J.-C.
Hortensius.

---

[1] *Et is quidem non minus sententiis peccat quam verbis, ut non quæral quem appellet ineptum qui illum cognoverit. — Orat.* 67.]

dite, donna la règle et la mesure du style ; et le « prince des avocats » eut pour ainsi dire juridiction sur le ton du langage, et sur la manière d'écrire selon la mode du jour. La *vulgarité asiatique* d'Hortensius chassa la forme classique de la tribune romaine et en partie des autres genres littéraires [1]. Mais bientôt la mode change et

Réaction.

114-50 av. J.-C.

> [1] [*Quintus Hortensius Hortalus* (640-704), de huit ans l'aîné de Cicéron, nous est connu surtout par les écrits de celui-ci. Il appartenait à la *gens* plébéienne des Hortensii, dont le nom aurait indiqué l'origine professionnelle (*jardiniers*). Avocat, uniquement avocat, il n'a rien laissé derrière lui, que la renommée d'une souplesse de talent merveilleuse, se prêtant à la défense de toutes les causes politiques ou civiles. Sa mémoire, les ressources de sa dialectique, étaient inépuisables. Travailleur infatigable, à la voix sonore, au geste et à l'attitude pleins d'art, il n'omettait rien de ce qui pouvait profiter à sa cause. Épicurien de mœurs et de caractère, usant de tous les moyens pourvu qu'il réussit, il pratiqua souvent les juges, et gagna maint procès par la corruption, et à coups d'argent fourni par ses riches clients. A 19 ans, il plaide son premier procès, et comme tout d'abord « *on salue une statue de Phidias* » (*Brut.* 64), il est reconnu pour un maître. Il alla ensuite aux armées pendant la guerre sociale et fut promu au tribunat militaire (*Brut.* 89). De retour à Rome, il se donne au parti aristocratique, il est l'avocat ordinaire des *optimates* accusés de concussion et d'extorsion. En

86.

668, il défend Pompée accusé d'avoir détourné partie du butin d'Asculum (*Brut.* 64). Pendant longtemps, roi incontesté du barreau (*rex judiciorum.* Cic. *in Q. Cæcil.* 7), il vit un jour se lever en face de lui l'homme qui l'allait détrôner. Cicéron accusa Verrès, qu'Hortensius défendit en vain. Déjà, avant son voyage à Athènes et

81.

dans le procès de Quinctius (673), le jeune avocat l'avait eu pour adversaire (*pro Quinct,* 1, 2. 22, 24, 26). — Questeur, édile, pré-

69.

teur urbain, Hortensius obtint enfin le consulat en 785. On le vit plus tard s'opposer aux lois Gabinia et Manilia, qui conféraient à Pompée l'omnipotence en Orient. Après le consulat de Cicéron, les deux rivaux marchent d'accord : ils défendent ensemble Rabirius et Muræna, et sont amis désormais (*noster Hortensius* : *ad Att.* 1. 14), amis peu sincères au fond. Ils luttent ensemble contre Clodius. — Après le retour de Pompée, Hortensius quitte la scène politique, et se consacre exclusivement aux affaires du barreau : il plaide avec Cicéron encore, pour Flaccus, pour Sextius : seul, il défend Lentulus Spinther, Valerius Messala à l'occasion duquel il est *sifflé* par le peuple au théâtre (*ad famil.* 8. 2), et enfin Appius Claudius, accusé *de majestate et ambitu* par Dolabella, le futur gendre de Cicéron. Il meurt peu après, laissant quelques écrits au-dessous de sa réputation (*intra famam* Quint. 3, 8), quelques travaux historiques passables (*ad Att.* 12, 5), et des poésies sans valeur. — J'ai dit qu'Hortensius

en Grèce et à Rome. Et d'abord les maîtres rhodiens, sans revenir tout à fait à la chasteté austère du style attique, essayent de se frayer une voie moyenne entre la forme ancienne et la forme nouvelle ; et sans rigoureusement s'astreindre à la correction exacte de la pensée et de l'expression, ils n'en visent pas moins à la pureté de la langue et de la phrase : ils s'appliquent au choix des mots et du tour, ils recherchent la cadence dans la période. En Italie, *Marcus Tullius Cicéron* se lève (648-711). Imitateur dans sa jeunesse de la manière d'Hortensius, ramené par les leçons des Rhodiens et son goût plus mûr à de meilleurs préceptes, il se fait lui aussi et pour toujours zélateur de la pureté exacte de la langue ; il s'adonne à la période et au rhythme oratoire. Ses modèles favoris, il les cherche avant tout dans les cercles de la haute société romaine, que n'a point infectés la vulgarité moderne : or, comme nous l'avons dit plus haut, bien qu'ils soient devenus rares, plusieurs ont survécu.

Certes, la vieille littérature latine, et la bonne littérature grecque, quelle qu'ait été d'ailleurs l'influence de celle-ci sur l'allure nombreuse de la phrase, n'étaient plus qu'au second rang ; et dans l'épuration tant

L'école de Rhodes.

Cicéronianisme.
106-43 av. J.-C.

était épicurien dans ses goûts et sa vie : par son caractère, et ses habitudes, il offre avec Atticus une ressemblance frappante : il aime la richesse, l'élégance ; il a sa maison à Rome, sur le Palatin (celle qu'habitera un jour Auguste (Suet. Aug. 72); il a de superbes villas, à *Bauli*, à Tusculum, à Laurentum. Il fait de grosses récoltes en vin (Plin. *h. nat.* 14. 6, 17); il possède des garennes immenses, d'où sort un esclave vêtu en Orphée, et conduisant devant ses convives, au son de la cithare, des bandes d'animaux charmés (Varr. *de re rust.* 3. 13) ; des viviers enfin où nagent ses murènes apprivoisées, et dont il pleure la mort (Plin. *h. nat.* 9, 55)! Il laisse à sa mort 10,000 amphores de vin étranger dans sa cave (*supra.* p. 131).

Nous n'ajouterons rien à ce que dit M. Mommsen de son style d'orateur. Cicéron, et d'autres l'ont assez fait connaître (V. surtout le *Brut.* 88). — Sur *Hortensius Hortalus*, le fils de l'avocat, voy. VII, p. 251, note 2. — Enfin nous renvoyons aux [Notices plus étendues de Drumann, III, pp. 81-108.]

prônée du langage il fallait voir bien moins la révolte de la langue écrite contre la langue vulgaire, que la révolte de la langue parlée, à l'usage des gens instruits, contre le jargon du faux ou du demi savoir. César ici encore se montra le plus grand maître du temps : il se fit l'expression vivante du classicisme romain et de son dogme fondamental : dans ses discours, dans ses écrits, évitant les mots étrangers, avec la sollicitude du nautonnier qui se dirige au milieu des écueils, il rejetait de même les mots purement poétiques, ceux oubliés de la vieille littérature, les termes de l'idiôme rustique, les tours empruntés à la vie familière, et nommément ce bagage de phrases et de mots grecs, entrés en si grand nombre (les correspondances du temps en témoignent) dans le courant du langage usuel [1]. Quoiqu'il en soit, le classicisme cicéronien ne trahissait que trop les expédients artificiels de l'école. Il était à celui des Scipions ce qu'est la faute confessée à l'innocence, ce que sont les classiques napoléoniens aux Molière et aux Boileau du Grand siècle des Français. Au temps des Scipions on avait puisé à même à la source de vie : aujourd'hui l'on recueille du mieux que l'on peut le souffle expirant d'une génération irrémissiblement condamnée. Tel qu'il est d'ailleurs, le classicisme nouveau se propage vite. Avec la royauté du barreau, la dictature de la langue et du goût passe d'Hortensius à Cicéron, et celui-ci dans ses multiples et vastes œuvres en tous les genres, donne à la littérature ce qui lui manquait jusque là, les textes modèles de la prose. Il est en effet le vrai créateur de la prose latine moderne : c'est à lui, artisan habile du style, que se rattache étroitement l'école classique ; c'est au *styliste*, bien plus qu'au grand écrivain, bien plus qu'à l'homme d'État surtout, que les représen-

---

[1] [Il n'est presque pas une lettre de la Correspondance familière de Cicéron et autres, où l'on ne trouve des phrases, des mots grecs ainsi jetés dans la trame du texte latin.]

tants les meilleurs de la forme nouvelle, César et Catulle, adressent un éloge excessif, sans doute, mais qui n'est pas vaine phrase [1].

Le progrès va plus loin. Ce que fait Cicéron, dans le domaine de la prose, une jeune pléiade le fait dans la poésie. Catulle est le plus brillant champion du vers néo-romain. Les Grecs Alexandrins ne sont point encore démodés. Mais ici de même, la langue usuelle de la haute société a répudié les réminiscences archaïques acceptées naguère sans compter ; et comme la prose recherche aujourd'hui le nombre de la période Athénienne, la poésie Latine se range peu à peu sous la règle métrique, règle étroite, pénible souvent, de l'école Alexandrine. A dater de Catulle, il ne sera plus permis de commencer le vers par un monosyllabe, ou par un dissyllabe qui ne soit pas d'un poids tout particulier, ni de clore à ce même endroit la phrase commencée dans le vers précédent.

La poésie néo-romaine.

Enfin vient la science, qui fixe les lois de la grammaire et en développe les préceptes ; elle n'obéit plus comme avant aux hasards de l'empirisme, elle entend au contraire le régler et l'assujétir. Dans la *déclinaison des substantifs*, les désinences, souvent encore flottantes, seront une bonne fois déterminées : c'est ainsi qu'au *génitif* et au *datif* de la 4e déclinaison (selon nos écoles), César emploie exclusivement la forme contractée *us* et *u*, au lieu de l'ancienne forme [*uis, ui*] jusqu'alors également acceptée [2]. Dans l'orthographe, pareils changements se produisent, et mettent l'écriture en plus complet accord avec la langue parlée : la voyelle aspirée *u* est remplacée par l'*i* dans le corps des mots [3], c'est encore César qui donne l'exemple. Deux consonnes dans l'alphabet romain étaient désormais inutiles le *k* et le *q* : la première est

La Grammaire.

---

[1] [V. par ex., le fragment d'une lettre de César à Cic., cité au *Brut.* 72. — Catull. *carmen* 50, cité *infra* en note.]
[2] Exemple : génitif *senatuis* et *senatus*, datif *senatui* et *senatu*.
[3] *Maxumus. maximus.*

mise de côté, on propose l'abolition de la seconde [1]. Enfin pour n'être point encore à son point de cristallisation, la langue était en voie d'y atteindre : elle ne se meut point encore, sans y songer, sous la règle ; mais déjà elle a conscience de celle-ci. C'est à la grammaire grecque, du reste, que la grammaire latine emprunte et son esprit et sa méthode générale : bien plus, le latin se rectifie jusque dans les détails d'après l'idiôme hellénique, témoin l'*s* final qui, jusque dans les dernières années du siècle, a eu valeur de consonne ou de voyelle *ad libitum* ; et les poètes de la nouvelle manière, à l'instar des Grecs, n'en font plus jamais qu'une désinence consonnante [2]. Toute cette réforme linguistique est le domaine propre des classiques : dans tous les cas, par les moyens les plus divers, ce qui démontre l'importance du fait, chez les choryphées littéraires, chez Cicéron, chez César, chez le poète Catulle, la règle nouvelle fait loi, toute infraction est condamnée; et pendant ce temps, on le comprend, la vieille génération entre en révolte contre l'innovation grammaticale, comme elle a lutté contre la révolution politique où elle sombre [3]. Mais pendant que le classicisme nouveau, ou pour mieux dire, pendant que le latin régulier, marchant de pair autant qu'il le peut avec le grec modèle et devenu modèle lui-même, est sorti de la résistance tentée à bon escient contre les *vulgaires* des hautes classes et de la littérature, pendant qu'il se fixe lui aussi par la littérature et les formules grammaticales, son adversaire ne vide point le champ. Il ne s'étale pas seulement naïvement dans les œuvres d'individus subalternes, égarés par hasard dans le camp des écrivains, dans le Mémoire sur la deuxième

[1] [On a pour les suppléer le *c* et l'*x*.]
[2] [Ils l'omettent ou la laissent subsister, selon le besoin de la prosodie : ex., *legibus* : *legibu.*]
[3] Citons Varron (*de re rust.* 1, 2 : *In aedem Telluris veneram, rogatus ab aedilimo, ut dicere didicimus a patribus nostris, ut corrigimur a recentibus urbanis, ab aedituo.* [*Aedilimus, aedituus,* gardien du temple.]

Guerre Espagnole à la suite des *Commentaires* de César, par exemple [1], nous le retrouvons aussi dans la littérature proprement dite, marquant plus ou moins de son cachet le mime, le roman et jusqu'aux œuvres esthétiques de Varron. Chose caractéristique, c'est dans les genres populaires qu'il se soutient de préférence, et en même temps, les hommes qui s'en font les champions sont comme Varron, des conservateurs purs. De même que la monarchie est édifiée sur la ruine de la nationalité, de même le classicisme s'appuie sur la langue mourante des Italiens : il n'était que logique que ceux en qui s'incarnait encore la République, persistassent aussi à maintenir les droits du vieil idiome, et tentassent de fermer les yeux sur ses lacunes ou ses défauts au point de vue de l'art, par amour de sa saveur populaire et de sa vitalité relative. Et alors, se manifeste cette étrange divergence des opinions et des tendances : d'un côté Lucrèce, le vieux poète *Franconien* [2], de l'autre, Catulle, le poète moderne : d'un côté, Cicéron avec sa période cadencée, de l'autre Varron, qui dédaigne le nombre et démembre la phrase. Miroir fidèle des discordes des temps !

Dans le domaine propre de la littérature, l'époque actuelle, comparée avec celle qui précède, se signale à Rome par un mouvement marqué et croissant. Depuis longtemps l'activité littéraire des Grecs ne se mouvait plus dans la large atmosphère de l'indépendance civile : il lui fallait les établissements scientifiques des grandes villes et surtout des cours des rois. Condamnés à la faveur ou à la protection des grands, puis successivement chassés des sanctuaires des muses, quand viennent à s'éteindre les dynasties de Pergame (624), de Cyrène (658), de Bythynie (679) et de Syrie (690), et quand s'efface l'éclat

Mouvement littéraire.

Les lettrés Grecs à Rome.

133, 96 av. J.-C.
75. 64.

---

[1] [OEuvre fruste, on le sait, mal composée, mal écrite, inculte et souvent inintelligible, on l'a dit déjà (VII, append. p. 340).]

[2] [Je traduis mot à mot l'allusion à la vieille ère des poètes franconiens dans la littérature allemande.]

de la cour des Lagides [1] ; ayant vécu forcément en cosmopolites depuis la mort d'Alexandre le Grand ; véritables étrangers d'ailleurs aussi bien chez les Égyptiens et les Syriens que chez les Latins, les lettrés grecs tournent de plus en plus les yeux vers la capitale Latine. Auprès du

---

[1] Citons la Dédicace, très-caractéristique de cette clientèle, de la description poétique de la terre, connue dans le monde érudit sous le nom de la *Périégèse*, de Scymnos. Après avoir dit son dessein d'écrire dans le mètre favori de Ménandre une sorte d'esquisse géographique, utile aux élèves, facile à apprendre par cœur (de même qu'*Appollodore* avait dédié son *Manuel* pareil au roi Attale Philadelphe de Pergame « pour qui ce sera gloire éternelle, que ce livre d'histoire porte son nom! »), l'auteur de la *Périégèse* dédie le sien au roi Nicomède III de Bithynie (663 ?-679) :

91-75 av. J.-C.

« Puisque seul, dit-on, parmi les rois de ce temps, tu sais faire
» le don de la faveur royale ; je me suis résolu d'en tenter l'expé-
» rience : je viens et je veux voir ce que c'est qu'un roi. L'oracle
» d'Apollon m'y enhardit, et je m'approche à bon droit de ton
» foyer, devenu presque, sur un signe de toi, le commun asile des
» savants ! »

140.

[*Apollodore* l'Athénien, florissait vers l'an 614, peu après la date de la chute de Corinthe. Elève d'Aristarque, de Panætius, il publia plusieurs livres sur la grammaire, l'histoire et les antiquités sacrées et profanes. On trouvera à son nom (Dict. de Smith, et dans Pauly (*Real-encyclopédie*) l'indication des titres de ses nombreux ouvrages, dont il ne nous reste rien ou à peu près rien, si ce n'est *trois livres* de sa Bibliothèque (Βιβλιοθήκη), écrits en vers iambiques, et contenant un essai érudit sur les anciens mythes théogoniques et cosmogoniques de la Grèce jusqu'au temps de Thésée. Clavier, entre autres, en a donné une bonne édition avec traduction et commentaire (Paris, 1805, 2 vol. in-8). Le meilleur texte est celui de C. Müller (*fragm. Græc. hist.* 1, coll. Didot). C. Müller prétend que sa *périégèse* mentionnée par Strabon (περὶ γῆς, ou γῆς περίοδος), n'aurait pas été autre chose qu'un extrait géographique de la grande *Chronique* (χρονικά) d'Apollodore, aussi en vers iambiques libres, catalogue des faits historiques depuis la guerre de Troie jusqu'à son temps. Cette chronique était en effet

138.

dédiée à Attale II Philadelphe, de Pergame († 616.— v. IV. p. 355).
Quant à *Scymnos*, de *Chios*, il avait composé, on ne sait à quelle époque, une description de la terre, citée par *Etienne* de Byzance et autres. Elle était écrite en prose. La *périégèse* en vers, publiée sous son nom (Müller, *Gœographi Gr. minores*, coll. Didot), ne lui appartient pas (v. Letronne, *Scymnus et Dicæarque*, Paris, 1840; et Meinecke, Berlin, 1846). — Le Nicomède de la Dédicace est

75.

Nicomède III Eupator (679), l'ennemi de Mithridate (V, pp. 275, 278. VI, 187.]

cuisinier, de l'éphébe prostitué et du parasite, au milieu de l'essaim d'esclaves grecs dont s'entoure alors le Romain des classes riches, on rencontre au premier rang, le philosophe, le poète et l'historiographe. Des littérateurs distingués acceptent cette humble condition : témoin l'Epicurien *Philodème*, le philosophe domestique de L. Pison (consul de 696), dont les ingénieuses épigrammes édifient les initiés sur l'épicuréisme grossier du maître [1]. De tous les côtés affluent dans Rome en nombre croissant à toute heure les plus notables représentants de l'art et du savoir hellénique : le mérite littéraire y prospère plus que nulle part ailleurs ; on s'y coudoie avec le médecin *Asclépiade*, que Mithridate tente en vain d'y attirer à son service [2], avec l'érudit en toutes

58 av. J.-C.

---

[1] [*Philodème de Gadara*, en Cœlésyrie, poète et grammairien. Il nous est surtout connu par l'*Invective* de Cicéron (*in Pison*. 28, 29) contre son patron L. Pison Cœsoninus, l'ancien proconsul de Macédoine, et le beau-père de César, « cet homme de ténèbres, de boue et d'ordures » (*Ibid*. 26). — Cicéron, tout en le trouvant en si triste compagnie, atteste du moins que Philodème est homme d'esprit et de savoir (*ingeniosum... atque eruditum*); mais il ne sut que chanter en vers délicats les infamies, la luxure et les adultères de son Mécène (*omnes libidines, omnia stupra, omnia cœnarum genera conviviorumque, adulteria denique ejus delicatissimis versibus expresserit*, 29). Peut-être tout cela est-il exagéré, mais le fond est vrai. — Il ne nous reste des nombreux écrits de Philodème que quelques fragments déchiffrés dans les manuscrits d'Herculanum (rhétorique, morale et philosophie épicurienne, et musique), et une trentaine d'*Epigrammes* de l'*Anthologie*, dont plusieurs sont agréables, mais obscènes ou érotiques pour la plupart. — L'une d'elles s'adresse à Pison lui-même et le convie à un banquet célébré à l'occasion de la *nativité d'Epicure* (V. *Anthologie*, éd. Hachette, 1, p. 97.]

[2] [*Asclépiade* de Pruse, en Bithynie, vint à Rome au temps de Pompée (Plin. *hist. n.* 26, 7), y enseigna la rhétorique, puis se fit médecin, sans avoir étudié la médecine. Il n'en fut pas moins célèbre et fit école (Plin. *l. c.* 25, 3 et 14, 9. — 20, 20. — 22, 61). Charlatan fieffé, il n'admettait pas qu'un vrai médecin pût être malade (*ne medicus crederetur si unquam invalidus ullo modo fuisset ipse*). Il mourut fort vieux d'une chute du haut d'une échelle (Plin. *h. n.* 7, 37). Il ne manquait pas d'une certaine habileté de diagnostic, et distingua le premier les maladies aiguës des affections chroniques. Les quelques fragments qui restent de ses

choses *Alexandre de Milet*, surnommé le *Polyhistor* [1],
avec le poète *Parthénius* de Nicée en Bithynie [2], avec
Posidonius, d'Apamée, illustre à la fois comme voyageur,
professeur et auteur, venu plein d'années de Rhodes à
Rome (en 703) [3], et bien d'autres encore.

Une maison comme celle de Lucius Lucullus, à l'instar
du *Muséum* d'Alexandrie, était à la fois un asile pour la
culture hellénique, et un lieu de rendez-vous pour les
lettrés grecs. Dans ces salles consacrées à la richesse et à
la science, la puissance de Rome et le dillettantisme grec
avaient rassemblé un incomparable trésor de sculptures et de peintures des maîtres anciens et contemporains, une bibliothèque soigneusement choisie et magnifiquement installée. Quiconque était d'esprit cultivé,

---

écrits épars chez les écrivains spéciaux ont été publiés par *Gumpert*
(*Ascl. Bithyn. fragm.* Weimar, 1794. — V. aussi Raynaud, *de
Ascl. Bith. medico ac philos*. Paris, 1868)].

[1] [*Alexandre de Milet*, ou plutôt de *Myndos*, en Carie; disciple
de Cratès, esclave de Cornelius Lentulus Sura, le Catilinarien
(VI, pp. 339 et s.), et plus tard son affranchi, mourut à Laurentum,
incendié dans sa propre maison. La connaissance de l'antiquité lui
valut son surnom de *Polyhistor* (Suet. *ill. gramm.* 1, 1). Il accompagna
M. Crassus, et lui donna des leçons. Il écrivit de nombreux traités
périégétiques, une *histoire des philosophes, des animaux*, etc., etc.
(V. Muller, *Hist. græc. fragm.* 3° éd. Didot)].

[2] *Parthénios* de Nicée, fait prisonnier dans les guerres contre
Mithridate, vécut, dit-on, jusque sous Tibère, qui fit mettre ses
œuvres et ses statues dans les bibliothèques. — Il aurait eu l'honneur d'enseigner le grec à Virgile (Macrob. *Saturn.* 5, 17), qui
l'aurait imité dans le *Moretum*. Ses poèmes, pour la plupart érotiques
ou mythologiques, se distinguaient, dit-on, des Alexandrins et des
Asiatiques par la clarté. — Il s'est conservé de lui un fragment en
prose sur les « *malheurs amoureux* » (περὶ ἐρωτικῶν παθημάτων),
dédié à C. Gallus, qui fut aussi son élève : *infra*, p. 225.

[3] [*Posidonios* d'Apamée, le demi-stoïcien, surnommé le Rhodien,
disciple de Panætius à Athènes. Il vint s'établir à Rhodes, après de
longs voyages en Espagne et en Italie, y ouvrit école, devint prytane, et fut envoyé à Rome en qualité d'ambassadeur (668). Cicéron
et Pompée voulurent l'entendre. Il serait mort vers 703. Il écrivit
de nombreux traités sur la géographie, la physique, la philosophie
morale, et une grande histoire, qui continuait Polybe. De toutes
ces compositions, il ne reste que quelques phrases que Bake a
recueillies *Posidonii Rhod. relliquiæ doctrinæ*, Leyde, 1810)].

quiconque était Grec, s'y voyait le bienvenu ; et l'on y rencontrait souvent le maître se promenant sous les splendides portiques, en échange de conversation et d'idées philologiques ou philosophiques avec ses savants hôtes. Hélas ! les Grecs n'apportaient point seulement en Italie les merveilles civilisatrices, ils y arrivaient avec leurs vices, avec leur souplesse servile! Un jour l'un de ces savants vagabonds, *Aristodème* de *Nysa*, (700) l'auteur d'une rhétorique « de la flatterie » se recommandait à la faveur de son maitre, en démontrant cette proposition, qu'« Homère était né Romain ! »[1].

54 av. J.-C.

Du reste l'amour des lettres et l'activité littéraire à Rome vont progressant avec l'affluence et le mouvement des savants venus de la Grèce. La manie d'écrire en grec ressuscite, cette manie que le goût plus sévère du siècle des Scipions avait pour un temps détruite. La langue grecque redevient la langue universelle : les écrits grecs ont un public autrement vaste que le livre rédigé en latin, et comme on avait vu naguère les rois d'Arménie et de Mauritanie s'adonner à des compositions en prose et même en vers dans la langue de l'Hellade, de même font à leur tour les illustres Romains, Lucius Lucullus, Marcus Cicéron, Titus Atticus, *Quintus Scœvola* (tribun du peuple en 700), et d'autres que je ne nomme pas [2]. Pour les vrais Romains d'ailleurs tout ce travail de plume n'était que passe temps et que jeu à leur heure : au fond, les partis politiques et littérai-

Mouvement
littéraire
chez
les Romains.
Son étendue.

54.

---

[1] [*Aristodème de Nysa*, qui donna des leçons à Pompée, et fut l'instituteur de ses fils. On n'a rien de lui.]

[2] [Lucullus était l'auteur d'une *histoire grecque de la guerre marsique* (ad Att. 1, 19. — Plut. *Lucull.* 1].

Atticus, le correspondant de Cicéron, avait écrit en grec une *histoire du Consulat* de ce dernier, et Cicéron lui-même en avait fait autant. Ces deux *Commentaires* περὶ τῆς ὑπατείας, sont perdus (*ad Att.* 1. 1, 2).

Q. *Scœvola*, fils de l'*Augure*, faisait partie de la *cohorte* des amis de Cicéron, et l'accompagna en Asie-Mineure. — Il est plusieurs fois cité dans la correspondance familière.]

res, en Italie, se tenaient tous obstinément sur le terrain de la nationalité Italique plus ou moins pénétrée par l'hellénisme. Et dans le cercle des écrivains Latins, il y eût eu injustice à se plaindre d'un manque d'activité. Les livres, les brochures de tout genre, avant tout les poésies, pleuvaient. Les poètes foisonnaient à Rome autant qu'à Tarse [1] et à Alexandrie naguère : les publications en vers étaient devenues le péché de jeunesse ordinaire de toutes les imaginations vives, et l'on tenait pour heureux celui dont un oubli miséricordieux protégeait les débuts contre la critique. Quiconque était du métier pondait sans peine et à la file ses cinq cents hexamètres, irréprochables au dire du maître, sans valeur aucune, il faut bien l'avouer, pour le lecteur. Les femmes, elles aussi, s'en mêlaient : non contentes de s'adonner à la danse et à la musique, elles régentaient la conversation par l'esprit et l'intelligence, elles causaient congrûment de littérature grecque et latine ; et quand la poésie avait livré assaut au cœur de la jeune fille, souvent la forteresse attaquée capitulait en jolis vers. Les rhythmes étaient le jouet quotidien et élégant des grands enfants des deux sexes : petits billets en vers, exercices poétiques en commun, luttes poétiques entre bons compagnons, s'échangeaient à toute heure : enfin au dernier temps de notre époque s'ouvrirent dans Rome bon nombre d'instituts où les poètes latins, à leur premier duvet encore, apprenaient la versification moyennant argent. Alors il se fit une énorme consommation de livres : la fabrication des copies manuscrites se perfectionna, et la publication s'en fit relativement rapide et à

---

[1] [Tarse, de Cilicie, n'avait pas été seulement une ville importante sous le rapport politique et commercial. Après le siècle d'Alexandre, elle devint le siège d'une grande école de philosophie et de science : Strabon donne la longue liste des maîtres qui l'ont illustrée. C'est là aussi que saint Paul, appartenant à une famille juive fixée en ce lieu, recevra les leçons qui le prépareront à son enseignement et à son rôle d'apôtre des Gentils.]

bon marché. La librairie devint une profession considérée et productive : on se donnait rendez-vous entre gens instruits dans la boutique du marchand. Lire était une mode, une manie. A table même, à moins qu'on ne s'y livrât à de plus grossiers passe-temps, une lecture était faite d'ordinaire ; et quiconque s'en allait en voyage, n'oubliait pas d'avoir dans ses bagages une bibliothèque portative. Au camp, sous la tente, l'officier supérieur avait à son chevet quelque roman grec de morale lubrique : au sénat, c'était un traité philosophique que l'on voyait aux côtés de l'homme d'État. Bref, il en était dans l'Empire Romain comme il en a été, comme il en sera toujours dans tout empire où les citoyens lisent « du seuil de la porte à la garde-robe ! » Et le vizir Parthe avait bien raison quand, montrant aux habitants de Séleucie les romans trouvés dans le camp de Crassus, il leur demandait si c'était là de bien redoutables adversaires que les lecteurs de tels livres [1]!

Les penchants littéraires du siècle n'étaient point simples et ne pouvaient l'être, le siècle se partageant lui-même entre la science ancienne et la nouvelle. De même que dans la politique, les tendances nationales et italiennes des conservateurs, les tendances helléniques et italiennes, ou si l'on aime mieux, cosmopolites des monarchiens nouveaux sont en lutte ouverte, de même les idées littéraires ont leurs batailles. Les uns s'appuient sur la vieille latinité qui revêt décidément le caractère classique au théâtre, dans l'école, dans les recherches de l'érudition. Si le goût a baissé, l'esprit de parti est plus énergique qu'au

Classiques et modernes.

[1] [« Suréna leur produisit les livres impudiques d'Aristides, qui sont intitulés les Milésiaques, qui n'était pas chose faussement supposée, car ils avoient été trouvez et pris entre le bagage d'un Romain nommé Rustius : ce qui donna grande matière à Suréna de se moquer fort outrageusement et villainement des mœurs des Romains, qu'il disoit être si désordonnez que en la guerre mesme ils ne se pouvaient pas contenir de faire et de lire telles villenies, » Plut. *Crass.* 32 (trad. d'Amyot).]

temps des Scipions ; on porte aux nues Ennius, Pacuvius, Plaute surtout. Les feuilles Sybillines sont en hausse, à proportion de leur rareté plus grande : jamais les poètes du vi° siècle, leur nationalisme relatif et leur fécondité relative ne rencontrèrent faveur plus marquée qu'en ce siècle d'*Épigones* raffinés. Pour ceux-ci, en littérature comme en politique, l'ère des guerres d'Hannibal est l'âge d'or de Rome, l'ère du passé, irrévocable, hélas ! Nul doute qu'à cette admiration des vieux classiques il ne se mêlât pour bonne part la même dévotion creuse qui se trouve au fond des idées conservatives d'alors. Et puis, il ne manquait point d'hommes tenant pour les opinions moyennes. Cicéron, par exemple, le champion principal des tendances nouvelles dans la prose, Cicéron professait pour l'ancienne poésie nationale le même respect quelque peu réchauffé que celui dont il fait parade envers la constitution aristocratique et la science augurale : « le patriotisme le veut » s'écrie-t-il, « lisez, plutôt que l'original, telle traduction de Sophocle notoirement mauvaise ! » Donc, pendant que l'école nouvelle, affiliée aux idées de la monarchie démocratique, comptait aussi bon nombre d'adhérents muets parmi les admirateurs fidèles d'Ennius, il ne manquait point non plus de juges plus audacieux malmenant dans leurs propos la littérature indigène tout aussi bien que la politique sénatoriale. Ceux-ci reprenaient pour leur compte les critiques sévères de l'école des Scipions. Térence seul trouvait grâce devant eux : Ennius et ses disciples étaient condamnés sans appel ; bien plus, les jeunes et les téméraires, dépassant les bornes dans cette levée hérétique de boucliers contre l'orthodoxie littéraire, osaient qualifier Plaute de grossier bouffon, et Lucilius de mauvais marteleur de vers. Ici l'école moderne tourne le dos à la littérature nationale, et se donne tout aux Grecs nouveaux, à l'Alexandrinisme, ainsi qu'il s'appelle.

Il nous faut bien parler avec quelques détails de cette

curieuse serre chaude de la langue et de l'art helléniques : nous n'en dirons rien pourtant qui ne soit utile pour l'intelligence de la littérature romaine à l'époque où nous sommes et aux temps postérieurs. La littérature Alexandrine s'est édifiée sur les ruines de l'idiome pur de la Grèce, remplacé après la mort d'Alexandre le Grand par un jargon bâtard, mélange informe né du contact des dialectes macédoniques avec les nombreux idiomes des races grecques et barbares ; ou, pour être plus exact, la littérature Alexandrine est sortie des décombres de la nation hellénique, laquelle, au moment où elle fondait la monarchie universelle d'Alexandre et l'empire de l'Hellénisme, était condamnée à périr en tant qu'individualité nationale et périt en effet. Si le trône d'Alexandre était resté debout, au lieu et place de la littérature hellénique et populaire des anciens jours, une littérature aurait surgi n'ayant plus rien de grec que le nom, sans patrie vraie, ne recevant la vie que d'en haut, cosmopolite d'ailleurs, et partant, exerçant la domination universelle. Mais il n'en advint point ainsi. L'empire d'Alexandre se disloqua après lui, et aussitôt tombèrent les premières assises de l'empire littéraire. Cependant l'Hellade n'appartenait plus qu'au passé, elle et tout ce qu'elle avait possédé, nationalité, langue et art. Le cercle relativement étroit, non pas des gens cultivés, il n'y en avait plus, mais seulement des lettrés, ouvre encore asile à une littérature morte : on y inventorie la riche succession, avec une joie douloureuse chez les uns, avec un raffinement de recherches arides chez les autres, et dans l'agitation fébrile qui survit encore, ou sous ce courant d'érudition sans vie, il y a comme une apparence de fécondité. Cette fécondité posthume constitue l'Alexandrinisme. Il ressemble, à vrai dire à la littérature savante qui a fleuri au cours des xve et xvie siècle ; et qui, remaniant et quintessenciant les idiomes vulgaires, et cherchant sa substance au fond des nationalités romaines encore vivantes, s'est

L'Alexandrinisme grec.

implantée dans le cercle cosmopolite des érudits en philologie, et leur est apparue comme la fine fleur de l'antiquité éteinte. Entre le grec classique et le grec vulgaire du siècle des Diadoques, la différence, pour être moins tranchée, est bien la même qu'entre le latin de *Manuce* et l'italien de *Macchiavel*.

L'Alexandrinisme à Rome.

Jusqu'alors l'Italie s'était réellement défendue contre les Alexandrins. Elle avait eu relativement sa floraison littéraire au temps qui précède et qui suit les guerres puniques ; mais Nœvius, Ennius, Pacuvius et toute l'école des écrivains nationaux purs romains jusqu'à Varron et Lucrèce, dans tous les genres de la production poétique, y compris le poème didactique lui-même, tous s'étaient tenus à distance de leurs contemporains grecs ou de leurs prédécesseurs immédiats ; tous, sans exception, avaient puisé aux sources d'Homère, d'Euripide, de Ménandre et des autres maîtres de la littérature vivace et populaire de la Grèce ancienne. Jamais les lettres romaines n'ont eu la fraîcheur de la nationalité : encore est-il vrai que tant qu'il y a eu un peuple romain, les écrivains de Rome ont pratiqué des modèles vivants et nationaux, et que sans copier dans la perfection les meilleurs, ils copiaient tout au moins d'après l'original. Les premiers imitateurs qu'ait eus à Rome la littérature grecque post-Alexandrine (nous ne comptons point ici les essais en petit nombre du temps de Marius (V. pp. 101-102), se rencontrent parmi les contemporains de Cicéron et de César : à ce moment l'invasion se précipite irrésistible. La cause en partie gît dans les faits extérieurs. Les contacts plus fréquents chaque jour avec la Grèce, les voyages des Romains accourant en foule dans les pays helléniques, l'affluence des lettrés grecs dans la capitale, créent tout naturellement un public, même en Italie, à toute la littérature grecque du moment, aux poèmes épiques et élégiaques, aux épigrammes, aux contes milésiens, qui circulent dans l'Hellade. Puis vient l'heure où, comme nous l'avons dit, la poésie des

Alexandrins s'introduit aussi dans les écoles fréquentées par la jeunesse Italienne : elle y conquiert d'un coup une influence d'autant plus grande, qu'en tous les temps le système de l'éducation s'y est et demeure modelé sur les programmes en usage dans la Grèce. Aussitôt la nouvelle littérature de Rome se rattache étroitement à celle nouvelle des Grecs. L'un des plus fameux élégiaques alexandrins, Parthénius, déjà nommé plus haut (p. 218 n. 3), ouvre à Rome, vers l'an 700, une chaire de littérature et de poésie, et il nous reste de lui quelques *extraits*, vrais thèmes scolaires d'élégie et de mythologie selon la formule gréco-égyptienne, destinés sans nul doute à ses nobles disciples. Mais ce ne fut point seulement une cause fortuite qui suscita l'Alexandrinisme romain et lui prêta vie ; il faut, quoi qu'on en ait, voir aussi en lui le résultat inévitable de l'agrandissement politique et national de l'Empire. Comme la Hellade s'était fondue dans l'Hellénisme, le Latium se fond dans la *Romanité* ; et l'Italie, débordant au-delà de ses frontières, se répand dans la monarchie césarienne du monde méditerrané, comme avait fait l'Hellénisme dans le monde oriental du grand Alexandre. D'un autre côté, le nouvel empire ayant absorbé les deux puissants courants des nationalités latines et grecques, confondues désormais, après avoir rempli durant tant de siècles leurs deux lits parallèles, il ne suffira plus à la littérature italienne de chercher son point d'appui chez la nation sœur, il lui faudra se montrer à un commun niveau avec l'Alexandrinisme, représentant littéraire de la Grèce au temps actuel. L'école latine populaire était à bout d'haleine et périssait avec le latin scolaire du dernier siècle, avec ses rares initiés classiques, avec la société exclusive des lecteurs fidèles à l'*urbanité* : à son lieu et place naissait une littérature d'empire vraiment *Epigonique*, artificielle dans sa croissance, sans assises fixes populaires et annonçant dans les deux langues son évangile universel d'*hu-*

54 av. J.-C.

manité, pénétrée de part en part, et en ayant conscience, par le génie des vieux maîtres grecs, et recevant sa langue pour partie de ceux-ci, pour partie des vieux maîtres Romains nationaux. Etait-ce là le progrès ? Certes, c'était un édifice grandiose, et qui plus est, une création nécessaire, que la monarchie méditerranéenne de César : mais ne recevant que d'en haut le souffle de vie, elle n'avait rien de la verte vitalité populaire, rien des bouillonnements de la sève nationale, apanage ordinaire des sociétés plus jeunes, plus restreintes, plus voisines de l'état de nature, apanage glorieux de l'État Italien au vi^e siècle.

L'extinction de la nationalité latine, absorbée dans le grand Empire Césarien, fit tomber la feuille-mère de l'arbre de la littérature latine. Quiconque a le sentiment des affinités intimes de l'art et de la nationalité, délaissera Cicéron et Horace pour Caton et pour Lucrèce : il n'a pas fallu moins qu'une critique historique et littéraire également vieillie dans les routines de l'école pour décerner le titre d'âge d'or à l'époque artistique qui débute avec la nouvelle monarchie. Que si pourtant l'Alexandrinisme romano-hellénique des temps de César et d'Auguste doit céder le pas à l'ancienne littérature de Rome, si imparfaite qu'elle soit restée, il n'en demeure pas moins décidément supérieur à l'Alexandrinisme du temps des Diadoques, de même que l'édifice solide de César l'emporte sur l'éphémère construction du roi macédonien. Et nous le montrerons en son lieu, si on la compare avec celle des successeurs d'Alexandre qui lui est apparentée, la littérature, décorée du nom d'Auguste, est bien moins qu'elle œuvre de philologie, elle est bien plus qu'elle œuvre d'empire ; et par ainsi dans les hautes classes sociales elle a sa durée et son champ d'influence autrement étendus qu'il n'en a jamais été pour l'Alexandrinisme hellénique.

Dans le genre dramatique nous constatons la plus

lamentable pauvreté. Dès avant l'époque actuelle, le drame, tragédie et comédie, se mourait à Rome. Au temps de Sylla, le public y court encore, on le sait par les reprises fréquentes des fables de Plaute, avec les titres et noms changés des personnages. Mais les directeurs prennent soin de dire qu'il vaut mieux voir une bonne vieille comédie, qu'une méchante pièce moderne. De là à ne plus ouvrir la scène qu'aux poètes morts, il n'y a qu'un pas, et ce pas est fait au temps de Cicéron, sans que les Alexandrins tentent de lutter. Au théâtre, leurs productions sont pires que s'il n'y en avait point. Jamais, en effet, l'école alexandrine n'a connu la poésie dramatique; mais s'essayant dans des œuvres bâtardes uniquement écrites pour la lecture et non pour l'exécution scénique elle obtient pour elles droit de cité en Italie; puis bientôt, comme elle les a lancées jadis à Alexandrie, elle les lance dans le public de Rome. Au milieu des vices civilisés de la capitale, écrire sa tragédie devient manie chronique. Ce qu'étaient de telles productions, il est facile de le conjecturer en voyant Quintus Cicéron, pour guérir homœopathiquement les ennuis de ses quartiers d'hiver dans les Gaules, achever quatre tragédies en seize jours [1]. C'est dans le *mime* ou « *tableau vivant* »

Littérature du théâtre. Déclin de la tragédie et de la comédie.

Le Mime.

°[Quintus Tullius Cicéron, le puiné de l'orateur et le beau-frère d'Atticus. — Elevé avec son frère, il l'accompagna dans sa jeunesse à Athènes (675). Préteur en Asie, il s'attira plus tard par ses fautes une lettre de réprimande restée célèbre (*ad. Q. frat.* 1, 1). On le retrouve lieutenant de César, en Gaule (VII, p. 40, n. 1), où il se distingue par sa bravoure et sauve une partie de l'armée (VII, p. 75). Il passe aux Pompéiens, reproche à son frère sa mollesse politique, puis bientôt, non moins versatile lui-même, il se réconcilie avec César, à Alexandrie. Nous avons dit (VII, p. 40) qu'il périt dans la proscription de 711, avec tant d'autres sénateurs. Sous le rapport littéraire, Quintus Cicéron n'était pas non plus, il s'en faut, sans valeur. Cicéron le regarde comme son maître dans l'art des vers *priores partes tribuo.* (*ad Q. frat.* 3, 4), et nous raconte le tour de force des 4 tragédies, composées ou plutôt imitées du grec en seize jours (*ibid.* 3, 5). Rien ne nous reste de Quintus, si ce n'est une vingtaine d'hexamètres (*de signis*), dont la provenance est contestée,

79 av. J.-C.

43.

que va s'égarer désormais l'unique branche vivace encore de la littérature nationale, la farce Atellane avec les divers rejetons *éthologiques* (*Mimi ethologici* : Cic. *de orat.* 59) de la comédie grecque, auxquels les Alexandrins se sont exclusivement adonnés, et où leur élan poétique et leur succès s'y montrent de meilleur aloi.

Le mime tire ses origines de la danse à caractère avec accompagnement de flûte, depuis bien longtemps en usage, et en de fréquentes occasions, devant les convives attablés, par exemple, ou plus souvent encore durant les entre-actes, pour amuser le parterre des théâtres [1]. Au besoin, on y ajoutait le discours, ce qui conduisit facilement à encadrer le ballet dans une fable quelque peu réglée, et à l'assaisonner d'un dialogue conforme : alors il se changea en un petit drame comique, différent d'ailleurs de l'ancienne comédie ou de l'Atellane en ce que la danse, avec ses inséparables lascivités, y gardait, comme devant, le principal rôle. A vrai dire, le mime n'était point tant spectacle de théâtre que passe-temps accommodé au parterre : il rejeta bien loin l'illusion scénique, le masque, le brodequin (*plano pede*) ; et, innovation grande, il admit les femmes à représenter les personnages féminins. C'est vers 672 que le genre nouveau avait fait son apparition à Rome. Il absorba vite l'*arlequinade* populaire, à laquelle il ressemblait par tant de côtés ; et il servit d'intermède, ou de petite pièce après la tragédie des anciens poètes (*exodium*) [2]. Peu importait naturelle-

82 av. J.-C.

---

une ou deux jolies épigrammes contre les *femmes* (V. *Anth. latin.* et les éditions de Cic. l'aîné, aux *fragm.* poétiques), la *déclamation* bien connue *de Petitione Consulatus*, ce triste catéchisme de la brigue électorale à Rome (VI, p. 332), et enfin trois lettres à Tiron et une à son frère (*ad famil.* 8, 16, 26, 27 ; et 16, 16. — Nous renvoyons à sa notice détaillée, aux *Dict.* de Smith et de Pauly, et au t. VI de Drumann).

[1] [Le mot parterre est inexact. C'est le « *paradis* » qu'il faudrait dire : *mimosas ineptias et verba ad summam caveam spectantia*. (Senec. *de tranquill.* 11.)]

[2] [Cicéron nous atteste en effet que le mime a supplanté l'Atel-

ment la fable : sans lien d'intrigue et plus folle encore que l'Atellane, pourvu que tout y fût mouvement et bigarrure, que le mendiant s'y changeât soudain en Crésus, et *vice versa* [1], on ne comptait point avec le poète, qui brisait le nœud faute de le délier. Le sujet d'ordinaire était d'affaires d'amour, le plus souvent de la pire et de la plus impudente sorte : les maris, par exemple, avaient contre eux l'auteur et le public, sans exception, et la morale du poème consistait à bafouer les bonnes mœurs. Comme les Atellanes, le mime tire son attrait artistique de la peinture de la vie des plus humbles et viles classes [2] : les tableaux rustiques y sont désertés pour les scènes populaires, pour les faits et gestes des petits citadins ; et le bon peuple de Rome, à l'exemple de celui d'Alexandrie dans les pièces grecques analogues, y vient applaudir à son propre portrait. Bon nombre de *scenarios* appartiennent au monde des métiers : ici encore nous retrouvons l'inévitable *foulon;* le *cordier,* le *teinturier,* le *saunier,* la *tisseuse,* le *valet de chiens,* défilent

---

lanc (*ad fam.* 9, 16), d'accord en cela avec ce fait qu'au temps de Sylla les acteurs-mimes, hommes et femmes, se produisent pour la première fois (*ad Herenn.* 1, 14. 2, 13. — Atta, *fr.* 1, éd. Ribbeck. — Plin. *hist. n.* 48, 158. — Plut. *Sylla,* 2, 36). D'ailleurs, le mot *mimus,* usité aussi dans une acception inexacte, désignait tout *comédien,* quel qu'il fût. Ainsi aux fêtes Apolliniennes de 542-543, 212-211 av. J.-C. il est question d'un *mime* (Festus : V° *salva res est :* cf. Cicéron, *de orat.* 2, 59), simple acteur de *palliata :* à cette époque, il n'y a pas de place sur la scène romaine pour les *mimes* véritables. — On sait d'ailleurs que le mime romain ne se rattache en aucune façon au *mime* des temps grecs classiques (μῖμος) : celui-ci consistait en un dialogue en prose, formant tableau de genre, et le plus souvent du genre pastoral. — [V. sur le *Mime gréco-sicilien et latin,* l'excellent article de Witzchel, *R.-Encyclopedie* de Pauly, t. 5.]

[1] [*Persona de mimo, modo egens, repente dives.* (Cic. Philipp. 2. 65.]

[2] [*Illud vero tenendum est mimos dictos esse a diuturna imitatione vilium rerum et levium personarum,* dit *Euanthius,* commentateur de Térence au IV° siècle ap. J.-C. — Et *Donatus,* son contemporain et confrère, fait la même remarque : *planipedia autem dicta ob humilitatem argumenti ejus ac vilitatem actorum.*]

tour à tour : ailleurs on rencontre des rôles à caractère : l'*oublieux*, le *hâbleur*; l'*homme aux cent mille sesterces* [1]; ailleurs l'auteur s'en va à l'étranger, et en ramène « la *femme étrusque* ; les *Gaulois*, les *Crétois*, l'*Alexandrine*, [*Alexandrea*] » : puis viennent les fêtes et rendez-vous populaires, les *Compitales*, les *Saturnales*, l'*Anna Perenna* [2], les *Thermes* : ailleurs encore, dans « *le Voyage aux Enfers,* » dans « *le lac Averne,* » le mime travestit la mythologie. Les bons mots et les mots piquants sont les bienvenus, comme aussi les proverbes vulgaires et les brèves sentences, faciles pour la mémoire et de facile application [3] : les plus absurdes propos y ont droit de cité, comme de juste. C'est le monde renversé : on y demande à Bacchus de l'eau claire, et du vin à la Nymphe de la fontaine. Il n'est pas jusqu'aux allusions politiques, jadis sévèrement prohibées sur la scène, que ne se per-

Alexandrea.

---

[1] Quiconque possède 100,000 HS, on se le rappelle, entre par cela même dans la *première classe* des électeurs; et son héritage tombe sous le coup de la loi *Voconia* (IV, p. 96 n. 1). Grâce à ce *cens*, il a franchi la limite qui sépare l'homme de condition des humbles (*tenuiores*). C'est pour cela que *Furius*, le client pauvre de Catulle (23, 26) demande sans cesse 100,000 sesterces aux Dieux.

[« *Et sestertia quae soles precari*
» *Centum desine...* »]

[2] [Divinité populaire italique, dont la fête tombait le 15 mars : le peuple lui demande *ut amare perennareque commode liceat* (Macrob. *Saturn.* 1, 12). Plus tard, la légende l'a identifiée avec l'*Anna soror* du 4ᵉ livre de l'Énéide, qui vint en Italie après la mort de Didon, excita la jalousie de *Lavinia*, et avertie par un songe, se jeta dans le Numicius (Ovid. Fast. 3, 523, etc., 657. — V. Preller, *Mythol. Rom.*)]

[3] [Telles que les « *Sentences* » publiées sous les noms de Syrus et de Varron. — *Publius Syrus* fut esclave, et originaire d'Asie, son nom l'indique. Aux jeux donnés par César en 709, il lutta contre Laberius, et l'emporta, ce qui valut à celui-ci cette apostrophe de César : « *Favente tibi me victus es, Laberi, a Syro!* »
Ses mimes avaient été publiés, et jouirent d'une haute faveur dans le monde littéraire de Rome : Sénèque, A. Gelle et Macrobe les citent souvent. La grâce, l'ingénieux du tour et de la pensée faisaient le principal mérite de son style. — Il paraît avoir vécu jusque sous Auguste.]

45 av. J.-C.

mette le poète : plus d'un exemple le prouve [1]. En ce qui touche la métrique, les auteurs de mimes n'avaient cure, comme ils le disent, de la mesure du vers ; dans leurs petites pièces écrites tout en vue du jeu de scène, les expressions vulgaires, les formes les plus triviales abondaient. Donc le mime, on le voit, n'était rien autre chose au fond que la *farce* d'autrefois, moins le masque à caractère, moins la localisation ordinaire de la scène à Atella, moins la peinture exclusive des mœurs rustiques ; et usant d'une liberté qui dépasse toutes les bornes et défie toute pudeur, il substitue à l'Atellane le tableau des mœurs de la ville. Nul doute que les œuvres mimiques n'aient été presque toujours des plus éphémères, et qu'elles n'aient pu prétendre à une place quelconque dans la littérature : seuls, les mimes de *Laberius*, remarquables par la vigueur du portrait, et tenus dans leur genre pour des chefs-d'œuvre de style et de versification, se sont perpétués dans les souvenirs : c'est un regret pour l'historien qu'il ne lui ait pas été donné de comparer avec le grand prototype athénien, le drame des derniers jours de la République agonisante [2].

Laberius.

[1] Dans le « *Voyage aux enfers* » de *Laberius*, on voit passer toutes sortes d'individus qui ont vu des prodiges et des signes : à tel d'entre eux, est apparu « un mari à deux femmes. » — Sur quoi un voisin se récrie que « c'est chose plus étonnante encore que les » *six édiles* vus en songe par un devin ! » Or, à en croire les commérages du temps, César aurait voulu établir la polygamie (Suet. *Cæs.* 52) ; et l'on sait qu'en réalité il porta les édiles de quatre à six. Il ressort aussi de là que si Laberius s'entendait au rôle de « fou du prince », César, de son côté, lui laissait pleine carrière.

[2] [Les fragments qui nous restent de Laberius sont bien peu nombreux. Ils ont été publiés, notamment par Ziegler (*de Mimis Romanorum*: Gœttingue, 1788, et par Bothe, *Poetae scenici lat.* t. v). Né vers 644, il serait mort à Pouzzoles, en 711. A en juger par le fragment fameux du *Prologue* (pp. 50 et 59), il se serait placé, par le style, entre Plaute et Térence : plus vigoureux et éloquent que ce dernier, vif et incisif comme le premier. Nous renvoyons à Macrob. *Saturn.* 2, 7 . il faut lire tout le chapitre où est rapporté l'incident reproché à César : il y cite et le

107-43 av. J.-C.

Mise en scène.

78 av. J.-C.

Au moment où disparaît la littérature dramatique, le jeu théâtral et la mise en scène se développent et croissent en magnificence. Les spectacles tiennent leur place régulière dans la vie publique, à Rome et dans les villes de province. Pompée a donné à Rome son premier théâtre permanent (699, VII, p. 131). Autrefois le spectacle se passait en plein air : aujourd'hui on emprunte à la Campanie le *velum* immense qui protège à la fois acteurs et spectateurs (676) [1]. De même que dans la Grèce on a délaissé jadis la pléiade plus que pâle des dramaturges alexandrins, et que le théâtre s'est soutenu à l'aide des pièces classiques, de celles d'Euripide surtout, jouées avec l'appareil du plus riche matériel scénique, de même à Rome, au temps de Cicéron, on n'exécute plus guère que les tragédies d'Ennius, de Pacuvius et d'Accius, ou que les comédies de Plaute. Dans la période antérieure, on s'en souvient, Térence l'a emporté sur ce dernier, Térence a la veine comique plus faible, s'il est homme de goût plus délicat : mais voici venir Roscius (VI, p. 94) et Varron, l'art dramatique et la philologie réunis, qui préparent au vieux comique une renaissance, comme feront un jour *Garrick* et *Johnson* à Shakespeare. Mais tout Plaute qu'il était, il n'en eut pas moins à souffrir de la sensibilité émoussée, des impatiences turbulentes d'un public gâté par la fable rapide et décousue des Atellanes et autres pantalonades ; et les directeurs, à leur tour, voulant se faire pardonner les longueurs du vieux maître, lui infligent maintes coupures ou remaniements. Plus le

---

prologue et quelques vers énergiques du poète, tels que ceux-ci, jetés le même jour à la face de l'*Imperator* :

« *Porro, Romani libertatem perdidimus !*
« *Necesse est multos timeat, quem multi timent !*

[« Çà donc, Romains, c'en est fait de la liberté ! — Il faut bien qu'il craigne le grand nombre, celui que le grand nombre craint !] »
[1] [Un jour les spectateurs admirèrent au cirque, un *velum* de soie des Indes, étendu au-dessus de leurs têtes (Plin. *hist. n.* 9, 57.]

répertoire se fait rare, plus on s'évertue, *impresario* et personnel exécutant, à détourner l'intérêt sur la mise en scène. Du reste, j'ignore s'il y avait alors métier plus productif que celui d'acteur classé ou de première danseuse. J'ai parlé déjà (ch. XI, p. 118) de la fortune princière du tragédien Esope : son contemporain et rival, plus célèbre encore, Roscius, évaluait son revenu annuel à 600,000 HS. (46,000 *thal.* = 166,500 fr.) [1]. *Dionysia*, la danseuse,

---

[1] Le Sénat pour ses feux, par chaque représentation, lui allouait 1,000 deniers (300 *thal.* = 1,125 fr.), non compris la troupe, qui était également défrayée. Plus tard, il refusa personnellement tout honoraire. — [C'est ici le lieu de faire connaître les deux fameux acteurs.

Æsopus Claudius, l'acteur tragique, affranchi, sans doute, de quelque peronnage de la gens Claudia. Il avait profondément étudié, et suivait au Forum les plaidoiries d'Hortensius et autres : plein de poids dans son débit et son geste (*gravis Æsopus* (Horac. Epist. 2, 1, 82 : *gravior* : Quintil. *Inst. orat.* 11, 3, § 111), plein de feu et d'expression (*tantum ardorem vultuum atque motuum*. Cic. de Divin. 1, 37), il avait atteint les sommités de son art (*summus artifex*), et se fût fait partout sa place (Cic. *pro Sest.* 56). Comme Roscius, il fut le familier de Cicéron (*noster familiaris : ad. Quint. frat.* 1, 2); et jouant un jour le rôle de *Télamon exilé* d'Accius, il sut rappeler au public le souvenir du grand consulaire, fit applaudir sa hardiesse, et fut *mille fois rappelé* (*millies revocatum est : pro Sest.* 56-58). Lors de l'ouverture du théâtre de Pompée, il avait quitté la scène : il voulut y remonter dans cette occasion, mais la mémoire lui manqua (*ad famil.* 7, 1). Il laissa son immense fortune à son fils Clodius, qui la dévora rapidement (Smith. *Dict.* V° Æsopus. — Pauly's *Real-Encycl. ibid.*)

Q. *Roscius Gallus* naquit dans l'esclavage à *Selonium*, près *Lanuvium* (vers 625). Il acheta sa liberté, eut une sœur mariée à Quintius (*pro Quint.* 24, 25), et devint le *comique* favori des Romains. On a vu, par l'épigramme citée plus haut (VI, p. 94), qu'il était beau de visage et bien fait de corps. Son talent fit l'admiration de tous. Son caractère lui avait concilié l'amitié des plus grands parmi les Romains, Sylla, Cicéron, etc. Comme Esope, il suivit les plaidś du Forum, les leçons des rhéteurs, et s'exerçait à la déclamation avec les grands avocats. Entre lui et Cicéron surtout l'intimité était des plus étroites (*amores et deliciae*). Chacun aussi connaît le procès civil qu'il eut à soutenir contre *Fannius* et que plaida le même Cicéron, vers l'an 686 (*pro Roscio*). Il était savant (*doctus* : Hor. epist. 2, 1, 82) et écrivit un *Traité* où il comparait l'éloquence et l'art du comédien. Il avait le débit plus rapide qu'Esope (*citatior*, Quint. *Inst. or.* 11, 3, § 111), excellant dans les

139 av. J.-C.

68.

estimait le sien à 200,000 HS. (15,000 *thal.* = 56,450 f.) [1].
On dépensait d'énormes sommes en décors et en costumes.
On vit défiler jusqu'à 600 mulets harnachés sur le
théâtre. Une autre fois, ayant à faire parader l'armée des
Troyens, on saisit l'occasion de montrer au public un
échantillon de tous les peuples asiatiques vaincus par
Pompée. — La musique accompagnant les chants intercalés
dans les pièces s'est fait aussi une place plus grande et
plus libre : « comme le vent soulève les vagues, » dit
Varron, « de même le flutiste habile, à chaque change-
» ment de la mélodie entraîne l'âme de l'auditeur ! »
L'exécution adopte de préférence les mouvements
rapides, et oblige l'acteur à un jeu plus vif. Les dilettantes de la musique et du théâtre vont croissant en
nombre : dès la première note l'habitué reconnaît le
morceau, il en sait par cœur les paroles ; et la moindre
faute dans le chant ou le récit appelle aussitôt l'impitoyable sévérité du public. — En somme, les habitudes
théâtrales de Rome à l'époque cicéronienne nous rappellent
d'une manière frappante le théâtre français de nos jours.
Comme le mime romain répond à la licence des tableaux
et des pièces modernes, pour lesquels non plus il n'est
rien qui soit trop bon ou trop mauvais, on rencontre
aussi, chez les deux peuples, la même tragédie et la
même comédie traditionnellement classiques, que tout
homme de bon ton se croit, par devoir, tenu d'admirer
ou tout au moins d'applaudir. Quant à la foule, elle a sa
pâture dans les pièces bouffes où elle se retrouve, dans
les spectacles à grandes machines décoratives où elle a, de

62 av. J.-C.

rôles à mouvement et à passion, sans jamais cesser d'être noble. Le
decere était pour lui la perfection de l'art. Il mourut vers 692.]

[1] Les danseuses et les femmes-mimes étaient le plus souvent, comme chez nous, modernes, de riches courtisanes. On cite encore parmi les *nobilissimae meretrices* de l'époque, les mimes *Arbuscula, Origo*, etc. (Hor. Sat. 1, 2, 55, 57). Hortensius, à cause de sa mollesse efféminée, avait été nommé par dérision du nom de *Dyonisia*.]

LITTÉRATURE 235

quoi ouvrir tout grand les yeux, et ressent la vague impression d'un monde idéal : pendant ce temps, le fin dilettante, lui, se soucie peu du drame, et n'est attentif qu'à l'exécution. Bref, l'art dramatique à Rome, dans ses sphères diverses, oscille, comme l'art français, entre la chaumière et le salon. Rien de plus ordinaire que de voir au final les danseuses rejeter soudain leurs vêtements, et égayer l'assistance par un ballet de bayadères à demi-nues : d'autre part, le *Talma* romain adoptait pour loi suprême de l'art, non la vérité et la nature, mais simplement la *symétrie* [1].

Dans le genre du récit, les chroniques versifiées à l'instar d'Ennius ont été nombreuses. Leur meilleure critique, je la trouve dans un vœu plaisant d'une jeune galante, dans Catulle.

« O Déesse sainte, ramène dans mes bras cet amant
» affolé de méchants vers politiques, et je ne ferai qu'un
» feu de joie de la plus choisie de ses tristes héroïdes ! [2] »

Chroniques en vers.

---

[1] [Selon la tradition allemande, M. Mommsen critique chez nous un état de choses qui n'est plus exact. La montre de notre auteur retarde; et chacun sait que le théâtre français actuel n'a plus ni son *Talma*, hélas ! ni ses *abonnés* de l'Ecole classique. — Je reconnais d'ailleurs que la *farce* absurde a envahi les scènes de second ordre : mais les Allemands et princes allemands ne sont-ils pas des premiers, et chez eux et chez nous, à courir en foule aux représentations de la *Grande Duchesse* ? Et le compositeur de la musique n'est-il point un Allemand? Ce n'est point le lieu d'en dire plus ici.]

[2] La traduction de M. Mommsen est fort libre. Voici le texte de la pièce intitulée : *in annales Volusii* :

Annales Volusi, cacata charta,
Votum solvite pro mea puella;
Nam sanctæ Veneri Cupidinique
Vovit, si sibi restitutus essem,
Desissemque truces vibrare iambos,
Electissima pessimi poetae
Scripta tardipedi Deo daturam
Infelicibus ustulandæ lignis.

At vos interea venite in ignem

236 LIVRE V, CHAPITRE XII

Lucrèce.
99-55 av. J.-C.

En réalité la vieille école nationale et romaine ne compte qu'un représentant parmi les poètes récitatifs de l'époque : mais celui-là vaut plus que la peine qu'on le nomme, et son œuvre est l'une des plus importantes de toute la littérature latine. Je veux parler du poème « *de la nature [de rerum natura]* ». Son auteur, *Titus Lucretius Carus* (655-699) appartenait aux cercles choisis de la société de Rome : mais soit disposition maladive, soit répugnance, il se tint à l'écart de la vie publique, et mourut dans la force de l'âge (à 44 ans), peu avant l'explosion de la guerre civile. Dans son vers il demeure fidèle à l'école d'Ennius et à l'école grecque classique. Il se détourne avec mépris « de l'hellénisme creux » de son temps, et se confesse de toute son âme et de tout son cœur le disciple des « Grecs austères, » à ce point que le pieux et sérieux accent de Thucydide a trouvé un digne écho jusque dans l'un des plus célèbres épisodes du poème romain [1]. Ennius a puisé la sagesse chez Epicharme

*Pleni ruris et infacetiarum
Annales Volusi, cacata charta.*

« Annales de Volusius, sale papier pour le cabinet, à vous de payer
» pour le vœu de ma belle. Elle l'a promis à Vénus sainte et à
» Cupidon! Si je lui suis rendu, si je cesse de lancer mes iambes
» ardens, elle va livrer au Dieu boiteux du feu les écrits les plus
» choisis du plus mauvais des poètes, elle les brûlera au bûcher de
» malheur!. . . . . . Mais c'est vous qu'il faut jeter au feu,
» Annales de Volusius, pleines de rustiques balourdises, sale papier
» pour le cabinet! »

(Cat. 36).

51.

Du Volusius à qui s'adresse l'épigramme on ne sait rien. Il est question dans les lettres de Cic. d'un *Cnæus*, ailleurs d'un *Quintus Volusius* qui l'aurait accompagné en Cilicie (703, *ad Att.* 5, 21. — *Ad fam.* 5, 10, et 5, 20), et aurait enseigné l'éloquence. — D'autres critiques croyaient qu'il y a faute dans le texte catullien, et qu'il s'agit ici de *Tanutius Geminus*, nommé par Suétone (*Cæs.* 9), et auteur d'une *historia*, Sénèque dit aussi combien elle est *lourde et de quel nom on l'appelle* (*Tonusii scis quam ponderosi sint et quid vocentur* (ep. 93). N'a-t-il pas en souvenir la *cacata charta* de Catulle?]

[1] [M. Mommsen fait allusion à l'épisode de la *peste d'Athènes*

et Evhémère [1], Lucrèce emprunte les formes de son exposition philosophique à Empédocle, « cette perle glorieuse de l'île féconde de Sicile [2], » et pour le fond, s'en va recueillant et mettant ensemble « les paroles d'or des volumes » d'Epicure, dont l'éclat rejette les autres sages dans » l'ombre, autant que le soleil obscurcit les étoiles [3]. » Comme Ennius, Lucrèce n'a que dégoût pour l'érudition mythologique dont s'affuble la poésie alexandrine : il ne demande rien à son lecteur que la connaissance des légendes les plus couramment acceptées [4]. En dépit du purisme nouveau, qui exclut les mots exotiques, notre poète, à l'instar d'Ennius, délaisse l'expression latine, quand elle est plate ou obscure, pour le terme grec à sens précis. Dans le tissu de son mètre nous rencontrons souvent l'antique allittération : il n'aime l'enjambement ni du vers ni de la phrase, et son rhythme obéit à l'ancienne forme oratoire ou poétique. Plus mélodieux qu'Ennius, ses hexamètres ne se déroulent point, à l'instar de ceux de la nouvelle école, qui vont fuyant et bondissant comme

---

(Thucid. liv. 2, 47 et s.). Lucrèce a magnifiquement repris et imité l'énergique tableau du maître grec (*de nat. rer.* 6 1136 et s.)].

[1] [IV, pp. 165, 166, 246.]

[2] [*De nat. rer.* 1, 717 et s. — Il faut lire tout le magnifique passage terminé par ces vers :

Rebus opima bonis, multa munito virum vi,
Nil tamen hoc habuisse viro præclarius in se
Nec sanctum magis, et mirum carumque videtur.]

[3] *Qui genus humanum ingenio superavit, et omnes*
Præstinxit, stellas exortus uti ætherius sol.
(3, 1056.)

[4] Sauf pourtant, il semble, quelques exceptions. Ainsi il parlera du *pays de l'encens*, la *Panchée* (2, 417). Mais ces exceptions s'expliquent : déjà l'on trouvait ces mêmes indications dans le roman-voyage d'Evhémère, d'où elles ont pu passer dans les vers d'Ennius, et en tous cas dans les prophéties de Lucius Manlius (VI. p. 102. Plin. *hist. n.* 10, 2, 4). Elles n'étaient donc point nouvelles pour le public de Lucrèce.

l'onde murmurante du ruisseau : ils marchent lents et puissants, semblables à un fleuve d'or liquide. Au point de vue philosophique et matériel, c'est encore à Ennius que Lucrèce se rattache, Ennius, le seul maître qu'il célèbre dans ses chants. La profession de foi du poète de Rudies (IV, p. 244) est aussi tout son catéchisme religieux : « Pour moi, je l'ai dit et le dirai toujours, il y a des » Dieux au ciel : mais je tiens qu'ils n'ont nul souci du » genre humain ! » — C'est donc à bon droit qu'il s'annonce comme confirmant dans ses vers :

« Les chants de notre Ennius, qui le premier rapporta » du riant Hélicon la couronne à l'éternel feuillage, qui » lui fait une brillante auréole parmi les peuples de » l'Italie ! [1] »

Une fois encore, et pour la dernière fois, éclatent dans cette poésie étrange l'orgueil et la gravité des maîtres du vi[e] siècle : comme s'il se retrouvait face à face avec le Carthaginois terrible, avec les grands Scipions, le poète en de telles visions, semble transporté vivant en ces temps anciens, bien plutôt qu'il ne vit à son époque abâtardie [2]. Le chant « qui s'épanche gracieux de sa riche fantaisie, » auprès des vers des autres poètes, résonne aussi à son oreille comme « le fugitif chant du cygne à côté du cri des grues. » Lui aussi en écoutant les mélodies qu'il invente, il sent son cœur se gonfler d'un espoir de gloire. Comme Ennius enfin, qui promettait l'immortalité à ceux « à qui il versait les vers enflammés coulant de sa poi-

---

[1] *Ennius ut noster cecinit, qui primus amœno*
Detulit ex Helicone perenni fronde coronam,
Per gentes Italas hominum quæ clara clueret.

. . . .
(*De nat. r*: I. 57 et s.; et II. 118 et s.)]

[2] Quoi de plus naïf, en effet, que ces peintures guerrières, de flottes brisées par les tempêtes, d'éléphants furieux écrasant leurs propres soldats, toutes images évidemment empruntées aux guerres puniques? Lucrèce y parle comme s'il en était le témoin oculaire. — Cf. 2, 41; et 5, 1226, 1303, 1339.

» trine (IV, p. 243), » il défend qu'on pleure sur la tombe du poète immortel!

Par un phénomène étrange, ce rare génie, dont la veine poétique remonte aux sources primitives, et qui rejette dans l'ombre tous ou presque tous ses devanciers, le sort le fait naître en un siècle où il sera comme perdu et étranger.[1] : de là sa prodigieuse méprise dans le choix de son sujet. Il se fait l'adepte d'Epicure, qui transforme le monde en un vaste tourbillon d'atomes, qui tente d'expliquer par la causalité purement mécanique et le commencement et la fin des choses, ainsi que les problèmes de la nature et de la vie, système bien moins fou, d'ailleurs, que le syncrétisme historique et mythique essayé par Evhémère et ensuite par Ennius, système grossier et glacé, après tout. Mais vouloir mettre en vers de telles spéculations cosmiques, c'était prodiguer au plus ingrat des sujets et l'art, et l'inspiration douée de vie. Pour qui le lit en philosophe d'ailleurs, le poème didactique de Lucrèce ne touche pas aux points les plus délicats du système; on y constate à regret l'exposé trop superficiel des controverses, la distribution défectueuse des matières, les répétitions; et quant à ceux qui n'y cherchent que la poésie, ils se fatiguent vite de ces dissertations mathématiques condamnées au mètre du vers, et rendant vraiment illisible une bonne partie du livre. Pourtant en dépit de ces énormes vices, sous lesquels eût inévitablement succombé un écrivain ordinaire, Lucrèce peut à bon droit se vanter d'avoir conquis, dans cette Arabie Pétrée de la poésie une palme que les muses n'avaient encore

[1] [Chose singulière, Cicéron ne parle de lui qu'en termes froids : Ovide ne lui paye qu'un tribut vague, et Quintilien ne le comprend pas. Cic. ad Quint. frat. 2. 11. « *Lucretii poemata... non multis luminibus ingenii, multae tamen artis.* — Ovid. de art. am. 1. 15. 23. — Quinti. 10, 1, 87. — Mais Virgile et Horace l'ont souvent pratiqué. Gell. 1. 21.]

donnée à nul autre avant lui [1]. Et qu'on ne dise point qu'il la doit seulement à quelques comparaisons heureuses, à quelques descriptions puissantes, et jetées çà et là dans son œuvre, des grands phénomènes physiques et des passions humaines ! Non, l'originalité de ses vues sur les choses de la vie ou de l'idéal tient au fond à son *incroyance* même : c'est en ne croyant pas qu'il marche et peut marcher de son pas victorieux, la vérité en main, armé de toutes les forces vivantes de la poésie, contre la fausse dévotion et les superstitions maîtresses de la société romaine.

>Du hideux fanatisme esclaves consternés
>Les mortels dans ses fers gémissaient prosternés :
>La tête de ce monstre, aux plaines du tonnerre,
>Horrible, d'un regard épouvantait la terre.
>Noble enfant de la Grèce, un sage audacieux
>Le premier vers le ciel osa lever les yeux.
>Le péril l'enhardit : en vain la foudre gronde :
>Il brise, impatient, les barrières du monde :
>Aux champs de l'infini, par l'obstacle irrité
>Son génie a d'un vol franchi l'immensité [2]

[1] [*De rer. nat.* 1, 521 et s.]

[2] Quelle distance entre le vers latin s'étalant dans sa grandiose harmonie et l'éclat de ses couleurs, et la pâle imitation de M. de Pongerville. *Tradutore, traditore!*

>*Humana ante oculos foede cum vita jaceret*
>*In terris, oppressa gravi sub Relligione,*
>*Quæ caput a cœli regionibus ostendebat,*
>*Horribili super aspectu mortalibus instans,*
>*Primus Graius homo mortales tollere contra*
>*Est oculos ausus, primusque obsistere contra.*
>*Quem nec fama Deum, nec fulmina, nec minitanti*
>*Murmure compressit cœlum; sed eo magis acrem*
>*Virtutem inritat animi, confringere ut arcta*
>*Naturæ primus portarum claustra cupiret.*
>*Ergo vivida vis animi pervicit, et extra*
>*Processit longe flammantia mœnia mundi*
>*Atque omne immensum peragravit mente animoque.*

Lucrèce nomme nettement la *religion*, les *dieux*, le *ciel* contre qui se dresse son philosophe (*de nat. rer.* 1, 63)]

Ainsi le poète veut jeter à bas les Dieux, comme Brutus avait fait les rois. Il veut « briser l'étroite prison qui se ferme sur la nature; » mais ce n'est point contre le trône depuis longtemps renversé de Jupiter qu'il lance la flamme de ses vers : de même qu'Ennius, il s'attaque en réalité à ces Dieux venus de l'étranger, à la superstition des foules, et par exemple, au culte de la *Magna Mater* [1], aux auspices niais de l'Etrurie qui lisent dans l'éclair et le tonnerre ! Lucrèce n'a qu'horreur et dégoût pour ce monde effroyable dans lequel il vit, pour lequel il écrit : là est son inspiration. Il composa son poème en ces temps de désespoir, où l'oligarchie était précipitée du pouvoir, où César n'avait point encore conquis le trône, en ces heures lentes et grosses d'orages, où l'attente de la guerre civile obsédait les esprits. Certaines inégalités, certains troubles dans l'exécution, trahissent sans doute les anxiétés d'un homme qui croit à toute minute voir fondre sur lui-même et sur son œuvre les tumultes et les écroulements d'une révolution : qu'on n'oublie pas pourtant, à le voir envisager ainsi et les hommes et les choses, quelles choses et quels hommes il avait devant lui ! Dans la Grèce, avant le siècle d'Alexandre, c'était une maxime partout reçue, sincèrement confessée par les meilleurs, qu'il y a bonheur suprême à n'être point né, et qu'après celui-là, le mieux est de mourir. De même, au siècle en tant de points semblable de César, les notions morales sur la nature du monde conduisaient facilement les âmes tendres et poétiques à cette opinion, relativement plus noble et plus anoblissante peut-être, qu'il y a bienfait pour l'homme à être débarrassé de la foi en l'immortalité de l'âme, et en même temps de la crainte de la mort et des Dieux, crainte mauvaise, sournoisement envahissante, pareille à la peur dont l'enfant est saisi dans un lieu obscur; que comme le sommeil de la nuit est plus réparateur que

---

[1] [*De nat. rer.* 2. 598 et s.]

la fatigue du jour, la mort, elle aussi, ce repos éternel exempt d'espoir et de sollicitude, vaut bien mieux que la vie. Les Dieux du poète eux-mêmes ne sont rien, et ne jouissent que de l'éternel et bienheureux repos. Point de peines de l'enfer qui châtient l'homme au-delà de la vie : les peines sont faites pour les vivants ; elles sont filles de ces passions qui font battre notre cœur sans relâche et sans frein. Donc la fin de l'homme est d'établir son âme en équilibre et dans le calme, de ne point estimer la pourpre plus qu'un chaud et commun vêtement, de rester dans la foule des obéissants, plutôt que de se jeter dans la mêlée des candidats au pouvoir ; de rester étendu près du ruisseau, plutôt que d'aller sous les lambris dorés du riche, s'asseoir en convive à des tables chargées de mets sans nombre. Dans ces doctrines de philosophie pratique, nous retrouvons l'idée, canevas exact du poème de Lucrèce : parfois cachée sous les décombres de ses démonstrations physiques, elle n'en est point étouffée. Elle est le fondement de tout ce qu'il contient de sagesse et de vérité. Et quant à Lucrèce lui-même, qui, tout rempli de vénération pour ses grands devanciers, apporta à la prédication de sa doctrine un zèle inouï dans son siècle, et fortifia ses leçons du charme de la muse, on peut dire de lui qu'il fut tout à la fois un bon citoyen et un grand poète. Quelque juste blâme que suscite le poème de *la Nature*, il le faut ranger parmi les plus brillantes étoiles dans le ciel pauvrement constellé, d'ailleurs, de la littérature romaine : aussi le plus grand des maîtres de la langue allemande le choisit-il un jour pour son dernier et parfait travail : il se donna mission de rendre des lecteurs à Lucrèce [1].

---

51 av. J.-C. [1] [Nous n'ajouterons rien aux pages brillantes qui précèdent : Rappelons seulement que Lucrèce, né à Rome vers 659, se serait suicidé, à 43 ans, en 703, le jour même où Virgile prenait la robe prétexte. Saint Jérôme (*in Euseb. Chronic. ann.* 1918) prétend qu'il était devenu fou, ayant pris un philtre d'amour ; que dans les intervalles lucides, il aurait écrit plusieurs des livres de son poème ;

Quoiqu'il eût reçu de ses contemporains éclairés le juste tribut d'admiration dû à son génie et à son talent de poète, Lucrèce, rejeton posthume d'une autre école, demeura un maître sans disciples. Au contraire, la poésie grecque à la mode se recruta de nombreux élèves qui s'essayèrent à l'envi à rivaliser avec les têtes de colonne de l'armée des Alexandrins. Les mieux doués parmi ceux-ci, et ils avaient en cela fait preuve de tact, s'étaient gardés de toucher aux grandes œuvres, aux genres purs de la haute poésie, drame, épopée, ode : leurs productions les plus heureuses, comme aussi chez les néo-Latins, se bornaient à des travaux « de courte haleine », et de préférence, aux genres mixtes placés sur les frontières de l'art, sur celle si large entre autres qui sépare le récit et le poème lyrique. Les poésies didactiques ne se comptaient plus. Mais les compositions favorites étaient les petites *héroïdes amoureuses*, et plus particulièrement l'*élégie érotique* et érudite, ce fruit de l'été de la Saint-Martin de la poésie grecque. Ne fréquentant que les sources philologiques pour toute Hippocrène, l'auteur y raconte d'ordinaire ses aventures et ses peines de cœur, entremêlées plus ou moins de digressions, de bribes épiques recueillies *ad libitum* dans les cycles grecs légendaires. Alors aussi on agençait force *chants de fêtes* artistement et assidûment travaillés. Enfin, et à défaut de sentiment poétique libre, les Alexandrins cultivaient par dessus tout les *vers de circonstance* et l'*épigramme*, où ils se sont d'ailleurs montrés excellents. Quant à l'aridité du sujet, quant au manque de fraîcheur dans la langue et le rhythme, cette irrémédiable plaie des littératures sans racines populaires, on les dissimulait tant bien que mal sous l'alambic du thème,

Poésie grecque à la mode.

que Cicéron les aurait ensuite corrigés. Mais c'est là un pur roman.
Si Gœthe, chez les Allemands, a voulu traduire Lucrèce, rappelons que chez nous Voltaire et Diderot le tinrent en haute estime, et que surtout Molière l'a imité dans une tirade fameuse du *Misanthrope*.]

sous la recherche du tour, sous les mots curieux et rares, sous la versification la plus subtile, et enfin sous l'appareil complet de l'érudition de l'antiquaire ou du philologue, unie à l'extrême habileté de main.

54 av. J.-C.   Telle était l'évangile littéraire que les maîtres prêchaient à la jeunesse romaine ; et la jeunesse d'accourir en foule pour entendre, et s'essayer à son tour : dès l'an 700, les poèmes amoureux d'Euphorion (*supra*, p. 203), et toute la Pléiade des Alexandrins ses pareils, faisaient la lecture habituelle et l'habituel arsenal des pièces à déclamation à l'usage des adolescents d'éducation raffinée [1]. La révolution littéraire était faite : mais, sauf une ou deux exceptions, elle ne donna que des fruits forcés en serre chaude, dénués de maturité ou de saveur. Les « poètes de la mode nouvelle » étaient légion : mais la poésie, où la trouver ? Comme toujours, quand il y a presse sur les avenues du Parnasse, Apollon éconduisait son monde sans forme de procès. Parmi les longs poèmes, jamais rien qui vaille : chez les petits, c'est rareté. Vrai fléau de ce siècle littéraire, la poésie courante se débite partout, en toute occasion ; et bientôt on semble se moquer, à s'envoyer entre amis, à titre de cadeau de fête, tel paquet de mauvais vers, tout frais achetés chez le libraire, et dont la reliure galante et le papier glacé trahissent à trois pas la provenance et la valeur. De public réel, de ce public qui fait cortége à la littérature nationale, oncques n'en eurent les Alexandrins ni de Grèce, ni de Rome : toute

---

[1] « Vraiment », dit Cicéron (*Tuscul.* 3, 19) à propos d'Ennius, « nos *récitateurs* à la mode des vers d'Euphorion tiennent en mé-» pris le grand poète ! » — Et ailleurs, dans une lettre à Atticus (7, 2). « Je suis heureusement arrivé : le vent qui vient d'Onchesme [port de *Chaonie*, en Epire, en face de la pointe N. de Corcyre], » nous a été on ne peut plus favorable, et nous a poussés d'Epire » ici (*ita belle nobis flavit lenissimus Onchesmites*). Mais n'ai-je » pas commis là un *spondaïque ?* Vends-le comme tien à qui tu » voudras parmi nos jeunes gens (*Hunc* σπονδειάζοντα *si cui voles* » των νεωτέρων *pro tuo vendito*) ! »

leur œuvre n'est que poésie de coterie, ou plutôt que poésie d'un certain nombre de coteries dont les membres se tiennent, mettent à mal tout intru, lisent et critiquent pour eux seuls le poème nouveau, saluent à leur manière et en vers, vrais Alexandrins qu'ils sont, telle ou telle production plus ou moins heureuse, et forts de leur camaraderie louangeuse lui dispensent une gloire fausse et éphémère. Professeur renommé de littérature latine, adepte fécond lui-même de la poétique nouvelle, *Valérius Caton* semble avoir alors exercé une sorte de patronat d'école sur les plus notables membres de ces cercles : il aurait été constitué le juge suprême du mérite relatif des poésies du jour [1]. Auprès des modèles grecs, tous ces versificateurs romains se comportent en imitateurs, souvent même en élèves serviles, et leurs compositions pour la plupart n'ont guère été, ce semble, que les fruits verts ou avortés d'une poésie d'écoliers bégayant encore ou qui de longtemps n'auront point le congé du maître. Toutefois, si dans la grammaire et le mètre, ils se serraient, plus étroitement que les anciens nationaux, contre la robe de leurs précurseurs dans la Grèce, on ne peut nier qu'en cela faisant, ils n'aient manifesté à un plus haut degré l'esprit de suite et la correction dans la langue et dans le rhythme, mais ils payèrent ce progrès au prix de la souplesse et de l'ampleur de l'ancien idiôme. Pour le fond et sous l'in-

---

[1] [*Valerius Cato*, affranchi gaulois, fut à la fois grammairien et poète. Il enseigna les lettres à Rome. (Suet. *Illust. gramm.* 11). Il avait une vogue énorme, et était surnommé la Syrène latine.

« *Qui solus legit ac facit poetas ?* »

Il mourut vieux et pauvre, étant tombé en déconfiture, et ayant fait à ses créanciers l'abandon de sa villa de Tusculum. — On connaît de lui les titres d'un poème ou deux en vers épiques : la *Lydia* et la *Diana*. Au temps des troubles de Sylla, ayant été expulsé d'un domaine en Gaules, il écrivit son *Indignatio*, ses *Diræ*, publiées souvent à la suite des petits poèmes virgiliens. — De ses œuvres grammaticales, nous ne possédons plus rien. *Aug. Ferd. Noekius* a publié les *Carmina* de *V. C. cum animadv.* — Voir aussi : *de V. C. vita ac poesi*, Ludov. Schopen : Bonn 1847.)]

fluence de leurs modèles efféminés, ou de l'immoralité des temps, les thêmes érotiques, si peu favorables à la grande poésie, prirent incroyablement le dessus : puis on se mit à traduire et traduire encore les résumés métriques alors en faveur chez les Grecs. Cicéron s'essaye aux *Astronomiques* d'Aratus (p. 203, n. 2) ; et à la fin de notre période ou au commencement de celle suivante, *Publius Varron de l'Aude* met en latin le *Traité géographique d'Eratosthène* [1] : *Æmilius Macer* en fait autant du manuel physico-médical de *Nicandros* [2]. Ne soyons ni surpris ni affligés de ce qu'il ait surnagé bien peu de noms dans toute la foule des poétereaux : encore ne les cite-t-on guère qu'à titre de curiosités littéraires, ou qu'à cause de la grandeur des personnages. Tel fut, par exemple, Quintus Hortensius, l'orateur, avec ses « cinq cent mille vers » ennuyeux autant que licencieux [3] : tel encore *Lævius*, dont il est plus souvent fait mention : ses « *badi-*

82-36 av. J.-C.

[1] [V. *supra* : p. 163. — *P. Terentius Varro Atacinus* (né sur les bords de l'*Aude*, en Narbonnaise : 672-718), lettré grec et poète latin que Vell. (1, 36) met sur la même ligne que Lucrèce et Catulle. Il écrivit un poème *de Bello sequanico*, paraphrasa l'*Argonauticon* d'Apollonius de Rhodes (Quintil. 8, 1, 87), et copia Eratosthène, dans sa *Chorographia* ou *Iter*. Il avait laissé des satires, des élégies, des épigrammes (*Anthol. lat.* V, 48, 49). V. Wüllner, *Coment. de P. T. Varr. Atac. vita et scriptis*, Munster, 1829.). —

276.

196.

Erastosthènes, de Cyrène, né vers 478, alla en Egypte et fut conservateur de la bibliothèque d'Alexandrie. Devenu aveugle et fatigué de la vie, il se laissa mourir de faim, à 80 ans (558). Il eut un immense savoir, inventa les *cercles armillaires*, le *cribrum arithmeticum*, et le premier voulut mesurer la terre par la méthode encore suivie de nos jours. Tous ses ouvrages d'astronomie, de géographie, d'histoire, de philosophie et de grammaire sont perdus, sauf de minces fragments, épars çà et là.|

[2] [*Æmilius Macer*, confondu souvent, et à tort, avec son homonyme, l'*homériste*, ami d'Ovide (Ovid. *amor.* 2, 18. *Pontic.* 2, 10) : traducteur du traité en vers de *Viribus herbarum* (Ovid. *Trist.* 4, 43, Quintil. 1, 56, 87 et 6, 3, 96), il serait mort en Asie, en

16.
189-135.

738. — *Nicandros*, poète, grammairien et médecin, natif de *Claros* en Ionie (565-619). De ses nombreux ouvrages, il nous reste deux poèmes sur les *poisons et venins*, et sur les *antidotes*.]

[3] [*Millia quum interea quingenta Hortensius uno*... etc. (Catull. 94). — Sur Hortensius, p, 210.]

nages d'amour » excitèrent quelque intérêt par la complication du mètre et le maniéré du tour [1]. Voici venir maintenant *Gaius Helvius Cinna* († 710) avec sa petite épopée de la *Smyrna* : fort vanté par toute la coterie, il n'en atteste pas moins la dépravation du siècle, et par le choix du sujet, l'amour incestueux d'une fille pour son père, et par les neuf années même employées à polir un tel poème [2]. Seuls, quelques rares poètes font exception : chez eux du moins on a plaisir à saluer l'originalité vraie, la sobriété et la souplesse de la forme associées au fond national et solide de la tradition républicaine et agreste. Sans parler de Laberius et de Varron, il sied ici de rappeler les noms des trois poètes du camp républicain déjà nommés ailleurs (VII, pp. 158, 161, 162 et s.), Marcus Furius Bibaculus (652-694), Gaius Licinius Calvus (672-706), et Quintus Valerius Catullus (667-700 environ). Sur les deux premiers, dont les écrits sont perdus, nous n'en sommes qu'aux conjectures : quant à ce qui est de Catulle, nous avons davantage matière à asseoir notre jugement. Catulle, d'ailleurs, et par le sujet et par la forme, est bien aussi de la lignée alexandrine. On trouve dans son recueil telles traductions de pièces de Callimaque, celles-ci encore non des meilleures, mais à coup sûr des plus obscures [3].

---

[1] Né vers 640 ; poète médiocre, dont il reste de très-minimes fragments (v. Weichert, *poet. lat.*). Il avait publié des *Anacreontica* (Gell. 2, 21, 19, 9), ou ἐρωτοπαίγνια (Auson. *Cento nupt.* 13), en *iambiques dimètres*).

[2] *Helvius Cinna*, p. 59. — Il était des amis de Catulle, qui prédit l'immortalité à son poème.

> *Smyrna mei Cinnæ nonam post denique mensem*
> *Quam cœpta est, nonamque edita post hiemem...*
>
> *Smyrnam incana diu sæculo pervoluent.*
> (Cat. 94.)]

Le sujet de la Smyrna n'est autre, on le voit, que celui de la Myrrha, d'Alfieri.]

[3] [Sic, la pièce 94, sur la *Chevelure de Bérénice* (*de coma Berenices*).

Plus loin, parmi les pièces originales, on rencontre telles poésies contournées et du genre à la mode, comme les *Galliambes*, d'un art si précieux, à la louange de la *Phrygia mater* [1]. Il n'est pas jusqu'aux « Noces de Thétis », morceau superbe d'ailleurs, où l'auteur, en disciple fidèle des Alexandrins, n'ait été enchâsser dans le tableau principal ce hors-d'œuvre de faux goût des « Lamentations d'Ariadne » [2]. Mais laissez de côté les morceaux de facture : partout ailleurs, Catulle vous fera entendre la plainte mélodique de la vraie élégie : il vous chantera ses « chants de fête » tout brillants des couleurs de la poésie, et d'un mouvement quasi dramatique [3]. Quoi de plus ferme et de plus fin que ses peintures de genre des cercles élégants ? Quoi de plus joli que ses récits, un peu bien sans gène, d'aventures galantes ? On s'amuse, quoiqu'on ait, de ses bavardages légers, de ses confidences poétiques, de ses secrets d'amoureux ! Ailleurs encore, il vous dira la joyeuse vie des jeunes gens, leurs coupes pleines et leur bourse vide, les joies du voyageur et du poète, les anecdotes locales de Rome, ou plus souvent, de Vérone, et l'aimable badinage de sa coterie de familiers et d'amis ! Son Apollon ne fait pas vibrer seulement les cordes de la lyre, il porte aussi l'arc ; et la flèche ailée du sarcasme Catullien n'épargne ni le lourd artisan de vers, ni le provincial, assassin de la bonne langue : elle frappe et fait saigner surtout les puissants, les hommes par qui la liberté du peuple est mise en danger. Ses rhythmes courts, ses petits vers, animés parfois de jolis refrains, attestent la perfection de l'art, sans jamais trahir un fâcheux vernis de fabrique. Le poète vous promène tour à tour des rives du Pô à celles du Nil : mais où il est incomparable et tout à fait chez lui, c'est dans la vallée du fleuve

---

[1] [V. la pièce 64, *de Berecynthia et Aty*.]
[2] [V. l'*Epithalame*, pièce 65.]
[3] [V. le *Carmen seculare ad Dianam*, 35 ; *Carmen nuptiale*, 62.]

Cisalpin. L'art Alexandrin est son guide, on ne le peut nier, mais son inspiration n'en est ni moins libre ni moins personnelle. Il reste le citoyen de sa ville de province : il oppose volontiers Vérone à Rome, le loyal et franc habitant du municipe au noble sénateur de la capitale, d'ordinaire si plein de dédain pour ses amis d'un moindre monde. La Gaule Cisalpine, patrie de Catulle, était florissante encore, elle avait la verdeur et la sève. Quoi d'étonnant que le poète y ait, mieux qu'ailleurs, et senti et chanté? Les doux paysages du lac de Garde se reflètent dans ses plus jolies poésies [1], et je ne sache pas en ces temps quel citadin de Rome eût su écrire l'élégie *sur la mort d'un frère*, d'un accent si profond [2], ou l'épithalame si franc de couleur, si honnêtement bourgeois des noces de *Manlius* et d'*Aurunculéia* [3]. Quoique marchant derrière les Alexandrins, en adepte du genre à la mode et en familier de la coterie littéraire, Catulle était autre chose qu'un bon écolier parmi tant d'écoliers médiocres ou mauvais : il dépassa bientôt ses maîtres, autant que le citoyen d'une ville libre italienne dépassait le dilettante grec cosmopolite. Ne lui demandez pas pourtant les facultés créatrices éminentes, ou les hautes visées : il n'est rien qu'un poète gracieux et richement doué, il n'est pas un grand poète; et son œuvre, comme il le dit lui-même, ne contient que « *bagatelles et enfantillages* » [4]. Que si pourtant ses contemporains d'abord se sentirent électrisés par ses petites pièces fugitives; que si plus tard les critiques de l'âge d'Auguste le placèrent à côté de Lucrèce, comme le plus considérable des lyriques du siècle, postérité et contemporains, tous ils eurent raison, jugeant ainsi. Rome après Catulle n'a point produit de poète chez qui l'on trouve aussi complètement associés la forme et le fond

---

[1] [32, *Ad Sirmionem peninsulam*, cf. 36.]
[2] [69, *Ad Manlium*, cf. 100, *inferiœ ad fratris tumulum*.]
[3] [62, *Tulliæ et Manlii epithalamium*.]
[4] [*Nugæ*, 1 : et ailleurs, *ineptias*.]

dans l'art, et l'écrin poétique qui porte son nom demeure assurément la production la plus parfaite de la poésie latine proprement dite.

Poèmes en prose.

La même époque voit aussi naître la prose poétique. Auparavant une loi immuable et toujours obéie de l'art naïf et vrai, comme de l'art ayant conscience de lui-même, prescrivait le mariage du sujet poétique et du mètre : l'un appelait l'autre. Mais dans le mélange et la confusion des genres qui caractérisent le siècle, cette loi fléchit. — Du

Le roman.

roman je n'ai rien à dire, si ce n'est que l'historien le plus renommé d'alors, *Sisenna* [1], ne crut pas déroger en traduisant pour la foule les *Contes Milésiens* d'*Aristide* [2], ces nouvelles à la mode, de la plus obscène et plus folle espèce.

Œuvres esthétiques de Varron.

Viennent ensuite les écrits esthétiques de Varron, apparition plus heureuse et plus originale, et se plaçant comme les précédentes sur le terrain indécis de la prose poétique. Non content de se faire le représentant principal des études latines historiques et philologiques, Varron est aussi l'un des plus féconds et des plus intéressants auteurs, dans les belles-lettres pures. Issu d'une famille plébéienne, originaire du pays Sabin et depuis deux cents ans admise dans le sénat de Rome, élevé selon la tradition de la discipline et de l'honneur antiques [3], Marcus Terentius Varron,

116-27 av. J.-C.

de Réaté (638-727), avait atteint l'âge mûr au commencement de la période actuelle. Il se rangea, comme bien on

[1] [V. *infra*, à la rubrique *Histoire*, p. 264.]

[2] [*Aristide*, l'auteur des *Milesiaca*, ou contes milésiens, fameux dans l'antiquité, et dont il nous reste un spécimen dans les *métamorphoses* d'Apulée et le *Lucius* de Lucien. A quelle époque a-t-il vécu ? Quelle fut sa vie ? on l'ignore.]

[3] « Quand j'étais enfant, » écrit-il quelque part (*Catus, de liber. educ.*), « j'avais sur le dos une simple tunique, avec une toge sans bandelettes ; j'allais pieds nus dans ma chaussure : point de selle sur le dos de mon cheval ; le bain chaud ; pas tous les jours, le bain dans le fleuve, rarement. » — Il fit ses preuves de bravoure, d'ailleurs, et commanda une subdivision de la flotte durant la guerre contre les pirates ; il y gagna la couronne navale VII, p. 261].

pense, parmi les constitutionnels, et prit énergiquement, honorablement, sa part dans leurs faits et gestes et aussi dans leurs souffrances. Homme de lettres, il lutte à coups de brochures contre la première coalition « *le monstre à trois têtes* » : soldat, nous l'avons vu commandant de l'Espagne ultérieure, à la tête d'une armée Pompéienne (VII, p. 264). Quand la république a péri, le vainqueur le reçoit à merci et le prépose dans Rome à la Bibliothèque qu'il veut fonder. Vieillard, Varron sera encore une fois entraîné dans le tourbillon des tempêtes qui recommencent : seize ans après la mort de César, sa vie largement remplie s'achève dans sa quatre-vingt-dix-neuvième année. Les œuvres esthétiques, qui ont fait surtout son illustration, n'étaient autres que de courts Essais, tantôt simples sujets en prose, tantôt esquisses de fantaisie, et dont le canevas également prosaïque s'entremêlait de nombreux fragments en vers. Les premiers consistaient en de brefs traités philosophiques et historiques (*logistorica*) : les seconds furent les fameuses « *Satires Ménippées* ». Dans les uns comme dans les autres, ce ne sont point les maîtres latins anciens qui lui servent de modèles ; ses satires, notamment, ne suivent pas le sillon de Lucilius. On a vu que la satire romaine ne constitue point un genre spécial et défini, et le mot lui-même (*satura*) n'a guère qu'un sens négatif : elle est « la poésie variée », elle ne se rattache à aucun genre connu avant elle, et change de forme et de caractère selon le talent du poète qui la manie. OEuvres légères ou sérieuses, Varron demande toujours ses guides à la philosophie grecque d'avant les Alexandrins : dans ses essais esthétiques il imite les dialogues d'*Héraclide*, d'Héraclée Pontique († vers 450); dans la satire, il se fait le disciple de *Menippe*, de *Gadara* en Syrie (qui florissait vers 475). De tels choix disent tout. Héraclide s'était inspiré des dialogues philosophiques de Platon : mais admirateur ébloui de la forme du maître, il en avait perdu de vue la valeur

Ses modèles.

300 av. J.-
279.

scientifique, et n'avait songé qu'à vêtir d'un poétique vêtement ses élucubrations de fabuliste : auteur agréable et beaucoup lu, il n'avait été rien moins qu'un philosophe [1]. Autant faut-il en dire de Ménippe, vrai coryphée littéraire d'une secte, dont toute la sagesse consiste à renier la philosophie même, à bafouer ses adeptes, à pratiquer enfin le cynisme de Diogène. Professeur bouffon d'une doctrine après tout sévère, ce même Ménippe avait enseigné par des exemples assaisonnés de boutades moqueuses qu'en dehors de la vie honnête tout n'est que vanité ici-bas et là-haut ; mais que rien surtout n'est plus vain que les querelles des prétendus sages [2]. Voilà quels furent les vrais modèles de Varron, ce Romain des anciens jours, plein de haine contre les misères du temps présent, tout plein aussi de l'humeur goguenarde des ancêtres, non étranger d'ailleurs au sentiment plastique, mais par là même insensible à tout ce qui n'était point fait matériel ou figure réalisable, à tout ce qui était idée ou système, en un mot le plus antiphilosophique des antiphilosophiques romains [3]. Néanmoins, à rester disciple, il garde sa

---

[1] *Héraclide* fut disciple de Platon, à Athènes ; et le maître, partant pour la Sicile, lui confia la direction de l'école pendant son absence. Il étudia les Pythagoriciens, et reçut aussi les leçons d'Aristote. Polygraphe au premier chef, philosophie, mathématiques, musique, histoire, grammaire et poésie, il avait touché à tout. Il ne nous reste rien de ses ouvrages, sauf un *résumé politique* (περὶ πολιτίων) dont l'authenticité encore est douteuse.]

[2] [*Ménippe*, de *Gadara* (Syrie), esclave d'abord, s'adonna à la philosophie cynique (Diog. Laert. 6, 99) : de ses écrits satiriques, et persiffleurs, il ne reste rien que le nom qu'il a laissé, nom adopté par Varron, par Lucien, par J. Lipse chez les modernes (*Satyr. Ménipp.*), et, par notre fameuse Satire Ménippée. — Il est cité par Gell. 2, 18, Macrob. 1, 11 ; et Cic., qui le mentionne dans ses *Académiques* (*Acad.* 1, 2). — Frey, *de vita scrisptisque Men. cynici et de sat. T. Varr. Coloniæ*, 1843.]

[3] Quoi de plus enfantin que le tableau Varronien des diverses philosophies? Varron commence par éliminer tout système qui ne se propose pas le bonheur de l'homme comme fin dernière ; puis cette distinction faite, il n'énumère pas moins de 288 philosophies diverses. L'habile homme était trop érudit pour convenir qu'il ne pouvait

liberté : s'il emprunte à Héraclide et à Ménippe et l'inspiration et la forme générale de son œuvre, il est trop personnel, trop carrément Romain pour ne pas donner à ses reproductions un caractère essentiellement libre et national. Prenez ses écrits du genre sévère, les *Essais* consacrés au développement d'une pensée morale, à un sujet quelconque d'intérêt commun, il n'ira point s'égarer comme Héraclide dans les affabulations des contes Milésiens, et servir au lecteur des historiettes enfantines comme les aventures d'*Abaris*, ou de la jeune fille ressuscitée le septième jour après sa mort. Ce n'est que rarement qu'il recouvre sa *Moralité* du vêtement des nobles mythes grecs, comme dans l'essai intitulé « *Oreste ou l'Hallucination (Orestes, de insania).* » D'ordinaire, l'histoire lui prête un cadre, l'histoire contemporaine de sa patrie, ce qui donne à ses essais le caractère d' « *Éloges* » (et c'est aussi le nom qu'ils portent[1]) consacrés aux Romains notables, et surtout aux coryphées du parti constitutionnel. Ainsi le morceau « *sur la paix (Pius, de pace)* », n'était autre chose qu'une adresse à *Métellus Pius*, le dernier de la brillante cohorte des grands généraux sénatoriens[2] : le morceau « *sur le culte des Dieux* » célèbre la mémoire d'un vénérable optimate et pontife, *Gaius Curion*[3]. Le chapitre « *sur le sort* » traite de Marius : celui « *sur la manière d'écrire l'histoire* » est dédié

Essais mi-partie philosophiques et historiques.

et ne voulait pas lui-même être philosophe. Aussi le voit-on, sa vie durant, danser une sorte de danse des œufs plus que maladroite entre le Portique, le Pythagoréisme, et le Cynisme (*de Philosophia*).

[1] [La *laudatio Porciæ*, par exemple. — Il a écrit aussi cent cahier d'*Hebdomades* ou *Imagines (Portraits historiques)*].

[2] [*L. Cœcilius Metellus Pius*, bien souvent cité dans cette histoire. — Préteur en 665, et l'un des chefs dans la guerre sociale : officier de Sylla contre Marius : consul en 694 : puis proconsul en Espagne, où il guerroye contre Sertorius. Il mourut en 691, grand pontife, et eut J. César pour successeur (V. pp. 229 et s. 314 et s. 332 et s. VI, pp. 133-134, 148 et s. 238, 242. VII, p. 315.]

[3] [*De cultu Deorum.* — *C. Curio Scribonianus*, le père du tribun et lieutenant de César. Il avait défendu Clodius dans le procès des *Mystères* de la bonne déesse ; il mourut en 701.]

89 av. J.-C.
80.
63.

53.

au premier historiographe de l'époque, à Sisenna[1] (p. 264). *Scaurus*, le fastueux donneur de jeux, figure dans l'étude « *sur les commencements du théâtre à Rome* »[2], et le fameux dilettante banquier Atticus (p. 125), dans celui « *sur les nombres* [3] ». Prenez les deux écrits de Cicéron, aussi mi-partie historiques et philosophiques, intitulés « *Lælius, ou de l'amitié* », et « *Caton, ou de la vieillesse* », imitations, ce semble, de la manière Varronienne, et vous vous ferez l'idée exacte, j'imagine, de ce qu'étaient ces essais, à la fois didactiques et narratifs.

Les satires Ménippées.

Dans ses Ménippées, Varron ne se montre pas moins original dans le fond et dans la forme. Par un coup d'audace inconnu aux Grecs, il entremêle dans ces satires les vers à la prose ; et la pensée tout entière s'y imprègne d'une sève purement romaine, je dirais presque, d'un goût de terroir sabin. Comme les Essais, les Ménippées ont pour sujet ou une moralité, ou un thème quelconque à l'usage du grand public : voyez-en les titres plutôt : « *les Colonnes d'Hercule ou de la Gloire* » : « *la Marmite a son couvercle, ou des devoirs du mari* » : « *au Pot sa mesure ou de l'ivresse : Turlututu ou de l'Éloge* »[4]. Ici le vêtement plastique était, on peut le croire, nécessaire : Varron ne l'emprunte que rarement à l'histoire nationale, ainsi qu'il le fit pour sa satire intitulée « *Serranus, ou des Élections* [5]». C'est le monde de Diogène qu'il fait passer

---

[1] [*Marius, de fortuna.* — *Sisenna, de historia.*]

[2] [« *De scenicis originibus.* » Il s'agit ici du *Marcus Æmilius Scaurus*, qui fut lieutenant de Pompée en Judée (VI, pp. 290 et 293). Édile curule en 696, il donna à cette occasion des jeux d'une magnificence inouïe. Il fut ensuite préteur, puis propréteur en Sardaigne, qu'il pilla odieusement. Traduit pour concussion, défendu par Cicéron, Hortensius et autres, il est acquitté. Plus tard encore, en 702, il est accusé de *brigue*, et cette fois une condamnation le frappe.]

58 av. J.-C.

52.

[3] [*Atticus, de numeris.*]

[4] [*Columna Herculis*, περὶ δόξης. — Εὗρεν ἡ λοπὰς τὸ πῶμα. — Περὶ γεγαμηκότων καθηκόντων. — *Est modus matulæ*, περὶ μέθης. — *Papiapapæ*, περὶ ἐγκωμίων.]

106.

[5] [*Serranus*, περὶ ἀρχαιρεσιῶν. *Atilius Serranus*, consul en 648.

devant le lecteur : *chien de quête*, *chien rhéteur* (*Cynorhetor*), *chien chevalier*, *chien buveur d'eau* (ὑδροκύων), *catéchisme des chiens*, voilà ses thèmes habituels! La mythologie y est mise à contribution en vue de l'effet comique. Nous trouvons dans la liste un « *Prométhée délivré* », un « *Ajax de paille* », un « *Hercule Socratique* », et un « *Ulysse et demi* [1] », que ses voyages errants ont promené sur terre et sur mer non pas dix ans seulement, mais quinze ans durant. Parfois, autant qu'on en peut juger par les débris qui survivent, notre auteur, pour orner sa pièce, l'encadre dans un récit dramatique ou romantique : ainsi fait-il pour son *Prométhée délivré*; pour son *Sexagénaire* (*Sexagesis*), pour son *Matinal* (*Manius*). Volontiers, sinon toujours, il met sa fable en contact avec les incidens de son existence personnelle. Les personnages du *Matinal*, par exemple, viennent à lui comme un « faiseur de livres bien réputé », et lui débitent leur récit. Quelle était la valeur poétique de ces agencements divers, impossible de le dire aujourd'hui : mais dans les rares fragments qu'il nous est donné de lire encore, que de jolies esquisses, quel esprit, quel entrain! Prométhée est délivré de ses chaînes : aussitôt le héros d'ouvrir une « fabrique d'hommes » où «-*Soulier d'or, le riche* », vient faire commande « d'un jeune tendron, tout
» de lait et cire fine comme les abeilles de Milet la savent
» extraire des mille fleurs, d'une fillette sans os ni nerfs,
» sans cheveux ni peau, nette, élégante et svelte, douce au
» toucher, tendre, adorable ! » — Un souffle de polémique anime ces compositions, non de cette polémique politique et de parti, à l'usage de Lucilius et de Catulle; mais souffle

---

Probablement Varron l'avait pris pour sujet, quoique « *stultissimus homo*, au dire de Cicéron : il avait été élu contre Q. Catulus.]
[2] [*Prometheus liberatus.* — *Ajax stramentitius.* — *Hercules socraticus.* — *Sesquiulysses.* — V. tous ces titres et les fragmens, dans l'édit. Bipontine du *de lingua latina*, de Varron (1788), I, pp. XX et 385, et s.]

d'une moralité générale plus austère. L'ancienne Rome y gourmande la jeunesse indisciplinée et corrompue : l'érudit, vivant au milieu de ses classiques, y apostrophe la poésie nouvelle si relâchée et si pauvre, si condamnable dans ses tendances [1] : le citoyen de la vieille roche en veut à la Rome nouvelle, où le Forum est devenu, pour parler comme lui, *une étable à porcs* : où Numa, s'il jetait les yeux sur sa ville, n'y retrouverait plus vestige de ses sages préceptes! Dans la bataille livrée pour la constitution, Varron suivit ce qui lui parut la ligne du devoir : pourtant ses goûts étaient ailleurs que dans la mêlée des partis : « Pourquoi donc, » s'écrie-t-il, me » faire quitter ma vie tranquille et pure pour les immon- » dices du Sénat? » Il était du bon vieux temps, où la parole « sentait l'ail et l'oignon », mais où le cœur était sain. La guerre qu'il mène contre l'ennemi héréditaire de la tradition antique, contre les sages cosmopolites de la Grèce n'est que l'un des côtés de son opposition de vieux romain contre l'esprit des temps nouveaux. Il restait d'ailleurs dans sa voie naturelle, en même temps que dans son rôle de cynique, quand s'attaquant de préférence aux philosophes, il faisait siffler le fouet de Ménippe à leurs

---

[1] « Veux-tu donc bredouiller (*gargaridans*), » dira-t-il, « les » belles images et les vers de Clodius, l'esclave de Quintius, et » t'écrier comme lui : « ô sort! ô destinée! (*Epistol. ad Fuflum*). » — Et ailleurs : « Puisque Clodius, l'esclave de Quintus, a su faire » tant de comédies sans l'aide de la muse, ne pourrais-je pas, moi, » *fabriquer* aussi, comme dit Ennius, un unique petit livre ? » (*Bimarcus*, περὶ τρόπου). » — Ce Clodius, inconnu d'ailleurs, semble avoir été quelque pauvre imitateur de Térence. Je ne sais dans quelle comédie de Térence, en effet, se retrouve l'exclamation dont Varron se moque : « ô sort! ô destinée! » — Dans l'*Ane joueur de luth* (Ὄνος λύρας), Varron met dans la bouche d'un poète, le portrait qui suit :

« On m'appelle élève de Pacuvius, qui fut élève d'Ennius, le disciple de la muse : pour moi, je me nomme Pompilius. »

N'y avait-il point là quelque parodie de l'introduction du poème de Lucrèce (p. 238, n. 1)? Varron avait rompu avec l'épicuréisme et s'était fait son ennemi : il dut se sentir peu de penchant pour Lucrèce, et ne le cite, que nous sachions, nulle part.

oreilles, et les malmenait fort ; et ce n'était point sans battements de cœur que les adeptes du jour envoyaient à l'homme aux yeux de lynx leurs petits livres édités de la veille. Philosophiser n'est vraiment point un art. En se donnant dix fois moins de mal qu'il n'en fallait au maître de maison pour faire de son esclave un fin pâtissier, il pouvait lui-même s'éduquer philosophe : et d'ailleurs à mettre pâtissier et philosophe à l'encan, le premier trouvait enchère cent fois plus haute. Étranges personnages que ces sages ! Celui-ci veut « qu'on ensevelisse les corps » dans du miel ! Heureusement son précepte n'est point » obéi ! sans quoi on manquerait de vin emmiellé ! » Cet autre estime « que l'homme a poussé comme le cresson » : un troisième « invente une *machine à forer le monde* (*Cosmotorine*, περὶ φθορᾶς κόσμου) : par elle la terre un beau jour périra ! »

« Certes, jamais malade en délire n'a rêvé de folies, qu'un philosophe n'ait déjà enseignées ! »

N'est-ce point chose amusante que de voir l'homme *au museau velu* (le stoïcien faiseur d'étymologies) « peser attentivement ses mots au trébuchet ? » Mais rien ne vaut une bonne querelle de philosophes ! « Quelle pluie de soufflets entre athlètes approche d'une mêlée stoïcienne à coups de poings ? » Dans la satire intitulée « *la ville de Marcus ou du gouvernement* (*Marcopolis*, περὶ ἀρχῆς) », Marcus s'est construit une *Néphélococcygie* [1] selon son cœur : tout réussit au paysan, comme dans la comédie athénienne, tout aussi va mal pour le philosophe : l'homme *alerte-à-la-preuve-par-un-seul-membre* (*celer-δι-ἑνὸς-λήμματος-λόγος*) [2], Antipatros, fils du stoïque, y accommode d'un coup de bêche la tête (*rutro caput displanat*) à son adversaire, le *bi-membre philosophique* (l'homme au

---

[1] [Chacun connaît la ville comique des *Nuées* d'Aristophane.]
[2] [Étrange devancier qu'ont eu les puritains anglais, *Loue-Dieu-Barebone* et autres !]

dilemme évidemment). A ces tendances morales et disputeuses tout ensemble, à ce don de l'expression caustique et pittoresque qui ne l'abandonna jamais, même aux jours de l'extrême vieillesse (les personnifications et le dialogue du Traité de l'*agriculture* (*de re rustica*) écrit à quatre-vingts ans, en sont la preuve), Varron joignait de la façon la plus heureuse la connaissance incomparable des mœurs et de la langue nationales. Cette science, qui ne se manifeste plus que sous forme de spiciléges dans les écrits purement philologiques des derniers temps de sa vie, se déploie au contraire ici directement, dans sa plénitude et sa verdeur première. Varron, dans le sens le meilleur et complet du mot, est le prince de l'érudition locale. Il sait son pays par cœur, pour l'avoir étudié lui-même pendant de nombreuses années, aussi bien dans les particularités et les traditions exclusives du temps jadis, que dans les dissipations et l'abâtardissement des temps actuels. Il sait de première main les mœurs et la langue nationales : il a complété et approfondi son savoir par d'infatigables recherches dans les archives de l'histoire et de la littérature [1]. Ce qui lui manqua nécessairement en érudition; en aperception claire et vraie, selon nos idées modernes, il y suppléa à force d'étude sagace et de vif sentiment de la poésie. Il ne courut point après les *anas* de l'antiquaire, après les mots surannés ou poétiques [2] : il resta l'homme antique et de souche franche, presque un rustique, aimant à converser tous les jours et de longue habitude avec les classiques nationaux. Aussi, il ne pouvait pas se faire qu'il ne s'étendît maintes fois dans ses écrits sur les coutumes de ses pères, aimées de lui par dessus tout et qui

---

[1] [Il fut, a-t-on dit spirituellement, un *glouton de livres* (*helluo librorum*), le Gabriel Naudé de son temps : « Il avait tant lu, qu'on » s'étonne qu'il ait eu le temps d'écrire : il a tant écrit, qu'on a » peine à croire qu'il ait pu tant lire » (S. Aug. *de civ. Dei.* 6, 1.]

[2] Il dit quelque part, avec un grand sens, que « sans aimer » beaucoup les vieux mots, il en use assez souvent, et qu'aimant » beaucoup les mots poétiques, il n'en use point. »

lui étaient familières ; que son discours ne débordât de tours et d'adages grecs et latins, de bons vieux mots restés usuels dans le langage courant de la Sabine, et de réminiscences d'Ennius, de Lucilius, de Plaute surtout ! Les écrits esthétiques en prose de Varron accusent un âge plus jeune; et leur style ne se peut d'ailleurs retrouver dans son traité philologique [1], œuvre des derniers temps de sa vie, probablement inachevée encore au moment de sa publication, et où « comme les grives enfilées au nœud du braconnier », les membres de la phrase se rattachent tant bien que mal au sens général, au fil du sujet. Mais nous avons montré plus haut (p. 214, n. 3, et *supra*) que notre auteur avait de dessein prémédité rejeté l'appareil du style étudié et la période attique; et ses *Essais* moraux, dégagés d'ailleurs de la commune enflure et du faux clinquant de la vulgarité, affectaient le mouvement et la vie, plutôt que la phrase artistement agencée. Bref il n'écrivait point en classique, et parfois se négligeait. Quant aux tirades poétiques intercalées dans ces pièces, elles attestent l'entente du mètre varié telle qu'on ne la retrouverait chez aucun des maîtres favoris du jour, sauf un seul peut-être; elles attestent enfin qu'il pouvait à bon droit se compter parmi ceux à qui « le Dieu a » donné de bannir le souci du cœur des hommes, par » les chants et l'art sacré de la poésie ! [2] »

---

[1] [*De lingua latina*, en 24 livres, dont 5 nous restent (du 4ᵉ au 8ᵉ, v. *infra*, p. 284.]

[2] Nous empruntons les vers qui suivent à son « esclave de » Marcus (*Marcipor*) : »

Repente noctis circiter meridie
Cum pictus aer fervidis late ignibus
Cœli choream astricen ostenderet,
Nubes aquales, frigido velo leves
Cœli cavernas aureas subduxerant,
Aquam vomentes inferam mortalibus.
Venti frigido se ab axe eruperunt
Phrenetici septentrionum filii,

Pas plus que le poème didactique de Lucrèce, les esquisses morales de Varron ne firent école : aux causes

> *Secum ferentes tegulas, ramos, syros.*
> *At nos caduci, naufragi ut ciconiæ*
> *Quarum bipennis fulminis plumeas vapor*
> *Perussit alte, mæsti in terram cecidimus.*

« Soudain, vers le temps de minuit, quand, au loin, émaillé de
» feux scintillants, le ciel montre les chœurs des astres, tout à coup
» les nuées chargées recouvrent la voûte d'or de leur voile
» froid et humide : elles vomissent l'eau à flots sur les mortels,
» ici bas ; et les vents, enfants furieux du septentrion, se préci-
» pitent du pôle glacé ; ils emportent tout, les tuiles, les branches
» et les débris ! Cependant, écrasés, naufragés, pareils à la troupe
» des cigognes, l'aile brûlée par l'éclair à la double pointe, nous
» tombons tristement à terre ! »

Ailleurs, dans la « *ville humaine (Anthropopolis)* », il s'écrie :

« Ni l'or, ni les trésors ne te font la poitrine libre ; les mon-
» tagnes d'or du Perse, laissent le mortel en butte aux soucis et à
» la crainte : et les portiques du riche Crassus ne l'en exemptent pas ! »

> *Non fit thesauris, non auro pectus solutum :*
> *Non animis demunt curas ac relligiones*
> *Persarum montes, non divitis atria Crassi.*

Notre poète n'est pas moins heureux dans les vers légers. Dans la satire intitulée « *au Pot sa mesure* » (p. 254), nous lisons un joli éloge du vin.

> *... Vino nihil jucundius quisquam bibit :*
> *Hoc ægritudinem ad medendam invenerunt ;*
> *Hoc hilaritatis dulce seminarium,*
> *Hoc continet coagulum convivia !*

« Le vin pour tous est la plus agréable boisson ! Il est le remède
» qui guérit le malade. Il est la douce semence de la joie ; il est le
» ciment qui unit les convives ! »

Ailleurs enfin, dans la « *machine à forer le monde* (p. 257), » le voyageur qui revient au pays natal, clôt par ces mots son adresse aux matelots :

> *Detis habenas animæ leni,*
> *Dum ventus vos flamine sudo*
> *Suavem ad patriam perducit !*

« Laissez carrière au doux zéphyre, tandis que son aile légère
» nous ramène dans la chère patrie ! »

générales de cet insuccès, il faut ajouter d'ailleurs le caractère tout individuel de ces compositions, caractère inséparable de l'âge mûr de leur auteur, de sa rusticité et de la nature même de son érudition. Mais il en fut tout autrement des satires Ménippées, bien supérieures, à ce qu'il semble, par le nombre et l'importance à ses écrits plus sérieux : ici, la grâce et la fantaisie du poète enchaînèrent chez les contemporains et dans les âges postérieurs quiconque prisait l'originalité et la verve patriotique ; et nous-mêmes, à qui il n'est plus donné de les lire, nous pouvons, en parcourant les trop rares fragments qui en restent, nous rendre compte encore de leur réel mérite : Varron « sut rire et badiner avec mesure ! » Dernière émanation de l'honnête et naïf génie de la bourgeoisie romaine, dernier rejeton verdissant de la poésie nationale latine, Varron, dans son testament poétique, a justement légué ses enfans Ménippéens à quiconque « porte dans son cœur Rome flo- » rissante et le Latium ! » Les satires occupent une place honorable dans la littérature et l'histoire du peuple italique. [1]

[1] Les *esquisses* varroniennes ont une si haute importance historique et même poétique, elles sont connues d'un si petit nombre d'érudits, à raison de l'état fruste dans lequel nous sont parvenus les trop rares débris qui nous permettent de les juger ; enfin il est si pénible d'arriver à les déchiffrer, qu'on nous saura gré peut-être d'en donner ici quelques passages rapprochés les uns des autres, en y ajoutant en petit nombre les restaurations indispensables pour leur intelligence. — La satire du *Matinal (Manius)*, nous offre le tableau d'une maison rustique. Matinal « réveille et fait lever son monde » avec le soleil, et le conduit au travail. Les jeunes gens font eux- » mêmes leur lit, que la fatigue leur rendra doux, et disposent » la cruche d'eau et la lampe. Leur boisson vient de la source » claire et fraîche ; pour nourriture, ils ont le pain, pour assai- » sonnement, les oignons. A la maison, et aux champs tout marche » à souhait. La maison n'est point une œuvre d'art, mais un » architecte y apprendrait la symétrie. Pour les champs, on veille » à ce qu'ils soient en ordre et bien tenus, à ce qu'ils ne » dépérissent point par négligence ou mauvaise culture : Cérès » reconnaissante, protège les fruits contre tout dommage, et les

L'histoire.

Rome n'a jamais possédé l'histoire critique et nationale des temps classiques d'Athènes, l'histoire universelle telle

« meules hautes et fournies réjouissent le cœur du cultivateur. Là
» aussi l'hospitalité règne encore, et quiconque a sucé le lait d'une
» mère est le bienvenu. Chambre au pain, tonneaux à vin, saucis-
» sons pendus en foule à la poutre, clefs et serrure, tout est mis au
» service du voyageur, et les plats s'entassent devant lui : rassasié
» bientôt, l'hôte est assis, ne regardant ni devant, ni derrière,
» joyeux et approuvant de la tête, devant le feu de la cuisine. Va-
» t-il se coucher, on étend pour lui les plus chaudes peaux de
» brebis à la double toison. Ici, l'on obéit, en bon citoyen, à la juste
» loi qui ne fait jamais tort à l'innocent par défaveur, et par
» faveur ne pardonne jamais au coupable. Ici l'on ne dit point de
» mal du prochain! Ici, on ne salit point le foyer sacré avec les
» pieds! Mais on honore les Dieux par le recueillement et les
» sacrifices : on offre au dieu lare son morceau de viande sur la
» petite assiette à ce destinée, et quand meurt le maître, on accom-
» pagne sa bière des prières déjà dites aux funérailles du père et de
» l'aïeul. »

Dans une autre satire, un « *Maître des anciens (Gerontodidas-
calus),* » se présente : la dépravation des temps en fait sentir le
besoin plus que d'un maître de la jeunesse. Il enseigne « comment
» autrefois tout était chaste et pieux dans Rome, » tandis qu'aujour-
d'hui les choses sont bien changées. « Mon œil me trompe-t-il?
» Ne vois-je pas des esclaves en armes contre leurs maîtres? —
» Jadis, quiconque ne se présentait pas à la levée des milices, était
» vendu à l'étranger comme esclave : maintenant le censeur de l'aris-
» tocratie (IV, p. 53. V, p. 374. VI, p. 243, VII, p. 172), qui laisse
» faire les lâches, et laisse tout se perdre, est appelé un grand
» homme (*magnum censorem esse*) : il récolte l'éloge, dès qu'il ne
» vise point à se faire un nom en tracassant ses concitoyens! —
» Jadis le paysan romain se faisait raser une fois la semaine
» [entre deux *nondines*]; maintenant l'esclave des champs ne
» se trouve jamais assez proplet. — Jadis, on trouvait sur le
» domaine une grange pour dix récoltes, de vastes celliers pour
» les tonneaux, et des pressoirs à l'avenant; actuellement le
» maître a des troupes de paons, il incruste ses portes de bois de
» cyprès d'Afrique. Jadis la ménagère filait la laine de ses mains,
» tout en ayant l'œil au feu et à la marmite, et veillant à ce que la
» purée ne brûlât pas : aujourd'hui » (et nous prenons ceci dans
une autre satire) « la fille mendie de son père une livre pesant
» de joyaux, et la femme un boisseau de perles de son mari. Jadis,
» dans la nuit des noces, l'homme se tenait coi et niais : aujourd'hui
» la femme se donne au premier bon cocher venu. Jadis les enfants
» étaient l'orgueil de la femme; aujourd'hui, quand le mari sou-
» haite des enfants, celle-ci de répondre : ne sais-tu pas ce que dit
» Ennius : « Mieux vaut exposer sa vie dans trois batailles, qu'engendrer

qu'elle a été écrite par Polybe. Même sur un terrain plus favorable, le récit des événements contemporains ou

» une seule fois ! » — « Jadis c'était joie complète pour la
» femme, quand une ou deux fois par an, le mari la menait à la
» campagne, sur un char sans coussins (*arcera*) ! » Maintenant,
ajoutait sans doute Varron (cf. Cic. *pro Mil.* 21, 55), la dame se
fâche quand il part sans elle, et elle se fait suivre en route par sa
valetaille élégante de Grecs, et par sa chapelle de musique, jusqu'à
la ville. — Dans un *essai* moral, « *Catus* ou de *l'éducation des
enfants* (*Catus, vel de liber. educand.*), » Varron entretient l'ami
qui lui demande conseil, des divinités auxquelles selon l'usage
antique, il convient de sacrifier pour le bien de l'enfant : de plus,
il fait allusion au système intelligent des anciens Perses, à sa propre
jeunesse élevée à la dure ; il défend l'excès de la nourriture et du
sommeil, le pain trop fin, les mets trop délicats : les jeunes chiens,
dit le vieillard, ne sont-ils pas aujourd'hui nourris plus judicieuse-
ment que nos enfants ! — « Et puis, à quoi bon tant de sorcières et
» tant de momeries, quand il faudrait au lit du malade le conseil
du médecin ! » — Que la jeune fille se tienne à sa broderie, pour
apprendre à s'y connaître un jour en broderie et en tissus : qu'elle
ne quitte point trop tôt le vêtement de l'enfance ! — Ne menez
point ces enfants aux jeux des gladiateurs : le cœur s'y endurcit
vite et y apprend la cruauté !

Dans « le *Sexagénaire* (*Sexagēsis*), » Varron se pose en
Épiménide : endormi à l'âge de dix ans, il se réveille au bout d'un
demi-siècle. Il s'étonne de se retrouver avec la tête chauve au lieu de sa
tête d'enfant court tondue, avec son affreux museau, avec le poil inculte
d'un hérisson ; mais ce qui l'étonne le plus, c'est Rome tant changée. Les huîtres du Lucrin, jadis un plat de noces, se servent à
tous les repas : en revanche, le débauché perdu de dettes apprête
sa torche dans l'ombre (*adest fax involuta incendio*). Jadis le père
pardonnait au fils : c'est le fils aujourd'hui qui pardonne à son
père... « en l'empoisonnant ! » Le comice électoral n'est plus
qu'une bourse : le procès criminel, qu'une mine d'or pour le juré.
On n'obéit plus qu'à une loi, une seule, ne rien donner pour rien.
Les vertus ont disparu ; et notre homme à son réveil est salué
par de nouveaux hôtes (*inquilinæ*), le blasphème, le parjure,
la luxure. « Oh ! malheur à toi, Marcus, malheur à ton som-
» meil, et à ton réveil ! » A lire cette esquisse, on se reporte aux
journées de Catilina. Et de fait, c'est peu de temps après Catilina,
que notre vieil auteur l'a écrite (vers 697), et le dénouement plein
d'amertume de la satire n'est point sans un fond de vérité. Marcus,
rabroué comme il faut pour ses accusations intempestives et ses
réminiscences sentant l'antiquaille (*ruminaris antiquitates*), est
jeté du haut du pont dans le Tibre, comme un vieillard inutile.
C'est la parodie d'une coutume primitive de Rome. De fait, il n'y
avait plus de place à Rome pour de tels hommes.

57 av. J.-C.

récents n'y a jamais été tenté que d'une façon plus ou moins incomplète : depuis les temps de Sylla jusqu'à ceux de César, c'est à peine si l'on rencontre une seule œuvre à comparer à celles, peu considérables d'ailleurs, de la période antérieure, aux travaux d'*Antipater* et d'*Asellius* [1]. La seule production en ce genre qui mérite qu'on la nomme, est l'*Histoire de la guerre sociale et de la guerre civile*, de *Lucius Cornelius Sisenna* (préteur, 676). Ceux qui le lurent, attestent qu'il y eut dans son œuvre bien plus de vie et d'intérêt que dans les sèches chroniques d'autrefois, mais que son style, absolument sans pureté, dégénérait en maniérisme enfantin : aux quelques bribes qui nous en restent, on voit qu'il se complut dans le détail de l'horrible [2], et qu'il fit emploi à tout propos du néologisme et des mots tirés de la langue familière. Ajouterai-je que Sisenna se donna pour modèle, et je dirai presque pour modèle unique, *Clitarque* [3], cet auteur d'une biographie d'Alexandre le Grand, moitié histoire, moitié fable, en tout semblable au roman publié plus tard sous le nom de *Quinte-Curce*? On en conclura

Sisenna.

78 av. J.-C.

[Pour ce qui est des Ménippées, nous renvoyons à l'édition spéciale d'OEhler, Leipzig, 1844. Enfin nous recommandons la lecture d'un article instructif et aimable de M. *Charles Labitte*, *Revue des Deux-Mondes* : août 1845.]

[1] M. *Caelius Antipater* (VI, p. 110) : *Asellius*, ou mieux *P. Sempronius Asellio* (VI, ibid.). Le premier avait écrit sept livres d'annales sur la seconde guerre punique : *Asellio* avait publié le récit de la guerre de Numance, à laquelle il avait assisté.]

[2] Voici un passage d'une harangue : « Tu saisis ces innocents, » tremblants de tous leurs membres, et tu les fais massacrer, au » crépuscule du matin, sur la haute rive du fleuve. » On trouve chez lui passablement de phrases pareilles, bonnes au plus à mettre dans une nouvelle *d'album* de nouvel an.

[3] *Clitarque*, contemporain d'Alexandre de Macédoine, l'accompagna en Orient, et écrivit l'*Histoire de ses guerres*, en 12 liv. (Cic. *Brut.* 11. — *de legib.* 1, 2). Quintilien (10, 11, 74), dit que s'il se montre habile, en revanche, il ne mérite pas créance (*fides improbatur*). Quelques fragments nous en restent, mélange de fable et de merveilleux. Son style est chargé et emphatique. (Sainte-Croix, *Exam. crit. des hist. d'Alexandre*, p. 41).

sans hésiter que ce récit trop vanté de la *Guerre sociale* ne fût ni une œuvre de critique sagace, ni une œuvre d'art. Il y faut voir simplement un premier essai, à Rome, dans ce genre bâtard tant aimé des Grecs, où sur le canevas des faits l'auteur vient jeter, croyant en augmenter et l'intérêt et le mouvement, toutes sortes de détails factices, qui transforment son livre au contraire en œuvre creuse et mensongère. Enfin on ne s'étonnera pas non plus de rencontrer le même Sisenna parmi les traducteurs de romans grecs à la mode (p. 250) [1].

Naturellement, les choses allaient plus mal encore sur le terrain de la *chronique* générale ou locale. Le mouvement imprimé à l'étude des antiquités aurait pu faire attendre du dépouillement des titres, et de la recherche des sources dignes de foi, la rectification du récit ayant cours : cet espoir ne se réalisa pas. Plus et plus on fouillait, plus et plus se laissait voir quelle entreprise c'était que tenter d'écrire l'histoire critique de Rome. Incommensurables étaient les obstacles qui nuisaient aux études et à l'exposé scientifique; et parmi les plus grands il ne fallait point compter seulement ceux purement littéraires. L'histoire conventionnelle des premiers temps de Rome, telle qu'on la racontait ou y prêtait foi depuis tantôt dix générations d'hommes (II, p. 401), avait du moins pris naissance et grandi en intime accord avec la cité vivante et agissante : mais, pour quiconque apportait dans l'examen attention et loyauté, ce n'était point seulement tel détail qu'il convenait de modifier çà et là, il fallait renverser l'édifice de fond en comble, comme chez les Francs,

Chroniques de Rome.

---

[1] [De la vie de *L. Cornelius Sisenna*, contemporain d'Hortensius, on sait seulement qu'il fut préteur, l'année où Sylla mourut (676). Il épousa là cause de Verrès (Cic. *in Verr.* 2, 45. 4, 20). Enfin il fut lieutenant de Pompée dans la guerre des pirates. — Ses *Historiæ* eurent grand succès, et Cic. les proclame supérieures aux écrits plus anciens. Mais il blâme sa recherche de style et son penchant aux néologismes (*Brut.* 76). — On n'a rien gardé de lui, que quelques mots sauvés par les grammairiens].

78 av. J.-C.

pour l'histoire de Pharamond, comme chez les Anglais, pour l'histoire du roi Arthur. Que si le critique, Varron, par exemple, appartenait aux conservateurs, il ne pouvait se faire à la pensée de mettre la main au travail ; et se fût-il rencontré pour cela un esprit assez fort et osé, tous les bons citoyens auraient aussitôt sonné la croisade contre le révolutionnaire téméraire qui enlevait son passé au parti de la constitution. Ainsi l'érudition philologique et antiquaire détournait de l'histoire nationale au lieu d'y pousser. Varron et les autres sagaces reconnaissaient franchement qu'il n'y avait plus de chronique de Rome : tout au plus, l'un d'eux, *Titus Pomponius Atticus* (p. 125), s'essayait-il à dresser, sans grande prétention d'ailleurs, le tableau et les listes des magistrats et des *gentes*, travail par qui s'acheva d'ailleurs le synchronisme du comput gréco-romain, tel que les siècles postérieurs l'ont conventionnellement admis [*Corn. Nep. Attic.* 18].

En attendant on n'en continue pas moins à fabriquer des *chroniques romaines* : à la collection déjà grande des ennuyeux et fastidieux écrits de ce genre, s'ajoutent tous les jours des contributions nouvelles, et en vers et en prose, sans que les faiseurs de livres, simples affranchis pour la plupart, se soucient le moins du monde de remonter aux sources. De ces livres, dont nous n'avons plus que quelques titres (aucun d'eux n'étant venu jusqu'à nous), on peut dire qu'ils étaient tous d'un mérite plus que secondaire, et presque tous aussi imprégnés d'un courant d'impur mensonge. Citerons-nous la chronique de *Quintus Claudius Quadrigarius* (vers 676?), écrite d'un style vieillot, assez bon pourtant, et qui se distinguait du moins par une louable brièveté dans son exposé des temps fabuleux [1] ? Citerons-nous *Gaius Licinius Macer* (mort prétorien en 688), père du poète Licinius

---

[1] [Ses *Annales* allaient de l'*incendie* de Rome par les Gaulois à la dictature de Sylla.]

Calvus (p. 247, et VII, pp. 158 et 164)? Nul autant que ce zélé démocrate et chroniqueur n'affichait de telles prétentions à la profondeur de la critique, à la recherche savante des titres : et néanmoins ses « *livres de lin [libri lintei]* », comme tout ce qui se rattache à lui personnellement, ne peuvent que rester suspects au plus haut degré. Ces livres n'ont guère été, j'imagine, qu'un remaniement opéré sur une grande échelle, dans un but et avec des tendances absolument démocratiques, de l'ensemble des chroniques antérieures. Les annalistes postérieurs s'en sont approprié les interpolations. [1] — Vint ensuite *Valerius d'Antium*, qui dépassa tous ses devanciers par la prolixité et l'enfantillage de sa fable. Les faussetés chronologiques s'y poursuivaient systématiquement jusqu'aux temps contemporains ; et l'histoire primitive de Rome empruntée aux platitudes de l'ancien récit, y enchérissait encore sur elles : on y lisait comme quoi le sage Numa, conseillé par la nymphe Egérie avait enivré de vin les dieux Faunus et Picus ; on y lisait ensuite le bel entretien du même Numa avec le dieu Jupiter [2]. De tels récits ne savaient être trop instamment recommandés à tous les amis de l'histoire légendaire de Rome. On pensait par là les affermir

Valerius Antias.

173.

[1] [M. Mommsen a souvent mentionné le nom de cet annaliste, l'une des principales sources de Tite-Live et de Diodore (VI, p. 335). Tribun en 681, il accuse Rabirius (VI, p. 320), et excite le peuple contre Sylla. Préteur plus tard, il commet des concussions dans sa province, est accusé par Cicéron : Crassus le défend. Condamné, il se suicide (Val. Max. 1, 1). Au jugement des anciens, il ne se montre ni historien impartial, ni annaliste exact, tant s'en faut, au point de vue chronologique surtout. Tite-Live raconte (4. 20, 23 et 7 *in fine*), qu'il avait en partie copié (falsifié, vaudrait-il mieux dire), les *libri lintei*, ou annales des hauts magistrats, écrites sur des *toiles de lin*, et conservées au Capitole dans le temple de la déesse *Moneta*.

[2] [*Valerius Antias*, contemporain de Sylla, souvent cité par Tite-Live, qui pourtant se méfie de ses inexactitudes chronologiques et de ses fables. Ses annales (il est fait mention des 74⁰ et 75⁰ livres), allaient de la fondation de Rome à Sylla. — V. Lieboldt, *de Valer. Ant. annalium scriptore*, Naumbourg, 1840.)]

dans leur croyance, quand au fond même, cela s'entend ; c'eût été bien merveille si les faiseurs de nouvelles et romans grecs se fussent tenus à l'écart devant de tels matériaux amassés exprès pour eux. Aussi plus d'un lettré grec, se mit-il à accommoder l'histoire de la *ville* en roman : Alexandre Polyhistor, déjà nommé plus haut parmi les maîtres helléniques établis en Italie (p. 218), publia cinq livres « *sur Rome* », mélange nauséabond de traditions historiques usées, et d'inventions triviales, érotiques pour la plupart. Le premier, à ce que l'on conjecture, il aurait dressé une liste de rois fainéants, comme il s'en rencontre en si grand nombre chez les chronographes égyptiens et grecs, et tentant de rétablir la concordance chronologique sollicitée par la légende chez les deux peuples, il aurait le premier voulu combler la lacune de 500 ans entre la chûte de Troye et la fondation de Rome. C'est lui encore, selon toute apparence, qui aurait lancé dans le monde les rois *Aventinus* et *Tiberinus* et la *Gens* des *Silvius* d'Albe. La postérité s'empressa d'y ajouter les noms, l'époque et le temps des règnes, et même les portraits, pour la plus grande édification de tous. — Donc le roman grec pénètre par divers côtés dans l'historiographie romaine, et il faut croire, que dans tout ce que nous appelons aujourd'hui la tradition des temps primitifs de la ville, ce n'est point le lot le plus mince qui découle de sources aussi sûres que celles de l'*Amadis de Gaule* ou des romans de chevalerie de la Motte-Fouqué [1]. Nous ne saurions trop recommander ce beau résultat à quiconque a le sens des ironies de l'histoire, à quiconque sait estimer à sa valeur la foi pieuse des adorateurs comiques du roi Numa, encore vivace chez certaines gens, au XIXe siècle.

L'histoire générale.

A côté de l'histoire locale, l'histoire universelle, ou à

---

[1] [Poète et romancier prussien (1777-1843), bien connu en France par le conte d'*Ondine*.]

mieux dire, la compilation historique romano-hellénique, fait son entrée première dans la littérature latine. *Cornelius Nepos* débute en publiant aux alentours de l'an 700 (entre 650 et 725) une *chronique générale;* il écrit ensuite une sorte de biographie universelle, ordonnée selon certaines catégories, où l'on voit défiler les *hommes illustres* de Rome et de la Grèce, politiques ou littéraires, ou ceux qui ont marqué par leur influence sur Rome et sur la Grèce. Ces compositions se rattachent à l'histoire générale, telle que les Hellènes depuis longtemps déjà la pratiquaient : de même qu'on voit aussi les chroniqueurs grecs faire entrer l'histoire romaine, jusque-là négligée par eux, dans le cadre de leurs tableaux, témoin, le livre de *Castor*, fils du roi galate *Déjotarus*, lequel fut terminé en 698 [1]. A l'instar de Polybe, ils veulent substituer à l'histoire purement locale, l'histoire du bassin de la Méditerranée : mais ce que Polybe a su accomplir, aidé de sa haute et claire intelligence, et avec un sens historique si profond, ceux-ci ne l'essayent que pour satisfaire aux besoins pratiques des écoles, ou à ceux de leur propre instruction. Peut-on porter au compte de l'histoire artistique toutes ces chroniques universelles, ces traités écrits à l'usage des cours littéraires, ces *manuels* rédigés comme aide-mémoire, et toutes les compositions qui s'y rattachent plus tard en grand nombre et de même écrites en latin? Je ne l'estime pas. Népos lui-même ne fut rien

Cornelius Nepos.

54 av. J.-C.
104-30.

56.

[1] [On ne sait presque rien de *Cornelius Nepos*, si ce n'est qu'il était originaire de la Gaule Cispadane. Il fut l'ami de Catulle, qui lui dédia son recueil (Cat. 1, 1), d'Atticus, à qui il survécut et dont il écrivit la vie, après lui avoir dédié ses *vies des grands capitaines*. Ses *trois livres de chroniques*, et quelques autres écrits biographiques ou grammaticaux sont perdus. Au sens de tous les critiques, il est bien loin de Plutarque, et, malgré la faveur dont il jouit dans les écoles, on ne peut voir en lui qu'un classique de second ordre.— Le chronographe *Castor*, le *philoromain*, fut gendre, dit-on, de Dejotarus, qu'il accusa de complot d'assassinat contre César. Mais c'est là, ce semble, une erreur. Il fut tout simplement un rhéteur rhodien, d'assez humble extraction, connu surtout par un *Recueil* de chronologie comparée.

qu'un simple compilateur, sans verve, sans habileté de plan ou de composition.

En résumé l'historiographie, bien qu'elle témoigne d'une activité remarquable et grandement caractéristique, ne s'élève pas au-dessus du triste niveau de l'époque. Nulle part autant qu'ici ne se manifeste la complète fusion des littératures grecque et romaine : des deux côtés, pour le sujet et pour la forme, elles se sont mises tout d'abord sur un pied d'égalité : enfin chez les Grecs et chez les Latins, l'enfant même reçoit de ses maitres un enseignement uniforme, commun aux deux nations, et selon la méthode adoptée longtemps avant par Polybe. Mais, s'il est vrai de dire que l'État méditerranéen a rencontré son historien avant même d'être en conscience de sa propre vie historique, convenons aussi qu'au jour où il s'est senti vivre, l'homme lui a manqué, en Italie et en Grèce, qui aurait dû lui donner sa vraie expression. « Une histoire de Rome! » s'écrie Cicéron, « je n'en connais pas! » [*de leg.* 1, 2]. Et autant qu'à nous autres modernes il est donné d'en juger, Cicéron a dit vrai. L'érudition a tourné le dos à la composition historique : celle-ci a tourné le dos à l'érudition, et l'historiographie est restée hésitante entre le manuel d'écolier et le roman. Tous les genres de l'art pur littéraire, épopée, drame, lyrique, histoire sont à néant dans ce siècle du néant : mais où trouver plus qu'ici le reflet attristant et trop clair de la décadence intellectuelle de l'ère où vécut Cicéron?

Accessoires historiques. Rapport militaire de César.

Quoi qu'il en soit, au milieu d'innombrables œuvres médiocres et oubliées, la petite littérature historique compte du moins une production de premier ordre; j'entends parler des *Mémoires de César*, ou mieux du *rapport militaire* adressé par le général démocratique au peuple de qui il tient ses pouvoirs. La partie la plus achevée de ces mémoires, la seule que son auteur ait publiée en personne, le *Commentaire sur la guerre des Gaules*, allant

52 av. J.-C.

jusqu'en l'an 702, a visiblement pour objet la justification, si possible, de l'entreprise de la conquête d'un grand pays, commencée en violation de la constitution, sans mission formelle de l'autorité compétente, et des recrutements sans cesse renouvelés au profit de l'armée conquérante. Ce *Commentaire* fut écrit et lancé dans le public en 703, à l'heure où l'orage éclatant dans Rome, César était sommé d'avoir à licencier ses troupes, et à répondre de sa conduite [1]. Comme il le dit lui-même, l'auteur des mémoires écrit en soldat : il évite de noyer son récit purement militaire sous les digressions peut-être dangereuses qui auraient trait à l'organisation politique et à l'administration. Dans sa forme spéciale, cet ouvrage de circonstance et de parti n'en est pas moins un document égal aux bulletins de Napoléon : il n'est pas d'ailleurs, il ne devait pas être une œuvre d'histoire dans le sens réel du mot : le fonctionnaire

51 av. J.-C.

---

[1] Il y a longtemps qu'on a, pour la première fois, émis la conjecture que le commentaire sur la guerre des Gaules a été publié d'un seul trait ; et la preuve en est dans ce fait, que dès le premier livre (28), on voit les Boïens et les Héduens mis sur le même pied, bien qu'au septième (10), les premiers soient indiqués encore comme sujets et tributaires des seconds. Ce n'est qu'à raison de leur conduite et de celle des Héduens dans la guerre contre Vercingétorix qu'ils ont été faits les égaux de leurs anciens maîtres. D'un autre côté, pour qui tient note attentive des événements, une allusion faite ailleurs à l'échauffourée milonienne (7. 6), montre assez que le livre a été publié avant l'explosion de la guerre civile : non pas, il est vrai, parce que César y loue Pompée, mais bien parce qu'il y approuve les lois d'exception de l'an 702 (VII, p. 171). Il le pouvait et devait faire, tant qu'il avait l'espoir d'un accommodement avec son rival (VII, pp. 202-204). Après la rupture, lorsqu'il cassa les condamnations prononcées aux termes de ces mêmes lois, devenues gravement dommageables à sa cause (p. 53), l'éloge n'avait plus sa raison d'être. Donc, c'est bien à l'année 703, qu'il convient de placer la publication du Commentaire. — Pour ce qui est de l'objet et des tendances du livre, ils se manifestent clairement dans les efforts constants de César pour colorer par de spécieux motifs ses diverses expéditions militaires. A l'entendre, ce ne sont là que des actes défensifs nécessités par la situation des choses ; efforts, comme on sait, souvent malheureux, surtout en ce qui touche l'irruption en Aquitaine (3. 11). On sait qu'au contraire, les ennemis de César blâmaient comme absolument non provoquées ses attaques contre les nations celtes et germaines (Suet. *Cæs.* 24).

52.

51.

y a seul son objectif, lequel n'est en rien l'objectif historique. Quoi qu'il en soit, étant données ces limites modestes, les commentaires sont rédigés de main de maître ; ils atteignent la perfection comme pas une autre composition dans la littérature romaine. Le récit est toujours simple, sans pauvreté, toujours net sans négligence, toujours animé et transparent, sans manière et sans raideur. La langue s'y montre absolument pure d'archaïsme et de vulgarité : elle a le cachet de l'urbanité moderne. Quant aux livres relatifs à la *Guerre civile*, il s'y laisse voir que l'auteur aurait voulu, et qu'il n'a pu éviter le combat : on y sent aussi que dans l'âme de César comme dans celle des autres contemporains, l'heure de l'espoir se levait plus pure et plus belle que l'heure du but atteint dans le présent. Mais les commentaires sur la guerre des Gaules se distinguent par la sérénité allègre, par la simplicité charmante : ils sont une œuvre unique dans les lettres, comme César est un homme unique dans l'histoire [1].

Correspondances

Les *Correspondances* échangées entre les politiques et les lettrés du temps, constituent un genre voisin. Elles ont été recueillies soigneusement et publiées au cours du siècle qui suivit. Nous citerons pour exemples les *lettres familières* de César, de Cicéron, de Calvus, etc. Ce serait leur faire tort aussi que de les classer au rang des productions littéraires, à proprement parler : elles forment toutefois une riche mine pour les études historiques et autres ; elles sont le miroir fidèle d'un temps où allèrent se perdant et se dissipant en petites tentatives tant de trésors amassés dans le passé, tant de génie, d'habileté, de talent [2].

Le *Journalisme*, dans le sens actuel, les Romains ne l'ont point connu : la polémique littéraire avait recours à la brochure ; elle s'aidait en tous cas de la pratique très-

---

[1] [VII, appendice B, pp. 338 et s.]

[2] Il faut lire ces *Lettres* dans l'édition de *Schulze*, classées selon l'ordre chronologique (Halle : 1811). — V. aussi le livre d'*Abeken*, *Cicero in seinen Briefen* (*Cicéron dans ses lettres*), Hanovre, 1835.]

répandue alors des notices inscrites au pinceau ou à la pointe dans les lieux publics, pour l'instruction des passants. En outre, on donnait mission à quelques subalternes de renseigner les notables absents sur les événements du jour et les nouvelles de la ville; enfin César durant son premier consulat, avait pris des mesures pour la publication par extraits des débats du sénat (Suet., *Caes.* 20).

Les envois privés de ces *penny-a-liners* [1] de Rome, et ces notices officielles courantes donnèrent bientôt naissance à une sorte de feuille à la main (*acta diurna*), où les curieux pouvaient lire le résumé des affaires traitées devant le peuple ou dans la curie, les naissances, les décès, et mille autres détails. Ces *actes* constituèrent des documents historiques assurément importants : mais sans obtenir jamais de signification politique ou littéraire. Feuilles à la main.

L'éloquence et les harangues écrites appartiennent aussi de droit aux accessoires historiques. La harangue, bonne ou mauvaise, éphémère de sa nature, n'est point en soi chose littéraire : pourtant, comme un compte-rendu, comme une correspondance, et plus facilement qu'eux encore, elle peut, soit par la gravité des circonstances, soit par le génie puissant de l'orateur, prendre rang aussi parmi les joyaux de la littérature nationale. A Rome, les discours prononcés devant le peuple ou les jurés, et les développements qu'ils contenaient sur les matières de la politique, avaient depuis longtemps pris une place importante dans la vie publique. Les harangues.

On se souvient aussi que les harangues de Gaius Gracchus, pour ne nommer que lui, comptaient à juste titre parmi les chefs-d'œuvre classiques (VI, p. 112). Au siècle actuel, il se fait partout un changement étrange. La harangue politique populaire, et même la harangue délibérative de l'homme d'État, vont en dégénérant. La première avait atteint son apogée dans les autres cités Décadence de l'éloquence politique.

---

[1] [*Écrivains à un sou la ligne* de la petite presse anglaise.]

antiques, et à Rome surtout, au sein de l'assemblée du peuple : là rien n'enchaînait l'orateur, ni les ménagements dus à des collègues, ni l'obstacle des formes sénatoriales, ni, comme devant les préteurs, l'intérêt de l'accusation ou de l'accusé, chose étrangère le plus souvent à la politique. Là, seulement, il se levait portant haut le cœur, et tenait suspendu à ses lèvres le grand et puissant auditoire du Forum romain. Ces grands jours étaient passés, non qu'il manquât d'orateurs, ou qu'on eût cessé de publier les discours tenus devant les citoyens : bien au contraire, les écrits politiques en tous genres commencent à pulluler, et au grand ennui des convives, l'amphitrion leur inflige même à table la lecture de son dernier discours parachevé. Publius Clodius débite en brochures ses allocutions populaires, comme avait fait Gaius Gracchus : mais de ce que deux hommes agissent de même, s'ensuit-il qu'ils font la même chose? Les princes et chefs de l'opposition, César tout le premier, ne parlèrent plus que bien rarement au peuple, et ne publièrent plus leurs harangues : ils donnèrent à leurs pamphlets politiques une autre forme que celle des traditionnelles *concions* : on vit paraître les *éloges* de Caton et les critiques anti-catoniennes (p. 59), remarquables spécimens du genre. Gaius Gracchus avait parlé au peuple : on s'adresse aujourd'hui à la populace : tel l'auditeur, tel le discours. Qu'on ne s'en étonne pas, l'écrivain politique en réputation évite l'ornement désormais. A quoi bon? il est censé ne parler que devant les foules amoncelées au Forum.

Essor de la littérature du plaidoyer.

Cependant, au moment même où l'éloquence, au point de vue de son importance littéraire et politique, tombe et se flétrit, comme toutes les autres branches des belles lettres jadis florissantes au souffle de la vie nationale, voici venir un genre nouveau, le *plaidoyer*, genre singulier, étranger le plus souvent à la politique. Jusqu'alors on ne s'était point douté que les discours des avocats fussent débités pour d'autres que les juges et les parties, et qu'ils dussent prétendre à l'édification littéraire des contemporains et de la postérité. Jamais homme du barreau n'avait fait recueillir et publier ses plaidoiries, sauf dans les cas exceptionnels où traitant de matières qui se rattachaient aux affaires d'État, il y avait un intérêt de parti à leur divulgation. Quintus Hortensius (640-704), le plus illustre avocat romain, au commencement de la période, n'avait donné les mains qu'à un fort petit nombre de ces publications, alors, je le répète, que le sujet était tout ou à moitié politique. Mais son successeur dans la royauté du barreau, Marcus Tullius Cicéron (648-711), en même temps qu'il parlait chaque jour devant les tribunaux, était aussi non moins fécond écrivain : le premier il prit soin d'éditer régulièrement ses plaidoyers, même quand la politique n'y avait pas trait, ou ne s'y rattachait que de loin. Certes il n'y a point là progrès : à mon compte, c'est décadence au contraire et chose contre nature. De même à Athènes, l'entrée du genre plaidoyer dans la littérature n'avait été qu'un fâcheux symptôme : à Rome, le mal était doublement grand. A Athènes, dans un milieu livré à l'exaltation de la rhétorique, il était sorti, l'on peut dire, de la nécessité des choses : mais à Rome, la déviation se produisait par la fantaisie du malade : elle n'était qu'une importation étrangère absolument contraire aux saines traditions nationales. Néanmoins, le genre nouveau se fit vite accepter, soit qu'il obéit à l'influence de ses nombreux contacts avec la harangue politique ; soit que les Romains, gens sans poésie, ergoteurs et rhéteurs par instinct, offrissent à la nouvelle semence un terrain tout propice. N'est-il pas vrai qu'aujourd'hui encore fleurit en Italie une sorte de littérature de prétoire et de plaidoiries? Ce fut donc par Cicéron que l'éloquence, dépouillant cette fois son enveloppe politique, obtint droit de cité dans la république des lettres romaines. Bien souvent déjà nous avons rencontré cette personnalité aux multiples aspects. Homme d'État sans pénétration, sans vues, sans desseins, Cicéron est

114-50 av. J.-C.

*106-43 av. J.-C.
Cicéron.*

tour à tour démocrate, aristocrate et instrument passif de la monarchie : il n'est en somme rien autre chose qu'un égoïste myope. Paraît-il vigoureux à l'action, c'est que déjà la question a été résolue. Le procès de Verrès, il l'entreprend contre la juridiction sénatoriale, après que cette juridiction est tombée. Discute-t-on la loi *Gabinia ?* il se tait : la loi *Manilia ?* il la soutient ! Et quand il tonne contre Catilina, déjà le départ de Catilina est constant. Je m'arrête. Contre une fausse attaque, il est grand et puissant, il emporte à grand fracas les forteresses de carton : mais, en bien comme en mal, quelle affaire sérieuse a été décidée jamais par son initiative ? Il a fait exécuter les Catilinariens ! Non pas, il a seulement laissé faire ! Dans la littérature, il est bien vraiment le créateur de la prose latine moderne, je l'ai dit ailleurs. (p. 214) : son art du style est sa meilleure gloire, son style fait sa haute importance ; et ce n'est que comme écrivain qu'il a la sûre conscience de sa force. Sous le rapport de la conception littéraire, je ne le place pas plus haut que le politique. Il s'est essayé dans les travaux les plus divers ; il a chanté les grands exploits de Marius et ses minces hauts faits à lui-même dans d'innombrables hexamètres : il a voulu mettre hors de champ, dans ses discours, Démosthènes, dans ses dialogues philosophiques, Platon : le temps seul lui a manqué, sans quoi, sans doute, il eût battu Thucydide aussi dans l'histoire [1]. Avant tout, pos-

---

72 av. J.-C.

[1] [Cicéron, effectivement, a écrit un nombre énorme d'ouvrages : on les classe d'ordinaire ainsi : 1° Rhétorique et Traités oratoires. 2° Traités politiques. 3° Philosophie morale. 4° Philosophie spéculative et métaphysique. 5° Théologie. 6° Discours et plaidoyers. 7° Correspondance générale. 8° OEuvres poétiques. 9° OEuvres historiques et Mélanges. — Quant au poème de Marius, auquel M. Mommsen fait allusion, il appartient à sa jeunesse et est antérieur à 682. On n'en connaît guère que quelques vers, parmi lesquels le magnifique fragment (cité par Cicéron lui-même, *de Divinat.* 1, 47), où Marius voit un aigle combattre et tuer un serpent, et s'envoler dans les airs vers le soleil levant. Il a cité aussi (*ibid.* 1, 11), une tirade de 71 hexamètres du poème *sur son consulat*. Il y énumère

sédé de la rage d'écrire, peu lui importait le terrain, pourvu qu'il le labourât. Nature de journaliste dans le pire sens du mot : trop riche en paroles, c'est lui qui l'avoue, pauvre en pensée au-delà de ce qu'on peut dire, il n'était point de genre littéraire, où, s'aidant de quelques livres, traduisant, compilant, il n'improvisât une œuvre de commode lecture. Son portrait fidèle se retrouve dans sa correspondance. D'habitude on la loue, comme intéressante, comme pleine de verve : je l'accorde, en tant qu'elle est le journal de la ville et de la campagne, et le miroir du grand monde. Mais prenez l'auteur laissé à lui-même ; prenez-le en exil, en Cilicie, après la bataille de Pharsale, il devient aussitôt terne et vide, pareil à un *feuilletoniste* égaré loin de son milieu. Qu'un tel politique, qu'un tel lettré ne put être qu'un homme superficiel et de cœur faible, avec sa mince couche d'élégant vernis, j'estime inutile d'en fournir la preuve. Nous occuperons-nous de l'orateur? Tout grand écrivain est de fait un grand homme : c'est chez le grand orateur surtout que les convictions et la passion débordent à flots clairs et sonores des profondeurs de la poitrine. Autrement en est-il de la foule des indigents parleurs, qui ne font que nombre et ne sont point. Or, de conviction, de passion, Cicéron n'en a pas ; il n'est qu'un avocat; et pour moi, un médiocre avocat. Il

les prodiges avant-coureurs des crimes des Catilinariens. Enfin, un autre poème en trois chants, *sur son temps* (*de meis temporibus*), antérieur à 500, célébrait son exil, ses souffrances et son retour. Cicéron faisait bien les vers, et les cultiva toute sa vie à titre de passe-temps. Mais là encore, il laisse percer ses vanités et ses faiblesses. Témoin l'hexamètre dont Juvénal (10, 122), s'est moqué :

54 av. J.-C.

O fortunatam natam me consule Romam!

Des Dialogues philosophiques, nous ne dirons rien. On ne peut nier qu'ils n'aient un grand charme de style : quant aux œuvres historiques ou mélangées, elles étaient nombreuses : citons des mémoires sur sa conduite politique (*de meis consiliis*), sur son consulat : un panégyrique de César, un autre de Caton (dont il a été déjà parlé), un travail sur les *Économiques* de Xénophon, une *Chorographie*, etc.]

expose bien le point de fait, le relève d'anecdotes piquantes ; il excite sinon l'émotion, du moins la sentimentalité de son auditoire : il avive la sécheresse du sujet juridique par son esprit et par le tour souvent personnel de sa plaisanterie. Ses bons discours, enfin, sont d'une lecture facile et agréable, quoi qu'ils n'atteignent point tant s'en faut, au libre enjouement, à la sûreté de trait des chefs-d'œuvre du genre, des mémoires de *Beaumarchais* par exemple ; mais aux yeux du juge sévère, ce ne sont là que des qualités d'un douteux mérite, et quand vous constatez à la charge de Cicéron l'absence complète du sens de l'homme d'État dans ses écrits politiques, de la déduction logique et juridique dans ses écrits judiciaires ; quand vous vous heurtez sans cesse à cette infatuation de l'avocat, perdant sa cause de vue pour ne songer qu'à lui-même, à ce triste vide de la pensée, enfin, vous n'achevez pas la lecture sans une révolte de votre cœur et de votre esprit. Ce que j'admire ici, c'est moins le plaidoyer que l'admiration qu'il a suscitée. Dégagée de toutes préventions, la critique en a bientôt fini avec Cicéron. Mais le *cicéronianisme* est un problème dont on ne saurait, à proprement parler, fournir la solution : on la tourne seulement quand l'on pénètre dans le grand secret de l'humaine nature, en tenant compte de la langue, et de l'effet de la langue sur l'esprit. Au moment même où la fin du latin était proche, en tant qu'idiôme populaire, voici venir un *styliste* souple et habile, qui rassemble et résume ce noble langage ; il le dépose dans ses nombreux écrits. Aussitôt de ce vase imparfait, il s'échappe quelque chose du parfum puissant de la langue, quelque chose de la piété qu'elle éveille. Avant Cicéron, Rome ne possédait point de grand prosateur : César, comme Napoléon, n'avait écrit que par accident. Quoi d'étonnant dès lors si, à défaut du prosateur, on se prend à honorer le génie du parler latin dans les compositions de l'artisan de style, si les lecteurs de Cicéron, à l'instar de Cicéron lui-même, se demandent comment il écrit, et non pas quelle œuvre il a écrite? L'habitude, les routines d'école achevèrent ce que la langue avait commencé.

Toutefois, chez les contemporains de Cicéron, cet étrange engouement alla moins loin, on le comprend, que chez les hommes de la postérité. La manière Cicéronienne domina tout un tiers de siècle dans le monde du barreau, comme auparavant avait dominé l'école bien inférieure d'Hortensius ; mais les meilleurs esprits, César, entre autres, ne s'en rapprochèrent point, et, dans la génération, tout ce qui comptait comme talent doué de vie et de sève ouvrit une opposition décidée contre l'éloquence hermaphrodite et énervée du maître. On reprochait à Cicéron de ne parler ni simplement ni avec force, ses froids lazzis, le désordre et l'ambigu de ses divisions, et par dessus tout l'absence de la flamme, qui seul fait l'orateur. Délaissant les éclectiques de Rhodes, on voulait remonter aux vrais Athéniens, à Lysias, à Démosthènes, introniser enfin dans Rome l'éloquence forte et mâle. A cette école appartinrent *Marcus Junius Brutus*, discoureur grave, mais empesé [1] (669-712), les deux chefs de parti *Marcus Cœlius Rufus* (672-706, VII, p. 224 : *supra*, p. 55), et *Gaius Scribonius Curio* († 705, VII, pp. 213, 278), tous les deux orateurs pleins de souffle et d'action; Calvus, également réputé comme poète (p. 247), et le coryphée littéraire de ce jeune cénacle (672-706), et enfin le sévère et consciencieux *Asinius Pollio* (678-757, VII, p. 158) [2]. On ne peut nier que cette école

Opposition au genre cicéronien.

Calvus et ses compagnons.
85-42 av. J.-C.
82-48.
49.

82-48.
76-4 après J.-C.

---

[1] [Il s'occupa de travaux historiques, abrégea Fannius et Cœlius Antipater, et, à la veille de Pharsale, faisait des extraits de Polybe. Il écrivit aussi plusieurs traités moraux, sur les *Devoirs*, la *Patience*, les *Vertus*. Ses discours étaient estimés, bien que Cicéron les ait trouvés secs, chagrins et froids. Mais il nous reste de lui une ou deux lettres authentiques, fortes et parfois hautaines, recueillies dans la correspondance de Cicéron. Je ne reviens point sur ce qui a été dit ailleurs des Cœlius Rufus, des Curion, des Calvus et des Pollion.

[2] [Il y a exagération encore dans cette assertion tranchante, d'une opposition littéraire anti-cicéronienne, chez tous les hommes de

nouvelle ne fît preuve de plus de goût et de génie qu'il n'y en eut jamais chez les Hortensiens et les Cicéroniens réunis. Malheureusement les orages révolutionnaires emportèrent bientôt la jeune et brillante milice, à l'exception du seul Pollion, et nous ne pouvons pas estimer quels fruits ces beaux germes eussent pu produire. Le temps, hélas! leur a manqué. La monarchie nouvelle n'eut rien de plus pressé que de faire la guerre à la liberté de la parole, et d'étouffer bientôt après la tribune (VII, pp. 170, et s.). Le genre très-secondaire du plaidoyer judiciaire persista, mais la haute éloquence, et la langue de la tribune ne vivent que de la vie politique; elles s'éteignirent nécessairement et s'ensevelirent dans le même tombeau.

Le dialogue scientifique. La période césarienne se signale enfin par un autre mouvement dans la littérature esthétique, par de nombreuses compositions artistiques, dont les sciences diverses font le sujet, compositions empruntant la forme du dialogue à effets de style. Ce genre, on le sait, avait trouvé grande faveur chez les Grecs, et à Rome même il avait, dans le siècle précédent, fourni déjà quelques spécimens *Dialogues cicéroniens.* isolés (VI, p. 112). C'est Cicéron encore qui, dans ses écrits nombreux sur la rhétorique et la philosophie, adopta ce cadre et s'efforça d'y réunir le traité didactique et le livre. Parmi ces écrits, nous nommerons les principaux : 55 av. J.-C. le Dialogue « *de l'orateur* [1] » rédigé en 699, auquel il convient de rattacher « *le Brutus* [2] « ou l'histoire de

talent contemporains. Pour ne citer qu'un seul témoignage, remettons sous les yeux du lecteur un aimable *envoi* de Catulle (50).

> *Disertissime Romuli nepotum*
> *Quot sunt quotque fuere, Marce Tulli,*
> *Quotque post aliis erunt in annis*
> . . . .
> . . . . *tu optimus omnium patronus.*

» Le plus éloquent des Romains, passés et à venir, le meilleur de » tous les avocats. » — Voilà comme il l'appelle!

[1] [*De oratore.*]
[2] [*Brutus, ou de claris oratoribus.*]

l'éloquence romaine (rédigé en 708), et quelques autres dissertations qui le complètent : le Dialogue politique *de l'État* [1] (écrit en l'an 700), avec le traité « des Lois [2] » son pendant (702), imitation avouée de celui de Platon. Grandes œuvres d'art, incontestablement, mais où les qualités de l'auteur étant mieux mises en relief, ses défauts ressortent moins. Les écrits sur l'art oratoire n'atteignent point, il s'en faut, à la rigueur instructive des principes, à la netteté de conception de la *Rhétorique* dédiée à Hérennius (VI, p. 115) : pourtant ils contiennent tout un trésor d'expérience pratique à l'usage de l'avocat, d'anecdotes variées, également relatives au barreau, le tout relevé par un exposé facile, de bon goût, et réalisant le problème d'une amusante lecture. — Tableau hybride et singulier, mi-partie histoire et mi-partie philosophie, le Traité « *de l'État* » ne fait que poursuivre cette pensée fondamentale que la constitution actuelle de Rome est l'idéal de la forme politique cherchée par les philosophes. La pensée n'en est donc en réalité ni philosophique ni historique, elle n'est même pas dans les propres convictions de l'auteur, mais on conçoit qu'elle ait eu pour elle et qu'elle ait gardé la faveur populaire. Quant au canevas scientifique de tous ces écrits, Cicéron le prend naturellement chez les Grecs ; il leur emprunte même directement jusqu'aux détails, témoin, le *Songe de Scipion*, ce morceau à effet qui sert de conclusion au livre « *de l'État* ». Non que je nie qu'il s'y rencontre après tout une certaine originalité relative : la broderie y fait montre de couleur locale romaine, et de cette conscience du sentiment politique, par où les Romains se distinguent à bon droit des Grecs. Ce sont là des avantages réels, et Cicéron y puise une indépendance incontestable au regard de ses modèles. D'une autre part, la forme de

46 av. J.-C.

54.

52.

---

[1] [*De republica.*]
[2] [*De legibus.*]

son dialogue n'affecte point la dialectique socratique par demandes et par réponses des bons dialogues grecs, ni le ton de la conversation qu'on retrouve chez ceux de *Diderot* ou de *Lessing* ; mais à réunir, comme il le fait, autour de *Crassus* ou d'*Antoine* l'orateur, ces groupes nombreux d'avocats, à rassembler pour telle discussion savante tous les jeunes et les vieux hommes politiques du cercle des Scipions, l'auteur se donne un cadre d'une incontestable importance, qui se prête à un tableau vrai et vivant, à de constantes allusions historiques aussi bien qu'à l'anecdote, et lui procure un fond heureux pour la dissertation scientifique. Le style y est travaillé, raffiné autant que dans les meilleures harangues, il est réussi d'autant mieux que l'auteur n'y court point en vain après le pathos.

Que s'il convient de reconnaître un vrai mérite à ces écrits de rhétorique et de politique avec leur enduit superficiel de philosophie, on n'en saurait dire autant des compilations nombreuses, œuvre de la fin de la vie de Cicéron (709, 710). Pour occuper ses loisirs forcés, il s'adonna tout particulièrement à la philosophie proprement dite, entassant en une couple de mois, par exemple, toute une ennuyeuse et rapide série d'ouvrages, toute une bibliothèque de la science. La recette était simple. Imitant grossièrement les écrits populaires d'Aristote, ceux où le stagyrite use aussi de la discussion dialoguée dans l'exposé critique des anciens systèmes, Cicéron s'amuse, à son tour, à coudre ensemble, à mesure qu'ils lui viennent sous la main ou qu'il se les procure, les divers écrits des Epicuriens, des Stoïciens ou des Syncrétiques débattant le même problème ; et voilà son prétendu dialogue achevé, sans qu'il y ait rien mis de son fond, si ce n'est telle ou telle introduction qu'il va chercher dans sa grande boîte à préfaces [*loci communes*] toutes prêtes pour ses futurs livres, si ce n'est ces quelques allusions, expédient de popularité facile, et ces exemples puisés chez les Romains, et cousus en hors-d'œuvre, familiers et agréables à l'auteur ou au lecteur (citerai-je à ce sujet, dans l'*Ethique* [1], une digression singulière sur les *convenances oratoires?*) ; si ce n'est encore ce badigeon littéraire sans lequel le simple lettré, étranger à la pensée ou même au savoir philosophique, n'ayant pour lui que l'assurance et la rapidité de la plume, ne s'aventurera jamais à reproduire une argumentation dialectique. Aussi, que de gros livres pouvaient à la minute sortir d'une telle officine! « Ce ne sont que transcriptions et copies, » dit Cicéron lui-même dans une lettre à un ami qui s'étonne de cette fécondité sans pareille, « et qui me donnent peu de peine, » je n'ai que les mots à y mettre, et des mots, j'en possède » à revendre ! » Après cet aveu, il ne nous reste rien à dire : mais à qui va chercher une œuvre classique dans un tel amas d'écrits, il n'est qu'un conseil à donner, celui d'un beau silence en matière de critique littéraire. [2]

Parmi les sciences, nul mouvement, si ce n'est dans une seule, la philologie latine. Stilon (VI, p. 71) avait élevé jadis un édifice considérable, inauguré la recherche de la linguistique et des faits sur le terrain même de la nationalité latine : Varron, entre autres, qui fut son disciple, agrandit puissamment l'œuvre commencée. On vit pa-

<small>Sciences. Philologie latine. Varron.</small>

---

[1] *De officiis*, I, c. 37.

[2] [Il y a un fond vrai dans tout ce jugement! Mais quelle exagération, quelle sévérité à outrance! Nous n'y reviendrons pas, l'ayant maintes fois signalée. Sans doute, pour ne parler que de l'*Ethique* (*de officiis*), elle est un *remaniement*, une imitation du traité perdu de *Panætius* sur le *Devoir* (περὶ καθήκοντος): C'est Cicéron lui-même qui en convient (*quemque nos correctione quadam adhibita potissimum secuti sumus: de off.* 3, 7 : *ad Att.* 3, 11, 4 ; cf. *de off.* 1, 9), mais d'abord, il était toute une partie du livre grec restée inachevée, et que Cicéron a écrite de son propre fond (3, 34 : *explebimus nullis adminiculis, sed, ut dicitur, Marte nostro*), nous voulons parler du conflit entre la *vertu* et *l'utile*. De plus, tout en suivant les divisions de son modèle, il s'écarte souvent de ses doctrines, et se montre indépendant jusque dans son éclectisme.— M. Mommsen a beau dire, le traité des *Devoirs* reste un chef-d'œuvre, à lire et à méditer sans cesse.]

raitre des travaux étendus sur tout le corps de la langue, les vastes *commentaires grammaticaux* de Figulus (pp. 198-201), le grand ouvrage de Varron sur « *la langue latine* »[1], d'autres monographies grammaticales et de philologie historique, comme les traités, aussi de Varron, sur le *latin usuel*, sur les *synonymes*, sur l'*antiquité des lettres alphabétiques*, sur les *origines* du latin [2]; des *Scholies* sur l'ancienne littérature, sur Plaute, notamment; des travaux relatifs à l'histoire littéraire, des *Biographies* des poètes, des recherches sur le vieux théâtre, sur la *division scénique* des comédies plautines, et enfin sur leur authenticité [3]. — La philologie réelle latine [4], laquelle comprenait toute l'histoire des Antiquités romaines, et attirait dans son domaine le droit sacral qui n'avait rien de commun avec la jurisprudence pratique, fut déposée et embrassée tout entière dans le livre fondamental, demeuré tel pour tous les temps, de Varron, et intitulé « *les antiquités des choses humaines et divines* (il le mit au jour entre 687 et 709 [5]). Dans la première section, il retraçait les temps primitifs de Rome, les divisions en quartiers de la ville et de la campagne, la connaissance des années, des mois et des jours, enfin les événements publics intérieurs et les faits de guerre. Dans la seconde section, consacrée aux « choses divines, » on lisait l'exposé de la religion officielle: collèges des experts sacrés, leur nature et leur caractère, lieux saints, fêtes religieuses, sacrifices et offrandes pieuses, enfin les dieux divers, tout

67-45 av. J.-C.

---

[1] [*De lingua latina,* déjà cité (p. 259), en 24 livres, dont il ne nous reste que 3 entiers, et 3 en fragments.

[2] [*De sermone latino.* — *De synonimis.* — *De antiquitate literarum.* — *De originibus linguæ latinæ.*]

[3] [*Quæstiones Plautinae,* — *De comœdiis Plautinis.* — *De scenicis originibus.* — *De actibus scenicis.*]

[4] [Expression allemande d'école. Elle désigne les recherches des institutions et des antiquités, et l'explication matérielle des mots qui s'y rattachent.]

[5] [*Antiq. rerum human. et divin.* cité par Augustin *de civil. Dei* VI, 2.]

était réuni dans ce vaste tableau. Ajoutez à cela une multitude de monographies sur l'*origine du peuple romain*, par exemple, sur les *gentes originaires de Troie*, sur les *Tribus* [1]. Ce n'est pas tout, Varron voulut encore donner à son grand ouvrage, sous la forme d'une publication indépendante, un grand et important supplément. Il écrivit « la vie du peuple romain, » essai remarquable d'une histoire des mœurs latines, où étaient décrits les usages domestiques, les finances et la civilisation de Rome, sous les rois, sous la première république, au temps d'Annibal, et au temps le plus récent. Pour de semblables travaux, il a fallu à cet homme une érudition colossale autant que variée, dépassant le savoir de tous ses devanciers ou de tous ceux qui vinrent après lui; il lui a fallu la connaissance de tous les faits relatifs au monde romain et au monde grec limitrophe; il lui a fallu tout ensemble et l'examen pris sur le vif, et les études littéraires les plus approfondies. Aussi est-il vrai et mérité l'éloge des hommes de son siècle ! A les entendre, Varron a été un guide sûr pour ses compatriotes, étrangers et comme perdus sur leur propre sol : il leur a montré qui ils étaient, et où ils étaient ! [2]

Mais ne lui demandez ni critique, ni système. Ce qu'il sait de la Grèce, il l'a puisé à des sources troublées; et même en ce qui touche Rome, on constate la trace chez lui de l'influence des romans historiques ayant cours. S'il établit son sujet sur un échafaudage suffisamment commode et symétrique, il ne sait point le diviser et le traiter selon la loi d'une bonne méthode, et si attentif qu'il pa-

---

[1] [De *gente populi Rom.* — De *initiis urb. Rom.* — De *familiis Trojan.*]
[2] [De *vita popul. Rom.* — De *republ.* — *Nam nos in nostra urbe peregrinantes errantesque tanquam hospites tui libri quasi in domum perduxerunt, ut possemus aliquando, qui et ubi essemus, agnoscere* (Cic. *Acad.* 1). Il faut lire tout le passage qui énumère les travaux et les services de Varron : mais qui finit par un coup de patte de rival en philosophie : *ad impellendum satis, ad docendum parum.* — Cf. *Brut.* 15.]

raisse à mettre en harmonie les documents qu'il reçoit d'ailleurs et ses observations personnelles, on peut affirmer que ses conclusions scientifiques, au regard de la tradition, n'ont point su se dégager absolument de la *foi du charbonnier*, et des entraves scolastiques [1]. La philologie grecque, il en imite les défauts, plus qu'il ne profite de ses vraies richesses ; on le voit poursuivant les étymologies fondées sur la simple assonance : aussi tombe-t-il souvent, lui et tous les linguistes du temps, dans la pure charade et la niaiserie grossière [2]. Avec son assurance et sa plénitude empirique, avec son insuffisance et son absence de méthode, empiriques également, la philologie varronienne me rappelle absolument l'école philologique de l'Angleterre, et pareille à celle-ci encore, elle se cantonne dans le vieux théâtre comme centre de ses études. Nous avons fait voir que la littérature monarchique, rejetant bien loin ces pratiques, s'appliqua au développement des vrais principes (p. 243). Et chose au plus haut point remarquable, celui qu'on vit à la tête des nouveaux grammairiens, n'était ni plus ni moins que César lui-même,

---

[1] On en trouve un remarquable exemple au traité *de re rustica* (2, 1). Il y divise la science du bétail *en neuf fois trois fois trois (neuf) parties* [*ea partes habet novem discretas ter ternas*, etc.] : plus loin il parle des cavales d'*Olisipo* (*Lisbonne*) que le vent rend fécondes [*in Lusitania ad Oceanum in ea regione ubi est oppidum Olysippo, quædam e vento concipiunt certo tempore equæ.*] Tout le chapitre contient un étrange pêle-mêle de notions philosophiques, historiques et d'économie rurale.

[2] C'est ainsi qu'il fera dériver *facere* de *facies*, parce que faire, c'est *donner figure* à une chose : [*proprio nomine dicitur facere a facie, quod rei quam facit, imponit faciem*, etc.— *De ling. lat.* 5.] *Volpes*, renard, vient, dit-il avec Stilon, de *volare pedibus*, voler des pieds. [*Volpes, ut Ælius dicebat, quod volat pedibus.*] — *Gaius Trebatius*, autre philologue et juriste contemporain, dérive *sacellum* de *sacra cella* ; Figulus, *frater* de *fere alter*, etc., etc. Et ce ne sont point là des faits isolés : la manie étymologique constitue au contraire l'élément principal de la philologie d'alors ; elle ressemble fort à la méthode naguère encore usitée dans la linguistique comparée, alors que la théorie de la formation des langues demeurait encore un mystère, et qu'on n'avait point chassé les empiriques du temple.

qui, dans son traité de l'*Analogie* (édité entre 696 et 704), entreprit le premier de ramener la langue jusque là sans frein sous la puissance de la loi.

<small>58-50 av. J.-C.</small>

Au mouvement très-considérable qui se produit dans la philologie ne répond point une activité productive égale dans le domaine des autres sciences. Quelques travaux philosophiques non sans importance, l'exposition de l'épicuréisme par Lucrèce, revêtue du costume primitif des vers selon la formule anté-socratique, et les écrits *académiques*, les mieux réussies des œuvres de Cicéron [2], ne portent coup et ne conquièrent leur public qu'en dépit du sujet, et que grâce à la forme esthétique qu'ils affectent : quant aux innombrables traductions des livres épicuriens, quant aux traités pythagoriciens, comme le gros livre de Varron sur les « *principes des nombres* [3], » quant à celui plus volumineux encore de Figulus « sur les Dieux [4] », ils n'eurent, à n'en point douter, ni la valeur scientifique ni le mérite de la forme. — Les sciences professionnelles sont de même faiblement cultivées. Le dialogue de Varron *sur l'agriculture* [5], montre plus de méthode que les œuvres de ses devanciers, Caton et Saserna, sur qui aussi, soit dit en passant, mainte critique et maint blâme pourraient justement tomber. Mais il sent davantage le travail de cabinet, quand ceux-ci, au contraire, sont dictés uniquement par l'expérience des champs. Varron encore [6], et un consulaire de l'an 703,

<small>Les autres sciences.</small>

<small>51.</small>

---

[1] [*De analogia*, ou, selon Cic. (*Bret.* 72) *de ratione loquendi*, en 2 livres, souvent cités par les grammairiens.—Écrit par César dans les Alpes en revenant de ses quartiers d'hiver en Italie, ce traité est perdu.]

[2] [Les *Académiques*, les *Tusculanes*, le *De finibus*, etc.]

[3] [*De principiis numerorum*, en 9 livres.]

[4] [*De Deis;* supra pp. 200, 201.]

[5] [*De re rustica*, en 3 livres : nous les possédons encore. Les *Saserna*, père et fils, ne nous sont connus que par quelques citations de Varron, Columelle et Pline.]

[6] [*De jure civili*, 15 livres.]

Sulpicius Rufus (VII, p. 258) [1], ont publié des études juridiques. Nous n'en dirons qu'une chose ; elles sont un tribut payé à l'enjolivement dialectique et philologique de la jurisprudence romaine. Après cela, irons-nous mentionner les 3 livres de *Gaius Matius* sur la *cuisine*, les *salaisons* et la *confiserie* [2], le premier livre en ce genre, édité à Rome, autant que l'on sache, et production digne d'être notée, si l'on songe que l'auteur est homme du grand monde ? [3] — Les mathématiques, la physique furent encouragées, grâce aux tendances de plus en plus hellénistiques et utilitaires de la monarchie. On constate leur progrès par la place qu'elles prennent dans le programme de l'éducation (p. 202), et dans les applications pratiques. Parmi ces dernières il faut énumérer la *réforme du Calendrier* (p. 188), l'établissement des premières cartes murales [4], l'amélioration technique du génie naval, de la facture des instruments de musique, des plantations et des constructions, comme la volière décrite par Varron, nous en offre un exemple [5] ; le pont de pilotis jeté sur le Rhin par les ingénieurs de César ; enfin ces deux échafaudages demi-circulaires en charpente, disposés pour glisser l'un vers l'autre, et formant, séparés, deux théâtres, ou, réunis, un amphithéâtre [6]. Il n'était point rare de voir, dans les

---

[1] [Pomponius parle des nombreux ouvrages (quelque chose comme 180 livres) de Sulpicius Rufus (*Dig. de orig. juris*, ff. 2, 5, 43, cf. Cic. *Brut.* 41). Il traita le droit, dit Cic., de façon méthodique, et laissa de nombreux élèves. — Ennemi de César, d'abord, consul en 703, avec Marcus Marcellus, Sulp. Rufus avait fini par se réconcilier avec le vainqueur de Pharsale. (V. Otto : *Thesaur.* t. 5, pp. 1545-1630, *de vita, studiis scriptis et honoribus Serv. Sulpicii Rufi.*). *Jus civile semper ad aequitatem et facilitatem referebat* (Cic. *Philipp.* 4, 15).]

[2] [*Supra*, p. 43. *Libros tres edidit, quos inscripsit nominibus Coci et Cetarii et Salmagarii.* — Colum. 12, 4, 2 et 44].

[3] [Et l'un des affidés de César !]

[4] [*Supra* p. 178, et Propert. 4, 3, 36.
  Cogor a tabula pictos ediscere mundos !]

[5] [*De re rust.* 3, 3, 4.]

[6] [Cette construction singulière avait été élevée par Curion, le

jeux populaires, exposer devant la foule les curiosités naturelles exotiques ; et les animaux merveilleux crayonnés par César dans ses Commentaires, témoignent assez, qu'Aristote revenant, il eût aussitôt retrouvé son prince et protecteur. Quoi qu'il en soit, tout ce qui tient à la littérature de l'histoire naturellle demeure dans le sillon du néo-pythagoréisme. Ainsi en est-il des *Observations célestes grecques et barbares*, c'est-à-dire, égyptiennes, rassemblées par Figulus, et de ses écrits *sur les animaux*, les *vents*, les *organes sexuels*. Chez les Grecs, les études physiques, s'écartant de la méthode aristotélique qui demandait sa loi à chaque chose, avaient dégénéré en empirisme sans critique, en recherche insensée de l'extraordinaire et du merveilleux : aujourd'hui cette même science, transformée en une sorte de philosophie mystique de la nature, au lieu de faire la lumière et la vie, n'était bonne au plus qu'à les étouffer et les obscurcir. En face de telles tendances, mieux valait assurément s'en tenir à ce niais précepte, que Cicéron nous donne quelque part comme le fin mot de la sagesse socratique : « l'étude de la nature s'enquiert de choses que nul ne peut connaître ou que nul n'a besoin de savoir. »

Tournons enfin les yeux du côté des arts. Ici, comme dans les autres branches de la vie intellectuelle du siècle, rien qui réjouisse le regard. La crise financière des derniers jours de la république a porté le coup de mort aux travaux publics. Mais déjà nous avons dit le luxe des constructions privées élevées par les grands. Les architectes avaient récemment appris à employer le marbre : les

L'art.

Architecture.

---

futur lieutenant de César. Plin. *h. nat.* 36, 24, 8. *Theatra juxta fecit amplissimo de ligno cardinum singulorum versatili snspensa libramento, in quibus... inter se aversis, ne invicem obstreperent scenæ, repente circumactis ut contra starent... faciebat amphitheatrum.*]

¹ [*De sphaera barbarica et graecanica. — De animalibus. — De ventis. — De hominum naturalibus.* V. supra, p. 200-201.]

diverses sortes colorées, le *jaune de Numidie* (*Giallo antico*), et bien d'autres s'étalent à l'envi : on exploite, pour la première fois, les carrières de *Luna* (*Carrare*). On parquète les chambres en riche mosaïque, on revêt les murailles de plaques de marbre, ou on les enduit d'un stuc qui les imite, et ce début conduira plus tard aux peintures murales des appartements intérieurs. Toutes magnificences dispendieuses qui ne profitent point au bel art. Tel avocat affectait la simplicité catonienne à parler devant les juges des chefs-d'œuvre « d'un certain Praxitèle : [1] » mais tout le monde voyageait, et regardait. Le métier de *Cicerone* ou d'*Exégète*, comme il s'appelait alors, rapportait gros. On faisait littéralement la chasse aux objets d'art, moins peut-être aux statues et aux tableaux, qu'aux ustensiles divers, aux curiosités de la table ou de l'ameublement. La grossièreté romaine, amoureuse de l'étalage, y trouvait son compte. Déjà l'on s'était mis à fouiller les vieux tombeaux grecs de Capoue et de Corinthe, pour y ravir les vases d'airain ou d'argile, placés aux côtés des morts. Tel bronze, statuette ou figurine se payait 40,000 HS (3,000 *thal.* = 11,500 fr.) : telle paire de tapis précieux, 200,000 HS (15,000 *thal.* = 56,250 fr.). Telle marmite de bronze d'un bon travail se payait au prix d'un domaine rural. Combien de fois le riche amateur, ce barbare en quête de joyaux d'art, n'était-il pas volé par ses marchands ? Toutefois, le pillage et la ruine de l'Asie Mineure, qui regorgeait de chefs-d'œuvre, valurent à Rome la possession des morceaux antiques les plus précieux : Athènes, Syracuse, Cyzique, Pergame, Chios, Samos, et toutes les anciennes capitales de l'art étaient dépouillées pour le marché de Rome. Tout ce qui était à vendre, et même ce qui ne l'était pas, partait pour les palais ou les villas des grands de Rome. On sait quelles merveilles recélait la maison de Lucullus, à qui l'on fit un

Arts plastiques.

---

[1] [V. Cic. in Verrem *act.* 4, *de signis, passim.*]

jour le reproche qu'il avait trahi ses devoirs de chef d'armée pour le seul intérêt de son dilettantisme artistique. Les curieux y affluaient comme aujourd'hui à la *villa Borghèse*, et comme aujourd'hui aussi se plaignaient de l'internement, de l'emprisonnement des trésors de l'art dans les palais et les campagnes des grands, où la visite en était difficile et exigeait d'habitude une autorisation particulière accordée par le maître. — En revanche, les bâtiments publics ne s'étaient en aucune façon enrichis des œuvres des illustres sculpteurs ou peintres de la Grèce; et dans la plupart des temples de Rome on en était encore aux vieilles statues de bois des dieux. Quant à la pratique des arts, Rome n'a rien produit qui vaille d'être nommé : à peine dans tout le siècle possède-t-elle un seul statuaire ou peintre dont le nom soit resté; je veux parler d'un certain *Arellius* dont les œuvres faisaient fureur. Non qu'elles eussent un vrai mérite plastique, mais le maître *roué* [1] à ses figures de déesses prêtait la ressemblance exacte de ses maîtresses du jour.

A l'intérieur des maisons, et au grand air de la vie publique, la musique et la danse croissent en faveur. Nous avons vu que la musique scénique et le ballet se sont créé au théâtre un rôle indépendant et considérable (p. 233). Ajoutons à cette indication un autre fait non moins important. Désormais, le théâtre public s'ouvre fréquemment aux représentations données par les musiciens, les danseurs et déclamateurs venus de Grèce, pareils à ceux qui parcouraient depuis longtemps l'Asie Mineure, et toutes les contrées helléniques ou hellénisantes [2]. Ces mêmes musiciens, danseurs et danseuses,

La danse et la musique.

---

[1] [*Sic*, au texte. — Plin. *hist. n.* 35, 37.]
[2] [On se rappelle la scène décrite par Plutarque; et les *Bacchantes* d'Euripide jouées par des comédiens grecs devant le roi Parthe, au moment où on lui apporte la tête de Crassus, VII, p. 189]. Les « *Jeux grecs*, » en effet, n'étaient pas seulement à la mode dans les villes

louaient leurs services pour amuser les convives à table et dans d'autres occasions : les riches entretenaient aussi grecques de l'Italie, comme à Naples (Cic. *pro Arch.* 5, 10 ; Plutarch. *Brut.* 21), par exemple : ils avaient encore conquis droit de cité à Rome (VI, p. 44. Cic. *ad fam.* 7, 1 : *ad Att.* 16, 5 : Suet. *Cæs.* 39 : Plutarch. *Brut.* 21). Nous objectera-t-on l'*inscription tumulaire* bien connue de *Licinia Eucharis*, morte à l'âge de 14 ans, inscription qui paraît de la fin de l'époque actuelle (*Corp. Insc. Lat.* n° 1009, p. 220), et où il est dit que cette jeune fille « bien élevée, » instruite dans tous les arts des muses, » aurait donné, en sa qualité de danseuse, des représentations privées dans les maisons du grand monde ; et qu'elle se serait, *la première*, produite en public, sur la scène grecque, à Rome (*modo nobilium ludos decorari choro, et Græca in scena prima populo apparui*) ? Ceci ne veut dire qu'une chose, c'est qu'elle a été la *première jeune fille*, qu'on ait vue à Rome monter sur le théâtre grec public : et, en effet, c'est vers cette époque que les femmes commencent à se montrer sur les planches (p. 228, n. 2). — Du reste, les « Jeux grecs » ne paraissent point avoir été de vraies représentations scéniques : ils appartenaient plutôt au genre de la déclamation accompagnée de musique, qui fut aussi fréquemment pratiquée plus tard dans la Grèce proprement dite (Welcker, *griech. Trag.* p. 1277). C'est la conclusion qu'il faut tirer des indications fournies par Polybe (30, 13) sur les *concerts des joueurs de flûte*, par Suétone (*l. cit.*), sur la danse en général et la *danse des armes* selon le mode de l'Asie Mineure, exécutée dans les jeux donnés par César, et de l'inscription même précitée du tombeau d'Eucharis ; enfin j'estime que dans le passage des *Rhet. ad Herrennium* (4, 47, 60), relatif aux *Cytharædes* (cf. Vitruv. 5, 5, 7), il est fait de même allusion à ces « jeux grecs. » Une autre chose me frappe, c'est de voir ces représentations combinées à Rome avec les *luttes d'athlètes grecs* (Polyb. *l. cit.* : Tite-Liv., 39, 22). — Les récitations dramatiques n'étaient point exclues de ces jeux mixtes, car nous voyons figurer des acteurs tragiques dans la troupe amenée à Rome en 587 par *Lucius Anicius*. Pourtant on peut croire que ce n'était point là, à proprement parler, des représentations dramatiques : l'artiste se contentait d'y déclamer ou chanter, avec accompagnement de flûte, tantôt un drame entier, tantôt et plus souvent de simples fragments. Voilà bien ce qui se pratiquait à Rome, et suivant toute apparence, la grande attraction pour le public, dans les jeux grecs, c'était la musique et la danse : quant aux paroles, on ne s'en préoccupait guère, pas plus qu'aujourd'hui les dilettantes de Londres ou de Paris n'écoutent celles de l'opéra italien. Véritables *pots pourris* sans règles fixes, ces jeux mêlés allaient très-bien au goût actuel du public : ils s'adaptaient aux *théâtres de société*, bien plus facilement que ne l'eussent pu faire les représentations dramatiques complètes de la scène grecque. Que celles-ci d'ailleurs aient été importées aussi à Rome, loin d'y contredire, j'admets que le fait est prouvé.

chez eux pour leur chapelle, des joueurs de luth et d'instruments à vent, et des chanteurs. Non contents de cela, les gens du bel air se mirent eux-mêmes à jouer et à chanter. Aussi voit-on la musique entrer désormais dans le programme universellement admis des branches diverses de l'éducation (p. 202) ; et pour ce qui est de la danse, il n'est pas, sans parler des femmes, jusqu'à des consulaires, à qui l'on n'ait pu, un jour, jeter à la face de s'être donnés en spectacle dans quelque ballet de société.

Faut-il le dire? Avec les débuts de la monarchie, déjà se manifestent, à la fin de la période actuelle, les commencements d'une ère meilleure pour les arts. Nous avons raconté dans le précédent chapitre quel puissant essor, sous l'impulsion de César, l'architecture a pris et devait prendre bientôt dans la capitale et dans tout l'empire. Il en est de même de la gravure monétaire. Celle-ci se transforme vers l'an 700 : l'empreinte, souvent grossière et négligée de l'ancienne médaille, fait place désormais à la finesse et à la netteté du relief. *L'influence de la monarchie déjà manifeste.* *54 av. J.-C.*

Conclusion. Nous assistons à la fin de la république romaine. Nous l'avons vu, durant cinq cents ans, commander à l'Italie et à la région méditerranéenne : nous l'avons vue s'en allant en ruine, non sous le coup des voies de fait du dehors, mais par le vice intérieur de sa décadence politique et morale, religieuse et littéraire, et laissant la place à la nouvelle monarchie. Dans ce monde romain, tel que César le trouva, beaucoup de nobles choses survivaient, legs des siècles passés, amoncellement infini de grandeurs et de splendeurs. D'âme, il n'y en avait presque plus; de goût, bien moins encore : dans la vie, et autour de la vie, plus de joies. Ce monde était vraiment vieux et le génie patriote de César ne pouvait le refaire jeune. L'aurore ne revient pas, tant que la nuit noire n'a pas achevé de tout envahir. Avec César cependant, les riverains de la Méditerranée si longtemps battus par les orages du milieu du jour pouvaient espérer un soir plus calme. Aussi bien, au sortir des longues ténèbres de l'histoire, luira l'ère nouvelle des peuples : de jeunes nations, libres de leurs allures, se mettront en marche vers un but plus haut et nouveau, et parmi elles, il s'en trouvera plus d'une chez qui auront germé les semences jetées par la main de César, plus d'une tenant de lui son individualité, et lui en demeurant redevable.

APPENDICE

A

ÉPILOGUE (DU TRADUCTEUR).

Ici s'arrête le récit de M. Mommsen. Après Thapsus, après le suicide du dernier des républicains, la République romaine est morte : elle est dans le tombeau. Le cadre que notre auteur s'est tracé lui paraît, quant à présent rempli (v. *supra*, pp. 35, 37, 62 et s.). Pour lui, si importants que soient les évènements ultérieurs, la seconde guerre d'Espagne, la bataille de Munda, le retour de César à Rome, en octobre 709, les honneurs qui lui sont rendus, la conspiration des G. Cassius Longinus, des Junius Brutus, des Casca et autres, et l'assassinat des Ides de mars 710, tous ces évènements appartiennent déjà à une autre histoire qu'il promet (pp. 57, n: 1, et 65), et qu'il n'a point encore écrite. A la rigueur, un tel point de vue se justifie par les faits, et par le résultat politique et social des faits. Au lendemain de Thapsus, l'empire est fondé : la nouvelle ère impériale commence (*novus seclorum nascitur ordo*). Après le meurtre de César, la guerre civile se rallume, les républicains sont obligés de quitter l'Italie, les coalitions et les proscriptions reprennent de plus belle, suivies de la catastrophe de *Philippes*, et conduisant bientôt à la lutte finale entre Antoine et *Octave*. Mais alors, il ne s'agit plus que de savoir qui sera empereur, qui sera l'héritier de César, de son ancien lieutenant ou de son fils d'adoption.

45 av. J.-C.

44.

M. Mommsen a donc pu très-bien considérer comme en dehors de son sujet l'immense et sanglante tragédie qui se déroule des *ides de mars* 710 (5 mars) à la bataille finale d'Actium (2 septembre 723).

54 av. J.-C.
31.

Toutefois, en s'arrêtant à la mort de Caton d'Utique, il faut bien le constater aussi, l'auteur a rompu avec les traditions de l'école, avec la division acceptée par tous les grands historiens, et les principaux représentants de la critique et de la philosophie de l'histoire. A ne point vouloir pousser jusqu'au jour où, victorieux à Actium, maître incontesté du monde grec et romain, Octave rentrera dans Rome, et se couronnera du titre d'*Auguste*, il semble, à tout le moins, que M. Mommsen eût donné à l'esprit, aux habitudes du lecteur, à l'art lui-même, pourquoi ne pas le dire ? satisfaction plus complète, en achevant en quelques pages la biographie du premier des Césars ! Qu'il nous soit permis d'exprimer un regret, sinon peut-être une critique. — Aussi bien dans les deux chapitres XI et XII, qui terminent son livre, dans le chapitre XI, surtout, M. Mommsen reprenant et achevant le portrait du grand général, du grand politique, et du grand fondateur d'empire, se voit bien forcé d'embrasser les desseins, les plans et les institutions créés ou ébauchés par lui jusqu'au jour de sa mort. En sorte qu'ici le tableau déborde du cadre [1]. — Tout en respectant la pensée de notre auteur, il nous paraît utile de résumer ici en quelques lignes, par de simples indications de faits et de dates, les points historiques principaux, et les innovations législatives, financières et économiques, qui achèvent la vie de César.

Le lecteur, après cette récapitulation rapide, se sentira plus à l'aise, ce semble : Il appréciera mieux, et à leur juste importance ces deux grands chapitres XI et XII, où les institutions de la monarchie nouvelle, les nécessités manifestes de la concentration du gouvernement, de l'unification administrative et nationale du monde romain, la préparation

---

[1] Dans le domaine des faits et des institutions, M. Mommsen parle de la dictature décennale, de la censure triennale décernées à César ; de ses quatre triomphes : de la réforme du calendrier, etc., etc., lesquels se placent après Thapsus ; des honneurs et de la dictature perpétuelle décernée après *Munda* ; de l'ensemble des créations législatives et financières antérieures ou postérieures au retour d'Espagne ; du diadème et du titre de roi offerts par Antoine, aux Lupercales, et enfin des projets de guerre contre les Parthes (v. *infra*, pp. 300 et s.).

par une main puissante et prévoyante d'un terrain destiné à la civilisation commune et à la semence prochaine du christianisme, sont exposées de main de maître.

A côté de ces grandes vues, et en dépit de ses éloges, M. Mommsen ne peut écarter la trop juste sentence de l'histoire sur l'homme qui a franchi le Rubicon : quelque grand que soit le bienfait allégué pour excuse après l'usurpation, l'usurpation reste ce qu'elle est, un crime, vengé sur César en sa personne par les haines et l'assassinat ; et puni, dans l'institutiou impériale, par les vices mêmes, les désordres et les alternatives d'insécurité, de cruautés et de revers, qui conduiront l'empire à une dissolution finale, après des alternatives aussi de grandeur, de puissance et de gloire !

Mai 1870.   A. A.

B

BREF SOMMAIRE DES ÉVÉNEMENTS JUSQU'A LA MORT DE CÉSAR.

(705-710)

49-44 av. J.-C. — Et d'abord, de l'an 705 à 710, dans ces quelques années si dramatiques, César, remarquons-le, n'a fait à Rome que de courts séjours ; et c'est pour l'esprit un étonnement profond que d'énumérer les lois et les travaux créés ou ébauchés par lui, dans les intervalles que lui laisse la guerre.

49. — *Premier séjour* (705 — Calendes d'avril). César revient de Brindes à Rome après le départ de Pompée pour l'Epire. La guerre d'Italie ou de 60 *jours* est finie. Il ne reste à Rome que peu de temps, et se précipite en Espagne (*bell. civ.* 1, 32-33).

Deuxième séjour (Calendes d'octobre : décembre). Il revient d'Ilerda, est nommé *dictateur* pour la première fois, tient les comices consulaires, est nommé consul pour l'année suivante avec *P. Servilius Vatia Isauricus*, continue les consuls et autres magistrats de l'année dans les proconsulats et autres charges, règle la question des dettes, rappelle les bannis, concède la cité aux Transpadans, et au bout de 11 jours dépose la dictature. Puis, la veille des *Nones* de janvier (*bell. Civ*, 3, 6), il part pour la Grèce.

49-47. — Après Pharsale (705-707) les honneurs s'amoncellent sur lui. Durant son absence, il est fait consul pour 5 ans, et dictateur pour la seconde fois. Du milieu de mars au mois de juin 707, on reste sans nouvelles de lui à Rome (*ad Attic.* 17, 3). Troubles excités par M. Cœlius et Milon, puis après eux par Dolabella (706-707).

47 av. J.-C.

48-47.

Troisième séjour. — Enfin César revient en Italie, après les guerres d'Egypte et d'Orient heureusement terminées (septembre 707). Il apaise la révolte de ses légionnaires, est nommé consul et dictateur pour la troisième fois. Il élit consuls (*consules suffecti*) pour la fin de l'année Q. *Fufius Calenus* et *P. Vatinius*, préteur Crisp. Sallustius; il porte les préteurs pour 708 à dix ; élève au nombre de seize les pontifes, augures et quindécemvirs, et ouvre le sénat à des chevaliers, à ses centurions et autres hommes de condition médiocre.

47.

46.

En décembre 707, il part, passe par Lilybée, et va en Afrique. Campagne et bataille de Thapsus (avril 708).

47.
46.

Quatrième séjour. — César quitte l'Afrique aux Ides de juin, et arrive à Rome vers la fin du même mois (VI *Calend. de sextilis.* — 28 juin (*b. afr.* 98), avril du calendrier nouveau).

A Rome, *supplications* de 40 jours. Le sénat lui vote 70 licteurs : il attèle des chevaux blancs. Honneurs inouïs : dictature pour dix ans : chaise curule à côté et au-dessus des consuls. Il vote le premier : il aura une statue avec l'inscription « *César, demi-dieu.* » — Il célèbre ses triomphes, dédie au peuple un nouveau Forum, élève un temple à *Vénus genetrix.* Jeux en l'honneur de sa fille. Largesse, banquets, annone réduite et régularisée.

C'est durant ce séjour (4 mois), que César décide que les propréteurs ne garderont qu'un an leur province, que les proconsuls resteront deux ans en charge ; que les juges seront exclusivement pris parmi les sénateurs ou chevaliers (*lex judicaria*). — Réforme du calendrier.

Fin décembre (708), César part pour l'Espagne. On se rappelle qu'après la campagne d'Ilerda, il y avait laissé Q. Cassius Longinus (*b. civ.* 2, 21) : mais celui-ci s'était fait détester de tous, et la moitié de ses légionnaires (5 légions) avait fait défection. C. Trebonius, son successeur, n'avait point eu meilleur succès. Les Pompéiens se rendent de tous côtés en Afrique, où Gnaeus Pompée les vient rejoindre (708). Après Thapsus, les débris de l'armée républicaine ont aussi passé le détroit avec Attius Varus et T. Labienus.

46.

46.

Ils comptent bientôt 13 légions sous leurs ordres. Les lieutenants de César Q. Pedius et Q. Fabius Maximus ne peuvent leur tenir tête (*bell. Hisp.* 2, 7. 30). — César arrive enfin à *Obulco* (*Porcuna*), à 300 stades de Cordoue (App. *b. c.* 103). La guerre, dont les récits nous arrivent confus, traîne en longueur autour de nombreuses places assiégées successivement *Ulia* (*Montemayor*), *Corduba*, *Ategua*, (*b. Hisp.* 3-27). Enfin Pompée, quittant ses retranchements d'*Ucubis*, (non loin du *Salado*, *flumen Salsum*), vient se poster à *Munda* (auj. *Monda* entre *Ronda* et *Mataga*), pour y livrer la bataille. Elle a lieu le jour des *Liberalia* (*b. Hisp.* 31), ou le 17 mars 709. Longtemps indécise et chaudement disputée, elle se termine sur le soir par la défaite des Pompéiens, dont 33,000 seraient morts, et parmi eux Labienus et Varus (*ibid.* 31). « Jadis s'écrie César, j'avais combattu pour la victoire, aujourd'hui, pour la première fois, j'ai lutté pour la vie ! » (Plut. *Cæsar* 56. App. 104). Les villes rebelles se soumettent. Gnaeus Pompée est tué dans sa fuite ; Sextus se réfugie chez les Cajétans (*b. Hisp.* 36-40).

45 av. J.-C.

La guerre civile est finie : en Espagne, d'ailleurs, les Pompéiens ne songeaient plus à reconstituer la république romaine : ils ne voulaient que fonder un état *séparatiste*, et donner pâture à leurs haines et à leurs cupidités. De la république, de la liberté, il n'était point question chez eux. Ce parti était désormais condamné.

45-44. *Cinquième et dernier séjour* (octobre 709 — mars 710). — Triomphe de César et de ses lieutenants Pedius et Fabius Maximus. — Supplications de 50 jours. — César *dictateur à vie*. Il prend le titre d'*Imperator*, *avant* son nom (p. 67), pour lui et pour ses héritiers. Préfet des mœurs : consul pour dix ans. Il a le droit de nommer ou indiquer les magistrats. Il porte les sénateurs à 900 : crée des familles patriciennes, donne à 10 prétoriens le titre et le rang de consulaires, nomme 14 préteurs pour l'année courante, en nomme 16 pour 710, avec 40 questeurs, porte à 6 au lieu de 4 le nombre des édiles. — Il revêt en public la pourpre triomphale, la couronne de laurier : sa tête est figurée sur les monnaies : le mois de juillet (*Julius*) lui est consacré. — Restauration des colonies de Corinthe et de Carthage.

44.

Plans de campagne contre les Parthes. César veut soumettre les Daces en passant, puis les peuples de la région du Caucase, puis s'en aller venger la défaite de Crassus, et refouler au-delà d'une frontière de bonne défense le seul ennemi extérieur dont Rome ait encore souci.

Il a fixé son départ au quatrième jour après les Ides de mars : ses troupes l'attendent en Illyrie. Il a nommé les magistrats pour 711 et 712 : Fabius Pansa et Hirtius, Decimus Brutus et Munatius Plancus occuperont successivement le consulat : Asinius Pollio ira en Espagne ultérieure ; Lépidus gouvernera la Citérieure et la Narbonnaise : le même Munatius Plancus aura la Transalpine, M. Brutus la Macédoine, C. Cassius la Syrie. Toutes les provinces sont distribuées.

43. 42.

Les tentatives d'intronisation de la royauté marquent ces derniers temps. César a déjà puni les deux tribuns qui ont arraché un diadème posé sur la tête de sa statue (p. 58) : déjà Antoine, aux Lupercales, à plusieurs reprises a tenté de le couronner lui-même, et voici que les gardiens des oracles sybillins annoncent qu'un roi seul pourra vaincre les Parthes (p. 74).

Pendant ce temps, la conjuration s'est formée. Elle compte plus de 60 adhérents, et parmi eux bon nombre des lieutenants anciens ou nouveaux du dictateur, poussés par la haine ou l'envie, ou l'ambition non satisfaite. Bien peu, sauf J. Brutus et quelques autres se dévouent à l'idée républicaine et à la liberté. Citons Decimus Brutus, Trebonius, Minucius Basilus, Publius et Lucius Casca, Tillius Cimber, Servius Galba. Mais l'âme de la conspiration, c'est C. Cassius et M. Junius Brutus.

Les rumeurs qui circulent, la crainte de se voir découverts poussent les conjurés à hâter leur coup. César a convoqué le sénat pour le jour des Ides (15 mars). Il s'y rend. Là, pendant qu'Antoine est retenu au dehors par Trebonius, les conjurés l'entourent. Tillius Cimber s'approche, feignant de lui demander la grâce de son frère, banni de Rome, lui saisit et rabat la toge. Casca le frappe par derrière : tous les autres se jettent sur lui. « *Et toi aussi, Brutus !* » s'écrie la victime : puis se voyant enveloppé, César ramène sa toge sur son visage, se laisse frapper sans résistance et tombe au pied de la statue de Pompée, percé de vingt-trois blessures. Il était dans sa cinquante-sixième année.

Nous renvoyons ici le lecteur aux sources originales, à Dion Cassius (44, 12-20), à Appien (111-123), à Plutarque surtout (*Cæs.* 60, 69. *Brut.* 14-17), à Suétone (*Cæs.* 80-82) et enfin chez les modernes au récit exact et circonstancié de M. Merivale (*hist. of the Rom. under the Empire*, 2, c. 21. et 3, c. 22).

Le jugement des contemporains ne se fit point attendre et devança l'histoire. « La chose a été virilement faite, » s'écrie Cicéron, « mais ce fut un dessein d'enfants! Qui donc ne voit qu'il laisse un héritier de sa royauté? (*Ad Att.* 14, 21, cf. ad Att. 15, 4 : *Excisa enim est arbor, non evulsa. Itaque quam fruticetur, vides.*) On a coupé l'arbre, au lieu de l'arracher. Aussi vois comme il repousse ! »

On sait la suite ! A. A.

C

LOIS JULIENNES.

(DE JULES CÉSAR.)

Nous donnons ici la liste des lois principales promulguées par Jules César, à dater surtout de sa prise de possession du gouvernement monarchique, et dans l'ordre où les classent d'ordinaire les savants; faisant remarquer d'ailleurs que ce nom de *Lois Juliennes* (*leges Juliae*) est aussi attribué par les écrivains et les jurisconsultes du temps de l'Empire aux lois d'Auguste et de quelques-uns de ses premiers successeurs.

I

Lois antérieures à l'an 704 ou contemporaines de l'an 704.   50 av. J.-C.

1. — LEX AGRARIA. Assignations aux vétérans, et colonies (VI, pp. 371 et s., et *supra*, pp. 150-151). — Suétone y fait allusion (*Cæs.* 20, 81), ainsi qu'à la loi de l'an 695, et à l'opposition de Bibulus, l'autre consul (Dio Cass. 38, 1-7, etc. — App. *bell. civ.* 2, 10 et s. — Vell. Paterc. 2, 44. — Cic. *Philipp.* 2, 39 : *ad Att.* 2, 16). Elle était aussi désignée parfois sous le titre de *Lex Mamilia de coloniis* (Rudorff, *Zeitschr.* (*Journal de la science histor. du D.*), IX), et fut plus tard remaniée par l'empereur Caligula (Dig. 47, tit. 21. *De termino moto*).   59.

II. Lex de Publicanis (p. 104 et 106). — Cette loi portait surtout sur les fermes de l'impôt en Asie, et faisait remise du tiers de l'arriéré dû par les collecteurs-fermiers. César, par là, se rendait aussi agréable à l'ordre équestre (Cic. *ad Att.* 2, 16 — *pro Cn. Plancio*, 14. — Dio Cass. 1, 38. — App. *bell. civ.* 2, 13), à qui le sénat, jusqu'alors, avait refusé toute concession. Cette loi fut votée par les *Tribus* seules (695).

59 av. J.-C

III. Lex Julia Asiatica. — On sait que Pompée n'avait point maintenu les arrangements pris par Lucullus en Asie (VI, p. 197 et s., 296 et s., 303 et s., 364, 369). A son retour d'Orient, il eut affaire à Metellus Creticus, à Lucullus et à l'opposition sénatoriale, qui refusaient de ratifier l'organisation par lui établie. De là la coalition avec J. César et Crassus. La loi asiatique fut votée, César et Bibulus consuls (695). — (Sueton. *Cæs.* 20. — Vell. 2, 44. — Dio Cass. 38, 7. — Plut. *Pomp.* 46, 48. *Lucull.* 42. — App. *bell. civ.* 2, 13.)

59.

IV. Lex de Ptolemaeo Aulete (695), qui confirme celui-ci sur le trône d'Egypte, à titre d'*ami* et *allié* du peuple romain (VI, p. 311. — Suet. *Cæs.* 54. — Cæs. *b. civ.* 3, 107. — Cic. *pro Rabir.* 3).

59.

V. Lex de Provinciis, qui fixe la répartition des commandements provinciaux, et limite leur durée à *deux ans* pour les *proconsuls*, à *un an* pour les propréteurs (*supra*, p. 84. 159). — On s'est demandé si cette loi ou ces lois appartiennent à l'époque du consulat de César (695), ou à celle de sa dictature. Drumann (II, p. 624) tient pour cette dernière date. M. Mommsen, semble incliner pour la même opinion (V. Cic. Philipp. 1. 8. 10. — 2, 41. — 3, 15. — 5, 3. — 8, 9. — Dio Cass. 43, 25).

59.

VI. Lex de repetundis ou repetundarum. — A l'origine, le *repetundarum* (*pecuniarum*) *crimen* ne s'appliquait qu'aux exactions commises dans les provinces, par les magistrats et fonctionnaires, contre les sujets et alliés (*socii*) du peuple romain. Dans les derniers temps de la république, le mot a un sens plus large, et comprend toutes les prévarications administratives (*male administratæ provinciæ crimen* (Tacit. *Ann.* 6, 29), les cruautés et sévices (*saevitia*, *crudelitas*) aussi bien que les rapines et les extorsions (*avaritia*, *pecuniæ captæ*). La législation des *repetundæ* (*res repetere*) ne commence guère qu'après la seconde guerre Punique ; et la *question perpétuelle des concussions* (*quæstio perpetua de pecun. repetund.*) est établie par la loi *Calpurnia* (du tribun L. Calpurnius Piso Frugi), en l'an 605 (Cic. *de offic.* 2, 21). Cette *question*, le premier tribunal criminel permanent qui ait été établi à Rome, était présidée par le Préteur des étrangers (*praetor peregrinus*) : elle comptait, suivant Gœttling (*Gesch. d. Rœm. Staatsverf.* (*hist. de la Constitut. de Rome*), Halle, 1840, p. 427), 350 juges ou assesseurs sénatoriaux.   149 av. J.-C.

Plusieurs lois successives complétèrent et coordonnèrent les prescriptions de la *Calpurnia*. Citons

La *lex Junia*, du tribun M. Junius :

La loi *Acilia* (du tribun Acilius Glabrio (631 ou 632) qui veut le jugement immédiat, sans remise (*comperendinatio*, v. *infra*) :   123-122.

La *lex Servilia* (du tribun C. Servilius Glaucia, 648-9), laquelle rendant aux chevaliers la juridiction qui leur avait été enlevée après la mort de G. Gracchus, étend les pénalités aux forfaitures de tous les magistrats, provinciaux ou autres, et aux juges mêmes des *repetundae*. Rein (*Crim. Recht der Rœm.* (*Droit crim. des Rom.*), Leipzig, 1844, p. 617 et s.) énumère d'après les sources ses 24 chapitres, contenant les définitions des crimes (*quantum... ablatum captum coactum conciliatum aversumve sit*, etc.), la procédure (les juges ne sont plus pris dans l'ordre sénatorial), le gage ou caution imposé à l'accusé (*vadimonium*), la peine (restitution pécuniaire au double *litis aestimatio*), la prime donnée à l'accusateur (*praemium accusatorum*), le droit de cité à l'étranger plaignant, la *comperendinatio* (ou remise de cause au troisième jour, avant de juger : jusque-là tout le procès était mené sans désemparer : Cic. *in Verr.* 1, 9), enfin l'appel au peuple. Il ne semble pas vrai que l'exil fût régulièrement prononcé en sus de la peine pécuniaire. L'exil, emportant l'*aquæ et ignis interdictio*, demeurait l'acte volontaire de l'accusé se refusant à la mise en jugement (V, p. 62, n. 2; — v. aussi le grand travail de restitution de Klenze : *Fragmenta legis Serviliæ repetund. ex Tabulis æneis primus conjunxit restituit illustravit*. Berlin, 1825 : — la dissertation non moins complète de Rudorff, *Zeitschrift für geschichtl. Rechtswiss.* (*Journal de la science histor. du Droit*, X. 1re livr.). — Egger. *lat. serm. relliq.* Paris, 1843, pp. 204 et s. — Enfin v. au *Corp. Lat. Insc.* de Berlin, le récent travail de Mommsen, pp. 49-71, qui a donné, le dernier, le texte et commentaire de ces fragments trouvés à Rome au commencement du xvie siècle, avec d'autres fragments *opistographes* appartenant à la loi *agraire Thoria*, et depuis dispersés dans divers musées ou perdus) :   106-105.

La loi *Cornelia*, de Sylla, dictateur (673 — V, pp. 376-378):
Elle rend le jury aux sénateurs, maintient et étend les
diverses incriminations de la *Servilia*, punit les juges préva-
ricateurs ou corrompus et les gouverneurs qui ne rendent
pas leurs comptes (*proconsulares rationes*) : elle élève au quadruple la *litis æstimatio* :

La loi *Julia repetundarum* enfin. Les exactions des gouverneurs et magistrats provinciaux étaient plus que jamais
intolérables (*populatæ vexatæque funditus eversæ provinciæ*, dit
Cic. *div.* 3). Cæsar y voulut parer. Dès son premier consulat
(695), il fit passer une loi, cette fois *excellente* et *sévère*
(*optima, acerrima, justissima :* Cic. *pro Sest.* 64 : *in Vatin.*
12 : *in Pison.* 12, 37), et qui servit de modèle à toutes les lois
postérieures de l'empire, lesquelles s'y réfèrent sans cesse.
(Dig. *de leg. Julia repetundarum.*) — Elle contenait 100 chapitres (Cic. *ad div.* 8, 8).

Elle atteignait quiconque, magistrat, fonctionnaire, citoyen
chargé d'un ministère de service public, ou appartenant à
leur suite, avait malversé et reçu ou pris indûment de l'argent (Dig. *l. c.* 1, 6, 7, etc.). Elle proscrivait les exactions
contre les provinciaux, limitait les réquisitions en nature
des gouverneurs en voyage pour leur personne ou leur
escorte, leur défendait d'emmener avec eux des femmes, de
se faire donner des couronnes d'or avant d'avoir obtenu du
Sénat le triomphe, de s'immiscer dans les entreprises commerciales, de lever d'autres impôts que ceux légaux, de
vendre à prix d'argent les priviléges ou licences, d'exiger
des cadeaux, sauf en des cas exceptionnels (et qui alors ne
pouvaient dépasser 100 *aurei*). Elle les astreignait à rendre
leurs comptes en triple exemplaire, un pour le trésor, deux
pour deux villes de la province.

En matière de *corruption*, la même loi ordonnait la *répétition*
de l'argent reçu, en quelques mains qu'il eût passé (*ad quos
ea pecunia pervenerit*) : il était restitué au quadruple, comme
sous les lois précédentes. La Julia, de plus, prononçait la
Peine d'*exil* dans les cas graves, l'expulsion du Sénat (*dam-
natos etiam ordine senatorio movit*, l. 2, Dig. *de senat.*), et quelquefois même l'*infamia*, avec certaines incapacités accessoires (*intestabilis*, etc.).

Plus tard, Auguste, Tibère et Claude ont touché à la loi
Julia : Hadrien et Marc-Aurèle y apportèrent aussi quelques
changements : plus tard encore, on rencontre certaines
prescriptions nouvelles ou certaines confirmations de la

législation ancienne, sous les *Théodose I* et *II*, sous *Valenti-nien* et *Justinien* (Nov. 134, 161, etc.). Mais la séparation des attributions civiles et militaires avait considérablement amoindri les abus et les crimes, qui cependant persistèrent jusqu'aux derniers jours.

Sur la loi *Julia*, v. les allusions relatées au texte : *supra*, pp. 157, 160, 161. — Quelques-uns, mais à tort, ont aussi rattaché à ses dispositions, une loi spéciale sur le *péculat*, les rétentions abusives ou détournements de deniers publics, et les sacrilèges (Dig. 48, tit. 13 : *ad leg. Juliam peculatus et de sacrilegis et residuis*). Mais la législation sur le péculat antérieure à César, déjà remaniée par Sylla, semble appartenir davantage à Auguste et à ses successeurs.

Enfin rappelons les dispositions législatives sur la *legatio libera*. Déjà Cicéron, pendant son consulat, en avait réduit la durée à un an (Cic. *de leg.* 3, 8. — *de leg. agrar.* 1, 3. — *pro Flac.* 34); mais rien ne fit, et César, dans sa loi des *repetundae*, à ce qu'il semble, se crut obligé à l'autoriser de nouveau, avec une durée de cinq ans (Cic. *ad Att.* 15, 11). Il ne l'interdit donc pas, comme le déclare M. Mommsen (p. 157, 161); et les abus s'en continuèrent jusque sous les empereurs, ainsi que l'établit un texte d'Ulpien (l. 14, Dig. *de legation.*).

Nous renvoyons pour plus de détails sur la législation des *repetundae*, si importante en elle-même, et à raison des procès politiques fréquents et célèbres où elle fut appliquée, au livre classique de Rein (*Crimin. recht der Rœm.* (*Droit crim. des Rom.*) pp. 604-672 et s.), qui a résumé tous les travaux antérieurs (1844), ceux de *Sigonius* (*de judiciis*, II, c. 27) surtout, et à l'article du même auteur, dans la *Real-Enyclop.* de Pauly, v° *Repetundarum crimen* ; et aussi au judicieux précis de M. Ed. Laboulaye (*Essai sur les lois crim. des Rom.* Paris, 1845, pp. 192-203, 233-245 et s., 300 et s.).

II.

LOIS JULIENNES

De l'an 705 à la mort du Dictateur (mars 710).

49. 44 av. J.-C.

VII. Lex de aere alieno et de bonis cedendis (*supra*, pp. 144 et s.). qui, en fait, supprime un quart de la dette en capital, et établit la cession de biens au profit du créancier sur le pied de la valeur avant la guerre civile (Cæs. *bell. civ.* 3, 1. — Suet. *Cæs.* 42. — Tacit. *Ann.* 6, 16. — Dio Cass. 58, 21). Les constitutions impériales ont étendu aux provinces (l. 4, Cod. *qui bonis cedere possunt*) le bénéfice de cession de biens qui n'avait lieu qu'à Rome et en Italie, d'abord. Enfin, la loi de *aere alieno* avait réglementé le taux des intérêts échus ou à écheoir.

VIII. Lex Julia de modo credendi possidendique intra Italiam. Cette loi se rapporte à celle qui précède. Afin de parer aux inconvénients économiques de la loi de *aere alieno*, et pour empêcher les capitaux de se cacher, il est ordonné que nul n'aura en caisse plus de 15,000 deniers (Dio Cass. 41, 38. — Tacit. *Ann.* 6, 16), ce qui amène de nouveau la hausse de la valeur vénale des biens-fonds.

IX. Lex de Proscriptis (p. 53). Elle abolit les dispositions cruelles des lois de Sylla contre les enfants des proscrits (V, p. 350). Quant aux exilés, ils furent, on le sait, presque tous rappelés, soit par une mesure directement émanée de César, soit en vertu de lois, dont il provoqua ou toléra la proposition (Cæs. *b. civ.* 3, 1. Cf. Suet. *Caes.* 51. — Plut, *Caes.* 37. — et aussi Plut. *Sull.* 31, et Vell. 2, 28).

X. Lex de civitate Transpadanorum (p. 169). Elle confère aux Transpadans, toujours fidèles à César, la *cité* antérieurement promise. En 665, Pompée leur avait conféré la *latinité* : en 705, César achève leur égalité civile. Mais tout citoyens qu'ils sont, la Transpadane, leur pays, demeure non Romaine.

89.
49.

Elle est une province, et n'appartient pas à l'Italie propre
(*Caes. b. gall.* 8, 50. — Cic. *Philipp.* 3, 31 : *ad Att.* 1. 1, 5, 2. —
ad div. 8, 1. — Plin. *hist. n.* 3, 2, 4. — Dio Cass. 37, 9. 41, 36. —
Suet. *Caes.* 8. — Tac. *Ann.* 24). Sa réunion complète à l'Italie
ne date que de l'an 711 (v. Savigny, *Zeitschrift für Geschichtl.*   43 av. J.-C.
Rechtswissenschaft (*Journal de la science historique du Droit*) IX,
pp. 300 et s.)

XI. Lex Frumentaria, ou de Annona (p. 105), qui règle
l'annone, et établit la liste et le chiffre des part-prenants à
titre gratuit (Plut. *Caes.* 55. — App. *b. cis.* 2, 102. — Suet. *Caes.*
41, 55. — Dio Cass. 43, 21, 44, 21), lesquels viennent à la
distribution munis de leur *Tessera frumentaria*. Mais les sages
limitations de César ne durèrent pas. Aussitôt lui mort, les
distributions frumentaires et les *conglaria* doublèrent. Auguste
les réduisit (Suet. *Oct.* 40, *Monum. Ancyr.* 3), mais en vain.
(V. la réglementation de César, plus en détail, Pauly, *Real-
Encycl.*, v° *Largitio*).

XII. Lex de Collegiis, réforme des clubs, et associations
religieuses ou politiques (p. 116). — Il y faut joindre la loi
de sacerdotiis, de la même époque (*epist. ad Brut.*, 1) : celle-ci
remanie ou abroge les *Domitia* et *Cornelia* qui confèrent
l'élection des prêtres et augures au peuple, ou rétablissent
la *cooptation* par liste de candidats présentés à l'approbation
du peuple (Cic. *Philipp.* 2, 2. IV.— pp. 169, 354.— VI, p. p. 318 :
— *supra*, p. 86). — Mais bientôt Marc-Antoine rendra la *cooptation* pure et simple aux *collèges* (Dio Cass. 44, 53).

XIII. Lex Sumptuaria (p. 143). Avant César, les lois somptuaires avaient été aussi nombreuses qu'inefficaces contre la
marée montante du luxe romain. Les censeurs avaient eu beau
noter (*nota censoria*) les riches prodigues, le mal débordait.
Citons, dès le milieu de la deuxième guerre punique, la loi
Oppia (du tribun C. Oppius : 541) ; les lois *Orchia* (du tribun   213.
C. *Orchius*, 573, trois ans après la censure de Caton l'ancien);   181.
Fannia (du consul C. Fannius : 593), *Didia* (611), *Licinia* (vers   161 143.
651 probablement), *Cornelia* (de Sylla, 673), qui interdit   103-81.
entre autres, les dépenses extravagantes des funérailles, déjà
gourmandées par le législateur des xii tables (Cic. *leg.* 2, 23-
25) : *Æmilia* (676 : du consul *Æmil. Lentulus*; *Antia* (d'*Antius*   78.
Restio), qui défend aux magistrats de dîner dehors, sauf en
certaines maisons déterminées (Gell. 2, 24, Macrob. 2, 13). —

La loi Julia les reprend et les renforce toutes (Dio Cass. 43, 25. — Cic. *ad Att.* 13, 7. Suet. *Caes.* 43). — Les successeurs de César luttèrent comme lui, à coups de décrets, qui restèrent lettres mortes, et auxquels ils désobéirent tout les premiers.

68 av. J.-C.   XIV. LEX JUDICIARIA (pp. 87, 88). La loi *Aurelia* (686), modifiant l'organisation des juges sénatoriaux de Sylla, avait ordonné qu'ils fussent pris dorénavant chez les sénateurs, chez les chevaliers, et parmi les *tribuns ærarii* (*tribuni ærari*), ou censitaires plus fort imposés, ceux qui autrefois faisaient la paie au légionnaire (Gell. 7, 10. Varr. *ling. lat.* 5, 181). Il était fait trois listes (*decuriae*) de ces trois ordres de juges (VI, p. 212). Maintenue, sauf quelques modifications, par une loi

55.   *Pompeia* (du deuxième consulat de Pompée, 699) ; elle fut
46.   définitivement abrogée par J. César (708), qui, supprimant la Décurie des *ærarii*, ne laissa plus subsister que la liste sénatoriale, et celle équestre (Suet. Cæs. 42. Dio Cæs. 43, 25).

XV. Une autre *lex Judiciaria* (p. 87, 92) (*de privatis judiciis*) qui supprime les rigueurs des *actions de la loi* et leurs formules sacramentelles, loi confirmée selon Gaius (*Instit.* 4, 30) par une autre loi *Julia* et une loi *Æbutia*, apporte une utile réforme dans la *procédure civile* proprement dite. On ne sait d'ailleurs rien de précis sur ses dipositions.

48.   XVI. LEX DE MAJESTATE. — On attribue à une loi de J. César (706), les prescriptions principales relatées au titre du Dig. *ad legem Juliam majestatis*. Mais de même qu'avant César, le *crimen majestatis*, à partir des XII Tables, avait été l'objet de nombreux actes législatifs (lois *Appuleia*, de date incertaine,

90-81.   *Varia* (664), *Cornelia* ou (de Sylla, 673), de même après lui, la *lèse-majesté* s'étendit à une foule d'incriminations, sans caractère précis, n'entraînant plus seulement l'exil, les confiscations, mais aussi la peine capitale ou arbitraire. — Ulpien (Dig. *l. cit.* l. 1). en donne l'effrayante et pourtant incomplète énumération. — Des contemporains, Cicéron est le seul qui cite la loi de César (*Philipp.* 1, 21). De son temps, la définition suivante tenait encore : *majestatem minuere est de dignitate, aut amplitudine aut potestate populi aut eorum quibus populus potestatem dedit, aliquid derogare* (*de Invent.* 2, 17). — V. Rein (*Criminalrecht der Rœm.*) sur la *perduellio* et la *majestas*, pp. 464 et s., 504 et s.; et plus particulièrement sur la loi *Julia de Majest.*, pp. 515 et s. — Il a réuni et coordonné toutes les sources, toutes les définitions; et il énumère tous les procès dont fait mention l'histoire à chaque époque.

XVII. Lex de vi (pp. 87 et s.). La législation romaine sur les *violences et voies de fait* a été assez confuse, et a exercé la patience et l'ingéniosité des érudits. On aperçoit bien au premier abord la différence entre les simples voies de fait du droit civil et les violences criminelles : mais on sait aussi que bon nombre de délits, criminels, selon nos idées et selon les distinctions du droit moderne, n'emportèrent pas à Rome la poursuite criminelle proprement dite, soit à la requête de la partie lésée, soit par voie d'accusation publique. Il semble que la *vis publica* implique plutôt la voie de fait par une personne publique, ou tout au moins le crime de nature politique (Paull., *Sentent.* 5, 26.—Inst. 4, 15, 6). Nous n'essaierons pas d'entrer dans plus de détails sur la *vis privata*, la *vis publica*, et même la *vis armata* (fait purement civil : Dig. *de vi arm.*), et nous renvoyons le lecteur à l'article de Rein, *Encycl. de Pauly* (V° vis), et surtout à l'étude plus complète du même auteur, dans son livre déjà cité (*Criminalrecht der Rœm.*, pp. 732-762).

Comme les *repetundae*, comme la *perduellio* et la *majestas*, la *vis publica* a eu sa commission de jugement spéciale.

La première loi connue *de vi publica* est la *lex Plautia* (du tribun M. *Plautius Silvanus*, V, p, 222), à laquelle semble s'être rattachée la *lex Lutatia*, pour quelques innovations de procédure (665 et 676). Elle punissait la *sedition*, l'attaque à main armée contre le sénat, les violences contre les magistrats (*qui armati senatum obsiderint, magistratibus vim obtulerint* — (Cic. pro Cœl. 1), le port d'armes cachées en occupant tels ou tels lieux (*qui loca occupasset et cum telo fuisset*. — Asc. *ad Mil.* — Cic. *ad Att.* 2, 24), le siège et la destruction des maisons, etc.

89-78 av. J.-C.

La *vis publica* affirme davantage encore son caractère prédominant de crime politique, dans la loi Pompeia (702, du 3ᵉ consulat de Pompée), faite tout exprès pour le jugement de Milon (VII, pp. 170, 171). Elle abrège les lenteurs de la procédure, et aggrave la peine (*pœnam graviorem et formam judiciorum breviorem* (Asc. *in Mil.*). Mais cette loi n'est en réalité qu'un *Privilegium*, pour le jugement d'un crime, ou d'un ou plusieurs accusés déterminés (Gell. 10, 20) : aussi y eût-il une *quæstio extra ordinem*, ce dont Cic. se plaint (*pro Mil.* 6. *Philipp.* 2, 9).

52.

Les lois Plautia et Lutatia restèrent en vigueur jusqu'à la loi de César. Celui-ci voulut surtout atteindre les crimes et les voies de fait inouïes des aristocrates et des démocrates exagérés, qui chaque jour mettaient la paix publique en danger, se faisant escorter de leurs bandes de sbires et d'esclaves armés, tuant, pillant et brûlant. Nul doute qu'on ne retrouve trace de la loi *Julia* au Dig. (*ad leg. Jul. de vi publ.* — *Ad leg. Jul. de vi privata*).

La peine ordinaire de la *vis publica* était l' *aquæ et ignis interdictio* : la *vis privata* emportait la confiscation du tiers des biens, les incapacités honoraires, et sous les empereurs, la *relégation* dans une île, ou la condamnation au travail des mines pour les criminels d'humble condition (Paull. *l, c.* 3).

Il est question d'une loi Julia, à propos de Britannicus et de Locuste, dans Suet. *Nero,* 33. Locuste y fait-elle allusion à la loi de César *de vi* ou à une loi spéciale, *de veneno,* analogue à celle de Sylla (672 : *lex Cornelia de sicariis et veneficiis*)? C'est ce qu'on ne peut dire. Il est certain que la loi *Cornelia* demeura appliquée sous les empereurs : elle avait son titre spécial au Digeste (liv. 48, tit. 8).

82 av. J.-C.

XVIII. Lex Theatralis, qui renouvela sans doute les dispositions de la *loi Roscia* (du tribun *L. Roscius Otho* : 687), attribuant les 14 premiers rangs de places au théâtre à l'ordre équestre, derrière les sénateurs qui occupaient l'orchestre. Elle en expulsait les prodigues ruinés et les banqueroutiers (*decoctores.* — Cic. *Philipp.* 2, 18). — D'où la phrase : *sedere in XIV ordinibus,* pour indiquer le *Cens équestre.* — Auguste abolit la loi Julia.

67.

XIX. Lex Julia municipalis, v. *infra,* D. — César mort, Antoine, on le sait, s'aidant de la complicité du secrétaire de César, produisit devant le peuple un certain nombre d'édits, de lois même, qu'il prétendit avoir trouvés dans les papiers du défunt. (Cic. *Philipp.,* I, 24, 2, 98 ; *ad Att.* 11, 18 ; Dio Cass. 44, 53. — App. *b. civ.* 3, 5 et *alias.*). Bon nombre de ces édits et décrets étaient faux; et Cicéron s'en indigne avec raison (*ad Att. passim.* — *Philipp.* I, 8, 10, etc. — App. *b. civ.* 3, 5). — Toutefois Drumann (*hist. rom.* 1, p. 608), énumère deux ou trois de ces lois, comme émanant peut-être du dictateur. Nous les notons :

(a). *Lex de rege Dejotaro*, qui restitue à ce roi les pays qui lui avaient été enlevés (p. 17. — Cic. *Phil.* 2, 37. — *Ad Att.* 14, 12). — Suivant Cic. *l. c.*, le Galate aurait payé 10,000.000 HS. à Fulvie, pour obtenir cette restitution.

(b). *Lex de Creta.* — Immunité d'impôt rendue à la Crète, à la fin de la préture de M. Brutus (Cic. *Phil.* 2, 38).

(c). *Lex de Siculis.* — César n'avait conféré que la latinité aux Siciliotes (p. 106, n. 2. — Cic. *ad Att.* 14, 12).

(d). *Lex de exsulibus revocandis.* — Grâce plénière accordée aux exilés, par application de la loi *Pompeia, de ambitu* (701 : VII, p. 170), et à d'autres criminels de pire sorte (App. *bell. c.* 1, 107. — *Philipp.* 2, 98, 5, 11). On leur donna le sobriquet d'*Orcini*, ou de *Charonitæ* (*revenants de l'enfer*, ou *de chez Charon*).

53 av. J.-C.

Les lois de César, et aussi, celles de C. Sylla constituent le fond, remanié par Auguste et ses successeurs, des lois principales de l'empire romain : concluons avec le jugement qui suit, emprunté à un juge sévère.

« Toutes les lois de Pompée furent faites pour les besoins
» du moment; ce furent des expédients passagers, mais nulle
» grande pensée ne présida à leur promulgation, et n'assura
» leur durée. Il n'en est pas de même des lois de César, et
» aucun homme n'eut à un plus haut degré que le vainqueur
» des Gaules l'esprit de suite et le génie de fonder des insti-
» tutions durables. Toutefois, il faut distinguer deux per-
» sonnes dans César: l'ambitieux qui veut parvenir, et
» l'homme qui, une fois maître du pouvoir, veut asseoir son
» empire. Les lois du consul ont donc une physionomie
» différente des lois du dictateur : les unes sont faites pour
» gagner le peuple, les autres pour établir solidement un
» gouvernement nouveau. César commença comme les
» Gracques pour finir comme Sylla; mais dans ces deux rôles
» si différents, il fut également remarquable, et les lois
» mêmes qu'il fit rendre au profit de son ambition ont un
» caractère de grandeur et de perpétuité qui révèlent tout le
» génie de cet homme, aussi élevé par l'intelligence que bas
» par le cœur. » (Laboulaye, *Essai sur les lois crimin. des Romains*, Paris, 1845, p. 300).

D

LA LOI JULIA MUNICIPALIS.

Après la guerre sociale (V, liv. IV, ch. vii), Rome, transigeant avec les Italiotes, avait conféré la cité à toutes les villes en deçà de l'Appennin qui la réclamaient (lois *Julia* et *Plautia-Papiria*). En même temps, la Cisalpine ou Transpadane obtenait le *Jus latinum*, ou la cité sans suffrage (V, pp. 222-225, 312 n., 235 n.), aux termes d'une loi votée sur la motion du consul *Pompeius Strabo* (664-665). Mais déjà la cité pleine y était donnée à la Cispadane et aux villes ayant eu jusque là l'*ancienne latinité* (Placentia, Cremona, Bononia). D'autres enfin (Mutina et Parma) étaient des colonies-municipes de citoyens romains, et comme telles, on n'innovait point à leur régime politique. Sylla, plus tard, confirma le principe que « tout citoyen d'une ville italique était en même temps citoyen de Rome (V, p. 355), » et il organisa les *Municipes* (*ibid.*, pp. 379-384) [1].

90-89 av. J.-C.

Mais les Transpadans demeurés *latins* au moindre droit étaient mécontents et s'agitaient : ils n'avaient eu qu'un à-compte et réclamaient la cité pleine (VI, p. 128, 319. VII, p. 149) : ils l'obtinrent enfin de César, qui reprit en sous-œuvre, et remania en le complétant le système municipal Cornélien. De là la *lex Julia municipalis*, faite pour toute

---

[1] Les détails donnés par M. Mommsen sont utiles à consulter pour l'intelligence même de la *L. Julia municipalis*.

l'Italie, les Transpadans compris (*supra*, pp. 151 et s., — pp. 173 et s.).

L'inscription dont nous donnons ci-dessous le texte compte, comme on l'a bien dit, parmi les plus beaux monuments de la législation de Rome. Elle a été trouvée, non loin d'*Héraclée* de Lucanie[1], dans le lit du *Cavone*, en 1782. Elle est gravée sur trois tables de bronze (dont deux *opistographes*) portant au dos deux inscriptions grecques plus anciennes (*Corp. I. gr.* de Berlin, III, n°˙ 5774, 5775), et qui après diverses fortunes, ont pu être recueillies dans le Musée de Naples.

Connue dans le monde savant sous le nom de *Tables d'Héraclée*, elle a été plusieurs fois éditée et commentée, tantôt partiellement, tantôt en entier. Nous ne citerons que les travaux les plus importants de : 1° *Mazochi*, Napol. 1754-1755, in-f°; 2° Hugo : *Civilist. Magazin* (*Répert. du D. civ.*), III. 1812, pp. 340 et s.; 3° Dirksen, *Observ. ad Tabul. Her.* Berol, 1817; et *Civilist. Abhandlungen* (*Dissert. de D. civ.*), Berlin, 1820, II, pp. 145 et s.) : enfin et surtout, 4° le travail capital de Savigny : *vermischte Schriften* (*Œuvres mêlées*), III, pp. 279-412.

L'identité de l'inscription des *Tables d'Héraclée* et de la *Lex Julia Municipalis* est aujourd'hui hors de contestation. M. de Savigny a établi un rapprochement décisif entre la citation contenue dans la lettre de Cicéron à *Lepta*, du mois de février 709 (*ad famil.*, 6, 18, *infra* § VI, p. 324), et le texte même de l'une des tables. D'autre part, on y relève diverses mesures relatives à l'administration municipale dans tout l'empire, à Rome et dans les provinces; et les dispositions relatives à l'annone (§ 1), et aux déclarations à faire par les prenant-parts s'y réfèrent au cens de 708. — Dès lors, inutile d'insister sur ce fait que la *loi municipale* était antérieure à l'an 710, qui vit ajouter deux édiles nouveaux aux quatre anciens édiles (Dio Cass. 43, 51), et à l'an 711, où le nom de mois *Julius* fut substitué au *Quinctilis* (lin. 98, et Censor, 22, 16); inutile de constater qu'elle est postérieure à l'an 684,

45 av. J.-C.

46.

44.
43.

70.

---

[1] Héraclée (auj. *Policoro*), sur le golfe de Tarente, riche colonie mi-partie athénienne, thurienne, et tarentine surtout. Sous ses murs eut lieu le premier choc entre Pyrrhus et les Romains (II, p. 208). Elle fut longtemps le lieu assigné à la *Panégyrie*, (πανήγυρις) ou assemblée générale des Grecs italiotes; et quand la loi *Plautia-Papiria* conféra à ceux-ci la cité, elle paraît pendant quelque temps du moins, avoir mieux aimé garder sa situation particulière en face de Rome (*prope singulare fœdus*, Cic, pro *Balb*. 8 et 22, pro *Arch.* 4).

où s'achève la domination syllanienne, attendu qu'elle contiendrait une disposition à l'effet d'exclure du *Décurionat* municipal tous ceux qui se sont compromis dans les proscriptions en touchant une prime en argent : *ob caput civis Romani referundum* (*l.* 122).

45 av. J.-C. Elle est bien de l'an 709, et M. Mommsen (*C. I. Lat.* p. 123) va même jusqu'à la placer au mois de *septembre*, époque du retour de César après la guerre d'Espagne. Enfin, une autre inscription trouvée à Padoue (Furlanetto, *lapid. Patav.*, p. 98) et rapportée par Orelli, n° 3675. — V. aussi *C. I. Lat.*, Mommsen, p. 123) la mentionne sous son vrai titre, et *atteste* le nom de son auteur (*M. Junius Sabinus IIII vir ædili potestate e lege Julia municipali*, etc).

A quelle date remonte la gravure des bronzes d'Héraclée ? Sont-ils contemporains de la promulgation de la loi qu'ils relatent ? Lui sont-ils d'un peu postérieurs ? M. Mommsen n'ose trancher la question.

La loi Julia n'est pas une loi *per saturam*, ou traitant de plusieurs matières, ainsi qu'on l'a soutenu. Elle est une loi *organique* municipale, et contient par conséquent tout un règlement d'organisation administrative, constitution des autorités, cens, annone, voirie, etc. Rome, dit M. Mommsen, y apparaît comme étant, à vrai dire, le premier municipe de l'empire (*supra*, pp. 85, 110). De là des dispositions multiples, communes, comme on vient de le dire, et à Rome, et aux provinces et aux colonies italiennes ou extra-italiennes. De là la haute importance de cette même loi pour l'étude des institutions fondées ou consolidées par César (pp. 151-175). Malheureusement nous n'en possédons pas le texte entier. Toute la première partie manque. Nous ne retrouvons plus rien, par exemple, ni des textes mentionnés par Ulpien (Dig. 50, 9, 3) ; ni de ceux auxquels fait allusion Gordien (Cod. 7, 9, 11). Nul doute, d'autre part, que bon nombre des lois du livre L du Digeste (tit. I-15), ne s'y réfèrent.

Les fragments des tables d'Héraclée constituent un spécimen exact du style légal des Romains. A qui les lit, reviendront en mémoire ces quelques paroles caractéristiques de M. Mommsen : « La langue des affaires se fixe et se développe :
» elle a ses formules et ses tours, elle énumère sans fin les
» détails de sa casuistique ; et, ses périodes à perte d'haleine
» ne le cédant en rien à la phraséologie des Anglais modernes
» en ce genre, elle se recommande aux initiés par la subtilité

» précise de ses définitions; tandis que pour le commun
» public, selon la nature ou l'humeur de chacun, elle est un
» objet de respect, d'impatience ou de colère (II, p. 320). »

Une dernière remarque. On rattache souvent à la *lex Julia municipalis* un autre fragment, connu sous le nom de *Lex de Gallia Cisalpina*, inscrit aussi sur une table de bronze trouvée à *Macinesso*, non loin de Parme, le 24 avril 1760 : on la voit encore dans le musée de cette dernière ville (Cama, *tavola legislativa della Gallia Cisalp.*, Parma, 1820). Elle n'est autre qu'une notable partie de la *Lex Rubria*, commentée maintes fois par Hugo (*Civilist. Magazin*, 1812, pp. 431-496), par Dirksen (*observ. ad selecta Gall. Cis. capita*, Berol. 1812, 4, pp. 59 et s.); par Puchta (*Kleine civil. Schriften*, pp. 71-73, 518-544); par Savigny (*vermischte Schrift.*, 3, 319-326, 377-400); par Huschke (*de actionum formulis quae in l. Rubria extant.* Vratisl. 1832) ; et surtout par M. Mommsen (*über den Inhalt der rubr. Gesetzes* (*dn contenu de la loi Rubria*), dans l'*Annuaire* (*Jahrb. der Deutsch. Rechts*) de Bekker et Muther, 2, 319-334. C'est à Puchta qu'on doit la découverte du véritable titre, ainsi que de la date réelle de la loi. La Cisalpine était encore régie comme province (jusqu'en 712), quoique les Transpadans eussent obtenu la cité : de là le règlement de procédure calqué sur l'édit du Préteur urbain (car la Rubria n'est pas autre chose) qui paraît lui avoir été donné vers 705, pendant que César était retenu au dehors par la guerre civile. Il y est question de la compétence du magistrat local, des interdits possessoires (*novi operis muntiatio, damni infecti*), de l'aveu judiciaire, de la chose jugée, du partage, etc. Elle aurait été votée sur la motion d'un tribun du peuple du nom de Rubrius. Comme la *Rubria* n'a en quoi que ce soit trait à l'organisation municipale, nous croyons n'avoir pas à en parler davantage (v. Mommsen, *C. Ins. Lat.* pp. 115 et s.)

42 av. J.-C.

49.

A. A.

Annone.

§ 1 [1], Quem h(ac) l(ege) ad cos. profiterei oportebit, sei is, quom eum profiterei oportebit, Romæ non erit, tum quei ejus negotia curabit, is eadem omnia, quæ eum, quoius negotia curabit, sei Romæ esset, h(ac) l(ege) profiterei oporter*et*, item iisdemque diebus ad cos. profitemino.

Quem h. l. ad cos. profiterei oportebit, sei is pu(pillus), sive ea pup(illa) erit, tum qui ejus pup(illi) pup(illæ) ve tutor erit,
5 item eademque omnia | in iisdem diebus ad cos. profitemino, ita utei et quae quibusque diebus cum eamve, sei pup. pup. ve non esset, h. l. profiterei oporteret.

Sei cos. ad quem h. l. professiones fieri oportebit, Romae non erit, tum is quem profiterei oportebit, quod eum profiteri oportebit, ad pr(ætorem) urb(anum) aut sei is Romae non erit, ad eum pr., quei inter peregrinos jus deicet, profitemino, ita uti eum ad cos., sei tum Romae esset, h. l. profiteri oporteret.

10 Sei ex eis cos. et pr., ad quos h. l. professioues fierei oportebit, nemo eorum Romae erit, tum is quem profiterei oportebit, quod eum profiterei oportebit, ad tr(ibunum) pl(ebei) profitemino ita utei eum ad cos. pr. que urb(anum) eumque quei inter peregrinos jus deicet, sei tum Romae esset h. l. profiterei oporteret.

Quod quemque h. l. profiterei oportebit, is apud quem ea professio fiet, ejus quei profitebitur nomen et ea quæ professus erit, et quo die professus sit, in tabulas publicas referunda curato,
15 eademque omnia uteique in tabulas | retlulerit ita in tabulam in album referunda *curato*, idque aput forum, et quom frumentum populo dabitur, ibei ubei frumentum populo dabitur cottidie maiorem partem diei propositum habeto u(nde) d(e) p(lano) r(ecte) l(egi) p(ossit).

Queiquomque frumentum populo dabit damdumve curavit, ne quoi

---

[1] [Pour rendre plus facile la lecture de la *Lex I. municipalis*, nous avons suivi la division en paragraphes adoptée usuellement (Egger, *Lat. sermon. reliq.*, pp. 299-308). Nous renvoyons dans les notes aux passages de l'*Histoire Romaine* se référant à la loi. Nous n'avons pas numéroté les ligues conformément à l'inscription sur les bronzes, nous contentant de les indiquer de 5 en 5. Enfin, nous soulignons les passages effacés ou détruits et restitués par les épigraphistes.]

eorum, quorum nomina h. l. ad cos. pr(aetorem) tr(ibunum) pl(e-
bis) in tabula in albo proposita erunt, frumentum dato neve
dare jubeto neve sinito. Quei adversus ea eorum quoi frumentum dederit, is in tr(itici) m(odios) H S Ɔɔɔ populo dare damnas
20 esto, ejusque pecuniæ quei volet petitio esto [1].

§ II. Quæ viæ in urbem Rom. propiusve u(rbem) R(omam) p(assus)
M. ubei continente habitabitur, sunt erunt, quoius ante aedificium earum quae via erit, is eam viam arbitratu ejus aed(ilis),
quoi ea pars urbis h(ac) l(ege) obvenerit, tueatur isque aed(ilis)
curato, uti quorum ante aedificium erit quamque viam h. l.
quemque tueri oportebit, ei omnes eam viam arbitratru eius
tueantur neve eo loco aqua consistat, quominus commode
populus ea via utatur.

Aed(iles) cur(ules) aed(ilès) pl(ebei), quai nunc sunt, queiquomque
post h(anc) l. r(ogatam) factei createi erunt eumve mag(istra-
25 tum) inierint, iei in diebus V proxumeis | quibus eo mag(is-
tratu) designatei erunt eumve mag. inierint, inter se paranto
aut sortiunto, qua in partei urbis quisque eorum vias publicas
in urbem Rom. propius ve urb. Rom. p(assus) M. reficiundas
sternendas curet ejusque rei procurationem habeat. Quae pars
quoique aed(ilei) ita h. l. obvenerit, ejus aed. in eis loceis quæ
in ea partei erunt, viarum reficiendarum tuemdarum procura-
tio esto, utei h. l. oportebit.

Quæ via inter aedem sacram et aedificium locumve publicum et
30 inter aedificium privatum est erit, eius | viae partem dimidiam
is aed., quoi ea pars urbis obvenerit, in qua parte ea aedis
sacra aedificium publicam seive locus publicus, tuendam locato.

Quemquomque ante suum aedificium viam publicam h. l. tueri
oportebit, quoi eorum eam viam arbitratu eius aed., quoius
oportuerit, non tuebitur, eam viam aed., quojus arbitratu eam
tuerei oportuerit, tuemdam locato. Isque aed. diebus ne minus

Voirie.
Chaussées.
Trottoirs.

[1] Tout ce paragraphe réglemente les *déclarations* (*professio*) à
faire devant le magistrat romain, à la suite du recensement ordonné
par la loi de l'*Annone* (708. — p. 105 et 178), pour quiconque veut
avoir part aux distributions. Cf. Suet. *Cæs.* 41 : *recensum populi
egit atque ex viginti trecentisque millibus accipientium
frumentum e publico ad centum et quinquaginta retraxit ; ac
ne qui novi cœtus recensionis causa moveri quandoque
possent, instituit quotannis in demortuorum locum ex iis
qui recensi non essent subsortitio a prætore fieret.* Toute distribution faite à un non-ayant droit est punie d'une amende de 50,000
sesterces, par chaque boisseau induement donné.

46 av. J.-C.

X antequam locet aput forum ante tribunale suom propo-
35 situm habeto, quam | viam tuendam et quo die locaturus sit
et quorum ante aedificium ea via sit. Eisque, quorum
ante aedificium ea via erit, procuratorisve eorum domum
denuntietur facito se eam viam locaturum et quo die locaturus
sit. Eamque locationem palam in foro per q(uæstorem) urb(anum)
eumve qui aerario praerit facito. Quamta pecunia eam viam
locaverit, tamtae pecuniae eum eosque, quorum ante aedificium
ea via erit proportioni quantum quoiusque ante aedificium viae
in longitudine et in latitudine erit, q(uaestor) urb(anus) queive
40 aerario praerit in tabulas | publicas pecuniae factae[1] referundum
curato. Ei, quei eam viam tuendam redemerit, tamtae pecuniae
eum eosve adtribuito sine d(olo) m(alo). Sei is quei adtributus
erit eam pecuniam diebus XXX proxumeis, quibus ipse aut
procurator ejus sciet adtributionem factam esse, ei quoi adtributus erit, non solverit neque satisfecerit, is, quamtae pecuniae adtributus erit, tamtam pecuniam et ejus dimidium ei,
quoi adtributus erit, dare debeto. Inque eam rem is quo
quomque de ea re aditum erit iudicem iudiciumve ita dato
45 utei de pecunia credita iudicem iudiciumve dari oporteret.

Quam viam h. l. tuendam locari oportebit, aed(ilis) quem eam viam
tuendam locare oportebit, is eam viam per q(uaestorem)
urb(anum) queive aerario praerit tuendam locato, utei eam viam
arbitratu eius, quei eam viam locandam curaverit, tueatur.
Quamtam pecuniam ita quaeque via locata erit t(antam)
p(ecuniam) q(uæstor) urb. queive aerario praerit redemptorei,
quoi e lege locationis dari oportebit, heredeive eius damdam
adtribuendam curato.

50 | Quominus æd(iles) et IIII vir(ei) vieis in urbem purgandeis,
II vi(rei) vieis extra propiusve urbem Rom(am), passus M pur-
gandeis, queiquomque erunt, vias publicas purgandas curent
eiusque rei potestatem habeant ita utei legibus pl(ebei)ve sc(itis)
s(enatus)ve c(onsultis) oportet oportebit, eum [2] h. l. n(ihil)
r(ogatur).

Quoius ante ædificium semita in loco erit, is eam semitam eo
aedificio perpetuo lapidibus perpetueis integreis continentem,
constratam recte habeto arbitratu eius aed(ilis), quoius in ea
55 parte h. l. viarum | procuratio erit.

[1] *Pecunia facta*, comme *nomen factum*, somme due à titre public
et dont la rentrée ne se poursuit qu'après inscription sur les
registres publics (Tac. *Ann.* 13, 28).

[2] *Eum*, pour *eorum*.

APPENDICE

§ III. Quae viae in u(rbem) R(omam) sunt erunt intra ea loca ubi continenti habitabitur, ne quis in ieis vieis post K(alendas) Januar(ias) primas plostrum interdiu post solem ortum neve ante horam X diei ducito agito, nisi quod aedium sacrarum deorum immortalium caussa aedificandarum operisve publice faciundei causa advehi portari oportebit, aut quod ex urbe exve ieis loceis earum rerum, quae publice demoliendae locatae
60 erunt, publi | ce exportarei oportebit, et quarum rerum caussa plostra h. l. certeis hominibus certeis de causeis agere ducere licebit. Voitures et chars.

Quibus diebus virgines Vestales, regem sacrorum, flamines plostreis in urbe sacrorum publicorum p(opuli) R(om.) caussa vehi oportebit, quaeque plostro triumphi caussa, quo die quisque triumphabit, ducei oportebit, quaeque plostra ludorum, quei Romae aut urbei Romae p(ropius) p(assus) M. publice feient,
65 inve pompam ludis circiensibus ducei agei opus | erit, quo minus earum rerum caussa eisque diebus plostra interdiu in urbe ducantur agantur, e(ius) h. l. n(ihil) r(ogatur).

Quae plostra noctu in urbem inducta erunt, quo minus ea plostra inania aut stercoris exportandei caussa post solem ortum h(oris) X diei bubus iumenteisve juncta in u(rbe) R(oma) et ab u(rbe) R(oma) p(assus) M esse liceat, e(ius) h. l. n(ihil) r(ogatur). Vidanges et boues.

§ IV. Quae loca publica porticusve publicae in u(rbe) R(omae) p(ropius)ve u(rbei) R(omae) p(assus) M. sunt erunt, quorum locorum quoiusque porticus aedilium eorumve mag(istratuom), quei vieis loceisque publiceis u(rbis) R(omae) p(ropius)ve u(rbei)
70 R(omae) p(assus) M purgandeis praerunt, legibus | procuratio est erit, nec quis in ieis loceis inve ieis porticibus quid inaedificatum immolitumve habeto; neve ea loco porticumve quam possideto, neve eorum quod saeptum clausumve habeto, quominus ieis locis porticibusque populus utatur pateantve, nisi quibus uteique le(gibus) pl(ebei)ve scitis s(enatus)ve c(onsultis) concessum permissumve est. Places et lieux publics.

Quibus loceis ex lege locationis, quam censor aliusve quis mag(istratus) publiceis vectigalibus ultrove tributeis fruendeis tuendeisve dixit dixerit, eis, quei ea fruenda tuendave conducta
75 habebunt, ut uti fruei liceat, | aut uti ea ab eis custodiantur, cautum est, ei quominus ieis loceis utantur fruantur ita, utei quoique eorum ex lege locationis ieis sine d(olo) m(alo) uti fruei licebit, ex h. l. n(ihil) r(ogatur). Baux publics.

Quos ludos quisque R(omae) p(ropius)ve u(rbei) R(omae p(assus) Jeux, etc.

M. faciet, quominus ei eorum ludorum caussa scaenam pulpitum ceteraque, quae ad eos ludos opus erunt, in loco publico ponere statuere eisque diebus, quibus eos faciet, loco publico utei liceat, e(ius) h. l, n(ihil) r(ogatur).

80 Quei scribae librarei magistratibus apparebunt, ei quominus loceis publiceis, ubei is, quoi quisque eorum apparebunt, iuserit, apparendi caussa utantur, e. h. l n. r. ɔ.

Quæ loca serveis publiceis ab censor(ibus) habitandei utendei caussa adtributa sunt, ei quominus eis loceis utantur, e. h. l. n. r. [1].

§ V. Queiquumque in municipeis coloneis præfectureis foreis conciliabuleis c(ivium) R(omanorum) II vir(ei) IV vir(ei) erunt, aliove quo nomine mag(istratum) potestatemve sufragio eorum, 85 quoi quoiusque municipi coloniae praéfecturae | fori conciliabuli erunt, habebunt, nei quis eorum quem in eo municipio colonia praefectura foro conciliabulo in senatum decuriones conscriptosve legito neve sublegito neve co(o)ptato neve recitandos curato nisi in demortuei damnateive locum eiusve quei confessus erit se senatorem decurionem conscreiptumve ibei h. l. esse non licere.

Sénat et curie dans les municipes.

§ VI, Quei minor annos XXX natus est erit, nei quis eorum post 50 K(alendas) Januar(ias) secundas in municipio colonia praefec|tura II vir(atum) IV vir(atum) neve quem alium mag(istratum) petito neque capito neve gerito, nisi quei eorum stipendia equo in legione III aut pedestria in legione VI fecerit, quæ stipendia in castreis inve provincia majorem partem sui quoiusque anni fecerit aut bina semestria, quae ei pro singuleis annueis procedere oporteat, *dum taxat quod ei legibus pl(ebei)ve sc(iteis) procedere oportebit*; aut ei vocatio rei militaris legibus (pl(e-bei)ve sc(iteis) exve foidere erit, quocirca eum inveitum merere non oporteat. Neve quis, quei praeconium dissignatio-95 nem libitinamve faciet [2], dum eorum quid faciet, in muni | cipio

Duumvirs et IV virs.

---

[1] Les §§ II, III, IV, ont trait à la voirie principalement. — V. *supra*, p. 116-117.

[2] C'est ce passage auquel Cicéron fait allusion dans sa lettre à Lepta de février 709 (*ad fam.* 6, 18) : *Simul accepi a Seleuco tuo literas, statim quæsivi a Balbo per codicillos, quid esset in lege. Rescripsit eos qui « facerent præconium » vetari esse in decurionibus, qui fecissent non vetari. Quare bono animo sint et tui et mei familiares ; neque enim erat ferendum, cum qui hodie haruspicinam facerent in senatum Romæ legerentur, eos qui aliquando præconium fecissent in municipiis decuriones*

45 av. J.-C.

colonia praefectura II vir(atum) IIII vir(atum) aliumve quem
mag(istratum) petito neve capito neve gerito habeto, neve ibi
senator neve decurio neve conscriptus esto neve sententiam
dicito. Quei eorum ex eis quei s(upra) s(criptei) s(unt), adversus
ea fecerit is H S Ɔ‍Ɔ‍Ɔ p(opulo) d(are) d(amnas) e(sto) eiusque
pecuniae quei volet petitio esto [1].

§ VII Queiquomque in municipio colonia praefectura post K(alend.)
Quinct(iles) prim(as) comitia II vir(eis) IIII vir(eis) aleive quoi
mag(istratui) rogando subrogandove habebit, is ne quem, quei
minor anneis XXX natus est erit, II vir(um) IIII vir(um) queive
100 ibei | alium mag(istratum) habeat renuntiato neve renuntiarei
iubeto, nisi quei stipendia equo in legione III aut stipendia
pedestria in legione VI fecerit, quae stipendia in castreis inve
provincia majorem partem sui quoiusque anni fecerit aut
bina semestria, quae ei pro singuleis annueis procedere oporteat, cum eo quod ei legibus pl(ebei)ve sc(iteis) exve foidere
erit, quo circa eum invitum merere non oporteat. Neve eum
quei praeconium dissignationem libitinamve faciet, dum eorum
105 quid | faciet, II vir(um) IIII vir(um) queive ibei mag(istratus)
sit renuntiato neve in senatum neve in decurionum conscripto-
rumve numero legito sublegito coptato neve sententiam rogato
neve dicere neve ferre iubeto sc(iens) d(olo) m(alo). Quei adversus ea fecerit is HS Ɔ‍Ɔ‍Ɔ p(opulo) d(are) d(amnas) esto eiusque
pecuniae quei volet petitio esto.

§ VIII. Quae municipia coloniae praefecturae fora conciliabula c(ivium)
R(omanorum) sunt erunt, neiqueis in eorum quo municipio
colonia praefectura *foro* conciliabulo *in* senatu decurionibus
110 conscreipteisque esto, neve quoi ibi in eo ordine | sententiam
deicere ferre liceto, quei furtei quod ipse fecit fecerit condemnatus pactusve est erit ; queive judicio fiduciae, pro socio,
tutelae, mandatei, iniuriarum deve d(olo) m(alo) condemnatus
est erit ; queive lege Plaetoria [2] ob eamve rem, quod adversus

Incapacités
et indignités.

---

esse non licere, » — M. de Savigny a, le premier, relevé cette citation et s'en est servi heureusement pour fixer la date exacte de la
Lex Julia municipalis (Savig. *vermischte Schrift.* (*œuvres mélées*),
3, 279 et s.

[1] V. *supra*, p. 95.

[2] La loi place parmi les causes d'indignité la condamnation en
jugement public par application de la loi *Plætoria,* sur les fraudes
commises envers les mineurs au-dessous de 25 ans. — La date de
la loi *Plaetoria* est inconnue. On sait seulement qu'elle était ou

eam legem fecit fecerit condemnatus est erit; queive depugnandei
caussa auctoratus est fuit fuerit; quive in iure *bonam copiam
abiuravit* abjuraverit bonamve copiam iuraverit ; que*ive* spon-
soribhs creditoribusve sueis renuntiavit renuntiaverit se soldum
115 solvere non posse aut eum eis | pactus est erit se soldum sol-
vere non posse; prove quo datum depensum est erit; quoiusve
bona ex edicto eius quei i(ure) d(eicundo) praefuit praefuerit—
praeterquam sei quoius, quom pupillus esset reive publicae
caussa abesset neque d(olo) m(alo) fecit fecerit quo magis r(ei)
p(ublicae) caussa) a(besset), *possessa proscriptave sunt erunt,—*
possessa proscriptave sunt erunt; queive iudicio publico Romae
condemnatus est erit, quo circa eum in Italia esse non liceat,
neque in integrum restitu*tus* est erit; queive in eo municipio
colonia praefectura foro conciliabulo, quoius erit iudicio
120 publico condemnatus est erit; quemve | K(alumniae) praevarica-
tionis caussa accusasse fecisseve quod iudicatum est erit'; quei
ve aput exercitum ignominiae caussa ordo ademptus est erit;
quemve imperator ingnominiae caussa ab exercitu decedere iusit
iuserit; queive ob caput c(ivis) R(omanei) referundum pecuniam
præmium aliudve quid cepit ceperit; queive corpore quaestum
fecit fecerit; queive lenocinium faciet. Quei adversus ea in
municipio colonia præfectura foro conciliabulo *in senatu* decu-
rionibus conscripteisvefuerit | sententiamve dixerit, is HS Iɔɔɔ
p(opulo) d(are). d(amnas) esto eiusque pecuniæ quei volet
petitio esto.

§ IX. Quoi h. l. in municipio colonia praefectura foro conciliabulo
senatorem decurionem conscriptum esse inque eo ordine sententiam dicere ferre non licebit, neiquis, quei in eo municipio
colonia praefectura foro conciliabulo senatum decuriones conscriptos habebit, eum in senatum decuriones conscriptos ire

antérieure à Plaute ou contemporaine (vi⁰ siècle. — *Pseudolus.*
1, 3, 69). Le mineur qui s'était obligé sans l'assistance d'un cura-
teur, et qui avait à se plaindre de la fraude ou de l'abus commis
par le co-stipulant, avait contre celui-ci l'*exceptio legis' Plaetoriae* :
la cause était portée *in judicium publicum* (Cic. *de natur. Deor.*,
3, 30). La peine prononcée était purement pécuniaire, il est vrai,
mais elle entraînait l'*infamie*. L'édit prétorien a peu à peu fait
tomber la *Plaetoria* én désuétude, en établissant un système de
garanties plus complètes et plus faciles, et la *restitutio in integrum*
(V. au Dig. liv. IV, tit. 4. *De minoribus XXV annis*).

iubeto sc(iens) d(olo) m(alo), neve eum ibei sententiam rogato
neive dicere neive ferre iubeto s(ciens) d(olo) m(alo). Neve
130 qui, quei | in eo municipio colonia praefectura foro concilia-
bulo sufragio eorum maxumam potestatem habebit, eorum quem
ibei in senatum decuriones conscriptos ire neve in eo numero
esse neve sententiam ibei dicere ferreve sinito s(ciens) d(olo)
m(alo). Neve quis eius rationem comiticis conciliove *habeto et
si creatus erit, eum adversus hanc legem ieis comitieis conciliove* creatum esse renuntiato. Neve quis quei ibei mag(istratum)
potestatemve habebit, eum cum senatu decurionibus conscrip-
teis ludos spectare neive in convivio publico esse sinito sc(iens)
d(olo m(alo).

§ X. Quibus h, l. in municipio colonia praefectura foro conciliabulo in senatu decurionibus conscripteis esse non licebit. ni   Places aux Jeux,
quis eorum in municipio colonia praefectura foro conciliabulo   au Théâtre.
II vir(atum) IIII vir(atum) aliumve quam potestatem, et quo
honore in eam ordinem perveniat, petito neve capito. Neve
queis eorum ludeis cumve gladiatores ibei pugnabunt in loco
senatorio decurionum conscriptorum sedeto neve spectato. Neve
convivium publicum is inito. Neive quis, quem adversus ea
140 creatum renuntiatum erit, ibei II vir IIII vir | esto neve ibei
mag(istratum) potestatem ve habeto. Qu*ei* adversus ea fecerit,
is HS Iↄↄↄ p(opulo) d(are) d(amnas) esto, eiusque pecuniæ
quei volet petitio esto.

§ XI. Quae municipia coloniae praefecturae c(ivium) R(omanorum)
in Italia sunt erunt, quei in eis municipieis coloneis praefec-   Cens.
tureis maximum mag(istratum) maximamve potestatem ibei
habebit tum, cum censor aliisve quis mag(istratus) Romae
populi censum [1] aget, is diebus LX proxumeis, quibus sciet
145 Romae censum populi | agi; omnium municipium colonorum
suorum queique eius praefecturae erunt q(uei) c(ives) R(omanei)
erunt, censum agito eorumque nomina praenomina patres aut
patronos tribus cognomina et quot annos quisque eorum habet
et rationem pecuniae ex formula census, quae Romae ab eo, qui
tum censum populi acturus erit, proposita erit, ab ieis iurateis
accipito eaque omnia in tabulas publicas sui municipi referunda curato. Eosque libros per legatos, quos maior pars decu-
150 rionum conscriptorum | ad eam rem legarei mittei censuerint
tum, cum ea res consuleretur, ad eos, quei Romae censum agent,

[1] V. *supra*, p. 177-178.

mittito. Curatoque utei, quom amplius dies LX reliquei erunt antequam diem ei, queiquomque Romae censum aget, finem populi censendi faciant, eos ade*ant* librosque eius municipi coloniae praefecturae cdant. Isque censor seive quis alius mag(istratus) censum populi aget, diebus V proxumeis, quibus legatei eius municipi coloniae praefecturae adierint, eos libros 155 census, quei ab ieis legateis dabuntur, accipito | s(ine) d(olo) m(alo) exque ieis libreis quae ibei scripta erunt in tabulas publicas referunda curato easque tabulas eodem loco, ubei ceterae tabulae publicae erunt, in quibus census populi perscriptus erit, condendas curato. Qui pluribus in municipieis coloneis praefectureis domicilium habebit est is Romae census erit, quo magis in municipio colonia praefectura h. l. censeatur, e(ius) h. l. n(ihil) r(ogatur).

Municipes fundani.

§ XII. Quei lege pl(ebei)ve sc(ito) permissus est fuit, utei leges in 160 municipio fundano [1] municipibusve eius municipi daret, | sei quid is post h(anc) l(egem) r(ogatam) in eo anno proxumo, quo h(anc) l(egem) populus iuserit, ad eas leges *addiderit commutaverit conrexerit*, municipis fundanos item teneto, utei oporteret, sei eae res ab eo tum, quom primum leges eis municipibus lege pl(ebei)ve sc(ito) dedit, ad eas leges additae commutatae conrectae essent. Neve quis intercedito neve quid facito, quominus ea rata sint quove minus municipis fundanos teneant eisque optemperetur.

[1] Le *Municipium fundanum* est resté du droit latin, par exception, ou n'a été doté que de la latinité (en Espagne, en Sicile et ailleurs). En ce qui le concerne, son organisation, s'il en est besoin, est complétée ou corrigée par les *commissaires* envoyés à cet effet (*quei... permissus est fuit uti*, etc.). — Telle est l'opinion de M. de Savigny, de M. Mommsen. — V. aussi Walter, *Geschichte der RR.* (*hist. du Droit rom.*, I, n° 260, p. 392. 3ᵉ éd. Bonn. 1860).

HISTOIRE ROMAINE

PAR

THÉODORE MOMMSEN

TRADUITE PAR

C. A. ALEXANDRE

PRÉSIDENT A LA COUR D'APPEL DE PARIS

TABLE ALPHABÉTIQUE

AVIS.

Les personnages romains, mentionnés dans l'ouvrage de M. Mommsen, sont classés d'ordinaire dans la *Table alphabétique* qui précède, sous le nom de la *Gens* (*nomen gentilicium*) à laquelle appartient la *famille* ou la *branche* dont ils dépendent. On a, autant que possible, adopté pour ce classement un ordre semblable à celui suivi par Drumann dans son *Hist. Rom. au temps de Pompée, César et Cicéron* (*Gesch. Roms in seinem Uebergange von der republ. zur monarch. Verfassung, nach Geschlechtern*, Kœnigsberg, 1834-1844; 6 v. in-8°).

Donc on les devra le plus souvent chercher à leur nom de *gens*, alors même qu'ils seraient désignés parfois par leur prénom (*prænomen*), ou par leur nom de famille (*cognomen*), ou leur surnom (*agnomen*).

Ainsi on trouvera *Cæsar* à la *gens Julia*; *Sylla* à la *gens Cornelia*; les Scipions à la même *gens Cornelia*; Cicéron à la *gens Tullia*, etc.

Au surplus, et pour faciliter les recherches, nous donnons le tableau qui suit, indiquant les *noms gentilices*, avec les noms de familles ou branches principales (*cognomina*), qui se rencontrent dans le livre de M. Mommsen.

TABLE ALPHABÉTIQUE

Gentes.	Familles.
Gens Acilia, plébéienne...............	Glabrio.
— Ælia, pléb.	Pætus.
	Stilo.
— Æmilia, patric.	Lepidus.
	Mamercus.
	Papus.
	Paullus.
	Regillus.
	Scaurus.
— Annia, pléb....................	Milo.
— Antistia, pléb.................	Labeo.
— Antonia, patric. et pléb.	—
— Aquillia, patric. et pléb............	
— Asinia, pléb...................	Pollio.
— Atilia, patric. et pléb.............	Regulus.
	Serranus.
— Attia, ou Atia, pléb.............	Varus.
— Aurelia, pléb.	Cotta.
	Scaurus.
— Cæcilia, pleb.	Bassus.
	Metellus
	Niger.
— Cælia, pléb.	Rufus.
— Calpurnia, pléb.	Bestia.
	Bibulus.
	Piso.
— Cassia, patric., puis plus tard pléb. ...	Longinus.
	Varus.
— Claudia, patric., et aussi pléb.	Cœcus.
	Caudex.
	Cento.
	Marcellus.
	Quadrigarius.
— Cornelia, patric. et pléb. Branches patr.	Balbus.
	Cethegus.
	Cinna.
	Cossus.
	Dolabella.
	Lentulus.
	Merula.
	Nepos.
	Rufinus.
	Scipio.
	Sylla.
— — — Branches pléb. :	Balbus.
	Gallus.
— Domitia, pléb.	Ahenobarbus.
	Calvinus.
— Fabia, patric.	Labeo.
	Pictor.
	Maximus.
— Flavia, pléb...................	Fimbria.
— Fulvia, pléb...................	Centumalus.
	Flaccus.
	Nobilior.
— Furia, patric.	Bibaculus.
	Camillus.
	Philus.
— Horatia, patric.................	Cocles

DES MATIÈRES.

Gentes.	Familles.
Gens HOSTILIA, patric.	MANCINUS.
	SASERNA.
	TUBULUS.
— JULIA, patric.	CÆSAR.
— JUNIA, patric., puis pléb.	BRUTUS.
	PENNUS.
	PERA.
	PULLUS.
	SILANUS.
— LICINIA, pléb.	CALVUS (et CALV. STOLO.)
	CRASSUS.
	LUCULLUS.
	MACER.
	NERVA.
— LIVIA, pléb.	DRUSUS.
	SALINATOR.
— LUCRETIA, patric., puis pléb.	OFELLA.
	CARUS.
— LUTATIA, pléb.	CATULUS.
— MALLIA, pléb.	MAXIMUS.
— MAMILIA, pléb.	LIMETANUS.
— MANLIA, patric.	CAPITOLINUS.
	TORQUATUS.
	VULSO.
— MARCIA, patric. et pléb.	CENSORINUS.
	CORIOLANUS.
	FIGULUS.
	PHILIPPUS.
	REX.
	RUTILUS.
— MINUCIA, patric. et pléb.	RUFUS.
— MUCIA, patric.	SCÆVOLA.
— PAPIRIA, patric. et pléb. Branche patric. :	CURSOR.
Branche pléb. :	CARBO.
— PLAUTIA, pléb.	HYPSÆUS.
— POMPEIA, pléb.	RUFUS.
—	STRABO.
— POPILLIA, pléb.	LÆNAS.
— PORCIA, pléb.	CATO.
— POSTUMIA, patric.	ALBINUS.
— QUINCTIA, patric.	CAPITOLINUS.
	CINCINNATUS.
	FLAMININUS.
— SCRIBONIA, pléb.	CURIO.
	LIBO.
— SEMPRONIA, patric. et pléb.	ASELLIO.
	GRACCHUS.
	LONGUS.
	SOPHUS.
— SERGIA, patric.	CATILINA.
— SERVILIA, patric. (plus tard aussi pléb.).	AHALA.
	CASCA.
	CÆPIO.
	GEMINUS.
	GLAUCIA.
	RULLUS.
	VATIA.
— SULPICIA, patric. (plus tard aussi pléb.).	GALBA.

Gentes.	Familles.
	GALLUS.
	PETICUS.
	RUFUS.
— TERENTIA, pléb.	AFER.
	VARRO.
— TULLIA, patric. et pleb. . . . . . . — Pléb.	CICERO.
—. VALERIA, patric. (plus tard aussi pléb.). .	CORVUS.
	FALTO.
	FLACCUS.
	LÆVINUS.
	MAXIMUS.
	MESSALLA.
	POPLICOLA.
	TRIARIUS.
— VETURIA, patric., et aussi pléb.	CALVINUS.

TABLE ALPHABÉTIQUE
DES MATIÈRES
CONTENUES DANS LES HUIT VOLUMES.
—

N.-B. Les noms propres des dieux, des hommes et femmes sont imprimés en petites capitales. — Les noms latins relatifs aux mœurs, aux institutions, aux *antiquités* publiques et privées, en italique.

Les nombres en chiffres romains indiquent le volume ; ceux en chiffres arabes, la page.

Les additions *placées à la fin du t. IV* sont ainsi marquées : Ex. : I xvi = addition au t. I, p. xvi. — II xiv = addition au t. II p. xiv.

A

ABGAR, [prince arabe], s'allie avec les Parthes contre Crassus, VII 179 et s.

Aborigènes, II 303.

Abréviations romaines, I 289 et s.

Abricotier, son introduction en Italie, IV 112, note 1.

Abrupolis, IV 12, 15.

Abydos, III 296, 308, 312, 340, 354.

Académie nouvelle, VI 50.

Academus (jardins d'), III 314.

Acarnaniens, III 95, 96, 201, 202, 286, 293, 309, 312, 320, 323, 326, 329, 350. — IV 37.

ACCA-LAURENTIA, I addit. xvij [imprimé à la fin du t. IV].

ACCIUS, [poète tragique], VI, 79, 113.

Accusateurs de profession, V 353.

Acerra, III 187.

Achaeos, III 336.

Achaïe. Colonies achéennes en Italie et en Sicile, I 177, 180. Caractère propre de leur origine et de leur fédération, 181. Villes agricoles, 182. Monnaie, 183. Alphabet, 182. Leur décadence, 183. — L'Achaïe, province romaine, IV 347.

Achéens, III 94, 96, 202, 294, 313, 314, 318, 321, 326, 329, 331, 349, 368, 369, 370. — IV 13, 16, 37. — Ligue achéenne, IV 310. Guerre contre la ligue achéenne, IV 343 à 347.

ACHILLAS, [chef des troupes de Ptolémée Dionysos], VIII 5, 9.

Achradina, III 195, 196.

ACILIUS GLABRIO (M.), [consul, 563], III 349. — IV 89. Il essaie de remédier aux erreurs de calendrier, IV 263.

ACILIUS GLABRIO (M.), [consul, 687], VI 212, 251, 258.

Acta diurna, VI 143 note. — VIII, 273.

Acragas. Nom grec d'Agrigente, sa fondation, par les Doriens, I 177. — Les Carthaginois s'en emparent, II 217, III 19, 37. — Assiégée et prise par les Romains dans la 1re guerre punique, III 48 83. — Colonie romaine, sous le nom d'Agrigente, III 194, 198.

Actus. Acte géodésique, I 277 et n. 2.

Adcensi velati. I 124.

ADHERBAL, V 96.

Admagetobriga, VII 36.

Adoption, I 79.

Adramytte, V 296.

Adriatique (mer), origine de cette appellation, II 108 et note 1.

Adrogation, I 107 et note 3.

Adsidui, I 122.

Adsignatio viritana, I 252 note.

Aduatuques, leur origine, V 150, VII 34, 54, 57.

Ædicula, I 237.
Ædiles Ceriales, VIII 85, 115.
Ægusa. Victoire de Catulus sous l'île de ce nom, III 72.
Ælius Pætus (Sextus), [consul, 556]. Son traité de droit (*Tripertita*, IV 264.
Ælius Præconius Stilo de Lanuvium, professeur de littérature à Rome, VI 70, 114.
Æmilii. Village originaire, I 50. — Leur origine, II 304.
Æmilius Lepidus (M.), [consul, 567], III 307, 308.
Æmilius Lepidus Porcina (M.), [consul, 617]. Il bat en retraite devant les Vaccéens, IV 304. — Considéré comme orateur, VI 70.
Æmilius Lepidus (M.), [consul, 676]. Sa position comme homme de parti, VI 145. Il tente le renversement de la constitution de Sylla, VI 151 à 155. Explosion de la guerre civile, VI 155. Il est battu, VI 155. Sa mort, VI 156.
Æmilius Lepidus Livianus (Mamercus), [consul, 677], VI 133.
Æmilius Lepidus (M.). César lui confie l'administration provisoire de Rome, VII 260.
Æmilius Macer, VIII 246.
Æmilius Papus (L.), [consul, 529], III 103, 104, 105.
Æmilius Paullus (L.), [consul, 538], III 99, 169, 173.
Æmilius Paullus (L.), [consul, 572, 586], III 280. — Il prend le commandement de l'armée contre Persée, IV 24, et le bat à Pydna, IV 25. Son intégrité, IV 74, 77. Il transporte à Rome des produits de l'art grec, IV 280. Sa rigidité, IV 88. Sa fortune, IV 139. Il fait partie du collège des Augures, IV 164. — Un des premiers il rend hommage à la civilisation grecque, VI 67.
Æmilius Regillus (L.), [préteur, 564], III 354.
Æmilius Scaurus (M.), [consul, 639, censeur, 645], chef du parti aristocratique, V 84, 87, 100, 104, 134, 181, 188, 210. — VI 21.
Ænaria, II 106.
Ænos, III 308, 357, IV 31.
Æpulo, III 260.
Ærarii, habitants non citoyens payant une rente de protectorat, I 104, 129.

Ærarii Tribuni, VI 243.
Ærarium, I 147. — Après l'abolition de la royauté, l'administration en est confiée aux consuls, II 12, et aux questeurs nommés par eux, II 25.
Æsculanus, dieu du Bronze, II 263.
Æsernia. Les Romains y établissent une colonie, II 229. Elle est régie par le droit ancien d'Ariminum, II 240 note 1. — Durant l'insurrection italiote elle résiste aux insurgés, V 216, mais est obligée de capituler, V 217, 231.
Æsopos, VI 193.
Æstimatio dérivé de *Æs*, I 264.
Æthalia, I 190, 194.
Ætna, III 39.
Afer, Afri, I 198, note 2.
Affranchissement. N'était pas pratiqué dans l'ancienne Rome, I 211, 212. *Vindicta : censu : testamento*. I 213. Les affranchis entrent dans la clientèle, I 84-86. — Taxe d'affranchissement, II 78, 278. Affranchis rejetés dans les quatre tribus urbaines pour les comices par tribus, II 86, 278. Dans les comices par centuries le vote leur est enlevé, II 86. Rapports des affranchis et des patrons, II 277. — Leur rapide accroissement, IV 84. Ils sont appelés au service militaire, II 183, — IV 95, et au droit de vote, IV 97. Dans la réforme des comices centuriates ils sont assimilés aux ingénus, IV 97, 98. Cette assimilation est de nouveau supprimée par G. Flaminius, IV 99.
Affranchis. Leur droit de vote restreint, V 224. Il leur est accordé illimité par Sulpicius, V 238, puis par Cinna, V 319. — Marche vers l'assimilation politique complète, VI 128, 320. — Au temps de César, VIII 111.
Afranius (L.), [lieutenant de Pompée dans la guerre contre Sertorius], VI 160. Il soumet les Arabes de l'Osroène, VI 290. — Il reçoit le triomphe, VII 114, 120, note. — Campagne d'Espagne, VII 261. — Il est tué par les vétérans de César, VIII 35.
Afranius (L.), [poète auteur des *Togatæ*], VI 87 et notes.
Afrique jusqu'au temps des Gracques, IV 312-337. Elle devient province romaine, IV 335. — Sa

situation après la bataille de Pharsale, VII 326. — Dans les mains des Pompéiens, VIII 18 et s. Son organisation par César, VIII 36, 37.

Agathè, V 122.

AGATHOCLE de Syracuse, II 108, 173, 186.

AGELAÜS de Naupacte, III 199.

Ager gallicus, IV 150.

Ager publicus. [Voir Domaine.]

AGESIPOLIS, roi de Sparte, III 330.

Agnats, parents de la même souche masculine I, 84.

Agonalia, I addit. xiv.

Agonia, I addit. xvij.

Agriculture. Ses origines, I 43. Fille de l'agriculture indo-germanique, I 25 à 29. Pratiquée par les Grecs italiotes, I 25. Base de la cité romaine, I 66, 249. Influence sacerdotale sur l'agriculture, I 238. — Ses produits, IV 114 [voir Blé, Epeautre]. — Imperfection des moyens : travail opiniâtre, I 254. On y emploie les esclaves [voir Esclaves]. Excès de la dette foncière et ses effets, I 256. — II 31-35. — La grande culture, IV 111 à 122. La petite culture, IV 122. — Transmission de la propriété, I 256. — Amélioration du régime de l'impôt et du crédit, II. 77 à 80. — Retour des anciens abus, IV 127, 131, 148, 149, 150, 153. — Exploitations agricoles carthaginoises, III 12. — Littérature agricole, IV.264.—[Voir Partage des terres et Céréales.]

Agriculture en Italie. Situation des classes agricoles avant et à l'époque des Gracques, V 11, 19. — VI 22. — Les Gracques la relèvent, V 42. — VI 22. — Situation après la réforme des Gracques, V 88. — Colons établis en Italie par Sylla, VI 22. — A l'époque de César, VIII 120 et s. 126, 149, 150. — Son Etat dans les diverses parties de l'Italie. V 197, 208 ; dans les provinces, V 14, VI 22. — Marnage des terres en Gaule, VII 14. — Pâtures publiques [voir Domaine]. — Plantes fourragères, IV 114.

Agrigente [voir Akragas].

Agrimensores, V 43.

Agron, III 97.

AGYLLA, nom phénicien de la ville de Cœré, I 175.

AHOURAMAZDA, IV 365, VIII 197.

Aicae, III 163.

Aieux (chants des), I 299, 300.

Aigle. Donné comme enseigne aux légions, V 166.

Aila, VI 287.

AJAX. Origine de ce nom propre, I 271.

Alæ sociorum, II 131, note 2.

Alæsa, III 47 et note 1. 89, note 2. 92.

Alalia (bataille près d'), I 197. — III 7.

Albanais, I 14, note 1.

Albaniens. Peuple du Caucase, VI 274, 275, 277.

Albe : est regardée comme la plus ancienne cité latine, I 53, — obtient la préséance dans la fédération latine, I 54, 56 et note 2 : sa chute sous les coups de Rome, I 135 et note 1. — Elle était régie par un magistrat unique portant le titre de Dictateur, II 133, note 2. — Sa condition à l'époque de sa chute : gouvernement dictatorial annuel, II 134, note. Occupée par une garnison romaine. II 180.

ALBINOVANUS, V 336.

ALBIUS OPPIANICUS (Statius), VIII 135, note 1.

ALCHAUDONIOS, VI 284.

ALCIBIADE, II 282, 287.

Alérie : tombe au pouvoir des Romains, III 54.

Alesia. Siège de cette ville par César, VII 96-99.

Aletrium, II 179.

ALEXAMÈNE, III 344.

ALEXANDRE-LE-GRAND. Ses rapports avec l'Occident, II 189, 190, 234 ; importance politique de ses expéditions militaires en Orient, II 192, 193, III 284, 288, VII 112.

ALEXANDRE LE MOLOSSE [général en chef des Tarentins] : bat les Lucaniens, les Samnites, les Dauniens et les Messapiens, II 158, 159. Les Tarentins se tournent contre lui, II 159. Il appelle à lui tous les Gréco-italiques, II 159 ; sa mort, II 159.

ALEXANDRE, prétendu fils de Persée, IV 340.

ALEXANDRE II d'Egypte, VI 181 ; — son testament, 183, 380.

Alexandrie d'Egypte, III 289. — VIII 9 et s.

Alexandrie de Troade, III 339, 345.

Alexandrinisme grec, VIII, 203-205,

223, 224. — A Rome, VI 122, VIII, 224-227, 243-244.
Alfius Flavus (G.) [tribun du peuple 695], VII, 139 et note 2.
Allia, bataille de ce nom, II 119.
Allobroges, III 140, 141, V 124-126. — Ils trahissent les Catilinariens. VI 342. — leur révolte et leur soumission par G. Pison, VII 8. — Leurs villes, VII 15.
Aloès, IV 112, note 1.
Alpes. Passes des Alpes de Gaule en Italie, II 113, note I. — III 138, Passage des Alpes par Annibal, III 138-147. Point où il a dû s'effectuer, III 379-381. — Expéditions dirigées contre les peuplades alpestres, V 133. — VII 114.
Alpes Cottiennes, III 139. — Pompée y construit une route de montagnes, VI 157.
Alphabet. Est-il d'origine phénicienne? III 5 et 6. — L'alphabet araméen est complété en Occident, I 286, addit. xxv et s. Hist. de l'alphabet grec, I 286, addit. xxv et s. Il est conservé par les Achéens, I 182. Les colonies ionio-doriennes adoptent le nouvel alphabet grec, I 185. Les alphabets étrusque et latin dérivent l'un et l'autre de l'alphabet grec, I 270. — Développement des alphabets en Italie, I 285-294, addit. xxv et s. — Développement et régularisation de l'alphabet latin, II 311. — Carvilius le corrige; il y introduit le *g* et supprime le *z*, IV 260. — Ennius adopte la méthode grecque pour les consonnes doubles, IV 261. — Les Etrusques en propagent l'usage chez les Celtes et les peuples des Alpes, II 126.
Alphabet libyque, III 15, note 1.
Alphabet ibérique, III 273, 274.
Alsion, I 190.
Ambactes, origine de ce mot, VII 21, note 1.
Amandier, IV 112, note 1.
Ambiorix [roi des Eburons], VII 74, 81.
Ambitus, lois relatives aux délits en matière de candidature, II 66, note. — V 8.
Ambracie, III 367.
Ambrani-Ambrans, VI 331, note 2.
Ambre : connu depuis l'antiquité la plus reculée. Sa patrie d'après la légende grecque, I 173.
Ambrons, V 151.

Amendes, I 205. — II 30, 254, 255. Les édiles en cette matière siègent à titre d'accusateurs publics, II 259. Emploi de leur produit, II 281. Date de leur inscription régulière dans les Annales de Rome, II 299.
Amérie, annales, II 300.
Amisos. Son agrandissement et son repeuplement par Lucullus, VI 301.
Amphipolis, IV 28, note 1, 37.
Amphora, I 266, 267.
Amynandre, III 312, 329, 348, 367.
Anagnia, II 175, 179, 213.
Anares, III 100, 106.
Anas, VI 148.
Anaxilas [tyran de Rhegium et de Zanclè], II 105.
Ancône, I 188. — II 107.
Ancus Marcius [voir Marcius].
Andronicus [voir Livius].
Andros, III 308, 317, 352.
Anéroeste, III 102, 105.
Angeronalia, I addit. xv.
Angusticlave, II 368.
Anicius (L.) [préteur 587], IV 27.
Animaux féroces, leur introduction dans les jeux à Rome, IV 180. — VI 34.
Annales [voir Chroniques].
Annales officielles de Rome, leur caractère, VI 109.
Anneaux d'or, IV 46, 90.
Année [v. Calendrier]. — Ancienne année romaine, I 281.
Annius (G.) [gouverneur de la province ultérieure d'Espagne sous Sylla], V 341.
Annius Milon (T.), VII 132, 167, 172. — VIII 55, 133.
Annus, anneau, année, I 280.
Année de charge et d'*Imperium*, VII 381-390.
Antemnæ, I 63, 134.
Anticyre, III 203, 321.
Antigone [lieutenant d'Alexandre le Grand], II 195.
Antigone Doson, III 99, 126.
Antigone Gonatas, II 226.
Antikragos, VI 264.
Antioche, en Syrie, VI 181, 205, 288.
Antiochus I, Soter, III 292.
Antiochus III le Grand, III 199. Il s'allie avec Philippe de Macédoine contre l'Égypte, III 300, 336, 337. Sa conduite pendant l'intervention romaine en Macédoine, III 308, 310, 318, 336 et suiv. Difficultés et

rupture avec Rome, III 338-349. Hostilités, III 349-361. Il demande la paix, III 361, 363. Sa mort, III 361.

ANTIOCHUS IV [Ephiphane, de Syrie], IV 18, 374. Aidé par les Attalides, il monte sur le trône de Syrie, IV 354. Guerre avec l'Égypte et intervention romaine, IV 35, 36. Son gouvernement intérieur, IV 363 et s. Il introduit en Syrie les combats de gladiateurs, IV 182.

ANTIOCHUS EUPATOR [reconnu par les Romains comme successeur d'Antiochus Epiphane]. IV, 361.

ANTIOCHUS [l'Asiatique], VI 199, 205, 288, 298.

ANTIOCHUS [de Commagène], VI 205, 288, 298.

ANTIOCHUS [de Syracuse], II 304.

ANTIOCHUS (d'Ascalon), [stoïcien], VIII 195.

Antipatrie, III 313.

ANTISTIUS (P.). Il est mis à mort par ordre de Marius, V 332.

Antium, II 308. Établissement maritime des Étrusques, I 193. — II 107, 231. Mentionnée dans le traité de commerce conclu entre Rome et Carthage, II 144. Devient colonie romaine et est enfin soumise, II 137, 140, note 1, 154. Subit la loi civile de Rome, II 155. Les éperons ou rostres de ses galères, détruites par les Romains, décorent la tribune aux harangues de Rome, II 155. Ses galères reconnues propres au service sont emmenées dans les docks romains, II 233. Rome lui interdit la mer, II 233, note 2.

ANTONIUS l'orateur (M.) [préteur 652, consul 657], V 316. — VI 70. — Il est envoyé en Cilicie pour mettre fin à la piraterie, V 89.

ANTONIUS (M.) [meurtrier de Sertorius], VI 166.

ANTONIUS (M.) [amiral de la flotte romaine durant la guerre contre Mithridate], VI 189, 214, 249.

ANTONIUS (G.) [consul 691], VI 236, 244, 331, 341, 347, 348.

ANTONIUS (G.) [lieutenant de César en Illyrie], VII 282.

ANTONIUS (M.) [lieutenant de César, plus tard triumvir], VII 220, 301. — VIII 74, 108, 133.

ANUBIS cynocéphale, VIII 198.

Apamée, VI 194.

Apennin, I 5, 6, 46.

Apérans, III 351.

APOLLON. — APELLO. — APERTA, I 271. Les Romains vont à Delphes le consulter, I 242. — Établissement de son culte à Rome, II 264.

Apollonie, III 96, 200, 201, 313, 317, 324. — Époque de sa fondation, I 187. — Conclut avec Rome un traité d'amitié et de commerce, II 237. — Elle est reçue dans la symmachie romaine, III 98. — Ses monnaies, IV 137.

Apouans, III 262.

Appel devant l'Empereur introduit par César dans la juridiction, VIII 89.

APPULEIUS SATURNINUS (L.), V 145, 172-182.

Apsos, III 314, 317.

Apulie: est hellénisée, I 14. — II 284. — IV 161. — Sa conduite pendant la guerre contre les Samnites, II 161, 168. — Elle reçoit des colons, III 253. — Sa situation après la guerre contre Hannibal, IV 151, 153. — Son dépeuplement, VIII 140.

APUSTIUS (L.), III 316.

Aquæ Sextiæ. Sa fondation, V 127. Bataille livrée sous ses murs, V 151. — VII 8, 11.

Aqueducs: Appius fait construire le premier aqueduc, II 280.

Aqueducs : Anio, II 226, 280. — VI 18. *Aqua Appia*, VI 18. *AquaMarcia*, VI 19. *Aqua tepula*, VI 19.

Aquilée: est colonisée, III 260. — IV 11, 69, 94. — V 123, 128. — Elle est régie suivant le droit ancien d'Ariminum, II 240, note 1.

AQUILLIUS, (M.) IV 358.—V 67. note 1, 94, 276. Envoyé en ambassade auprès de Mithridate, V 276. Il invite Nicomède à commencer les hostilités, V 278.

AQUINUS, VI 148.

Aquitains. Subjugués, VII 63.

Ara maxima, I addit., xx.

Arabes, princes arabes de Syrie, VI 283.

ARATUS, III 294.

Arausio. Les Romains sont battus par les Cimbres près de cette ville, V 142.

Arbres généalogiques, II 300, 303.

ARCÉSILAS, VI 50.

ARCHAGATHOS [premier médecin grec à Rome], IV 263.

ARCHELAOS [chef d'une des armées

de Mithridate], V 280, 284, 289, 299, 303, 343.
Archelaos [grand-prêtre de Ma à Comana] VI 299, 312.
Archers dans l'ancienne armée romaine, I 103.
Archestrate de Gela, IV 246.
Archias [poète grec], VI 46.
Archidamos de Sparte, II 158.
Archimède, III 194, 196.
Architecture. Elle subit dès l'origine l'influence de la Grèce, I 312-317. Elle se développe primitivement en Étrurie, probablement sous l'influence athénienne, I 316-317. — Son développement ultérieur, II 315-318. — IV 277, 278. — L'architecture romaine, VI 119. — VIII 289, 290.
Arc [architect.], I 321. — II 316, 317.
Ardea. Elle fonde Sagonte, I 197. — Fait partie de la confédération aricienne, II 142. Son différend avec Aricia, II 138. Colonie latine, II 137. Elle prête assistance aux Romains contre les Gaulois, II 120. — Elle fait partie en 370 de la confédération latine, II 139, note 1, 142. Il en est fait mention dans le traité de commerce conclu par les Carthaginois avec la République, II 144. Ses annales, II 300, 308. Ses peintures murales, II 321, 325.
Ardiéens, III 97. — V 133.
Area Capitolina, I 147.
Arétas [roi des Nabatéens], VI 287, 291, 293, 299.
Aréthusa, VI 284.
Arévaques. Luttes avec les Romains, IV 291. — Paix conclue à Numance, IV 293. Se joignent à Viriathus, IV 301.
Argées, I 72 et note, 113, 124.
Argent. Dans les grandes affaires il est remplacé par l'or, IV 138. Rapport entre l'argent et l'or, VI 29. L'argent dans le système monétaire romain, VI 29 et s. — Mines d'argent en Espagne, III 274. — Interdiction de la sortie de numéraire à destination de la Gaule, IV 145. — Vaisselle d'argent dans les maisons romaines, II 82, 281. — III 28. — VI 37, 38.
Argentarius, II 281. — IV 133.
Argentinus, dieu de l'argent, II 262.
Argentum oscense. Argent d'Osca, III 274.

Argonautes, origine de ce mythe, II 304.
Argos, III 321, 329, 331. Centre de la spéculation romaine en Grèce, IV 353.
Aria cattiva, I 48.
Ariarathe de Cappadoce, III 342, 364. — IV 18.
Ariarathe V Philopator [roi de Cappadoce], IV 359.
Ariarathe VI [roi de Cappadoce]. Il est assassiné par Gordios, V 271.
Aricie, I 53. — Confédération aricienne, II 143. L'armée étrusque est arrêtée devant ses murs, II 104. Son différend avec Ardée, II 138. Membre de la confédération latine, II 139, note 1, 141. — Son incorporation à la cité romaine, II 155.
Ariminum. Le roi Arimnos est le premier barbare qui ait offert des dons au Jupiter olympien, I 192. — Colonie latine, II 240. — Elle sert de rempart contre les Gaulois, III 81, 103. — Résidence d'un des quatre questeurs de la flotte, II 235. Droit ancien d'Ariminum, ou droit des douze colonies, II 240 et note 1.
Ariobarzane [roi de Cappadoce], VI 194, 213.
Arioviste, VII 36 38, 48-51.
Aristion [tyran d'Athènes], V 286.
Aristobule [roi des Juifs], VI 287, 291, 309.
Aristodème, I 168.
Ariston de Tyr, III 269.
Aristonicos [fils d'Eumène II, prétendant au trône des Attales, IV 357.
Aristote, II 306, 309.
Armée. Organisation militaire ancienne. Dans l'origine, tout citoyen doit le service militaire, I 101. La légion se composait de 3000 fantassins et de 300 cavaliers, I 102, 103. Après l'annexion des *Collini*, le nombre des cavaliers, et probablement aussi celui des fantassins, est doublé, I 114.
— Réforme de Servius. Tout habitant, domicilié ou non, est astreint au service militaire de seize à soixante ans, I 122. D'ordinaire deux légions sont employées au dehors : deux autres sont chargées de la défense de la ville. La légion se compose de 3000 hoplites et de 1200 vélites, I

126. Elle est établie sur le mode dorique de la phalange, I 125. Les hommes destinés à l'armée sont partagés en cinq classes, I 122, 125.
— Circonscriptions de recrutement : le Palatin, la Subura, l'Esquilin et la Colline, I 124. Cavalerie civique : elle se compose de 1800 hommes, I 126. En campagne il n'est adjoint à la légion que 300 cavaliers, I 126. Places gratuites dans la cavalerie, I 123. — Rangement des soldats, non plus selon leur classe et leur fortune, mais selon l'ordre de leur temps de service, II 268.—V 163. Le classement de la recrue est laissé au bon plaisir de l'officier, V 165. — Abaissement des conditions requises pour l'admission des citoyens au service militaire, IV 95. — V 163. Enrôlements volontaires, V 164. — L'armée romaine au temps de César, VII 348-374. Etat-major et corps d'officiers, VII 359-364. Equipement et train, VII 364-365. Signaux et enseignes, VII 365-367.
— Circonscriptions établies par la réforme servienne, I 124. Trois de la cité palatine, une (*Collina*) de la cité quirinale, I 68-75, 113-115. Leur rang, I 114.
— Le territoire romain divisé en 21 districts ou sections votantes, II addit. ix. — Ces circonscriptions (*tribus rusticæ*) reproduisent les noms des familles qui y sont cantonnées, I 49. — Création en 367 de quatre nouvelles tribus, II 123 ; de deux en 422, II 155 ; de deux en 436, II 156 ; de deux en 455, II 179. Elles sont portées à 31 : les quatres urbaines primitivement premières sont rejetées au dernier rang, II 86. Intérêt local et communauté de sentiments dans les tribus, II 89.
— Enrôlements militaires. Introduction de ce système par Marius, V 164. — Enrôlements de mercenaires en Campanie, II 149.
— Cantonnement des troupes dans les provinces, VI 150. — VIII 155, 160.
— Légion phalangite, I 102, 125. — II 265. La légion manipulaire, II 265-270. — Elle est divisée en cohortes, V 165. Chiffre de son effectif, V 165. — Changement apporté par Pyrrhus dans l'ordre manipulaire de ses phalanges, II 215.
— Mercenaires, III 11.
— Officiers subalternes et officiers supérieurs, jadis au choix du général, sont plus tard élus en partie par le peuple, II 267.
— Service militaire : réglementation de la durée du temps de service militaire, V 55.
— Solde militaire : acquittée originairement par les contributions des tribus : elle est mise à la charge de l'Etat, II 69, 116. Elle est doublée par César, VIII 108. [V. Art milit.]
Arménie, III 291, 363. — IV 363. — V 257. Voir Artavasdès, Tigrane.
Arménie (petite). Mithridate la réunit à ses Etats, V 270. Tradition arménienne relative à la première guerre contre Mithridate, V 301, note 1.
Armilustrium, I addit. xiv.
Arpentage [v. Limitation].
Arpi, I 156. — II 285. Elle résiste aux Samnites, II 145. — Ses vicissitudes pendant la deuxième guerre punique, III 176, 189, 218, 221, 252.
Arpinum, II 176, 179.
Arrétins. Sylla confisque leurs propriétés, VI 129.
Arrestation. Le domicile couvre le citoyen, et elle ne peut se faire qu'au dehors, II 261.
Arretium. Troubles intérieurs ; elle invoque le secours de Rome, II 128. Elle fait la paix avec Rome, II 174. — Sa conduite dans la deuxième guerre punique, III 232, 241.
Arsa [G. Terentilius], II 49.
Arsacides, IV 365. — V 257.
Art culinaire. Progrès dans le luxe de la table, IV 176.
Art militaire. Supériorité des Romains, II 268. Traces de l'influence grecque, II 270, note 1. — Inauguration en Espagne du système des armées permanentes, III 278. Sa décadence, IV 21. Transformation de la cavalerie civique en une sorte de garde noble montée, IV 52. Le tribunat militaire est interdit aux sous-officiers, IV 56. Décadence de l'esprit militaire,

IV 88. Conscription, IV 375. — V 9. Corruption de la discipline militaire, V 236. — VII 49. — VIII 92 et s. — Réorganisation de l'armée par Marius, V 120, 162 et s. — Par César, VIII 94 et s. — Suppression de la cavalerie civique, V 163. — Mercenaires dans la cavalerie de César, VIII 95. — Système de guerre des Romains et des Parthes, VII 182 et s., v. légion.
— Campement, VII 367-370. Poliorcétique, VII 370-372.
— Circonvallation, II 266, 267.
— Tactique. La tactique romaine et la tactique moderne, VII 232. Tactique des Celtes, VII 27 et s., 69, 70, 84 et s.; des Parthes, VII 182 et s.
Art oratoire, VI 70 et s. — Littérature, IV 258. — Son caractère politique, VI 111 et s. — Sa décadence, VIII 273.
Artavasdès [roi d'Arménie], VII 177.
Artaxata, III 374, note 1. — VI 273.
Artaxias [satrape des deux Arménies], III 363.
Arthetauros, IV 12.
Artichauts, leur culture, IV 112, note 1.
Artisans. Leur concentration à Rome, II 277; composés en général d'esclaves ou d'affranchis, II 277. — V 14.
Artocès [roi des Ibères Caucasiens], VI 275.
Arvales, I 227. — II 332, 334. — Le chant des Arvales, I 297, 298.
Arvernes, V 123, 144. — VI 331, note 2. — VII 14, 21, 26, 35, 82.
Arx, I 51, 147.
Asclépiade [médecin], VIII 217.
Asculum, V 207, 214, note 3, 220, 227.
Asellio, V 237. — VI 337.
Asie (mineure). Population, V 263 et s. — Antérieurement aux Gracques, IV 353-356, 363. Devient province romaine, IV 358. — Opprimée sous la domination romaine, V 258. — L'administration en est retirée à Lucullus, VI 249. Elle est réorganisée par Pompée, VI 296. — Soumise et de nouveau organisée par César, VIII 16, 17. — Impôts romains, V 60, 69, 359. VI 12, 243, 308. — VIII 106.

Asie (de Syrie), ses premiers rapports avec Rome, III 95. Son attitude dans la deuxième guerre punique, III 199. — Etendue et caractère du pays. Elle prétend continuer l'empire d'Alexandre, III 287-290. Sa situation politique après la guerre d'Antiochus, III 363, 364. IV 11 [voir Antiochus-le-Grand].
Asinius Pollion (G.) VII 158. — VIII 279, 280.
Aspendos, III 355.
Assa voce canere. I 299.
Assignation, v. Leges agrariæ.
Associations, IV 142. — Droit d'association, II 257.
Astapa, III 205.
Astolpa, IV 297.
Astrologie, VI 65.
Asturiens, III 277.
Atarbas (amiral phénicien), III 65.
Atella, III 177, 226. Ses habitants livrés à la raillerie dans la comédie romaine, III 253. — IV 208.
Atellane (*Atellana fabula*), I 301. Masque de caractère dans la comédie romaine, I 301. — Elle prend rang parmi les genres littéraires, VI 88-93. — Son remplacement par le Mime, VIII 228, note 2. 229.
Athamaniens, III 203, 312, 314, 316, 317, 320, 324, 348, 349, 350, 367. — IV 4.
Athenagoras, III 317.
Athènes. Siége de cette ville et du Pyrée par Sylla, V 289.
Athéniens. Leurs rapports commerciaux avec les Etruriens, I 269. Ils passent pour avoir fourni aux artistes étrusques leurs premiers modèles, I 320. — Etablissement d'une colonie dans la mer Adriatique pour la protection de leur marine et de leur commerce contre la piraterie étrusque, II 126. Expédition en Sicile, II 107. — III 18. Dans la deuxième guerre punique, ils prennent parti pour Rome contre la Macédoine, III 203. Leur conduite pendant la guerre contre Philippe, III 293, 309, 311, 313, 329; contre Antiochus, III 348; — contre Persée, IV 14, 37.
Athenion, chef de parti dans la deuxième guerre servile de Sicile, V 92-94.
Athlètes grecs à Rome, IV 180.

ATILIUS REGULUS (C.) [consul 529], III 103, 105.
ATILIUS (L.) [préteur 536], III 149.
ATILIUS REGULUS (M.) [consul 498], III 55-60, 78, 79.
ATILIUS REGULUS (M.) [consul 537], III 170.
ATILIUS SERRANUS (A.) [préteur 562], III 345.
Atintans, III 98, 99, 204, 318.
ATIS, III 101.
Atrax, III 320.
Atrium, I 30, 312. — IV 278.
Atropatène, III 291.
ATTALE [roi de Pergame]. Son empire et son gouvernement, III 292, 293. Dans la deuxième guerre punique, il se déclare pour Rome contre la Macédoine, III 202. Il prend part à la guerre contre Philippe, III 301, 302, 305, 306, 308, 311, 314, 316, 318, 329. Antiochus envahit son territoire, III 338.
ATTALE II PHILADELPHE, IV 355 et note 1. Ses lettres à Attis, IV 379-381.
ATTALE III PHILOMÈTOR, IV 356.
Attaléia, VI 178.
Attalides, III 292. — IV 342 ; leur politique, IV 354. Extinction de leur lignée, IV 356.
ATTIS [prêtre de Pessinunte], IV 355, note 1, 379-381.
ATTIUS VARUS (P.) [lieutenant de Pompée], VII 244. Gouverneur de l'Afrique en son nom, VII 275, 276.
Auctores juris, II 309.
Auctoritas, II 364, 365, 366.
Auctoritas patrum, II 363.
Auctoritas senatus, II addit. iv.
Augures latins, I 230 et note 1. — II 332, 333.— Leur collége établi pour l'étude de l'interprétation du vol des oiseaux, I 230. Leur nombre, I 230. — Les plébéiens y étant admis, il est porté à 9, II 73. — V 374. Dans les municipes, V 382. — La science augurale, institution politique, VI 59 et s.
AURELIA [mère de César], VIII 43.
AURELIUS COTTA (C.) [consul 502], IV 52, 61.
AURELIUS COTTA (C.) [consul 577], ami intime de Drusus, V 210, 360. — VI 142, 237.
AURELIUS COTTA (L.) [consul 635], V 134.

AURELIUS COTTA (L.) [préteur 684], VI 243.
AURELIUS COTTA (M.) [consul 680], VI 189-194.
AURELIUS ORESTES (L.) [consul 597], IV 344.
AURELIUS SCAURUS (M.) [consul 646], V 142.
AURELIUS SCAURUS (M.), [lieutenant de Pompée], VI 290, 293.
Aurunces, II 145.
AURUNCULEIUS COTTA (L.) [lieutenant de César en Gaule], VII 73.
Ausculum, combat de ce nom, II 214-217.
Ausones, II 169.
Auspices, I 88. — VI 60, 373.
Auspicia publica, I 88. — V 60.
AUTRONIUS PAETUS (P.) [catilinarien], VI 328, 399.
Auxilium, II 93.
Avaricum. Siége et prise de cette ville par César, VII 86, 87.
Aviaria, VIII 120.
Aziz, VI 284, 288.

B

Bacchanales. Conspiration dite des Bacchanales, IV 169 et note 1.
Bactriens, III 287.
BÆBIUS (M.) [préteur 562], III, 346.
Bæcula : est le théâtre de deux combats, III 215, 216.
Bains chauds en Espagne à l'instar de l'Italie, III 274.
Bains publics, mesures ordonnées par César, VIII 118.
Baléares (îles). Les Carthaginois s'y établissent de très-bonne heure, III 17. — Occupation romaine en 631, IV 308.
Banqueroute, règlement de César, VIII 147.
Banquiers, IV 132. Sentiments publics à leur égard, IV 146 et s.
Barbiers. Dans le Latium, le premier barbier s'établit à Ardée en 454, II 275.
Bargylie, III 303.
BAR-KOCHBA [chef d'insurgés, contemporain d'Adrien], IV 365, note 1.
BARSABAS, IV 338.
Basiliques (les) à Rome, IV 178, note 277. B. Porcia, IV 277.
Bastarnes, IV 11.
BATO [prince des Dardaniens], III, 313.
Belges, VII 26, 36, 53, 57, 92.
Belliens, IV 290.

Bellone, VI 65, et note 1.
Bellovaques, VII 13, note 1. 54, 92, 102.
Bénévent, III 218, 220. — Est colonisée, II 229. Reçoit le droit des douze colonies, II 240, note 1. Bataille de ce nom, II 226.
Béryte, VI 288.
Besses, hordes barbares du grand Balkan, VI 170.
Bétail, élevage en Italie. L'élève du gros bétail marche de pair avec l'agriculture, I 254. Le petit bétail est nourri sur le pâturage commun, I 254. — Ses progrès, IV 115, 123, 129, 132, 149.
Bibracte, VII 46.
Bijoux d'or. Leur goût contracté par les Italiens, I 265.
Bithyas [cheik nomade], IV 329.
Bithynie, III 291. — IV 11. Province romaine, VI 187, 297.
Bituit [roi des Arvernes], V 125.
Bituriges, II 114.
Blé. Vol ou coupage du blé d'autrui regardé et jugé comme crime de trahison. I 204.
Blé-Froment. Son introduction dans la culture, II 271. [v. Épeautre.]
Bocchar [roi maure], III 270.
Bocchus, v. Mauritanie.
Bœotiens, III 293, 312, 321, 323, 332, 333, 335, 348, 351. — IV 15, 18.
Bœrebistas, VII, 117. — VIII 98.
Bœufs et brebis, première monnaie d'échange en Italie, I 263.
Bogud, v. Mauritanie.
Boies, d'en deçà du Pô, III 260, 261, note 1. — Italiques, II 113, note 1, 114, 125, 200. — III 101, 103, 105, 131, 149, 257, 258. Leur décadence, III 261. — Transalpins, V 130 et note 1, 135. — VII 33, 39, 87.
Boiorix [roi des Cimbres], V 142, 155.
Bomilcar [affidé de Jugurtha], V 102, 107 à 109.
Bomilcar [général carthaginois], III 190, 196.
Bona Dea, I 243.
Bononia, l'antique Felsina celtique, II 114. — Colonie latine, III 262. — IV 94. — Possède le droit des douze colonies, II 240, note 1.
Bornes milliaires. Leur établissement, VI 18.
Bosphore. Empire du Bosphore, V 267, 270.

Bostar [général carthaginois], III, 222.
Bouc expiatoire, I 216.
Boulangerie. N'est pas mentionnée dans les monuments traditionnels de la Rome antéhistorique, I 260. — Établissement des premières boulangeries vers 583, IV 176, 177, note 1.
Bovianum, I 157. — II 169, 176.
Bovilles : prend la place d'Albe dans la ligue des villes latines autonomes, I 139, note 1. — Fait partie de la Confédération latine, II 139, note 1, 141.
Brachyllas, III 332.
Brennus [le Brenn, général des Gaulois], II 119.
Bretagne, VII 59 et s.
Bretons. Origine de leur nom, VII 12, note 1. — Se livraient dès avant l'arrivée des Romains à la traite de l'étain britannique, V 127. — Expédition de César en Bretagne, VII 67 à 71.
Brigandage en Italie après la deuxième guerre punique, III, 255. — Au temps de Catilina, VI 338, 348. — Dans les provinces sous César, VIII 157.
Britomar [chef des Sénons], II 199.
Brixia, II 114.
Brundisium, I 188. — III 176, 178, 192, 200, 201, 219. — Colonie latine, II 229, 233. Elle reçoit le droit des douze colonies, II 240, note 1. — III 94. — V 355. — VII 248.
Bruttiens-Brettiens. Leur origine, II 146 et note 3. Idiome bilingual, II 148. Sous l'influence grecque, II 149 : art, II 319. Attitude des Bruttiens pendant la guerre contre les Samnites, II 161. Ils prennent part aux guerres contre Pyrrhus, II 210, 214. — Se soumettent aux Romains, II 228. — Leur alliance avec Hannibal, III 176, 218, 220, 228, 237. Traitement qui leur est infligé après la deuxième guerre punique, III 252. Économie rurale, IV 153.
Bruttius Sura [lieutenant du préteur de Macédoine] bat les flottes de Mithridate près de Démétriade, V 286.
Brutulus Papius, II 164.
Bulla. Bulle d'or avec son amulette portée par les enfants, IV 46 et note 2, 59, 90.

Butin. Il n'est pas dévolu aux soldats, mais à l'État, I 213. — Largesses faites à l'armée avec le butin de guerre, IV 87.
Byblos, VI 284 288.
Byrsa, citadelle de Carthage, IV 324.
Byzance, III 203, 296, 301, 311, 342, 347. — IV 13, 15, 18.

C

Cabira. Bataille livrée devant cette ville, VI 195 et s. 210, 302.
Cacus, I 24, 244.
Cæcilius Metellus (L.) [consul, 503], III 63.
Cæcilius Metellus Dalmaticus (L.) [consul 635], V 134.
Cæcilius Metellus Pius (L.) [consul 674], légat de Strabon pendant l'insurrection italiote. V 229, 254, 313, 326, 332. — Son portrait, VI 133-135. Campagne d'Espagne. VI, 143, 150, 156-162. Il soumet la Crète, VI 216. Sa querelle en Crète avec Pompée, VI 265. Chef du parti aristocratique, VI 238, 242.
Cæcilius Metellus Celer (Q.) [consul 694], VI 275, 290.
Cæcilius Metellus Macedonicus (Q.) [consul 611], IV 301. 303, 339, 343. — V 26, 31, 43, 46, 76, 105-112, 116, 172, 177.
Cæcilius Metellus Nepos (Q.) [consul 697], VI 358. 364.
Cæcilius Metellus Scipio (Q.) [consul 702], VII 194, 309. — VIII 20, 21, 22, 35.
Cæcilius (Statius C.), [poète romain], IV 223, 234.
Cæcina (A.), VIII 59.
Cælius, une des sept collines de Rome, I 169.
Cælius Antipater (L.) [historien], VI 110.
Cælius Rufus (M.), VII 221. — Il présente à la sanction du peuple une loi sur les dettes, VIII 55, 279.
Cænina, I 63. 134.
Caeré. Son nom est mentionné par les Grecs avant celui de toute autre ville italique, I 171. Factorerie phénicienne, I 174. Ses relations avec les Grecs, I 192. Avec les Phocéens, I 197. Son trésor dans le temple d'Apollon Delphien, I 192. Après le meurtre de prisonniers phocéens, Caeré lui envoie une ambassade, I 197. Objets d'art trouvés dans ses anciens tombeaux, I 270. Ses relations religieuses et amicales primitives avec Rome, I 154, 168. — Sert d'asile aux Tarquins après leur bannissement de Rome, II 6. Soulèvement contre Rome, II 123. Conclusion avec Rome d'une paix défavorable, II 88, 123. Rome lui impose un préfet annuel, II 243. Ses fresques considérées comme des chefs-d'œuvre par les critiques de l'ère impériale, II 321. L'un des berceaux de l'art toscan suivant la tradition romaine, II 324. Droits politiques après son entrée forcée dans l'alliance de la république, II 123, 124.
Caiatia, III 187.
Calatia, II 170, 176. — III 177, 223, 226.
Calendrier. Réforme de César, VIII 188, 189 [v. Année].
— Le plus ancien tableau des fêtes publiques inscrites au calendrier, I addit. xiij-xix. Il est basé originairement sur la durée moyenne du mois lunaire synodique, I 279-284. Le mois lunaire déterminé à l'aide de simples observations personnelles, I 279. Ce calcul des temps longtemps observé, I 284. I 284. Ancienne année solaire italique, I 279, 281. Forme la plus ancienne de l'année romaine, I 281, 283. — Calendrier des jours fastes d'Appius Claudius, II 310. Rectification essayée par les décemvirs, II 314. — Erreurs considérables dans les dates du calendrier romain, III 161, note 1.
Calès, III 178, 188, 226. — Reçoit des colons latins, II 156. 166. Elle reçoit des renforts, III 254. — Résidence du deuxième questeur de la flotte, II 235.
Calceus patricius, II 367.
Calidius (M.), VII 221.
Callatis, VI 171.
Callias, II 303, 306.
Callicrate, III 373. — IV 37.
Callimaque, VIII 203.
Calpurniens, II 304.
Calpurnius Bestia (L.), [consul 643], V 100, 104.
Calpurnius Bibulus (M.), [consul 695], VI 371, 374. — VII 146 et note 2, 192.

CALPURNIUS FLAMMA (M.), II 152 note.
CALPURNIUS PISON (G.), [préteur 569, consul 574], III 280. — IV 175.
CALPURNIUS PISON (Q.), [consul 619], IV 304.
CALPURNIUS PISON (L.), [consul 621], IV 328. — V 6, 18.
CALPURNIUS PISON (G.), [consul 687], VI 251, 256, 258, 263.
CALPURNIUS PISON (L.), [beau-père de César]. VI 376.
CALPURNIUS PISON (G.), Catilinarien, VI 327, 331.
Camarine, III 67.
Camars, I 154.
Camènes, I 309.
Camérie, I 134.
CAMILLUS [v. FURIUS].
Campaniens (les), en Sicile, III 38 [v. Capoue].
Cannes [bataille de], III 169-174.
Cantabres, III 277.
Canusium, II 168. — III 169, 173, 181, 186.
Capène. Prête assistance aux Véiens dans leur lutte contre Rome, II 116.
Capitole — Capitolium — Citadelle, I 51, 72, 73, 147. — Temple de Jupiter Capitolin, II 303.
Capitolins. Une des trois confréries de district connues, I 148 note.1.
Capoue, I 268. — Est enlevée aux Étrusques par les Samnites, II 109, 145. Elle subit l'influence de la Grèce et adopte ses mœurs et ses institutions, II 148. Son luxe et sa richesse, II 149, 276. Elle invoque le secours des Romains contre les Samnites et leur offre sa soumission, II 151. — Révolte contre Rome, II 153. Le parti noble tient pour Rome, II 153. Sa cavalerie décide la journée de Sentinum, II 184. Faveurs accordée par les Romains à l'aristocratie campanienne, II 247. Elle est reçue au droit cærite, II 155. Rome lui envoie un préfet annuel, II 243. Chiffre de son contingent militaire, II 246 note. — Place de recrutement des mercenaires, III 38. Hannibal tente de s'en emparer, III 164. Elle quitte la confédération et se donne à lui, III 177, 183, 186, 187. Sa noblesse intéressée à la cause de Rome, III 177. Hannibal y prend ses quartiers d'hiver, III 187. Devient un des nœuds de la lutte entre Hannibal et les Romains et tombe enfin entre les mains de ces derniers, III 218-226. Rome dans sa vengeance supprime la constitution des cités campaniennes, III 226 — Effets désastreux résultant de la guerre, IV 151. Domaine campanien, IV 63. — Le domaine privé substitué à la propriété de l'État; reprise des terres de Campanie par ce dernier, V 35, 36. Capoue colonisée sous le régime des Gracques, V 54, 81. La colonisation commence en 671, V 320, 329-332, 339. Cette colonie est supprimée par Sylla, V 356, 375, 383. — Sa condition sous la loi agraire de Servilius, VI 334. — Rétablissement de la colonie par César, VI 372, 374. Écoles de gladiateurs, VI 220. — Capoue seule conserve le type de sa monnaie d'argent, II 282. Les beaux-arts en Campanie, II 319. — Ses habitants tournés en ridicule dans la comédie romaine, IV 208.
Cappadoce, III 291, 347. — IV 359. — V 258, 271. Mithridate s'en empare. V 271 et s. Elle est reprise par les Romains, V 274. — Sous la domination de Tigrane, VI, 180. Augmentation de son territoire par Pompée, VI 297.
Caralis, III 17.
Carcer, I 214.
Carie, III 326, 365.
Carines, I 69.
Carmen, I 297.
Carmentalia, I addit. XVI.
CARMENTIS, *ibid*.
Carnéades, VI 50 et s.
Carnes, III 259. — V 131.
Carnutes, VII 78, 82.
Carpétans, IV 297.
CARRINAS, [lieutenant de Carbon], V 333.
Carrhes. Bataille livrée au sud de cette ville, VII 185 et s.
Carsioli. Est colonisée, II 180.
Carteia en Espagne, IV, 288.
Carthage. Son origine, son nom, I 198. — Sa position, III, 8 et s. — IV 322. Ses fortifications, III 35. — IV 322 et s. — Parallèle entre Rome et Carthage, III 28-36. Sa constitution, III 20-23, 28. Grand conseil, III 20. Fonctionnaires, III 21, 29. Conseil des Cent ou des juges, III 21, 22, 28. Les

citoyens, III 23. Population, III 32. Le parti de la guerre et le parti de la paix, III, 111-114, 190, 192, 244. L'opposition, III, 24. Réformes démocratiques opérées par Hannibal dans la constitution, III 266. Excès d'arbitraire dans la constitution, III 29. Gouvernement des sujets, III 30, 31, 32. Système militaire, l'armée et la flotte, III 32-36, 115, 116. Sa richesse et sources de celle-ci, III 25-28. Finances, III 25-27, 32. La science et l'art, III 25-26. Mélange des légendes relatives à la fondation de Carthage et de Rome, II 306-308 — Carthage à la tête des Phéniciens dans leur lutte avec les Grecs pour la suprématie maritime, I 196. — III 10-12. — Transformation du caractère de l'occupation phénicienne et fondation de l'empire africain carthaginois, I 196. — III 11-16. — Alliance étroite des Phéniciens avec les Siciliens, les Italiens et particulièrement avec les Étrusques, I 196, 197, 198. — III 18. — Anciennes relations commerciales avec Rome, I 197, 198. Carthage domine sur la partie nord-ouest de la Sicile, I 198. — III 17, 18. — Les Carthaginois s'établissent en Sardaigne, I 198, 199. — III 17. En Espagne, III 16. — La mer de l'Ouest, l'Océan Atlantique et les eaux d'Espagne interdits aux Grecs, I 199. — III 18. — Alliés aux Perses ils attaquent vigoureusement les établissements grecs de Sicile, II 105. Ils sont battus sous Himère, II 105. — III 8. — Luttes et rivalité avec Syracuse, II 108. — III, 18-20, 37. — Rétablissement de leur suprématie maritime dans la mer Tyrrhénienne et rupture de leur alliance avec les Étrusques, II 108. Leur situation en Sicile, alliance avec les Romains contre Pyrrhus, II 217-219, 222. Ils sont dépossédés de la Sicile par Pyrrhus, II 222, 223. Tentative sur Rhegium, II 201. Sur Tarente, II 227. Suprématie maritime des Carthaginois dans les mers de l'Ouest aux IVᵉ et Vᵉ siècles, II 230. — Ils refoulent les navires des Romains: traités de commerce, I 141, 199, 200. — II 144, 231, 234. — III 20. — Les Romains cherchent à reconquérir leur indépendance sur les mers : tension des rapports avec Carthage, II 236 et s. — Occupation du Messine par les Carthaginois, III 45. — Ils en sont dépossédés par les Romains, III 45, 46. Première guerre punique, III 46-72, 75-80. Conclusion de la paix, III 72-75. Guerre des Mercenaires, III 83-86, 112, 113. Deuxième guerre punique, ses causes, III 111-114. Préparatifs des Carthaginois, III 114-125. Rupture avec Rome, III 125. Événements militaires, III 125-248. Carthage après la deuxième guerre punique, III 264-266. Elle fait alliance avec la Macédoine, III 175, — IV 10. Sa conduite pendant la guerre contre Persée, IV 18. Lutte contre Massinissa, IV 312 et s. Troisième guerre contre Rome, IV 326 et s. Sa destruction, IV 334, 335. Le territoire carthaginois converti en domaine romain, IV 335, 336. — C. Gracchus y établit une colonie, V 54. Elle est supprimée par le Sénat, V 74, 75, 82. Reprise du partage jadis interrompu du territoire carthaginois, V 174. — Nouvelle colonie fondée par César, VIII 172.

Carthage d'Espagne [Carthagène], III 119, 132, 273. Scipion s'en empare, III 212-214.

CARTHALO, [amiral en second de la flotte carthaginoise pendant la première guerre punique], III 67. — Chef avec Hasdrubal de la faction patriote à Carthage, IV 315 et s.

Carystos, III 321, 344.

Catane, I 177.

CARVILIUS (Sp.), [consul 461], II 185, 321.

CARVILIUS, [maître d'école], corrige et régularise l'alphabet latin, IV 260.

Casilinum, III 164, 187, 220, 223.

Casius [promontoire], VIII 4.

CASSIUS (L.), [tribun du peuple 617], V 6.

CASSIUS (L.), [préteur en Asie], V 276, 280, 281, 284.

CASSIUS (C.), [lieutenant de Crassus], VII 187.

CASSIUS LONGINUS (L.), [consul 647]. Il est attiré par les Helvètes dans une embuscade où il périt, V 141.

Cassius Longinus (Q.), [tribun du peuple 705], VII 220. — VIII 25.
Cassius Varus (C.), [consul 681], VI 223.
Cassius (Sp.), [consul 252, 261, 268], II 49, 129, 279. — IV 106.
Cassivellaun, [prince breton], VII 69.
Castor et Pollux. Ces divinités grecques sont connues à Rome de toute antiquité, I 242. — Temple des Castors à Rome, II 263,
Castra. Un bureau de douane y est établi, IV 63.
Castrum Amerinum, I 154.
Castra navalia, III 57.
Castrum novum, colonie civile, II 229, 233.
Cataonie. Son territoire après la paix faite avec Antiochus appartient à la Cappadoce, V 90, note 1,
Caton [v. Porcius].
Catugnat, VII 9.
Catuvolc [chef des Éburons], VII 81.
Cauca, IV 294.
Caucans, IV 308.
Caudium, fourches caudines, II 164. Paix de Caudium, II 165-167.
Caulonia, I 181.
Caunos, III 339.
Cavalerie [v. Armée].
Cavalerie civique [v. Armée].
Cavum ædium, I 312. — IV 278.
Celeres, I 102.
Célibataires. Établissement d'un impôt à la charge des citoyens non mariés, II 258.
Celtibères, III 174, 207, 243, 277, 278, 280. — IV 290 et s. — V 185.
Cenchrée, III 321.
Cénomans, II 114, 125. — III 100, 102, 103, 106, 107, 152, 258. — V 131.
Cens. Son point de départ dans l'organisation militaire de Servius, I 127, 130. — Il est révisé tous les quatre ans, II addit. v. Son introduction dans toutes les cités italiques, II 249. Et en Sicile, III 90. — Il n'est point étendu aux provinces postérieures, IV 79. — La propriété territoriale, base primitive, I 123. — Puis l'argent, II 86, 87. — Modifications ultérieures, IV 96, note 1. — Chiffres censitaires inscrits au ve siècle dans la Chronique romaine, II 299. — Les chiffres du cens des quatre premiers siècles de Rome purement imaginaires, II 245, note 1.
— Ordonnance de César établissant le cens en Italie et dans les provinces, VIII 177-179. [v. Population.]
Censure. Son institution, II 63. Importance de cette charge pour l'aristocratie, II 63. — IV 56. — Les plébéiens y sont éligibles, II 72, 90, 335. Les patriciens sont privés d'un des deux censorats, II 72. Juridiction spéciale des mœurs conférée au censeur, II 87, addit. xix, 256. Devient par cela même la première charge municipale, II addit xviii, 256, et est au-dessus du Consulat, II 90. Ne peut être exercée deux fois, II 92. — N'est pas une charge curule, IV 47, note 2. Elle fait cause commune avec la noblesse, et reçoit certaines limitations, IV 53-54. Insignes, IV 90. — Elle est supprimée par Sylla, V 361, 374. — Et réinstituée par Pompée avec durée de cinq années, VI 243. — VII 172. — Remaniée par César, VIII 177.
Centenius (C.), III 161.
Centenius (M.), III 222.
Centoripae, III 47, 89, note 2, 92.
Centumvirs, I 96. — Tribunal des centumvirs, V 376. — VIII 89.
Centurie — *Centuria*. Ancienne mesure agraire dont la contenance était de cent héritages de deux arpents, I 95. [v. *Comitia centuriata*.]
Centuries équestres. Six centuries = 600 chevaux, dix-huit centuries = 1800 chevaux, IV 50, note. Divisées en 54 turmes commandées par six chefs de sections (*seviri*), IV 51, note. Augmentation du nombre des chevaux sur la motion de Caton, IV 50, note. *Equites equo privato*, IV 52 note. La noblesse maîtresse des centuries équestres, IV 49-52. Distribution des chevaux publics, IV 49. V 6. [v. Chevalerie].
Céphallénie, III 368.
Cephalœdion, III 62.
Céréales. Les prix, III 231. — IV 124, 126. — Blé d'au-delà de la mer, III 255. — IV 123. Concurrence fâcheuse qu'il fait à l'agriculture italienne, IV 124-127. — Achat de céréales pour le

compte de l'État, II 30. — Fournitures de blé faites par les provinces, IV 76. — Par l'Espagne, III 281. — Distributions de blé à vil prix faites au peuple par les édiles, IV 85. — Magasins publics, V 53. Prestations mensuelles par Gracchus, V 53. Continuées après sa chute, V 81, 83. Augmentées par Saturninus, V 176. Par Drusus le père. V 190. Elles sont restreintes pendant l'insurrection italiote, V 210. Renouvelées par Cinna, V 320. Elles sont supprimées par Sylla, V 359. — Leur rétablissement restreint, VI 153. Loi de 681 réglementant les achats annuels, VI 234. Elles sont pleinement rétablies par sénatus-consulte en l'an 691, VI 352. — Réforme opérée par César; VIII 105 [voir Agriculture].

Cérès, I addit. xiv. — Temple de Cérès à Rome, II 43. note 1, 279. 316, 320. — Son culte secret, IV 170.

Cerialia, I addit. xiv.

Cerisier, IV 112, note 1. — Sa transplantation en Italie, VIII 121.

Cermale [une des sept enceintes de Rome], I 69.

Cervesia. bière d'orge, VII 14.

Ceutrons, III 142.

Chalcédoine. Sa Soumission par Prusias, III 301. — Les Romains y sont assiégés et battus par Mithridate, VI 190.

Chaldéens (les) à Rome, VI 64, 65.

Chalcis, III 285, 313, 323, 333, 344, 346, 349, 350. — IV 17.

Chalcydiques, [colonies] en Italie et en Sicile, I 176, 177, 178, 180.

Chanaan, III 3.

Changeur [v. *Argentarius*].

Chants religieux; I 297, 298.
— satiriques contre les personnes. Ils sont sévèrement prohibés, II 294.

Charges curules, IV 47.

Charondas (de Catane), [législateur], I 187.

Chéronée. Bataille de ce nom, V 292-294.

Charops, [notable épirote], III 320.

Charpentiers, I 260.

Charrue romaine (et domaine plein), I 129, note 2, 252.

Chars de guerre, I 304, 306, 307. — Chez les Gaulois, II 112. Leur emploi contre les éléphants, II 215.

Chasse aux titres dans la Rome républicaine, IV 88.

Chattes-Cattes. [Très-probablement les Suèves de César], VII 33, note 1, 79.

Chersonèse Taurique, V 267.
— de Thrace, III 289, 365, 369. — V 130.

Chevalerie. Son origine, IV 145. — Son essor sous Gracchus, V 57. Ses insignes, V 59. Restrictions apportées par Sylla dans ses priviléges, V 360. — Ils lui sont rendus, VI 248-249 [v. Juges-Jurés].

Chiffres. Les signes de numération sont de pure invention italienne, I 264, 276. Les Romains prennent dans l'alphabet grec trois lettres aspirées pour en former les chiffres 50, 100 et 1000. Étrusques, I 279, 292.

Chios, III 203, 296, 302, 308, 353, 365. — Traitement qui lui est infligé par Mithridate, V 297. Privilége accordé par Sylla à ses habitants, V 304.

Chronique, II 293, 300.

Chypre, III 289. — Elle se sépare de l'Égypte et se rend indépendante, V 256. — Elle échoit à Rome, VI 183, 311, 380.

Cilicie. III 287, 363, 365. Foyer de la piraterie, IV 371. — VI 175. — Province romaine, V 89, 90, 256. — VI 177. Tigrane s'empare de la partie orientale, VI 181. Son accroissement et sa réorganisation par Pompée, VI 297.

Cimbres, V 135 et s., 149 et s.

Cincinnatus [v. Quinctius].

Cinéas, II 205, 211, 212, 220.

Cingetorix [chef trévire], VII 79.

Circéies, II 144. Colonie latine, II 137. Elle se soulève contre Rome, II 138. Fait partie en 370 de la confédération latine, II 139, note 1, 142.

Cirque. Son emplacement, I 151.

Cirta, III 242, 272, V 98. Cette ville et le pays environnant sont donnés par César à P. Sittius, VIII, 36, 37.

Cistophore, [monnaie asiatique], VI 33 et note 1. — VIII 187, note 2.

Ciste, [cassette de toilette], II 277, 288, 322.

Cité (la) et l'état dans l'antiquité, V 38, 213, 378 et s., 383. — Elle se compose selon la loi d'une antique coutume des habitants occupant un territoire divisé en 10 curies de 10 familles et 10 maisons, lequel fournit 1000 fantassins, 100 cavaliers, 100 conseillers, I 95, 96. Ce chiffre normal est triplé par la réunion des trois communes bourgeoises, I 95. Valeur de cette organisation, I 96-98. Égalité civile dans les temps les plus reculés, I 98-100. — Égalité chez les patriciens plébéiens, II 81. — Charges et impôts civils, I 101-104. — Son extension, IV 80-83. Clientèle et plèbe, IV 83-84. Corruption de la foule érigée en système, IV 84-88. — Droits civiques, I 104-108. Ils sont confondus originairement avec le patriciat, I 86. Inamissibles dans l'État, I 141, 211. Et dans l'enceinte du Latium, I 141. Dans les temps anciens la délivrance en est accordée avec une extrême parcimonie, I 119. Admission de familles albaines, I 138. — Droits nouveaux accordés aux plébéiens, II 20 et s. et addit. VI. La cité conférée obligatoirement à l'origine est plus tard sollicitée et accordée comme une faveur, II 241. — Restriction apportée à la concession de la cité après l'achèvement de la soumission complète de l'Italie, V 200. Usurpation du droit civique interdite, V 203. — Pendant l'insurrection italiote, il est accordé aux italiques restés fidèles et qui se soumettent, V 223, 234, 312. Loi sulpicienne établissant l'égalité entre les citoyens nouveaux et les anciens, V 240. Sa confirmation par Cinna, V 319. Par Sylla, V 355, 363. César concède largement la cité à des non italiques, VIII 169 et s.

Cités latines alliées. Remaniement total de leurs institutions d'après le modèle de la constitution consulaire de Rome, II 133-135, 143, 144.

Citronnier. Date de son introduction en Italie, IV 112, note 1.

Cives sine suffragio, citoyens patronés, I 128, 129.—Classe de citoyens sans droits électoraux actifs et passifs : origine de cette classe, II 124. Ils sont soumis à la loi civile et à la juridiction romaines, mais régis par leur droit provincial dûment révisé, II 243. Leur nombre, II 245 note. — Disparition de cette classe, IV 67, 70-72, 81. — Ce droit est appliqué à Caeré, II 124. Ainsi qu'à Capoue et d'autres villes du pays Volsque et de la Campanie, II 156. A Anagnia, II 179. A tous les peuples Sabins, II 187.

Civilisation préhistorique. On ne trouve en Italie aucune trace de l'homme à l'état primitif, I 11.

Civilisation indo-germanique, I 20 à 24. Gréco-italique, 24, 25.

Civitates foederatæ, VI 8.

Civitates immunes, VI 8.

Clans [en Gaule], VII 20, 26.

Classes [classes — appels], I 122.

Classici. Miliciens des classes, I 122.

Clastidium. Théâtre d'un combat entre les Insubres et les Romains, III 107, 152, 154, note 1.

Claudia [la *gens* patricienne des Claudii], IV 382-397.

Claudia [sœur du consul de 505], IV 154.

Claudius (Ap.) [Décemvir 303, 304], II 54. Sa biographie, IV, 387-390.

Claudius Cæcus (Ap.), [censeur 442, consul 447, 458]. Son portrait, II 84, 290. — Sa biographie, IV 390-393. — Réforme qu'il tente d'introduire pendant son censorat, II 86. Il se prononce contre la paix offerte par Pyrrhus, II 212. Promoteur d'un système de travaux d'utilité publique, II 170, 280. Le premier il consacre un monument à ses ancêtres, II 286. Ses poésies, II 296. Son calendrier des jours fastes, II 310. On lui attribue l'emploi de l'*r* à la place de l'*s*, II 312.

Claudius Caudex (Ap.), [consul 490], III 46.

Claudius (G.), [tribun militaire 490], III 45.

Claudius Pulcher (P.), [consul 505]. Il est battu à Drépana par l'amiral phénicien Atarbas, III 65-66. — Son incrédulité touchant les auspices, IV 164.

Claudius Pulcher (Ap.), [tribun militaire 538, consul 542], III 181, 222, 223.

Claudius Neron (G.) [censeur 550, consul 547], III 209, 215, 223, 233, 234, 235, 238. — IV 53.

CLAUDIUS CENTO (C.) [commandant de la flotte, 554], III 313.
CLAUDIUS (Ap.) [officier pendant la guerre contre Antiochus 562], III 349.
CLAUDIUS (Ap.) [officier pendant la guerre contre Persée 585], IV 21, 23.
CLAUDIUS (Ap.) [consul 611, censeur 618], ami des Gracques, V 26, 30, 43.
CLAUDIUS (Ap.) [propréteur]. Il assiége Nola, V 254.
CLAUDIUS (Ap.) [consul 675], V 387. — VI 171.
CLAUDIUS MARCELLUS (M.) [consul 532, 539, 540, 544 546]. Son portrait, III 184-186. Il bat les Gaulois à Clastidium, III 107. Il prend le commandement des troupes romaines après le désastre de Cannes, III 181, 185, 186, 187, 188. Guerre de Sicile, 193-198. — Les Syracusains portent plainte contre lui, IV 77. Le premier il transporte à Rome les trésors d'art enlevés aux villes grecques conquises, IV 279, 280. — Sa mort, III 229.
CLAUDIUS MARCELLUS (M.) [consul 588, 599, 602], IV 292 293. — V 5, note 2.
CLAUDIUS MARCELLUS (M.) [général durant l'insurrection italiote], V 216.
CLAUDIUS MARCELLUS (M.) [consul 703], VII 202 et note 1, 208. — VIII 58.
CLAUDIUS MARCELLUS (G.) [consul 704], VII 217-219 et 217, note 1.
CLAUDIUS MARCELLUS (G.) [consul 705], VII 220 et note 1.
CLAUDIUS QUADRIGARIUS (Q.) [auteur d'une chronique romaine], VIII 266.
Clavus, IV 46 et note 2, 90.
Clazomène, III 353, 365.
CLÉONYME. II 177, 178.
CLÉOPATRE [fille d'Antiochus], III 338, 340 note 1, 342. — IV, 35.
CLÉOPATRE [fille de Mithridate]. VI 269.
CLÉOPATRE [fille de Ptolémée l'Aulète], VIII 4, 7 et s.
Clientèle à Rome, IV 409-421.
Clients et affranchis. Usages qui les régissent à l'égard de la famille, IV 83, 84.
CLITARQUE, II 190 note 1, 309.

Cloaca maxima. Égouts souterrains à Rome, I 149. — II 316.
CLODIUS (P.), VI 380. — VII 123, 124 note 2, 143, 169.
Clœliens d'Albe, ancienne famille albaine, I 138.
Clou devant être fiché tous les cent ans dans la muraille du temple de Jupiter Capitolin, II 296.
CLUENTIUS HABITUS (A.), VIII 135.
Clupea, III 57, 59, 61.
Clupeus, II 270, note 1.
Clusium, I 154. — II 118. — III 104.
Cochlearium, VIII 120.
Cœna, IV 176.
Cohors prætoria. Sa création par Scipion Émilien, V 166.
Cohorte [voir Armée].
Colchide, V 265. — VI 276.
Collatie, I 63, 134.
Collegia à Rome, VII 124. — VIII 111. Réforme de César, VIII 116.
Colline (porte). Les démocrates qui attaquaient Rome aidés des Samnites y sont battus par Sylla, V 337, 338.
Collini [Romani], I 75.
Collis, I 74.
Colonies. Leur influence salutaire et politique, II 80. — Celles établies entre l'Apennin et le Pô se maintiennent longtemps et ne disparaissent que lentement, IV 150. — Ralentissement dans la fondation des colonies à partir du v⁵ siècle, V 19, 20.
— *civium romanorum*, I 136 note 1.
— Elles sont primitivement établies au bord de la mer, II 232, 239.
— Colonies intérieures, IV 69. — Toutes celles établies en Italie après la fondation de celle d'Aquilée appartenaient à la classe des colonies civiques, II 240 note 1. — Colonies fondées par G. Gracchus, V 54, 82. Propositions de Drusus, V 190. Colonies instituées par Sylla, V 248, 357 et s. — VI 129. — Leur position en regard des colonies anciennes, V 358. Projet de Servilius Rullus, d'après sa motion agraire, VI 334 [Voir Capoue]. — G. Gracchus propose l'établissement de colonies sur le territoire non italique, V 20, 54. Fondation de la colonie de Narbonne, V 82, 126, 127. — VI 43. — Lois coloniales votées sur la motion de Saturninus, V 174, 184. — Colonies éta-

blies par César dans la Gaule cisalpine, VII 149. — Dans la Gaule transalpine, VII 108 et s. — Colonisation sur tous les points de l'Empire, VIII, 169 et s.
— *latines* les plus anciennes, I 144-145. — Elles se composent des cités latines fédérées ayant avec Rome égalité parfaite de droits, II 130 et s. Mélangées à l'origine de Latins et de Romains. Ces derniers deviennent promptement prépondérants, II 132 et s. [v. Ligue latine].
Colonnes. Leur emploi dans l'architecture civile et privée, IV, 278.
Colophon, III 356, 365.
Comana. Ses grands prêtres, VI 299.
Combat singulier en Espagne, III 275. — Chez les Gaulois, II 112.
Comédie. La comédie nouvelle d'Athènes, IV 198-205. — Romaine, elle est purement grecque, IV 206. La politique en est absente, IV 207. Personnages, situations, IV 211-213. Composition dramatique, IV 213-214. La rudesse romaine, IV 214-215. Métrique, IV 215-216. Mise en scène, IV 216-217.
Comitia. Les citoyens non possesseurs fonciers y sont en général admis par Appius Claudius, II 86. Restrictions apportées par Fabius Rullianus, II 86. Accroissement de leurs attributions, II 87. Ils étendent leur compétence jusque sur les matières de gouvernement, II 88. — La démagogie y domine, IV, 102 et s. — Nomination directe du Général en chef par les Comices, VI 252. — Désorganisation du suffrage, IV 82-83. Nullité politique des comices, IV 106 et s. — Leur état à l'époque des Gracques, V 6 et s., 37 et s. Au temps de Sylla, V 235, 250. — Au temps de César, VIII 77. — Leur corruption, V 9. — VI 131-132. — VIII 129. — Transfèrement au Forum du lieu des Assemblées des Comices, V 7.
Comitia calata, II 370.
Comitia centuriata. Les plus anciens, I 128. — II 339-341. Après la chute de la royauté, ils désignent les magistrats suprêmes annuels et décident en dernier ressort sur la vie et la mort des accusés; ils exercent les droits publics et sont la manifestation de la souveraineté populaire,

II 16 et s. Les six centuries de Chevaliers ont le droit de préséance dans la votation, II 18. Assemblée des centuries dans le camp, II 23. — Réforme : chacune des cinq classes a le même nombre de votes, la Chevalerie perdant son droit de première votante, IV 96-97, 98 et note 1. — Changements apportés par G. Gracchus dans l'ordre du vote : toutes les centuries votent dans l'ordre déterminé par le sort, V 53. Sylla réapplique l'ancienne ordonnance de Servius concernant le mode de votation, V 249, 364. Situation qui leur est faite dans les réformes syllaniennes V 364, 365.
Comitia curiata, II 341-344. — Ils sont convoqués par le roi soit pour recevoir ses communications ou lui prêter serment, soit pour les modifications ou innovations à introduire dans le texte de la loi, I 104-108 et addition III-VI. — Leurs réunions régulières avaient lieu deux fois l'an, le 24 mars et le 24 mai, I 105. — Dans les curies le vote avait lieu par tête, II addit. VIII-IX. — Modifications apportées à leurs attributions par suite de l'admission des plébéiens, II 16 et addit. II. Assemblée des tribus plébéiennes, II 38-40 et addit. VIII-IX.
Comitia tributa. Ils sont dans l'origine établis et localisés à raison de la possession foncière, II addit. IX, 344-349. Leur établissement, II addit. VIII. Comices par tribus patricio-plébéiens, II 56 et addit. XII-XIV. — Leur importance dans les temps postérieurs, IV 100. — A partir de Sylla ils élisent les sénateurs extraordinaires, V 362.
Comitium, I 150.
COMMAGÈNE [v. Antiochus de].
Commerçants. Causes qui ont empêché le haut commerce de Rome de se constituer en caste indépendante, I 273. — Tendances à l'acquisition de la propriété foncière, II 277-278. — Esprit mercantile des Romains, IV 139 et s.
Commerce. Il est primitivement borné aux relations des indigènes entre eux. Les foires, I 262. Premières valeurs d'échange : bœufs et brebis, I 263. Cuivre et airain,

I, 264. Le système de l'échange fait place à la monnaie, II 272. — Son étendue chez les Romains, IV 136.
— Commerce maritime italien, particulièrement avec les côtes occidentales, importation, articles de luxe de la Grèce et de l'Orient, I 264-268. Exportation de matières premières italiennes, I 268. — Développement du commerce maritime, II 273. — Le commerce importateur dans le Latium, exportateur en Étrurie, I 268, 269. — IV 145.
— Grand commerce romain, VI 24. Pour l'Afrique il se concentre à Utique, IV 337. En Grèce, à Argos et à Délos, IV 353. — Pour la Gaule et la Bretagne, à Narbonne, V 127. — Ses progrès dans la Gaule septentrionale, VII 31, 32. — Intérêts commerciaux, leur influence sur la politique romaine, IV 314, 352, 374. — V 122, 123, 128. — VI 26. — VII 275. —Importations de l'Italie, VI 24. Exportations, VI 24.
Commercium. Les ligues des cités italiotes dissoutes, il n'est plus commun entre elles, II 244. — La Sicile soumise subit ce même régime, III 89.
Communauté agraire, I 50, 95, 250.
Compétence des magistrats. Division et diminution du pouvoir consulaire, II 90, 91. Compétence des magistrats assujettis à des limites fixes, II 91. Création de fonctions juxtaposées au pouvoir consulaire, notamment de la questure, II 91. Les corps constituants de l'État s'immiscent dans la répartition de la compétence consulaire, II 91. La compétence illimitée du Dictateur est, elle aussi, entamée par les doctrines nouvelles, II 92. [v. Consul.]
Complega, III 275.
Compulteria, III 188.
Comum, III 107, 258. — V 132. — VII 149.
Concolitan [chef gaulois], III 102, 105.
Concilium, II 366. — III 89, note 1. — *plebis*, II addit. x.
Concordia. Camille lui bâtit un temple sur un point élevé du *Comitium*, II 71. — V 78.
Confarréation. Les dix témoins qui assistent au mariage par confarréation représentent la décurie, I 96, note 1. Acte symbolique, I 215.
Confédération italique. Les cités fédérées non latines sont tenues de fournir leur contingent à l'armée ou à la marine, II 244. — Leur conduite durant les guerres d'Hannibal, III 231, 232. — Réforme amoindrissant leur situation politique après les guerres d'Hannibal, IV 67-70. — Contingents levés après les guerres d'Hannibal, III 309, 310. — L'acquisition du droit de cité romaine est rendue plus difficile, IV 70. — Rapports avec Rome à l'époque des Gracques, V 70-72, 192, 196 et s. Soulèvement contre Rome, V 207-233, 312. — Les Italiens à l'étranger, VI 27, 42. — VIII, 139, 143.
Confédération latine. [v. Ligue latine.]
Confiscations: de Sylla, V 354. — D César, VIII 107.
Congonnetiac [fils de Bituit], V 125.
Connubium. Contracté entre Romains et Latins, I 141. — II 143. Il est interdit aux habitants des pays italiens soumis de contracter mariage au dehors, III 89.
Conseil des Cent ou des Juges à Carthage, III 21 et s. [v. Carthage.]
Consentia, II 159. — III 176.
Consul. Étymologie du mot consul, II 7, note 1. Origine de l'institution de cette fonction, II 7, 334. Les consuls s'appellent à l'origine généraux d'armée (*prætores, præ-itor*), ou juges (*judices*), ou simplement collègues (*consules*), II 7. Chacun des deux consuls nommés après la chute de la royauté possède l'autorité suprême, II 8. En cas de conflit ils se trouvent tenus en échec par l'autorité dévolue à chacun d'eux, II 8. Inamovibles, II 9. Suspension de leur pouvoir par la dictature, II 11. Ils sont tenus de résigner leurs fonctions au bout d'une année, II 8. Le jour de l'entrée en fonctions n'est pas encore préfixé, II 8, note 1. — L'investiture placée à une époque fixe, IV 290. — Ils ne sont pas justiciables pendant la durée de

leurs fonctions, mais rentrés dans la vie privée ils appartiennent comme tout citoyen à la justice du pays, II 9. Bien que possédant en fait la puissance royale, ils n'ont pas le droit attribué au roi de faire cultiver leurs terres par corvées imposées aux citoyens, non plus que celui de la clientèle spéciale sur les simples habitants non citoyens, II 10. Ils sont tenus de donner l'appel à tout condamné, pourvu que la peine corporelle ou capitale, n'ait pas été prononcée par la justice militaire, II 10. Ce recours est étendu aux grosses amendes, II 10. Loi limitant et réglementant leur autorité en matière de connaissance des procès, II 10, 11. Tout en conservant le droit de délégation pour les choses du ressort militaire, ils sont tenus dans l'administration de la cité de nommer des commissaires pour certains cas et offices, II 12. L'obligation leur est imposée de nommer leurs successeurs sur l'indication du peuple, II, 12. Ils sont maîtres de repousser les candidats proposés, II 13. Le peuple tout en ayant le droit de désignation n'a point celui de déposer le consul en charge, II 13. Les nominations sacerdotales n'entrent pas dans leurs attributions, II 13. Insignes, II 14. Leur situation vis-à-vis du Sénat, II 24-26. La nomination des Sénateurs leur appartient, II addit. v. Ils nomment les deux trésoriers de la ville et président les comices où se fait l'élection des trésoriers militaires, II ad. xiv. Leur pouvoir modifié par l'intercession et la juridiction tribuniciennes, II 39, 41 et addit. viii. Diminution du pouvoir consulaire par suite de combats entre les ordres, II 90 et s. — Leur administration est limitée au territoire de terre ferme, III 87. — Égale attribution dictatoriale leur est conférée par le Sénat dans les circonstances extraordinaires, IV 103. — Les consuls sortant conservent le droit de présenter leurs candidats et de repousser ceux proposés sans tenir compte des votes, II 13. Retrait du droit de désigner leur successeur, II 48. La loi licinienne dispose que l'un des deux consuls sera pris dans la caste plébéienne, II 69. — Délimitations établies à l'égard des réélections consulaires, IV 56. Les citoyens pauvres sont exclus du consulat, IV 57. — Suspension de cette loi, V 5, note 2. Réglementation par Sylla des conditions d'aptitude, V 364 et s. — Abaissement du consulat sous César, VI 314 et s. — VIII 69, 71, 83. — Le consul *suffectus* dans les temps anciens, II 8, note 1. — Partage et détermination des provinces consulaires sous G. Gracchus, V 64, 112. Sous Sylla, V 367. — Titre donné aux hauts magistrats de Bénévent, II addit. xxi. [v. Compétence des magistrats, et *Imperium*.]

Consualia, I addit. xv.

Consus [dieu des récoltes], I addit. xv.

Contio, I 105. — II 370.

Contrats. A l'exception des fiançailles, de la vente et du prêt, ils n'engendrent pas d'action, I 208. Ceux conclus entre l'État et un citoyen sont valables de plein droit et sans nulles formalités, I 208. Tout débiteur de l'État faisant défaut à ses engagements est vendu avec ce qu'il possède, I 209. — Contrat littéral, IV 141, note 1.

Contrebia, IV 301.

Contributions de guerre versées à l'État, IV 63.

Conventio, II 370.

Conventus civium romanorum, VI 42.

Cooptation [v. Prêtres].

Copia [v. Thurii].

Cora colonie latine, II 136. Fait partie de la confédération aricienne, II 143. Entre en 370 dans la ligue latine, II 139, note 1, 142 et note 1.

Corbio. Fait partie en 370 de la ligue latine, II 139 et note 1, 142 et note 1.

Corcyre. Rapports commerciaux avec l'Italie, I 188. — Elle est possédée par Agathocle, Cléonyme, Démétrius, Pyrrhus, II 178, 186, 196. — Elle est reçue dans la symmachie romaine sous l'administration d'un préfet, III 98, 293.

Cordonniers, I 260.

Corfinium. Capitale de l'insurrection

italiote, V 211, 229. — Est assiégée et prise par César, VII 246, 247. [v. Italia.]
Corinthe, III 285, 320, 321, 323, 326, 333. — Ses rapports commerciaux avec l'Italie, I 188. — Sa destruction, IV 350-353. — Elle est réédifiée par César, VIII 173. — L'airain de Corinthe, IV 353 note 1.
Corioles. Fait partie en 370 de la ligue latine, II 139, note 1, 140, note, 141, 142, note 1.
CORNELIA [fille de Cinna, femme de César], VI 143.
CORNÉLIE [fille de Scipion, mère des Gracques], V 25, 41, 51. — VI 111.
Corneliens, affranchis de Sylla, V 358.
Cornelii, [gens des]: leur *vicus*, I 50.
CORNELIUS BALBUS (L. — de Gadès) [homme de confiance de César], VIII 81.
CORNELIUS CETHEGUS (P.), partisan de Marius. Il passe du côté de Sylla, V 327, 338. — Son influence dans les nominations aux hautes charges de l'État, VI 133, 214.
CORNELIUS CINNA (G.) [légat de Strabon dans l'insurrection italiote], V 229.
CORNELIUS CINNA (L.), V 253, 307 et s., 319-324.
CORNELIUS CINNA (L.) [fils de L. Corn. Cinna], VI 152.
CORNELIUS COSSUS (A.) [consul 326], II 115.
CORNELIUS COSSUS (A.) [consul 411], II 151 note 1.
CORNELIUS DOLABELLA (P.) [consul 471], II 200.
CORNELIUS DOLABELLA (P.) [chef de la flotte de César dans l'Adriatique], VII 281 et note 3. Tribun du peuple, VIII 55.
CORNELIUS LENTULUS (P.). Fait le siège d'Haliartos, IV 17.
CORNELIUS LENTULUS (P.) [préteur urbain, consul 589], V 36.
CORNELIUS LENTULUS CLODIANUS (G.) [consul 682]. Il est battu par Spartacus, VI 223, 243.
CORNELIUS LENTULUS SURA (P.) [consul 683], VI 339 et s.
CORNELIUS LENTULUS SPINTHER (P. — Pompéien) [consul 697], VII 138 note 1, 245.
CORNELIUS LENTULUS CRUS (L.) [consul 705], VII 220.

CORNELIUS MERULA (L.) [consul 666] V 309, 316.
CORNELIUS NEPOS, VIII 269 et note 1.
CORNELIUS RUFINUS (P.) [consul 464, 477], II 84, 256, 281 n. 1.
CORNELIUS SCIPION (L.) [consul 456]. Son inscription tumulaire, II 288, 300, 320.
CORNELIUS SCIPION ASINA (C.) [consul 494], III 52.
CORNELIUS SCIPION (L.) [consul 495], III 54.
CORNELIUS SCIPION CALVUS (Cn.) [consul 532]. Soumet la Gaule Cisalpine, III 106. Ses combats en Espagne, III 174, 191, 205-208.
CORNELIUS SCIPION (P.) [consul 536]. Commande en Gaule et dans l'Italie supérieure les troupes romaines opposées à Hannibal, III 134-138, 150, 151. Campagne d'Espagne, III 174, 205-208.
CORNELIUS SCIPION (P. — l'Africain). Son portrait, III 209-212. Il sauve la vie à son père au combat du Tessin, III 151. Fermeté qu'il déploie après le désastre de Cannes, III 181. Sa campagne en Espagne, III 212-218. Son expédition en Afrique, III 238-250. Son triomphe, III 256. Expédition contre Antiochus, III 356-361. — Places réservées au théâtre à l'ordre sénatorial, sous son second consulat, IV 52. Sa rupture avec Caton, IV 87. Son népotisme, IV 60. Ses prétentions politiques, IV 60. Il introduit la mode des surnoms honorifiques, IV 90. Sur sa motion, l'état livre au peuple à vil prix les blés d'Espagne et d'Afrique, IV 124. Il est attaqué par Naevius IV 209. — Sa mort, III 375-376.
CORNELIUS SCIPION (L. — l'Asiatique) [consul 564]. Commande en chef pendant la guerre contre Antiochus, III 356, 361. — Le premier il applique le produit des collectes à des jeux publics donnés au peuple, IV 84. Il est rayé de la liste des chevaliers, IV 93. — Son surnom d'Asiagenus, III 375. — IV 160.
CORNELIUS SCIPION (P.) [fils de l'Africain], auteur d'une histoire romaine écrite en grec, IV 252.
CORNELIUS SCIPION ÉMILIEN (P.) [l'Africain]. Son portrait, V 22 et s., 46. — Tribun militaire en Espagne,

IV 294, 316. — En Afrique, IV 329. Destruction de Carthage, IV 334. De Numance, IV 307. Il est envoyé en Orient, IV 371. — Son attitude en face de la populace, V 39. Et contre la loi agraire Sempronienne, V 40, 42, 45. Sa mort, V 46. — Cercle des Scipions, VI 46, 56, 75 et s.

CORNELIUS SCIPION NASICA (P.) [consul 592, 599]. Il est chargé d'un commandement à la bataille de Pydna, IV 25. Son opposition à la destruction de Carthage, IV 314, 334. En Macédoine, IV 338. — Chef du parti aristocratique contre Tiberius Gracchus, il invite ses amis à s'armer contre lui, V 33. Il s'empare de Delmion, V 129.

CORNELIUS SCIPION (L. — petit-fils du premier Asiatique), [consul 671], V 324, 329, 330, 350, 352.

CORNELIUS SISENNA (L.) [préteur 676]. Lieutenant de Pompée, VI 266. — Auteur d'une histoire de la guerre sociale et de la guerre civile, VIII 264.

CORNELIUS·SYLLA (L.). Son portrait, V 245, 388 et s. Sa carrière politique, V 391. Il prend part à la guerre contre Jugurtha, V 114. Contre les Teutons, V 149. Propréteur de Cilicie, V 274. Général en chef durant l'insurrection italiote, V 229 et s. Ses différends avec Sulpicius, V 242. Il marche sur Rome, V 245. Et s'en empare, V 246. Il passe en Grèce, V 254. Et la soumet, V 289 et s. Prise d'Athènes, V 290. Bataille de Chéronée, V 292. D'Orchomène, V 295. — Il passe en Asie, V 301. Paix de Dardanos, V 303. — Il met ordre aux affaires d'Asie, V 303. Et retourne en Italie, V 305. Luttes avec le parti de Marius, V 328-341. Est nommé Dictateur, V 347. Exécutions, V 349. Confiscations, V 354. Assignations aux soldats, V 357. Abolition des institutions des Gracques, V 359. Il réorganise le Sénat, V 360. Règlements nouveaux à l'égard du peuple, V 363. Rétablissement de la cooptation sacerdotale, V 364. Règlementation des conditions d'aptitude, V 364. Règlementation des finances, V 374. Réorganisation de la justice, V 375. Commissions syllaniennes, V 377. — Lois de police, V 379. Il abdique la dictature, V 387. Sa mort et ses funérailles, V 401. — VI 151. — Son opinion sur César, VI 145. Conséquences politiques de sa mort, VI 151. Menaces et vengeances exercées par le parti démocratique contre les héritiers de Sylla et les Syllaniens, VI 322.

CORNELIUS SYLLA, [Catilinarien] (P.), VI 328.

Corniculum, I 134.

CORNIFICIUS (L.) [lieutenant de César], VII 312. — VIII 17.

Corona graminea. III 245. [v. Couronne.]

Coronée, III 333. — IV 17, 20.

Correspondances, VIII 272.

Corse. La Corse étrusque, I 199. — II 103, 108. Carthaginoise, II 230. La flotte romaine y est envoyée pour y fonder une colonie, II 234. — Romaine, III 54. Guerre de Corse, III 264. — Colonie transmaritime, V 185.

Cortone, II 308. — Conclut la paix avec Rome, II 174.

CORUNCANIUS (C.), III 97.

CORUNCANIUS (T.), II 207, 310.

Corvées, I 103. — II 6. — IV 66 note 1.

Corycos, VI 178.

Cos, III 303.

Cosa en Étrurie, I 315.

— en Lucanie. III 178. — Colonie latine, II 229, 233. — Le sénat en renforce la garnison lors de la guerre de Macédoine, III 254.

Cossyra, III 17.

Côthon. Port militaire intérieur de Carthage, IV 325.

COTTA [v. Aurelius].

COTYS, IV 12, 20, 29.

Couronne, récompense honorifique décernée aux vainqueurs dans les luttes et les combats, I 305. 306. — IV 47. [v. *Corona graminea.*]

Courses de chars, IV 179, 189.

Courses Troyennes. Courses à cheval des *Éphèbes* patriciens, I 305, et note 1.

CRATÈS (de Mallos) [grammairien], VI 68.

Crédit. On ne trouve dans les Annales primitives de Rome aucune trace d'organisation d'un crédit foncier, mais le crédit fiduciaire ou personnel y obtient les garanties

les plus étendues, I 217. Effets désastreux de ce système, II 35.
Crémone, III 149, 155, 258, 261. — Colonie latine, IV 94. — Elle est régie par le droit ancien d'Ariminum, II 240, note 1.
Crète, III 324, 331, 366. — IV 35. — Repaire de corsaires, III 295. — IV 370. — VI 173 et s., 178. — Elle est réduite en province romaine par Metellus et Pompée, VI 215 et s., 265 et s., 296 et suiv.
CRITOLAOS, IV 345.
Crotone, I 181, 184. — II 148. — III 178 245. — Aidée des Syracusains, elle repousse les Bruttiens, II 160. Les Romains s'en emparent, II 201, 221. — Colonie civique, III 252.
Crustumerium, I 134. — II 37. Tribu crustuminienne, II addition IX.
Cuivre. Deuxième article d'importation et d'échange, I 264. — Corps de métier des ouvriers en cuivre, I 260, 318. Son emploi dans la monnaie romaine, VI 30 et s.
Cumes [v. Cymè].
Cumul des fonctions, II 92.
Curia Saliorum, I 68.
Curiaces d'Albe, I 138.
Curiae veteres, I 68.
Curie. Elle se compose de 10 *gentes* ou cent maisons, I 95. — Base fondamentale de la commune, I 96, 98. [v. *Comitia curiata*.]
Curio, I 98. — II 333. — La désignation du Grand-Curion est enlevée aux collèges des prêtres et transférée au peuple, IV 104. — Elle leur est rendue de nouveau par Sylla, V 364.
Curio maximus. [v. *Curio*.]
CURIUS DENTATUS (M.) [consul 464, 479, 480, censeur 482], II 82, 84, 187, 226, 280. — IV 92.
CURSOR [v. Papirius].
CYCLADES, III 289, 300, 303.
Cycle grec. — Cycle romain, I 282. [v. Calendrier.]
CYCLIADE, III 321.
Cydonie, VI, 216 et s.
Cymè, en Asie mineure, III 353, 365.
Cymé ou Cumes, en Campanie, III 187. — Un des plus anciens établissements grecs en Italie, I 177, 179, 180. Les Cyméens s'établissent sur la terre ferme, I 186. Leur constitution, I 187. Elle est attaquée par les Tyrrhéniens en l'an 230 de Rome, I 159, 168. — Les Cyméens dégagent Aricie assiégée par les Étrusques, II 104. Réunis à Hiéron ils détruisent les escadres tyrrhéniennes à la hauteur de leur ville, II 106. — III 7. — Elle est conquise par les Sabelliens, II 109, 146, 148. — Reçue au droit cærite, II 155. — Les livres prophétiques de la Sybille, donnés par les Grecs, sont transportés à Rome, I 242. Rapports anciens avec Rome, I 271. — II 274.
Cyniques, VIII 196.
Cynoscéphales. Bataille de ce nom gagnée par les Romains sur Philippe de Macédoine, III 324-326.
Cyrène, III 11, 289. — Elle se sépare de l'Égypte, V 256. Devient romaine, V 256. — VI 187.
Cyssos. Bataille navale remportée à cet endroit par les Romains sur la flotte d'Antiochus, III 352, 353.
Cythnos, III 308.
Cyzique, III 295, 343. — Elle est assiégée par Mithridate, VI 191 et s., 300, 301.

D

Dacie. Fondation de ce royaume, VII 116.
Dalmatie. [v. Illyrie].
Damas, VI 180.
DAMASIPPE, IV 337.
Damium, I 243.
DAMOCRITOS [général achéen], IV 343.
DAMOPHILOS, V 16.
Danala, VI 269.
Danse. Son caractère religieux et artistique dans l'antiquité, I 295 et s. Danse indigène, I 306. — Influence grecque, VI 120, 121. — Au théâtre, VIII 233-235. Danseurs grecs à Rome, VIII 291 et s.
Dardaniens, III 313, 314, 316, 317, 327. — IV 9, 11. — Ils tombent sous la domination romaine, VI 171.
Dardanos, III 365. — V 303.
DARIUS [roi de Médie] soi-disant vaincu par Pompée, VI 295, note 1.
Dassarètes, III 314, 317.
Dauniens, II 285.
Dea Dia, I 227.
Débiteurs. Loi *Poetelia*. Changements à la procédure pour dettes, II 78, 79, 258. — Les débiteurs réclament une réduction légale de la dette

pendant l'insurrection italiote, V 237. Loi de Valerius Flaccus ramenant toutes les créances au quart de leur valeur nominale, V 320. — Projets de Catilina, VI 337, 338. — Excès des dettes au temps de César, VIII 132 et s. Ses réformes, VIII 144 et s. Lois de Cælius et de Dolabella, VIII, 55 et s. Règlement de César sur les banqueroutes, VIII 147 et s.

Decemviri consulari imperio legibus scribundis, II 49-55, et add. x-xii.

— *cum consulari potestate*, II. 334.

Decemviri litibus judicandis, II 40, 335.

Decemviri sacris faciundis [v. *Duoviri*].

Decius Mus (P.), [tribun militaire 411, consul 414], II 152 note. Sa mort expiatoire n'est probablement qu'une fable, II 153 note.

Decius Mus (P.), [consul 457, 459], II 182, 183.

Decurio. Origine de ce mot, I 96.

Decuriones turmarum [v. *praefecti turm.*] II 132, note 1.

Dediticii, II 252 en note. — Villes déditices, IV, 67, 72 et s — Définition, V 234, note 1.

Dejotarus, VI 190, 298. — VIII 15.

Dekoenéos, VII 117.

Delium, III 340. — Conférences ouvertes dans cette ville pour la conclusion de la paix entre les Romains et Mithridate, V 302 et s.

Delmion, V 128.

Delos, port franc, IV 34, 37. Entrepôt de Rome, IV, 353, 371. — V 13, 16, 286. — VI 25 et s. — Airain de Délos, nom donné par les Romains aux objets d'airain ou de bronze de provenance grecque, IV 353, note 1.

Delphes. Son oracle est consulté par les Romains, I 242. — II 236. — Les Cœrites y envoient une ambassade, I 197.

Démétriade, III 285, 323, 333, 345, 346, 351, 369. — IV 28.

Démétrius Poliorcète, II 186, 195, 197, 234 note.

Démétrius [fils de Philippe de Macédoine], III 327. — IV 6, 7.

Démétrius Nicator, IV 365.

Démétrius de Pharos, III 98, 100, 131, 168, 175.

Démétrius Sôter de Syrie, IV 337, 361.

Démocrate [amiral macédonien], III 302.

Démocrite [physicien grec], II 316.

Démophile d'Himère [sculpteur grec, maître de Zeuxis], II 320.

Denarius, II 282.

Denys de Syracuse, II 107. — III 18. — Il s'unit aux Italiques contre ses compatriotes, II, 146.

Dentatus. [v. Curius Dent.]

Dés [(jeux de) à Rome], IV 177.

Dessèchements, VI 18.

Dessin au trait sur métal, II 319, 321.

Détention préventive durant l'instruction criminelle. Il est loisible à tout accusé de l'éviter en renonçant à son droit de cité, II 261.

Detestatio sacrorum, calatis comitiis, II 337.

Deuil. Sénatus-consulte abrégeant sa durée, V 143.

Deus fidius, I 224, addit. xix, xxi.

Diæos [chef de la ligue achéenne], IV 343 et s., 347.

Dialogue scientifique (le) dans la littérature esthétique, VIII 280.

Diane. Son temple, second sanctuaire fédéral, est érigé sur l'Aventin, I 143, 228. Modèle de son temple emprunté à la Grèce, I 243. Il est à présumer que l'époque de sa fête coïncidait avec une des foires qui se tenaient non loin de l'Aventin, I 262. — Sa statue, copie exacte de celle de l'Artémis éphésienne de Massalie, passa longtemps pour la plus vieille de Rome, I 318.

Dicéarque, III 298, 303.

Dictateur, I 87. — II 334. Dans les cas d'urgence il prend la puissance souveraine et suspend les pouvoirs du consul qui l'a nommé et ceux de son collègue, II, 11. Son pouvoir et ses attributions, II 14, 15 et addit. II. Origine essentiellement militaire de cette institution, II addit. II. Il était élu par le consul, II 14. La *provocatio* a lieu contre lui, II 55 et addit. xiii. Cette fonction est ouverte au peuple, II 72. Diminution des pouvoirs dictatoriaux, II 92. — Insignes, V 348, note 1. — Abolition de cette charge, III 167, 169, 180. — IV 102. — Dictature de Sylla, changements que subit cette fonction, V 348 et note

I. — Dictature de César, VIII 66 et s. — Dictature sacerdotale dans les cités latines, II 133, note 2. [v. Compétence.]

DIDIUS (T.), [consul 656]. Il fait rentrer les Lusitaniens dans l'obéissance, V 185, 215. — VI 147.

DIDON, II 307.

Dies fasti, I 203.

Digitus [fraction de la *palme*], I 278.

Dîme, VI 8. — Sicilienne, III 91.

Dindymon, VI 192.

DIODORE, [philosophe et gouverneur d'Adramytte], V 297.

DIOMÈDE. Son mythe, II 305.

DIOPHANÈS, III 355.

DIÔPOS, I 319.

DIS PATER, I 243 et add. I XXI.

Disciplinæ septem liberales, VIII 202.

Dium, III 324.

Divalia, I addit. XV.

Divinités. Le culte des images inconnu aux anciens Romains, I 237, 316. Varron place son introduction après l'an 176 de Rome, I 318, note 1.

Divisores tribuum, VI 132.

DIVITIAC, VII 37.

DOLABELLA [v. CORNELIUS].

Dolopes, III 351, 369.

Domaine public. Propriété de l'État et non du roi, I 104. Réparti d'abord entre les familles, I 260. Il est originairement peu étendu, I 260. Sa jouissance est le privilége du citoyen, I 260. — Régime établi par le sénat. Il est réservé exclusivement aux patriciens et par exception à quelques familles plébéiennes entrées au Sénat, II 32. Parcimonie apportée dans les assignations, II 33. Système des occupations : l'occupant est tenu envers le trésor au paiement de la dixième gerbe ou de la cinquième partie des fruits, II 33. Cassius tente, mais en vain, de mettre fin aux occupations, II 49. Misère croissante des classes rurales, II 67. Lois Liciniæ Sextiæ fixant le maximum des têtes de bétail pouvant être mené par un seul citoyen sur les communaux et celui des parcelles laissées à titre d'occupation à un seul détenteur, II 69, 70. — Location à bail du territoire conquis dans les guerres d'Hannibal, IV 63. Extension des possessions, IV 94. Grandes assignations au VIe siècle, IV 94. Les assemblées du peuple souveraines en matière d'assignations, IV 105. — Occupation du domaine italique, V 20, 28, 35, 82, 83, 357, 358. Loi agraire de Tib. Gracchus, V 28 et s. 34 et s. Répartitions domaniales, V 42 et s. Le domaine occupé à titre privé, délaissé aux détenteurs franc de redevances, V 83. Abolition de l'occupation, V 83. — Distribution de terres par César, VIII 150, 151. Loi agraire de Servilius Rufus, VI 334. Revenus du domaine extra-italique, VI 6, 7. [v. Capoue, Lois agraires.]

Domaniers. Les grands domaniers en même temps grands spéculateurs et capitalistes, I 273.

DOMITIUS (Gn.) défait Antiochus-le-Grand à Magnésie, III 359.

DOMITIUS AHENOBARBUS (Gn.), [consul 632]. Il bat les Allobroges, V 124.

DOMITIUS AHENOBARBUS (Gn.). [gendre de Cinna], V 341.

DOMITIUS AHENOBARBUS (L.), [consul 660], V 333.

DOMITIUS AHENOBARBUS (L.), [consul 700], VII 140, 246, 262, 273, 324, — VIII 127.

DOMITIUS CALVINUS (Gn.), [dictateur 474], II 213.

DOMITIUS CALVINUS (Cn.), [préteur 698], VII 309.

DOMITIUS CALVINUS (M.), [propréteur en Espagne 674], VI 147.

Doride, III 285.

— Colonies doriennes en Italie et en Sicile, I 178, 180.

Douanes dans l'empire romain, VI 9, 10. Établissement de circonscriptions spéciales, VI 10. — Leur extension en Italie, IV 63. Douanes en Sicile, III 91. — Percepteur des taxes, VI 16.

Douane maritime. Droits de douane, I 65, 104. — Abaissés, II 30. — Supprimés, VI 365. — Et rétablis de nouveau par César, VIII 107.

Drachme attique, VIII 187, note 2, — Division de la drachme, VI 33. note 1, 2.

Drame [v. Théâtre].

Drepana, III 54, 64. Bataille navale de ce nom, III 65, 66.

Droit privé. Intervention du roi sur la requête de la partie lésée,

I 205. L'État n'interpose son autorité que lorsque satisfaction n'est pas accordée aux justes réclamations, I 206. Il en est de même pour le vol et les dommages (*injuria*), I 206.

Droit romain : identique dans le Latium, I 140. En vigueur dans toute l'Italie, IV 42. — Caractère relativement moderne dans sa forme la plus ancienne, I 203. Absence de toutes allégories ou symboles, I 215. Dans tous les actes juridiques l'État apparaît et décide, I 216. — Influence de l'hellénisme sur son développement ultérieur, II 257-263, et add. XXII. — IV 55. — Changement dans le droit civil local. II 259-309. — Projets de codification de César, VIII 183. Il rétablit la juridiction royale, VIII 87. Création d'un tribunal d'appel, VIII 89. — Établissement d'une justice municipale dans les municipes et les colonies, II 243, 260. — IV 82. — Juridiction municipale dans les temps modernes, V 382. — VIII 173. — Justice militaire, II 267 [v. Jury et *Quæstiones*].

Druides, VII 24.

Duel remplacé chez les Romains par la composition en argent et le procès en dommages-intérêts, IV 141.

DUILIUS (C.), [consul 494], III 52. — Honneurs qu'il se fait rendre, IV 89.

DUMNORIX, VII 43, 72. 73 et note 1.

Duoviri navales, II 234.

Duoviri perduellionis, I 205.

Duoviri sacris faciundis, gardes des oracles, I 242. — II 332, 333. Le chiffre des membres de ce collège est porté à 10, et l'entrée ouverte aux plébéiens, II 69.

Dymé, III 203, 321.

DYONISIOS, VI 284.

Dyrrachium. Opérations de César contre cette place, VII 305 et s. [v. Epidamne].

E

Éburons, VII 58, 74 et s., 80 et s.

Echetla, III 46.

Echinus, III 311.

Éclipse de soleil. Date de la première observée à Rome et mentionnée dans la chronique romaine, II 299.

Ecnomos. Victoire navale remportée à la hauteur de cette ville par les Romains sur les Carthaginois, III 55 et s.

Économie pastorale, V 14. — VIII 122.

Économie rurale [v. Agriculture].

Écriture. Premiers matériaux, I 288, 289.

Edesse [v. Osroène].

Edictum praetoris urbani, VIII 182. [v. Préture, prèteur].

Ediles curules. Institution de cette charge, II 72, 335. Leurs attributions comportent dans l'origine la surveillance du marché, la juridiction de police et la direction des fêtes de la cité, 72. Cette charge devient accessible aux plébéiens, 72. La police urbaine à Rome, II 278. Juridiction, II 259. Édilité plébéienne. Son institution répond à celle de la questure, II 43, note 1, 335. Ils sont chargés dans l'origine de la garde des archives, II 38, 43 note; — et d'assister les tribuns dans leurs fonctions judiciaires, II 39. Cette charge est aussi adoptée dans les constitutions intérieures qui régissent les cités, II 143.

Éducation dans le Latium, I 307, 310, 311. — A l'époque de César, VIII 201.

EGÉRIE, II 303.

Egeste [v. Ségeste].

Égine, III 203, 292, 308, 314, 329.

GELLIUS EGNATIUS, II 182, 185.

Égouts. Construction, réparation et agrandissement, IV 11, 66 [v. *cloaca maxima*].

Égypte. État politique de cet empire, III 288 à 290. — Ses premiers rapports avec Rome, II 253. Rome lui offre son secours contre Séleucus, III 95. Son attitude dans la seconde guerre punique, III 199, 203, 231. — Sa situation jusqu'au temps des Gracques, IV 309, 360 à 362. — Après les Gracques, V 256. — Caractère financier de l'administration des Ptolémées, VI 14. Rome refuse de l'annexer après la mort d'Alexandre II, VI 183, 310. Reconnaissance de Ptolémée XI par les Romains, VI 311. Chassé par ses sujets, il est rétabli sur le trône d'Égypte par

Gabinius, VI 312. Situation de l'Égypte à l'époque de la bataille de Pharsale, VII 325. — Sous le gouvernement de César, VIII, 14, 82, 83. [v les *Ptolémées*].
Objets de luxe de provenance égyptienne trouvés dans les tombeaux en Italie, I 266.
Eircté, III 70.
Elæos, III 308.
Élatée, III 321.
Éléphants. Leur emploi dans la guerre, II 208, 215, 226. — III 325. Dans le système militaire des Carthaginois, III 35, 59, 60, 62, 63, 64, 132.
Éleusis, III 314. — Mystères d'Eleusis. Les Romains reçus dans la confédération de la Hellade y sont admis solennellement, III 99.
Eleutherna, VI 266.
Élis, III 202, 294, 311, 348, 351, 369.
Élymée, III 317.
Élymaïs, III 361.
Émancipation, II 258. — Elle n'a pu avoir lieu que fort tard, I 82, 212. [v Affranchissement, et Affranchis.
Émigration. Les émigrés romains chez Mithridate, VI 129, 182, 186, 193. En Espagne, VI 146, 148, 165, 167.
Émissaire du lac d'Albano, I 314.
Emphythéose : n'est pas juridiquement possible en Italie, IV 113.
Empories en Afrique, III 265.
Empuries en Espagne, III 121, 272, 276.
Emprunts d'État, III 27.
ÉNÉE. Stésichore le premier, dans son récit de la destruction d'Ilion, le conduit dans l'Ouest, II 305.
Enna, III 195.
ENNIUS (Q.), poète romain, IV 235-243. Il importe dans la poésie latine l'hexamètre hellénique, IV 241. Ses *prætextatæ*, IV 243. Ses *saturæ*, IV 245. Ses Annales, IV 247-249, 257. C'est à son époque qu'appartiennent les commencements de la littérature et de la culture scientifique, IV 260. — Changements apportés par lui dans l'orthographe, IV, 261. — Ses idées en religion, IV, 165; 166.
Enseignes militaires, V 166.
Entella, III 38.
Éordée, III 317.
Épeautre (*far*), I 252, addit. XXIII. [v. Agriculture].

Éphèse, III 345, 361, 365.
ÉPHORE, II 305.
ÉPICHARME de Mégare, IV 165. Ennius l'imite dans son recueil de satyres, IV 246.
ÉPICURE et l'Epicuréisme, VI 49 et s. — VIII 196.
ÉPICYDE, III 194, 196, 197.
Epidamne — *Dyrrachium*. Date de sa fondation, I 187. — Est assiégée à plusieurs reprises par les corsaires illyriens, III 96. Entre dans la symmachie romaine, III 98. — Elle est réunie à la Macédoine, IV 339. Son atelier monétaire, IV 137.
Épirotes, III 292, 312, 320, 348, 351.
Épopée (l') romaine, VI 95. — VIII 227, 236.
EPOREDORIX [chef des Séquanes], VII 36.
Epulones, leur nombre, II 333. — IV 162, V 374.
Eporedia. Colonie fondée en 654, V 123.
Èques. Leurs luttes avec Rome, I 144. — Ils sont asservis par les Romains, II 136.
Equicules, I 52.
Equirria. I addit. XIV.
Equus bellator, I 71, note 1.
ERATOSTHÈNE, III 20.
Erétrie, III 321, 344.
Ergastulum, IV 118, note 1. — V 14, note 1.
Erythrées, III 302, 353, 365.
Eryx, III 64, 70.
ESCHYLE, IV 230.
Esclavage, I 33. Rare à l'origine, I 258. — Augmentation : les lois Liciniæ Sextiæ disposent que les possesseurs de fonds de terre seront tenus d'employer des travailleurs libres en nombre proportionnel avec celui de leurs esclaves, II 70, 76. — Nombre croissant des esclaves en Italie au VIIe siècle, VI 28. — VIII 110. 111, 140. — Commerce d'esclaves, IV 371. — V 13. — VI 25. — Origine et propagation de l'esclavage, V 14. Ses conséquences, V 11. — VI 23. — VIII 81. 141. — Conspirations serviles, II 273. — IV 153. Sévérité de la discipline domestique, IV 171. — Révoltes d'esclaves en Italie, V 16, 88, 90 et s. — Guerre des gladiateurs, VI 220-227. — Première guerre ser-

vile en Sicile, V 16-18. Deuxième, V 91-95. — VI 164. — Emploi des esclaves aux travaux agricoles, II 34, 271. — IV 116-122. Métiers serviles, IV 135, 136.

Esculape. Son culte est établi à Rome de très-bonne heure, I 243. — Il est demandé aux gens d'Épidaure et conduit à Rome, II 264.

Espagne. Possessions phéniciennes, III 16, 17. Sous Hamilcar, III 117 et s. Exploitation de ses mines argentifères, III 119. Province romaine, III 218. Sa civilisation après la paix avec Hannibal, III 273-276. Guerres entre les Romains et les Espagnols, III 276 et s. 280. Luttes dont elle est le théâtre pendant la première moitié du VIIe siècle. IV 288-309. — Pendant la seconde moitié, V 185. — Préture de César, VII 6, 7. César et les Pompéiens en Espagne, VII 260 et s., 326. — VIII 23-25. — Sa division en deux provinces : ultérieure et citérieure, III 277. — Extension des frontières, IV 307. — Son administration, III 280-283. — VI 8.

Esquiliae — *Exquiliae*, I 69, 71.

Étain britannique, V 127. — VII 17.

Étoliens, III 95, 96, 286. Dans la deuxième guerre punique ils se rangent du côté des Romains contre les Macédoniens, III 200-204. Leur position après cette guerre, III 294. Ils prennent part à la guerre contre Philippe, III 301, 311, 314, 316, 317, 318, 320, 324, 326, 327, 329. — Leurs différends avec Rome et leur alliance avec Antiochus, III 343-352, 356, 367, 369. — Leur attitude pendant la guerre contre Persée, IV 14-20, 37.

Étranger. Tout étranger est libre de s'établir à Rome et peut même y acquérir, I 117. A Rome, l'étranger est privé de tous droits, toutefois des traités spéciaux peuvent lui en assurer certains, I 213. Ces contrats fondent le *jus gentium*, I 214.

Étrurie. Ses frontières, I 167. Vestiges du passage des Ombriens dans la partie méridionale effacés par l'occupation étrusque, I 167. — L'Étrurie méridionale est annexée au territoire romain, II 123. — L'économie rurale en Étrurie, IV 150.

Étrurie (mer d'). Nom donné par les Grecs à la mer Tyrrhénienne, I 193.

Étrusques. Par les caractères ethnographiques et la langue ils sont étrangers aux Italiques, I 160. Dans la première période du langage les voyelles, chez eux, sont partout conservées, I 161. Plus tard leur idiome se transforme par le rejet des voyelles et des consonnes finales et par un parler d'une rudesse et d'une dureté excessives, I 161. Les quelques analogies qu'on y rencontre avec les langues italiques ne peuvent provenir que d'emprunts produits par les contacts politiques et religieux entre les deux peuples, I 162. Les Étrusques sont certainement étrangers à la famille gréco-italique, I 163. Ils doivent être rangés dans la famille indo-germanique, I 163. Leur entrée probable en Italie par les Alpes Rhétiennes, I 165. Avant l'invasion celtique ils occupaient le territoire situé entre les Alpes et le Pô, I 166. Plus tard, celui situé au-dessous du Pô, I 167. Et enfin le Tibre devient la limite étrusque du côté de l'Ombrie et du Latium, I 167. Luttes avec les Celtes, I 170. Développement des institutions urbaines, I 171. Communautés primitives et confédérations, I 171. Développement de leur marine et de la piraterie. Ils refoulent les Hellènes, I 193, et descendent sur les côtes latines et campaniennes, I 193. Ils fondent une Dodécapole en Campanie, I 194. Leur prospérité commerciale, I 194, 268. Opulence et luxe, I 269. — II 273. — Relations commerciales avec les Sybarites, I 182. Avec l'Attique, I 269. — Et les Carthaginois, I 270. Alliance armée avec les Carthaginois, I 197. Ils dominent la mer italique, I 198. — Rivalité entre les Étrusques et les Carthaginois sur l'Atlantique, I 200. — Apogée de leur puissance, II 103. Guerre avec Rome après l'expulsion des Tarquins, II 7. Marche offensive sur le Latium, II 104.

Prise de Rome, II 104. Ils sont défaits devant Aricie, II 104. Leur suprématie maritime est brisée par l'alliance des Italiotes, des Grecs et des Syracusains, II 105-108. Et ne se relève plus, II 230. Luttes malheureuses avec Denys de Syracuse, II 107, 108. Supériorité maritime de Carthage, II 108. Ils sont chassés de Campanie par les Samnites, II 109, 145. Et de l'Italie du nord par les Celtes, II 114. Luttes des Romains contre les Étrusques de Véies, II 108, 109, 115. Conquête de cette ville par les Romains, II 116. Ces attaques combinées marquent le commencement de la ruine de la puissance étrusque, II, 117. L'Étrurie méridionale tombe sous la domination romaine, II 124. Leur situation après leurs luttes avec les Celtes et les Romains, II 127. Pendant la guerre avec les Samnites, II 161. Ils entrent dans la coalition, II 173. Sont battus et déposent leurs armes, II 174, 175. Ils se soulèvent de nouveau, II 182. Et demandent la paix, II 185. Ils s'allient avec les Lucaniens, les Celtes et Pyrrhus contre Rome, II 199, 206, 207. Ils concluent la paix, II, 213. — Leur conduite pendant la deuxième guerre punique, III 232 et s. — Ils tiennent pour les chevaliers contre Drusus. V 193. Ils restent fidèles aux Romains pendant l'insurrection italiote, V 208. Tentative d'insurrection réprimée, V 226. Luttes contre Sylla, V 336, 356. Et après sa mort, VI 129, 154, 155. L'Étrurie n'est point le berceau de la civilisation latine, I 292. Le fait avancé par Tite-Live que les enfants romains recevaient dans l'ancien temps une éducation à la mode étrusque n'est qu'une fable, I 303. note 1. — Religion, I 240-247 II 265. — Sciences des éclairs, I 246. Fêtes nationales, I 311. — L'art, I 319-322. — II 322, 323. Différences remarquables dans les choses de l'art entre l'Étrurie du nord et celle du sud, II 323, 324. Rapport avec l'art latin, II 324. — La tragédie, IV 266. — Influences helléniques, II 285.
Eubée, III 285, 317.
Eucheir, I 319.

Eudamos, III 355.
Eudoxus, II 315.
Euganéens, V 131.
Eugrammos, I 319.
Eumène de Pergame, III 342, 347, 359, 364, 365, 369, 374. — IV 4, 11, 13, 15, 18, 29, 30, 31, 32, 33.
Eumène II, IV 342, 354, 355, note 1. Traduction de sa lettre à Attis, IV 379.
Euphorion, VIII 203, 244.
Euripide, IV 229 et s.
Euromos, III 303.
Eurylochos, III 345.
Eurymédon. Théâtre d'un combat naval entre les flottes rhodienne et carthaginoise, III 355.
Evandre de Crète, IV 26.
Évhémère de Messine, IV 165. Imitation par Ennius de son roman religieux, IV 246.
Évhémérisme, VI 50, 54.
Exil. Dans l'origine il est loisible à l'accusé de s'exiler pour éviter une condamnation imminente, II 261. — Il est élevé à la hauteur d'une peine, V 57.

F

Fabiens, I 115, note 2, et addit. x. Gens des Fabii, I 50. — Ils célèbrent les Lupercales, I 73, note 2. — Leur influence dans les premiers temps de la puissance sénatoriale, II addit. IX. Ils sont détruits par les Étrusques sur les bords de la Crémère, II 48. La chronique fabienne, une des sources de l'histoire primitive de Rome, II 301.
Fabius Hadrianus (G.), [préteur marianien en Afrique], V 321, 340.
Fabius Labeo (Q.), [consul 571], IV 244, note 1.
Fabius Pictor (C.), le peintre, II 321, 325.
Fabius Pictor (G.), auteur d'une histoire romaine écrite en grec, IV 252, 258. — Annales latines qui lui sont attribuées, IV 252, note 1.
Fabius Rullianus (Q.), surnommé Maximus, [censeur 450, consul 432, 444, 446, 457, 459], II 86, 87, 93, 173, 175, 182, 183, 184.
Fabius Maximus (Q.) Cunctator, [dictateur 537, consul 521, 526,

539, 540, 545], III 161, 163-169, 179, 180, 188, 219, 228, 238, 245. — IV 102. Il aurait, dit-on, prononcé lui-même l'oraison funèbre de son fils, IV 258.

FABIUS MAXIMUS ÆMILIANUS (Q.), [consul 609]. Ses campagnes en Espagne, IV 298, 305.

FABIUS MAXIMUS (Q.), surnommé l'Allobrogique, V 125.

FABIUS MAXIMUS SERVILIANUS (Q.), [consul 612], combat en Espagne, IV 298.

Fabrateria. Ville du pays des Volsques, II 157.
— Colonie établie sur une portion du territoire de Frégelles, V 49.

FABRICIUS LUSCINUS (G.), [consul 472, 476, 481, censeur 479], II 84, 201. Fait partie d'une ambassade romaine auprès de Pyrrhus, II 214.

Fabula atellana, IV 227, note 1.
Fabula palliata, IV 227, note 1.
Fabula praetextata, IV 243.
Fabula togata, IV 227 et note 1, 228.

Faesulae, III 104. — Quartier-général de l'insurrection de Catalina, VI 336.

Faléries, I 268. — Assiste Véies dans sa lutte avec les Romains, II 116. — Différends avec Rome, II 123, 186. — III 100. Et conclusion d'un traité d'alliance éternelle, II 124. — Alphabet falisque, I, 154 et note 1.

Familia pecuniaque, I 207, 251.

Famille. Dans le fond et dans la forme base de l'État romain, I 86. Elle se compose de dix maisons formant une *gens*, I 95. Village-famille, forme la plus ancienne de la division territoriale dans le Latium, I 49. Les communautés de famille ne forment pas de centres indépendants; elles sont considérées comme partie de la cité, I 51. *Gentes majores* et *minores*, I 114, 115, note 2 et add. x. — Importance des *gentes* à l'époque de l'abolition de la royauté, II 6. [v, *Gens*, *Gentes*].

Famille (la) chez les Romains, 178-84 et addit. I, II. — Relâchement des liens de la famille, IV 174. — La vie de famille au temps de César, VIII 134, 143.

Famille (nom de) [*nomen*, nom propre] chez les Romains, I 34,

84, 226 et addit. I xviii. Chez les Étrusques, I 162. — Importation des surnoms grecs, [*cognomina*] II 286.

Famille (père de), [*paterfamilias*] I 78-80. Sa puissance, I 80-83.

FANNIUS (G.), [consul 632], adversaire de G. Gracchus, V 71.

FANNIUS (L.), [représentant de Sertorius près la cour de Sinope, VI 188, 192, 198, 210.

Fanum, III 109.

Fastes. Leur origine, II 296-298.
— Leur rédaction par les soins de P. Mucius Scaevola, VI 108.

FAUNUS, I addit. xv, 227 et addit. xx, 297.

Féciaux, gardiens des archives et des lois. Ils sont au nombre de vingt, I 222. — II 334.

Felsina. [v. Bononia]. I 166.

Femme. Sa place dans la famille romaine, I 79, 83. — Son émancipation, IV 175. — Les femmes au temps de César, VIII 136-139. Elles sont admises à représenter sur le théâtre les personnages féminins, VIII 228, 292 note.

Fenerator, IV 133.

Fenus unciarium [v. Intérêt].

Fer. Cette industrie n'apparaît que fort tard dans le Latium, I 261.

Fer (mines de) à Noreia, V 131.

FERENTINA, nom spécial de la Vénus latine. I 55 et note 1.

Ferentinum, II 179.

Feralia, I addit. xvi.

Feriæ latinæ, I 54, 56, note 1.

Feriæ publicæ, I addit. xiii.

Feriæ sementivæ, I 255 et note 2. IV 120, note 1.

Feronia. Bois sacré de la déesse de ce nom où se tenait la plus considérable des foires italiennes, I 262.

Fêtes. Injonctions pour la célébration des jours de fête, I 238, 255.

Feu. Instruments producteurs du feu, I 30.

Fiançailles. [*Sponsalia*]. Consommées, elles engendraient une *action* qui fut maintenue chez les Latins, alors que depuis longtemps elle avait disparu à Rome, I 140, 208.

Ficulnea, I 134.

Fidèles, sorte d'escorte. Coutume commune aux Celtes et aux Germains, VI 149.

Fidènes, I 63. Sa possession est

l'objet de luttes continuelles entre les Latins et les Étrusques, I 134, 144, 168. Antiques évocations et dévotions contre cette ville, 134, note 2. — Elle tombe sous la domination romaine, II 109. Elle se soulève et succombe de nouveau, II 115. Ses deux dictateurs, II 133, note 2.
Fides — lyre à sept cordes, I 303.
Fiducia, transfert à titre de gage entre les mains du créancier, I 208.
Figuier, indigène en Italie, I 254. — — IV 115.
Finances. Leur situation pendant la deuxième guerre punique, III 219, 229, 230. — Au VIIe siècle, V 374, 375. — VI 14 et s. — VIII 82, 102 et s., 109, 110.
Firmum. Colonie latine, II 229. Elle est régie par le droit des douze colonies, II 240, note 1.
Flamen Curialis, I 98, 227 et add. xx.
— *Dialis*, I 227, 253. — IV 164.
— *Martialis*, I 112, 115, 226.
— *Quirinalis*, I 113, 115, 226.
Flamines majores, I 228. — Ils appartiennent exclusivement au patriciat, II 73.
— *minores*, I 227, 228.
FLAMININUS [v. QUINCTIUS].
FLAMINIUS (C.), [consul 531, 537, censeur 534]. Il bat les Gaulois, III 106, 107. Campagne contre Hannibal, III 156-161, 179. — IV 62. Promoteur de la loi Claudia, IV 164. Il bâtit le cirque Flaminien et institue les jeux plébéiens, IV 85. Assignations de lots de terre dans le Picenum, IV 94, 106. Suppression de l'égalité entre les ingénus et les affranchis, IV 99. Il passe pour avoir préparé les tentatives réformistes des Gracques, IV 109.
FLAVIUS (Gn.), II 310.
FLAVIUS (M.) rédige par ordre de César l'édit concernant la réforme du calendrier, VIII, 189, note 5.
FLAVIUS FIMBRIA (C.). Sa victoire à Miletopolis, V 298 et s. Sa mort, V 303.
Flexuntes, I 102.
Flotte [v. Marine].
Flûte, I 39. Romaine, I 301. Joueurs de flûte, I 260, 296.
Fœdus et *Deditio*, V 235 note. [v. *Dediticii*].

Fonctionnaires. Ils ne sont pas salariés, IV 141, 144. Ils sont irresponsables pendant toute la durée de leur office, IV 71. — L'édit rendu par un magistrat a force de loi pendant la durée de sa charge, II 22. Division des pouvoirs civils et militaires, II 22. Le séjour dans la ville en tant que militaires leur est interdit, II 23. Les officiers de la cité ne peuvent avoir de suppléants. A l'armée les délégués du chef sont nombreux (*pro magistratu, pro consule, pro prætore, pro quæstore*), mais sans pouvoir à l'intérieur, II 12. Libre disposition des emplois conférée en grande partie au Sénat, II 99. — La promotion successive aux magistratures (*cursus honorum*) est assujettie à des règles fixes : condition d'âge, intervalles d'inactivité, IV 56, 57. Décadence des magistratures IV 61. — Rétablissement et renforcement par Sylla des conditions d'aptitude aux charges, V 364. — VI 61. — Réglementation de César, VIII 159, 160. — Nomination aux emplois publics dans les provinces, VI 253, note 1. — VII 171, 205. — VIII 82 et s. — Réélection aux magistratures interdite avant un délai déterminé, II 92. [v. Compétence des magistrats].
Fondations religieuses, IV 162.
FONTEIUS (M.). Il soumet les Voconces, VII 8.
FONTEIUS (T.), [lieutenant en Espagne 543], III 208.
Fontinalia, I addit. xv.
Fora et conciliabula, IV 81.
Fordicidia, I addit. xiv.
Formies. Elle est reçue au droit cœrite, II 155.
Formula, VIII 181.
Formula togatorum, II 244.
Fors fortuna, I 225.
Fortes sanates, I 137, note 2.
Forum boarium, I 147.
— *Cupedinis*, VIII 121.
— *Flaminii*. III 108.
— *Julium*, VIII 117.
— *Romanum*, I 150. — Il est orné des boucliers rapportés des champs de bataille du Samnium, II 175, 281.
Foulons, I 260, 265. — IV 134, note 1.

Frégelles. Colonie latine, II 156, 162. — IV 68. — Elle est surprise et enlevée d'assaut par les Samnites après la défaite de Caudium, II 167. Elle est reprise par les Romains, II 170. Pyrrhus s'en empare, II 213. — Elle se prononce pour Rome pendant la deuxième guerre punique, III 232. — Pendant la révolution elle se soulève, perd ses franchises locales et ses murailles sont rasées, V 49 [voy. Fabrateria].

Frentans. I 157. — V 206.

Fruits, VIII 121.

Frusino, II 179.

Fufidius (L.), [propréteur de l'Espagne supérieure 674], VI 147.

Fulvius Centumalus (Gn.), [consul 543], III 228.

Fulvius Flaccus (Gn.), [préteur 542], III 223.

Fulvius Flaccus (Q.), [consul 517, 530, 542, 545], III 222, 223, 226, 228, 238.

Fulvius Flaccus (Q.), [gouverneur en Espagne 573], III 280.

Fulvius Flaccus (M.), [ami des Gracques], V 43, 49, 71, 74, 76-78, 82, 123.

Fulvius Flaccus (Q.), son fils, V 76-78.

Fulvius Nobilior (M.), [consul 565]. Vainqueur des Étoliens, III 367, 368. — Ses efforts pour vulgariser la connaissance du calendrier réformé par M. Acilius Glabrio, IV 264. Il remplit les édifices publics de chefs-d'œuvre de l'art grec, IV 280.

Fulvius Nobilior (Q.), consul] 601]. Guerre contre les Celtibères, IV 290.

Funda, II 270, note 1.

Fundi. Tombe sous la domination romaine et est reçue au droit cœrite, II 155.

Funérailles, I 306. — IV 156-158. — Loi des XII Tables qui les concernent, II 255. — Combats de gladiateurs dans les solennités funéraires, IV 181. — Oraisons commémoratives, II 301.

Furius (A.), [poète épique], IV 95.

Furius Bibaculus (M), [poète], VII 161. — VIII 247.

Furius Camillus (L.), [dictateur 404], II 122.

Furius Camillus (M.), [dictateur 358, 364, 365, 386, 387]. Chef du parti des nobles, II 68. Il bâtit un temple à la Concorde, II 71. Il s'empare de Véies, II 117. Il bat les Gaulois non loin d'Albe, II 122. Il passe pour le réformateur du système militaire des Romains, II 269. Il débute dans la vie politique par l'établissement d'un impôt sur les célibataires, II 258.

Furius Philus (L.), [consul 618]. Il combat les Numantins, IV 304.

G

Gabies, I 53, 63, 134, 139. Antiques évocations et dévotions contre elle, I 134, note 2. Son traité avec Rome, I 290. Fait partie de la confédération latine en 370, II 139, note 1, 141.

Gabinius (A.), VI 255-257, 290, 309, 312, 317, 376. — VII 160, 178. — VIII 17.

Gadès, III 16, 118, 216, 273, 282. — VIII 172.

Gæsates, III 102, note 1.

Gala, III 207.

Galatas, III 101.

Galates, III 342.

Galatie, IV 355.

Galba [v. Sulpicius].

Galères, VII 16.

Galléques, III 277. — IV 307. — Ils sont soumis par César, VII 7.

Galli, prêtres de Cybèle, IV 168.

Gauda, roi de Mauritanie, V 117.

Gaule. Ethnographie et histoire antique, VII 331-338. — La Narbonnaise, province romaine, V 121-127. — VI 43. — VIII, 170, 171. Débuts de la civilisation romaine en Gaule, VII 10-12. — Agitation pendant la révolte de Sertorius, VI 148, 151, 157, 163. — La Gaule sous César, VII 7 et s. Ses frontières, VII 7, 12. Ses rapports avec Rome, VII 8-12, 32. Avec les Germains, VII 32. Population, VII 13. Agriculture et élève du bétail, VII 14. Les villes, 15. Relations intérieures, VII 16. — Commerce, industrie, VII 17. Mines, VII 18. L'art et la science, VII 19. État politique, VII 20, 26. Religion, VII 24. Système militaire, VII 27-29. Civilisation, VII 29. Relations extérieures, VII 31-35. Luttes contre César, VII 53-63, 71-105. Elle devient sujette de Rome, VII 105. Impôts, VII 106. — VIII 106. — Introduction en Gaule de la langue et de la monnaie romaines, VII 108.— Colonies fondées en Gaule, VIII 170, 171. — Inscription celtique, VII 10, note 1 [v. G. Julius Cæsar].

Gaulois (ou Celtes). Leur caractère, II 110-112. Établissement des tribus gauloises en Europe, V 130. — Leurs migrations, II 112. Ils passent les Alpes et s'établissent en Italie, II 113. Et dans la vallée du Pô, II 114. Ils attaquent les Étrusques et s'emparent de Rome, II 114-122. Leurs invasions postérieures dans le Latium, II 122. Ils se fixent d'une manière définitive, résultat, II 125. Ils se joignent aux Samnites dans leur dernière guerre contre les Romains, II 181. Influence qu'ont eue leurs incursions sur la concentration dans les mains de Rome de toutes les forces militaires de l'Italie propre, II 250. — Leur assujettissement par les Romains au vi[e] siècle, III 101-109, 257-262. Leur attitude dans la deuxième guerre punique, III 149-156. Le droit de cité leur est interdit, III 258. — IV 67. — Pendant l'insurrection italiote, ils sont incorporés dans l'armée romaine, V 213, 214.

—d'Asie-Mineure, III 288, 291-292.— IV 31. Expédition contre eux, III 361-364. — Ils refusent l'obéissance aux Pergaméniens et se révoltent, IV 334.— Leur apparition en Orient au temps de Pompée, VI 298 [v. Galates].

— transalpins, III 101. 102, note 1, 105 et s. Mesures prises par les Romains pour empêcher leurs incursions, III 259, 260 [v. Gaule].

Gaulos, III 17.
Géganiens d'Albe, I 138.
Gela, I 171. — III 19, 67.
GELLIUS (L.), [consul 682]; Battu par Spartacus, VI 223, 243.
STATIUS GELLIUS, II 176.
GELON [souverain de Syracuse], II 105.
Gens [v. Famille].
GENTHIOS, IV 12, 18, 20, 21, 24, 27, 29.
Gentils [v. Agnats].
GENUCIUS (Gn.), [tribun du peuple 281], II 48.

GENUCIUS (L.), [consul 392], II 139.
Gergovia, VII 88-93.
Germains. Étymologie de ce nom, III 102, note 1. — VII 22 note.— Ancienne mention qui en est faite dans les Fastes capitolins, III 102, note 1. — Leur première apparition dans l'histoire romaine, V 136 et s.— Leurs rapports avec les Gaulois, VII 32. Avec les Romains, VII 35. Ils franchissent le Rhin, VII 36 et s. Leur établissement sur la rive gauche de ce fleuve, VII 39, 51. — Lutte avec César, VII 66.
Gerunium, III 165. 168, 169.
Gètes, III 261, note 1.
GLABRIO [v. ACILIUS].
Gladiateurs. Guerre des gladiateurs, VI 220-227.— Combats de gladiateurs : ils sont originaires d'Étrurie, II 127. A Capoue, II 149. — A Rome, IV 87, 180, 181. — Leur extension, VI 35, 220. — VIII 128.
Glirarium, VIII 120.
Gordyène [v. Korduène].
GORGASUS, II 320.
GRACCHUS [v. SEMPRONIUS].
Graccurris, III 280.
Græcostasis, II 286. Tribune d'honneur construite dans le forum et réservée originairement aux Massaliotes, II 236.
Græcus, *Graicus*, *Graius*. I 17, 180.
Grammaire latine, VI 69, 113. — VIII 213-215, 284.
Grammatici, II 313.
GRANIUS LICINIANUS. Indications qu'il fournit sur l'insurrection de Lepidus, VI 152, note 1, 153, note 1. — Fragments, V 407-415.
Grassatores, II 294.
Gravure sur pierre en Étrurie, I 319, 320. — II 319.
Grèce. Ses rapports avec la Macédoine, III 284-287. Déclarée indépendante, III 328. — Le parti national, IV 12-15 [v. Ligue achéenne, et Achéens].
Gréco-italiques. Civilisation, agriculture, I 24-28. Arpentage, I 29. Vie domestique, 29-30. Repas, manière d'allumer le feu, vêtement, armes, I 30. La famille, I 32-33. L'État, 33-35. Religion, I 35-39. L'art, I 39-41.
Grecs. Leurs relations avec les Ita-

liens sont antérieures à l'époque où le nom d'Hellènes a remplacé celui de Grecs, I 180. Premiers établissements des Ioniens et des Éoliens de l'Asie-Mineure en Italie et en Sicile, I 176. Migration des autres peuplades helléniques, I 176, 177. Ils restent néanmoins en rapports directs avec la mère-patrie, I 181. Colonies achéennes, ioniennes et doriennes en Italie, I 181-186. On ne trouve nulle trace de leur établissement sur les côtes de l'Adriatique, I 187. Rapports avec les Italiques occidentaux, I 189. Opposition des Italiques à l'invasion des Grecs, I 190 et s. Les Phéniciens alliés aux Italiques leur disputent l'empire des mers, I 195-198. Ils sont chassés de la partie occidentale de la Méditerranée et de l'Océan atlantique, I 198, 199. Luttes avec les Sabelliens dans l'Italie méridionale, II 109, 110, 145, 146. Ils se rangent du côté des Romains dans les guerres contre Hannibal, III 177.

Grecque (langue). Sa culture en Italie, I 302. — II 286, 313. — IV 184-189.

Grecs (lettrés) à Rome. VIII 215.

Grecques (légendes). Leur ancienne propagation dans le Latium, I 304. — Histoire primitive de Rome selon la légende grecque, II 304-309.

Grumentum, III 233. — V 217.

Guerre. Déclaration de guerre suivant les règlements organiques de la cité romaine, I addit. VIII. En cas de guerre offensive elle doit être votée par le peuple, I 108. Formalité de la déclaration de guerre, I 215. L'ouverture de la guerre symbolisée par le bâton brûlé et sanglant, I 215.

— maritime dans l'antiquité, III 51, 52.

GULUSSA, IV 328. — V 96.

Gythion, III 344, 345.

H

Hadrumète, III 13, 246, 248.
Hæduens [v. Héduens].
Haliartos, IV 17, 20, 37.
Halicarnasse, III 296, 339.
Halycies, III 91.
Halys, III 363.

Hamæ, III 188.
HAMILCAR [général carthaginois en Sicile], III 48, 54.
HAMILCAR, [officier carthaginois], III 257, 258.
HAMILCAR BARCAS. Guerre de Sicile, III 69-74. Contre les mercenaires, III 83-86, 112-114. En Espagne, III 117, 118. — Général en chef, III 114. Son plan de guerre, III 115. Chef de parti, III 116.
HANNIBAL. Son enfance, III 117. Son portrait, III 123-125. Il s'empare de Sagonte, III 127. Ses préparatifs d'invasion de l'Italie et son plan de campagne, III 128-132, 157. Sa marche d'Espagne en Italie, III 132-147. Il se ligue avec les Gaulois d'Italie, III 149. Guerres d'Italie : première campagne, III 148-155. Combat du Tésin, III 150. Bataille de la Trébie, III 153-155. Deuxième campagne, III 156-168. Passage de l'Apennin, III 157, 158. Bataille du lac de Trasimène, III 160, 161. Réorganisation de l'infanterie carthaginoise sur le modèle romain, III 162. Fabius se borne au système de guerre défensive : ses marches et combats [v. Fabius Maximus Cunctator], III 163-168. Troisième campagne, III 169-189. Bataille de Cannes, III 169-174. Quatrième campagne, III 189-191. Hannibal s'allie avec Philippe de Macédoine, III 200-201. Campagnes des années suivantes, III 218-238. Il s'empare de Tarente, III 221. Il marche sur Rome, III 224. Il retourne en Afrique, III 245. Bataille de Zama, III 246-248. Après la deuxième guerre punique, il réforme la constitution de Carthage, III 266. Rome demande qu'il lui soit livré : il s'enfuit de Carthage, III 267, 268. Et se rend auprès d'Antiochus le Grand, III 341, 343, 347, 351, 354. Sa mort, III 373-375.
HANNIBAL [fils de Giscon], III 48, 53.
HANNIBAL MONOMAQUE, III 124.
HANNON [amiral carthaginois 490], III 45, 48.
HANNON [général carthaginois 540], III 218, 220.
HANNON [général carthaginois 542], III 197, 198.
HANNON [général carthaginois 547], III 216.

Hannon [fils de Bomilcar], III 137.
Hannon le Grand, III 112.
Hannon [fils d'Hannibal], III 46.
Harpe. Joueuses de harpe asiatiques à Rome, IV 177.
Harudes, VII 38.
Hasdrubal, III 112, 125.
Hasdrubal [fils de Gisgon], III 207, 212, 216, 242, 244.
Hasdrubal [frère d'Hannibal], III 117, 129, 172, 173, 191, 207, 209, 212-217. Sa marche sur l'Italie, III 232-235.
Hasdrubal [beau-frère d'Hannibal], III 117, 118, 121, 123.
Hasdrubal [fils d'Hannon], III 62.
Hasdrubal, chef du parti patriote à Carthage, IV 315. Général en chef, IV 316 et s.
Hasdrubal [petit-fils maternel de Massinissa], IV 320. — Il est assassiné, III 329.
Hasmonéens [v. Juifs].
Hatria, dans la vallée de Pô, I 154, 166. Rapports commerciaux avec Corcyre et Corinthe, I 188. — Elle est occupée par les Syracusains, II 107. Vestiges de son origine étrusque, II 125.
— dans les Abruzzes. Colonie latine, II 187.
Hébrus, fleuve, IV 12.
Hecatée, II 304.
Héduens, V 123 et s. — VII 14, 17, 21, 26 et s., 36 et s., 44, 83, 89, 92.
Hégésias de Magnésie, VIII 208.
Hégésianax, III 345.
Héliopolis, VI 284.
Héliopolitains, IV 357, note 1.
Hellanicus, II 306.
Hellènes [v. Grecs].
Helvétiens, III 259. — V 130, 141, 150. — VII 21. Population, VII 13. Ils envahissent la Gaule, VII 39 et s. Ils sont battus près de Bibracte par César, VII 46. Qui les renvoie chez eux, VII 47.
Helviens, VI 157.
Helvius Cinna (G.), VIII 247.
Hémésa, VI 284.
Héraclée en Italie, I 177. — II 148.
— III 221. — Alexandre le Molosse s'en empare, II 159. Bataille d'Héraclée, II 208 et s. Paix avec Rome, II 221. Rapports avec Rome, II 233, 243. — IV 67.
— Minoa, III 19, 37, 194.
— Pontique, III 296. — Sièges qu'elle subit pendant les guerres contre Mithridate, VI 194, 197, 301. — Colonie romaine sous César, VIII 173.
— Trachinienne, III 351, 352. — IV 344, 346.
Heraclide, amiral de Philippe de Macédoine, III 302, 316, 317, 318.
— du Pont, II 309.
Héraclite, VI 51.
Héræa, III 285.
Herba pura, I 215.
Herculanum. Son rôle pendant la guerre avec le Samnium, II 163. — Pendant l'insurrection italiote, V 217, 229.
Hercule, I 224, 243, add. xx. — Son mythe en Italie, II 304.
Herdonea, III 228.
Herdonius (App.), II 48.
Hérédité. Tous les ayants-droit partagent par parts égales; il est laissé à la veuve, comme à chaque enfant, la part d'une tête, I 211. [v. Testament.]
Heredium, contenance du domaine foncier primitif, étendue d'un simple verger, I 251.
Herméen (cap). Victoire navale remportée par les Romains sur les Carthaginois en vue de ce cap, III 61.
Hermès [v. Mercure].
Hermodore de Salamine, en Chypre [architecte], VI 119.
Herniques. Leur alliance étroite avec Rome et le Latium, I 144. Ils aident les Romains à établir une barrière entre les Eques et les Volsques, II 136. Ils se séparent de Rome et se coalisent avec les Latins, II 138. Renouvellement de leur alliance avec Rome, II 139. Ils prennent part aux dernières campagnes dans le Samnium, II 175. Situation qui leur est faite par Rome, II 243. Décadence de la confédération hernique, II 179.
— Certaines cités herniques reçoivent le droit latin, IV 68.
Hérode Antipater, VII 191.
Hérodote. Plagiats commis envers lui dans l'histoire légendaire de la fondation de la Rome, IV 255.
Héros. Ce culte grec est inconnu chez les Romains, I 225.
Hésiode. Ses vagues connaissances de l'Italie, I 179.
Hexamètre. Ennius le substitue au mètre saturnien, IV 241.
Hiempsal, V 96.

Hierapytna, VI 266.
Hieron I de Syracuse, II 106.
— II de Syracuse. Il fait la guerre aux Mamertins, III 40-42. Et se déclare contre Rome, III 46. — Il fait la paix avec Rome et s'allie avec elle, III 47. Son rôle durant la première guerre punique; III 82. Rome, dans la deuxième guerre punique, refuse ses offres de secours, III, 168, 176. Sa mort, III 176.
Hiéronyme de Cardie, II 309.
Hiéronyme de Syracuse, III 176, 192, 193.
Himère (Thermæ), I 177. — III 19, 37, 63. — Victoire d'Himère, II 105., III 8.
Himilcon [général carthaginois 358], III 34.
Himilcon [général carthaginois 505], III 64.
Himilcon [général carthaginois 542], III 194, 195, 196.
Himilcon Phameas [officier de cavalerie carthaginois], IV 326. Il passe aux Romains. IV 328.
Hindoukousch, IV 367.
Hippocrate [affidé d'Hannibal], III 194, 195, 196.
Hippone (Hippo Diarrhytos), III 71. — IV 329.
— (Hippo regius), III 13.
Hipponion. Colonie locrienne, I 177. — II 148.
Hirpins, I 157. III 177, 228.
Hirtuleius (L.) [lieutenant de Sertorius], VI 148, 150, 157 et s.
Historiographie. Premières annales rédigées par le collège des Pontifes, I 231. — II 298-304. — Chroniques versifiées de Nævius et d'Ennius, IV 252. — Autres plus modernes, VIII 235. — Compositions historiques en prose de Q. Fabius Pictor et de P. Scipion, rédigées en langue grecque, IV 252. Première composition véritablement historique de Caton en prose latine, IV 253. — Caractère de l'ancienne historiographie, I 291. — IV 254-259. Histoire primitive conventionnelle de Rome selon les Romains, II 301-304. Selon les Grecs, II 304-309. — Mélanges des mythes des deux peuples, II 306-309. — IV 254-256. Prépondérance de l'idiome latin dans les compositions historiques au VIIe siècle. — VI 108. — Leur caractère, 109-111. — VIII 266-268. Absence de critique et de tact dans le dépouillement des titres et des sources historiques, VIII 265. Sa décadence, VIII 268-270. — Mémoires historiques contemporains, VI 110. — VIII 263-265, 270-272. — Historiographie étrangère, VI 102 et s. — VIII 268 et s.
Histri : Histriones, I 311.
Homère. L'Italie dans les poèmes d'Homère, I 178. Chronologie homérique, I 180, note 1, 290, note 2.
Honos et Virtus, III 185 et note 2.
Horatiens. Village et *gens*, I 50. — Les Horaces et les Curiaces, II 302.
Horatius Cocles, II 301.
Horatius (M.) [consul 305], II 88.
Horloge solaire. La première placée au Forum en 491, IV 263.
Hortensius (L) [amiral 584], IV 20.
Hortensius (Q.) [l'orateur], V 328. — VI 133. — VIII 209, 246, 275.
Horus-Harpocrate, VIII 198.
Hospitalité. Le droit d'hospitalité à Rome, IV 397-409.
Hostilius Mancinus (A.) [consul 584], IV 20.
Hostilius Mancinus (L.) [consul 609], IV 328.
Hostilius Mancinus (G.) [consul 617], IV 302, 303, 304. — V 27.
Hostilius (Tubulus) (G.) [préteur 547], III 233.
Hostilius Tullus, II 301.
Hostius [poète épique], VI 95.
Hydrus, I 188.
Hypothèque. Ce droit est étranger à l'ancienne législation romaine, I 207.
Hyrcan [roi des Juifs], VI 287, 291, 309.

I

Jassos, III 303.
Ibères, III 273 et s.
— en Géorgie, VI 274.
Iconion, VI 178.
Ides, I 283.
Ilerda, VII 263 et s.
Ilion. Intervention du Sénat en faveur des « Parents de race » de la Troade, II 308. — Elle est déclarée libre, III 365.
Illurcis [v. Graccurris].
Illiturgi, III 192.

Illyrie. Les spéculateurs romains s'y établissent, V 14. Elle est enlevée aux Dalmates, V 128, 133 et s. — Expéditions de César, VII 115 — VIII 17 et s. Taxes et tributs romains, VIII 106.

Illyriens. Leur réunion par les maîtres de Scodra qui organisent la piraterie en grand, III 96. Ils sont soumis par les Romains, III 97, 98, 168. Pendant les guerres d'Hannibal ils s'allient avec Rome contre la Macédoine, III 202. — Impôts et traitement qui leur sont infligés par les Romains, IV 29. [v. Genthios].

Ilva, I 153.

Imbros, III 329.

Imperator. Définition de cette appellation. VIII 67, 70.

Imperium, I 88. — Il était tenu pour essentiellement indivisible et ne comportait d'autres limites que celles des circonscriptions territoriales, puissance à la fois judiciaire et militaire, II, 60, note 1 [v. Année de charge].

Impôts. L'impôt direct inconnu à Rome, I 103. — Établi dans les provinces, VI 8. — VIII 102. — Système de répartition et de perception, VI 7 et s., 9 note 1. — Sa suppression par César, VIII 104 et s. — Esclaves chargés du recouvrement, V 14. [v. Asie, Gaule, *Tributum, vectigalia*].

Incendiaires, I 204.

Incinération des cadavres chez les Romains, I 238.

Indigitare, indigitamenta, I 222.

Indo-Germains. Patrie des races indo-germaniques, I 42. Idiome, I 20 et s. Civilisation : Vie pastorale, habitations, bateaux à rame, chars, vêtements, cuisine, sel, travail des métaux, communauté des origines politiques, religieuses et scientifiques, I 20-24. Mesures, numération, I 275, 276.

Industrie. Dans l'origine tenue en honneur et respectée, I 261. Corps de métiers énumérés dans les institutions de Numa, I 260. La réforme servienne exclut les industriels du service militaire. I 261. — Sa situation au VI° siècle, IV 134. — Sa stagnation au VII°, VI 23.

Injuria. Dommage corporel ou réel, I 206.

Inscriptions tumulaires, à l'instar des Grecs, II 286.

Instruction. Ses commencements, II 313. — IV 186-189. — Au VII° siècle, VI 69. — VIII 206 et suiv. Lettres grecques, VI 67-69. — VIII 203.

Instruction publique sous le gouvernement de César, VIII 201-208. Premiers établissements, VIII 207, 208 [v. Éducation].

Insubres, II 114, 125. — III 100, 106, 107, 131, 140, 150, 244, 257, 258, 260.

Insula, II 7, note 1.

Intéramne sur le Liris. Colonie latine, II 170, 185.

— sur le Nar. Ses annales, II 300.

Intercatia, III 275.

Intérêt. Fixé originairement à 10 pour 100 l'an de 12 mois, I 209. — II 52. — Au temps de César, VIII 123, 133.

— Législation, V 237, 248. — VIII 148, 149.

Interroi, 1 addit. VI. — II 334. Après l'abolition de la royauté, II 7, 359-362.

Intibili. III 192.

Ionien (golfe). Ancienne appellation donnée par les Grecs à la mer Adriatique, I 176.

Ionienne (mer). Origine de cette dénomination, I 176.

Isaura, VI 178.

Isauriens. Leur soumission par les Romains, VI 178, 190.

Isère. Défaite du roi Arverne Bitius à son confluent, V 125.

Isis. Son culte, VI 65. — VIII 197.

Issa, II 107. — III 96, 98, note 1.

Istrie, V 128.

Istriens, III 99, 108, 260, 316. — IV 88.

Istropolis. Défaite du proconsul Gaius Antonius sous cette ville, VII 116.

Italia (Corfinium), V 211, 229.

Italica, IV 288.

Italie. Description physique et géographique, I 5-9. — Son unification sous le régime romain, II 245-253. — Signification originaire de ce nom, I 182. — Il est donné à tout le territoire compris entre la mer tyrrhénienne, de l'Arno à l'ouest, à l'Aesis à l'est, II 250-251. — Par suite de l'annexion de la Sicile, elle comprend tout le pays administré par les consuls, de la mer tyrrhénienne aux Alpes, III 87, 88, 94, note 1. Jusqu'à quel point cette idée de l'Italie géographique correspond-elle avec la délimitation de la confédération italienne, III 92-94 ? — Frontière réelle sur le Pô, V 224. Sylla donne à l'Italie propre le Rubicon pour frontière légale : elle reste sous la main des magistrats ordinaires de Rome, V 371. — L'Italie septentrionale érigée séparément en province romaine sous le nom de Gaule cisalpine, III 94, note 1. Les possessions situées sur la côte orientale de la mer adriatique y comprises, III 98. — La Gaule cisalpine réunie à l'Italie, VIII 169. Villes italiennes fédérées hors d'Italie : Ariminum, III 81. Messine, 81 [v. Celtes, Transpadans].

Italiotes, Italiens ou Italiques. Ils émigrent du nord dans la Péninsule, I 15, 43. Leur origine indogermanique, I 15. Leur langue, I 15-17. Rapports entre eux et les Grecs, I 17. Caractères opposés des Italiens et des Grecs dans la famille, l'état, la religion et l'art, I 31-41. Leur vocation pour les arts, I 294, 295.

ITALUS. Prétendues lois de ce roi, I 28, 34.

Ityréens, VI 284, 288.

J

JANEAS, VI 180.
Janicule, I 64, 144, 151.
Japydes, V 132.
Japyges. Langue, I 134. Affinité entre eux et les Grecs, I 14. Ils sont les plus anciens immigrants en Italie, I 14. Luttes en Apulie avec les Samnites, I 156.
Jannaï, VI 287.
Janus, I 223, addit. XVII. — Son image, II 320.
Jeux. [v. *Ludi*, et Dés (jeu de)].
— isthmiques. Les Romains y sont admis solennellement par les Grecs, III 99.
Jour. Sa division horaire établie tardivement à Rome, I 280. Son commencement chez les divers peuples italiques ne se place pas au même instant, I 280.
JUBA [roi de Numidie]. VII 238, 278, 321, 326. — VIII 19, 36.
Judices — *consules*, II 7.

Judices Decemviri, II 40, 335.
Judicium legitimum et quod imperio continetur, II 23, note 1.
Jugerum, I 277, note 2.
Juges : jury. Leurs décisions ne subissent jamais l'appel ni ne peuvent être cassées par les comices, V 56. G. Gracchus enlève cette fonction au Sénat et la transfère aux chevaliers, V 62, 84, 184, 188. Le parti aristocrate tente de la leur enlever, V 190 et s. — La loi *Plautia*, V 222. — La juridiction est rendue par Sylla au Sénat, V 360, 378. — Attaques contre les tribunaux sénatoriaux, VI 235. Nouvelle organisation du jury, loi *Aurelia*, VI 242. Changements opérés dans le jury par Pompée, VII 170 et s. — Par César, VIII 87, 88.
JUGURTHA devant Numance, IV 305. — V 96 et s. Il est adopté par Micipsa, V 96. Guerre contre les Romains, 98-115.
Juifs. Sous le gouvernement des Macchabées, IV 364. — VI 180, 284-286. Ils sont soumis par Pompée, VI 291. Qui sous conditions rend le pouvoir à l'archi-prêtre et seigneur du peuple des Juifs, VI 300. Leur révolte contre Aristobule : la monarchie sacerdotale est supprimée, VI 309. — Leur condition dans l'État créé par César, VIII 165-167. Les Juifs d'Alexandrie, VIII 14. — A Rome, VI 65. — VIII 114.
JULES. *Gens* albaine introduite dans Rome avec droit de cité, I 138. Sanctuaire de famille à Bovilles, I 138, 139 note 1.
JULIA, fille de César. VI 377. Sa mort, VII 194.
JULIUS CÆSAR (L.), [consul 664]. durant l'insurrection italiote, V 215 et s., 223, 226, 316.
JULIUS CÆSAR (G.) [prétendant au Consulat pour 667], V 239, 316.
JULIUS CÆSAR (G.). Son portrait, VI 142-145. — VIII 41-52. — Date de sa naissance. VI 142. Sa conduite après la mort de Sylla et pendant l'insurrection de Lepidus, VI 152. Il appuie la loi *Plotia*, VI 167. Il prend part à la guerre contre Mithridate, VI 190. Il se porte accusateur contre les sectateurs de Sylla, VI 236. Il parle en faveur de la loi *Gabinia*, VI 256. Faste qu'il déploie dans les

jeux qu'il donne étant édile, VI 262, 317. Grand pontife, VI 322, 354. Sa participation à la conjuration de Catilina, VI 328 et s., 345, 348 et s. Se pose en adversaire de Pompée, VI 356. Préteur, VI 360 et s. Il est promu au gouvernement de l'Espagne ultérieure, VI 366. — VII 6, 7. — Il s'allie avec Pompée et Crassus, VI 368. Consul pour 695, VI 371. Proconsul dans les deux Gaules, VI, 375. — VII 233. — Guerre des Gaules, VII 40-106. Il passe le Rhin, VII 66, 79. Expédition en Bretagne, VII 67-71. Il réduit la Gaule en province romaine, VII 105 et s. Conférences de Lucques, VII 141. Il demande en mariage la fille unique de Pompée, VII 194. Brouille avec Pompée, VII 195, 211, 214, 215. Son ultimatum, VII 218 et s. Il entre en Italie, VII 223-226, 229-233. La conquiert, VII 240-249. La pacifie et l'organise, VII 249-260. Campagne en Espagne, VII 262-270. Siége et prise de Massalie, VII 271-273. Plan de campagne contre Pompée, VII 298-299. Il passe en Grèce, VII 299. Opérations contre Dyrrachium, VII 303-307. Bataille de Pharsale, VII 314-320. — Il poursuit Pompée en Égypte, VIII 3. Il réorganise l'Égypte, VIII 7. Révolte d'Alexandrie, VIII 8-14. César bat Pharnace, VIII 16. César en Afrique, VIII, 27. Bataille de Thapsus, VIII 32-34. Attitude de César en face des partis, VIII 53-61. La nouvelle monarchie. Son titre, VIII 66-75. Organisation de l'État, VIII 77-92. De l'armée, VIII 94-102. Des finances, VIII 104-109. Plans et travaux à Rome, VIII 113-119, 142-153. Les Provinces, VIII 159 et s. Situation des Juifs, VIII 165-167. L'hellénisme, VIII 167, 169. Latinisation des provinces, VIII 169-176. Le cens impérial, VIII 177. La religion de l'empire, VIII 179. La législation impériale, VIII 180-185. La pièce d'or, monnaie normale, VIII 185-188. Réforme du calendrier, VIII 188-189. César historien, VIII 270 et s. — Ses commentaires et de la foi qui leur est due, VII, 338-347. — Grammairien, VIII 213 et s. — La question de droit entre César et le Sénat romain, VII 375 - 404. — Tableau des lois principales de César, VIII 305-316. Fragment de la loi *Julia municipalis*, VIII 316-328.

JULIUS CÆSAR (Sex). Envoyé romain en Grèce avant la guerre d'Achaïe, IV 345.

JUNIUS BRUTUS (Dec.) [consul 616], IV 307. — V 76, 134.

JUNIUS BRUTUS (Dec.) [consul 677], VI 133.

JUNIUS BRUTUS DAMASIPPUS (L.) [préteur marianien pendant la révolution], V 328, 332, 335 et s.

JUNIUS BRUTUS (M.) [tribun du peuple], V 320.

JUNIUS BRUTUS (M.) [officier marianien], V 342.

JUNIUS BRUTUS (M.) [général sous les ordres de Lépidus], VI 155.

JUNIUS BRUTUS (Dec.) [lieutenant de César], VII 40, note 1, 59, 271.

JUNIUS PENNUS (M.) [préteur 628], V 48.

JUNIUS PERA (M.) [dictateur 538], III 187.

JUNIUS PULLUS (L.) [consul 505], III 66.

JUNIUS SILANUS (M.) [propréteur 544], III 212, 216.

JUNIUS SILANUS (M.) [consul 645]. Il est battu par les Cimbres, V 140.

JUNONIA, colonie græchienne à Carthage, V 54, 75 [v. Carthage].

JUPITER CAPITOLIN, I 151 et addit. XIII. — Sa statue au Capitole, II 321. Son temple, II 296. — *Latiaris*, I 54.

Jurisprudence. Ses origines, I 231. IV 264 et s. Son développement au VII° siècle, VI 116, 117. Position politique des juristes, VI 127.

Jus, I 203. — Distinction entre le *jus* et le *judicium*, II 260.

— *gentium*, I 214. — VIII 181.

— *imaginum*, droit réservé aux descendants des magistrats curules, II 61 et addit. XIV. — IV 45.

Justice [v. Juges].

Justice domestique, I 79-83. — IV 175.

JUVENTIUS [préteur] : est tué en Thessalie dans un combat contre le Pseudo-Philippe, IV 338.

K

Kalendæ (calendes), I 283.

Koracesium, VI 264.
Korduène, ou Gordyène, VI 179. La victoire de Tigranocerte la met entre les mains des Romains, VI 204.
Kragos, VI 264.

L

Labeo [v. Fabius].
Laberius [poète mimique], VIII 50, note 1, 231, note 1.
Labicum, I 53, 139. — Assignations faites sur son territoire, II 67. Fait partie en 370 de la ligue latine, II 139, note 1. Elle n'a pas été colonisée, II 141.
Labienus (T.) [lieutenant de César], VII 41, 56, 59, 228, 229.
Lacédémoniens, III 293, 311, 344, 372 et s.
Laconiens libres. III 331, 344.
Ladé (île de), III 302.
Lælius (G.) [consul 564], III 212. — *Homo novus*, IV 58.
Lælius Sapiens (G.) [consul 614], IV 332, 333. — V 24, 34.
Lævinus. [v. Valerius].
Lamia. III 351.
Lampsaque, III 296, 301, 339. — IV 13.
Langue des affaires. Son développement, II 311.
Langue grecque [v. Grecque (langue)].
Lanuvium, I 53. — Appartient à la fédération aricine, II 143. Elle se soulève contre Rome, II 138. — Fait partie en 370 de la ligue latine, II 139, note 1, 141. — Elle devient romaine, II 155. Peintures murales, II 321, 325.
Laos, I 181. Est occupée par les Lucaniens, II 146, 148.
Lappa, VI 266.
Lares, ou Dieux lares. Leur nombre, I 114. Caractère du culte. I 224. Réglement concernant sa célébration, I 238. *Larentalia*, I addit. XVII. — *Lares marini*, dieux de la mer : leur temple, III 356. — Ce culte semble plutôt indigène qu'importé d'Étrurie, I 241.
Larisse, sur le Pénée, III 326, 349.
— Crémaste. III 311.
Laticlave, II 367.
Latini prisci cives romani, I 137, note 2.
Latins. Ils forment un des deux groupes dont se compose le peuple italien, I 15. Langue, I 16. Leurs rapports avec les Ombro-Samnites, I 17. Route qu'ils ont suivie dans leurs émigrations, I 43. Leur établissement en Campanie antérieur à celui des Lucaniens, des Brutiens, I 44. Et des Sicules, I 44. Établissements successifs dans le Latium, I 49. Absence de l'influence étrusque dans l'art latin, I 319. — Son caractère, II 324. [v. Étrusques.]
Latine (confédération ou ligue). Elle se composait de 30 cités latines fédérales sous la présidence d'Albe, I 54. fête de l'association latine, I 54. Conseils tenus par les représentants des diverses cités, I 55. Loi commune et communauté des mariages entre les cités latines. I 55. Constitution militaire fédérale, I 55. Trêve de Dieu, I 56. Après la chute d'Albe Rome lui succède dans la présidence de la confédération, I 139. Situation primordiale de la confédération romaine latine. Rome n'était pas une ville essentiellement fédérale comme Albe, mais formait un état indépendant placé à côté de la confédération, I 142. Et s'était engagée à ne point former d'alliance séparée avec une autre cité latine, I 143. L'armée confédérée se compose de deux contingents de force égale dont le commandement supérieur alterne entre Rome et le Latium, I 143. — II 130. — Partage en deux parts égales du butin de guerre, I 143. — II 130. La confédération perd le droit de traiter avec l'étranger de la paix ou de la guerre, et celui du commandement en chef chaque deuxième année, droits dévolus désormais à Rome, II 131. — Égalité complète dans les relations de la vie et du commerce, I 140. Aux termes du droit fédéral commun à toutes les cités de la ligue, chaque citoyen est en droit de s'établir en tout lieu du Latium, I 141. Premiers traités écrits, I 290. — Guerre entre Rome et le Latium, renouvellement du pacte d'alliance, II 129. Modifications ultérieures, la confédération perd le droit de paix ou de guerre avec l'étranger, II 131. La nomination du général en chef et des officiers supérieurs

des contingents latin et romain est acquise à Rome, II 131. La ligue ne peut mettre sur pied un contingent plus nombreux que celui de l'armée sortie de Rome, II 131. Chacune des bandes envoyées par les cités latines forme une subdivision sous les ordres de son chef local, II 132. Les alliés ont part égale au butin de guerre, II 132. Les institutions de droit privé des Latins ne subissent aucuns changements, II 132. Soulèvement contre Rome, II 138. La confédération reste ouverte jusqu'en 370, de sorte que toute cité incorporée y est admise au droit latin. A partir de cette époque, toute cité incorporée perd son indépendance politique et est exclue de la ligue, II 139-142. Elle est composée définitivement de 47 villes, dont 30 avec voix délibérative, II 142. Liste des 30 villes fédérales, II 139, note 1. Isolement des villes de jeune latinité, quant au droit civil privé : le *commercium* et le *connubium* avec les cités latines autres que Rome leur est interdit, II 143. Interdiction des ligues intérieures et séparées, II 143. Remaniement constitutionnel dans les cités latines sur le modèle de Rome, II 133-135, 143. Irritation contre Rome, II 144. Soulèvement général après la prise de Capoue, II 152. Dissolution de la ligue latine en tant que confédération politique : elle se transforme en une simple association religieuse, II 154. En place de l'unique pacte fédéral, Rome conclut de nombreux pactes éternels avec les anciennes cités fédérées, elle étend le système de l'isolement à la nation latine tout entière. II 154. Situation des confédérés durant la guerre contre Pyrrhus, II 210, 214. Après cette guerre, Rome enlève à Ariminum le droit de cité passive et applique ce nouvel ordre de choses connu sous le nom de charte d'Ariminum à toutes les autres cités de nouvelle fondation, II 240-242. Pendant les guerres d'Hannibal, l'admission au Sénat est refusée aux Latins, III 182. L'oppression grandit après les guerres d'Hannibal, IV 68-70. Le droit de libre émigration est retiré aux anciennes cités alliées, IV 69. — Les alliés latins dans la question du domaine italique, V 44. Plébiscite et sénatus-consulte interdisant la résidence à Rome de tous les non-citoyens, V 200. Durant l'insurrection italiote la plupart des villes fédérées et des colonies latines se rangent du côté des Romains, V 208 ; et reçoivent le droit de cité, V 223-226. Maintien par Sylla des droits politiques concédés, et procès criminels instruits contre plusieurs cités, V 355-356. Le droit latin est accordé aux cités de la Gaule cisalpine, V 224. Octroi de la cité du droit latin aux localités de la Gaule transalpine non colonisées, VIII 170-171 et note 1. Et de la Sicile, VIII 106. [v. Colonies latines.]

Latinisation de l'Italie, II 251, 283. — III, 92, 93. Du territoire situé entre les Alpes et le Pô, III 257-259.

LATINUS. Ce nom figure dans l'antique Théogonie d'Hésiode, I 189.

Latium. Description géographique et physique, ses anciennes frontières, I 45-49. — Son territoire accru par l'adjonction des colonies fondées par Rome et la ligue latine : ses frontières géographiques sont définitivement fixées, II 142.

Laudes, II 301.

Laurentum, I 53. — Fait partie de la confédération aricine, II 143. En 370, de la ligue latine, II 139, note 1. Elle reste fidèle à Rome, II 153.

Lautumiæ — latomies ou carrières, nom d'origine grecque donné à la prison d'État, I 214.

LAVERNA, I 222.

Lavinium, I 53. — Fait partie en 370 de la ligue latine, II 139, note 1, 141. Pénates troyens de Lavinium, II 306.

Lectisternium, II 333.

Legati legionis pro prætore, VII 360. — VIII 95.

Legatio libera, VIII 157, note 1.

Legatus, II 11.

Légendes grecques. [v. Grecques (légendes).]

Légion. [v. Armée.]

Legis actio sacramento, I 103, 210.

— Augmentation du *sacramentum* destiné à l'entretien des cultes publics, II, 265.
Legis actio per manus injectionem, I 210. — Recueil des actions publié par Appius Claudius, II 310.
Législation. Le roi applique la loi. Il ne peut la modifier qu'autant que l'assemblée populaire l'y autorise, I 91. Ce pouvoir passe aux mains du Sénat sous réserve de la ratification du peuple, réserve peu sérieuse et qui dégénère en clause de style, II 98.
Lemnos, III 329, 369. — IV 37.
Lemures, *lemuriæ*, I 222, I addit. XVI.
LENTULUS. [v. Cornelius.]
Leontium, I 177. — III 194. Son territoire déclaré domaine public de Rome, III 197. — IV 63.
LEPIDUS. [v. Æmilius.]
Leptis magna, III 13, 272.
Leptis minor, III 13.
Lettrés grecs à Rome, VIII 215. [v. Grecs.]
Leucate, III 323, 326. — IV 37.
Liberalia, I addit. XVI.
Liber Pater, I 243 et addit. XXI.
Liberti Latini Juniani, V 234, note 1. [v. Affranchissements et affranchis.]
Libra. Etymologie, I 274. Sa division, I 277. Rapport avec la mine sicilienne, I 271. [v. Poids et mesures.]
Librairie, VIII 221.
Liburniens, III 96.
Libyens. Ancienne civilisation, III 12. Rapports avec Carthage, III 12.
Liby-Phéniciens, III 13 et note 1.
LICINIUS STOLON (G.), II 69, 77.
LICINIUS CALVUS (G.), VII 158 et s. — VIII 247.
LICINIUS CRASSUS (P.) [consul 583], IV 19, 20.
LICINIUS CRASSUS MUCIANUS (P.) [consul 623], grand Pontife, IV 357, 373. — V 26, 43. — VI 44.
LICINIUS CRASSUS (P.) [consul 657], V 185, 215 et s., 316.
LICINIUS CRASSUS (L.), [consul 659] (l'orateur), V 133, 171, 189, 193, 204. — VI 35, 70, 73, 119.
LICINIUS CRASSUS (M.). Son portrait. VI 139-142. — Son rôle pendant la révolution, V 321, 327, 338, 340. — Il mène à fin la guerre contre les esclaves, VI 225 et s. Il s'allie avec Pompée, VI 241, 246 et s., et les démocrates, VI 241 : contre Pompée avec les démocrates, VI 328 et s. Son rôle dans la conjuration de Catilina, VI 348 et s. — Aux conférences de Lucques, VII 141. Il passe en Syrie, VII 176. Expédition contre les Parthes, VII 177-187. Sa mort, VII 188. — Sa fortune, VIII 127. Conséquences qui en découlent, VIII 134.
LICINIUS CRASSUS (P.), [lieutenant de César], VII 41, 51, 58, 63, 181, 186.
LICINIUS LUCULLUS (L.), [consul 603], IV 293.
LICINIUS LUCULLUS (L.), [préteur 651], V 93.
LICINIUS LUCULLUS (L.). Son portrait, VI 201 et s., 297, 305 et s. — Lieutenant de Sylla, V 291, 297 et s., 304, 343. — VI 133, 134, 135. Général en chef dans la guerre pontique, VI 189-199. Guerre contre Tigrane, VI 200-204. Il entre en Arménie, VI 209. Retraite en Mésopotamie, VI 210. Vers le Pont, VI 211. Tableau de son administration en Orient, VI 305 et s. Il est remplacé par Pompée dans le commandement de l'armée, VI 269 et s. Son opposition contre Pompée, VI 364 et s. En face de César, il se retire de la scène politique et rentre dans la vie privée, VI 315, 379. Ses collections d'objets d'art et sa bibliothèque, VIII 218, 290, 291.
LICINIUS LUCULLUS (M.) [questeur et lieutenant de Sylla], V 334 et s. — VI 133, 134. Il combat en Thrace, VI 171. Édit par lequel il aggrave la peine en matière d'attentats à la propriété commis par bandes armées, VI 220.
LICINIUS MACER (G.). Il réclame la réintégration de la puissance tribunicienne dans la plénitude de ses attributions, VI 235. — Sa chronique, II addit. XXII, note 1. — VIII 266.
LICINIUS MURENA (L.), V 289, 303, 343, 344. — VI 170, 177, 185.
LICINIUS NERVA (P.) [préteur en Sicile], V 91.
Lictores I 88, 105, 203. — Cas auquel les licteurs consulaires dépo-

saient la hache, II 10. — Leur nombre V 348, note 1.
Ligures, I 166, 167. — II 125. — III 100, 108, 232, 257, 262-264. — V 122. — VI 22, 23, 24.
Ligures dans la Basse-Italie. III 263.
Lilybée, III 17, 64, 83, 129, 149. — Les Grecs tentent inutilement de s'y établir, I 196. — Elle reste entre les mains des Carthaginois pendant l'invasion de la Sicile par Pyrrhus, II 222. — Elle est assiégée par les Romains, III 64-72.
Limitation et arpentage : est d'origine helléno-italique, I 29.
Lin importé d'Égypte en Italie, IV 134.
Lingons italiques, III 100, 106.
Lipara, III 52. — Colonie grecque, I 199. — Romaine, III 63, 75.
Lissos, II 107. — III 97.
Liternum, III 188.
Littera, I 291.
Litteratores, II 313.
Littérature. Sa naissance à Rome, IV 190. Son influence pernicieuse sur les choses de la religion, IV 165. — La littérature romaine au viie siècle, VI 75. — Au temps de César, VIII 208-289.
LIVIUS ANDRONICUS, IV 191-194. Ses lectures poétiques, IV 244.
LIVIUS (G.) [amiral 563, 564], III 350, 352, 353, 354.
LIVIUS DRUSUS (M.) le père, V 71, 72, 73, 135.
LIVIUS DRUSUS (M.) le fils, V 189 et s., 204 et s.
LIVIUS SALINATOR (M.) [consul 535, 547, censeur 550], III 233. 235, 238. — IV 53, 192.
LIVIUS: Corrections, V 150, note 1, 339, note 1.
Locupletes, I 122.
Locres. Est occupée par les Romains, II 201. Son rôle durant la guerre contre Pyrrhus, II 210, 220, 225. — Pendant les guerres d'Hannibal, III 178, 237. — Sa population affranchie du service des légions, II 233.
Locride, III 285, 322, 329.
Loi (*lex*), synonyme primitif de contrat, I 106, n. 1. — En quoi diffère de l'édit (*edictum*), II 22. La loi ancienne (*lex populi Romani*), II 362.
Lois. Leur promulgation, V 185.

Un délai de 17 jours obligatoire entre la *Rogation* et le vote, V 185. Interdiction des motions se référant à plusieurs matières distinctes, ou *per saturam*, V 186, 193.
Loi *Acilia de repetundis*, contre la concussion, V 82, note 2.
Loi *Ælia*, VI 60.
Lois agraires (*leges agrariæ*). [v. Domaine.]
— *Appuleia*, V 174, et n. 1. [v. Appuleius Saturninus.]
— *Cassia*, II 48. [v. Cassius Spurius.]
— *Flaminia*, IV 106.
— *Julia agraria*, de César, VI 371, 377.
— *Livia*, V 190 et s. [v. Livius Drusus.]
— *Mæcilia* ou *Melilia*, II 67.
— *Semproniæ*, ou des Gracques, V 28 et s., 34 et s. 42-44, 54.
— *Servilia*, VI 334 et s. [v. Servilius Rullus.]
— *Thoria*, de Spurius Thorius, V 83.
— *Titia*, de Servilius Rullus, VI 334 et s.
Loi *Appuleia, de majestate*, V 146, n. 1, 174 et s.
Loi *Aquilia*, VI 219, n. 1.
Loi *Aurelia*, réglant la composition des jurys, VI 242.
Loi *Bæbia*, III 281.
Loi *Calpurnia* : établissement des commissions criminelles permanentes, V 6.
Loi *Canuleia*, II 60.
Loi *Cassia tabellaria*, V 6, 23.
Loi *Claudia*, IV 131, 144. — V 58.
Loi *Cæcilia*, du préteur Metellus Nepos, abolit les péages italiques, VI 365. [v. omission réparée à l'*errata* final, à la fin de la table alphabétique.]
Loi *Cornelia, de edictis prætoriis*, VIII 184.
Lois *Corneliæ*, de Sylla. [v. L. Cornelius Sylla.]
Loi *Curiata, de imperio*, II 364, 365, 370.
Loi *Domitia, de Sacerdotiis*, V 169. Abrogée par Sylla, V 364.
Lois des XII tables. (*XII Tabularum*) II 51-53 et addit. IX-XII.
— Leur importance politique réside dans l'obligation imposée par elles au magistrat d'obéir désormais aux formalités et aux

règles d'un droit écrit, II 52-53. Prescriptions contre le luxe, II 276. Importance de ces lois au point de vue littéraire, II 300, 313.
Loi *Fabia de plagiariis*, analysée, V 219, et note 1.
Loi *Fufia*, VI 60. [v. *supra* loi Ælia.]
Lois frumentaires (*frumentariæ*). [v. Annone, et Céréales.]
— *Appuleia*, de Saturninus, V 174, note 1. — VI 234.
— *Octavia*, VI 153, note 1.
— *Sempronia*, V 53-54. — VI 153, note 1.
— *Terentia Cassia*, VI 153, note 1. — VIII 102.
Loi *Fulvia, de civitate sociis danda*, IV 71.
Loi *Gabinia* (*tabellaria*). V 6. — VI 251 et s.
Loi *Hortensia*, II addit. XVII, 85, 88.
Loi *Icilia* autorisant les tribuns à convoquer le peuple, II 41.
Loi *Icilia* touchant l'Aventin, II 50.
Loi *Julia de civitate*, V 223, et n. 1.
Loi *Julia municipalis*, VIII 316-328.
Lois *Juliæ*. [v. G. Julius Cæsar.]
Loi *Junia de Peregrinis*, V 48.
Loi *Labiena* touchant l'élection sacerdotale, VI 319.
Lois *Liciniæ Sextiæ*, II 60-71, 76 et s., 270, note 1.
Loi *Licinia Mucia* concernant l'usurpation du titre de citoyen, V 203.
Lois *Liviæ* de M. Livius Drusus, le père, V 73, 81.
— *Liviæ* de M. Livius Drusus, le fils, V 190, 192 et s.
Loi *Mænia*, II 73 et addit. XVII.
Loi *Manilia*, VI 259 et s.
Loi *Mucia de civitate*, V 203.
Loi *Ogulnia*, II 73.
Loi *Ovinia*, II 97. — V 361.
Loi *Papiria* (*tabellaria*), V 6.
Loi *Plautia judiciaria* (?), V 222, 223, note 1.
Loi *Plautia Papiria de civitate*, V 224 et s., 230, 312, note 1.
Loi *Plotia* sur les proscrits, VI 167.
Loi *Poetelia*, II 78. — VIII 147.
Loi *Pompeia de Judiciis*, V 224.
Loi *Publilia* [de l'an 283], II 48 et addit. VIII.
Loi *Publilia* [de l'an 415], II 73 et addit. XVII 85, 363.
Lois royales (*leges regiæ*), II 309.
Lois sacrées (*leges sacratæ*) touchant l'institution des tribuns du peuple et des édiles, II 38.
Lois *Semproniæ*. [v. Titus et Sempronius Gracchus, et *supra* : lois agraires et lois frumentaires.]
Lois *Sulpiciæ*, V 238 et s.
Lois Tabellaires (*Gabinia*, *Cassia*, *Papiria tabell.*), V 6, 23. [v. *supra*.]
Loi *Terentilia*, II 49.
Loi *Valeria*, sur la dictature de Sylla V 347, 358.
Lois *Valeriæ Horatiæ*, II 43, n. 1, et addit. XII-XIV, 85, 363.
Loi *Valeria, de provocatione* (sur l'appel), II 10.
Loi *Voconia*, IV 96, n. 1. — VIII 230, n. 1.
LOLLIUS [officier de l'armée de Pompée], VI 290.
Longobriga, VI 148.
Lorum, IV 46, note 2.
Louve du Capitole, II 288, 302, 321, 325.
Loyers. Leurs prix à Rome, VI 35, note 2. — VIII 129.
Luca, ville volsque, II 157.
Lucaniens. Leur constitution politique, II 5. Leur première apparition, II 146, 147. Influence de la civilisation grecque, II 148, 149, 150, 284. Leurs luttes avec Archidamos et Alexandre le Molosse, II 158, 159. Leur rôle dans les guerres samnites, II 161, 163. Dans la troisième guerre samnite, II 181. Rome, pour prix de leurs services, leur abandonne toutes les cités grecques de leur contrée, II 198. Intervention des Romains dans leur lutte avec Thurium, II 198. Guerre avec Rome, II 199 et s. Part qu'ils prennent à la guerre contre Pyrrhus, II 208, 210, 211, 214. Pyrrhus les abandonne, II 220. Ils se soumettent aux Romains, II 228. Dissolution des ligues des cités, II 243, 244. — Elles sont privées de leur importance politique et ne conservent plus qu'une sorte de vie commune dans les fêtes et les sacrifices nationaux, V 206.
— Leur conduite pendant les guerres d'Hannibal, III 177, 184, 228, 252. — IV 151, 153.
Lucaria, I addit. XV.
Lucères, I 59-62.
Lucérie, III 163, 165, 169, 176, 188, 218. — Elle est assiégée par les Samnites, II 164. Elle est occupée

par les Samnites après le désastre de Caudium, II 167, et reprise par les Romains, II 168. Colonie romaine, II 170.
Lucilius (G.), VI 75.et s., 96 et s.
Lucques. Conférences tenues dans cette ville entre les triumvirs, VII 141 et s.
Lucretius (G.) [amiral 583], IV 19, 20, 22.
Lucretius Ofella (Q.). Il passe au parti de Sylla qui lui confie un emploi dans l'armée, V 327, 333, 346, 386, 389.
Lucretius Carus (F.), VIII 196, 236 et s.
Ludi. Leur extension excessive, IV 85, 87, 179, 189. Les provinces mises en demeure de fournir aux fêtes populaires de Rome, IV 76. Places réservées au théâtre à l'ordre sénatorial, IV 52, 53, — à la chevalerie, V 60. Sylla retire à ces derniers ce privilège qui leur est rendu par Roscius, V 360 et note 1. — VI 249. Les fêtes publiques du temps de Sylla, VI 34 et s. — De César, VIII 84. — Jeux grecs à Rome, VI 44 et s. — VIII 291, et note 2. [v. Jeux.]
Ludi apollinares, IV 86, 179.
— *cereales*, IV 86, 179.
— *florales*, IV 86, 179.
— *funebres*, IV 179.
— *maximi*, II 292, note 1. — IV 179.
— *megalenses*, IV 86, 179.
— *plebei*, IV 85, 179.
— *romani*. Origine et symbolisme primitifs, I 304. Concordance avec les jeux d'Olympie, I 306. A l'origine les citoyens seuls devaient y prendre part; plus tard cavaliers et lutteurs n'y sont plus que des hommes professionnels, I 308. — Ils sont allongés d'un jour, II 30. Leur durée fixée à quatre jours, II 292, — à six, IV 179. — Leur direction appartient aux édiles curules, II 72. L'encan véien, II 117. Introduction de représentations scéniques, II 293. Somme allouée pour ces solennités, II 293. Distributions de palmes aux vainqueurs, II 286.
— *sœculares*, IV 179.
— *triumphales*, IV 179.
Ludii, ludiones, I 296.
Lugdunum Convenarum, VI 168. — VII 9.

Luna. Colonie civique, III 263. — IV 70, 94.
Lunula, II 367.
Luperques, I 68. *Luperci, Lupercalia*, I 62, 73 et notes 1, 2, 112, 115, 227, addit. xv. — II 334.
Lusitaniens, III 277, 280. — Guerre de Lusitanie, IV 289 et s. Brigandage, IV 308. — Soulèvement, V 185. — Ils sont soumis par César, VII 6, 7.
Lutatius Catulus (G.), [consul 512], III 71, 72.
Lutatius Catulus (Q.), [consul 652], V 153 et s., 215, 316, 351, note 1. — Poète, VI 94, note 3, 101.
Lutatius Catulus (Q.), [consul 676], VI 133, 152, 155, 157, 257, 260, 314, 322, 346, 356, 360.
Lyæos (*liber pater*), I 243.
Lycaonie, III 363, 365. — IV 359.
Lycie, III 365. — IV 32. — Fédération des villes lyciennes, VI 175, 178.
Lyciscos, IV 17, 37.
Lycophron, VIII 203.
Lycortas, III 371.
Lydie, III 287, 365.
Lyncestide, III 314, 316.
Lyra, I 303 et note 2.
Lysias, VI 284.
Lysimachie, III 300, 311, 326, 340, 365.

M

Macchabés. [v. Juifs.]
Macédoine. Territoire et population, III 284-287. Ses prétentions à continuer la monarchie Alexandrine, III 288. Ses rapports avec Rome, III 95, 96, 131, 133. — Ses ressources au début de sa troisième guerre avec Rome, IV 9, 10. Son unité nationale est dissoute, et elle est partagée en 4 fédérations républicaines, IV 27. Province romaine, IV 337, 339-340. — V 130. La Macédoine au temps de Sertorius. — VI 164. Au temps de César, VII 115-116. — Impôts, IV 28, 340 Définitivement abaissée, elle ne date plus les années qu'à partir de son organisation en province romaine en 608, IV 340. [v. Persée, Philippe.]
Machanidas de Sparte, III 202, 295.
Macharès [fils de Mithridate], VI 182, 198, 273, 279.

Madytos, III 340.
MAELIUS (Sp.), II 65.
MAGILUS [chef gaulois], III 138.
Magister equitum, II 7 note, 15, 324. Ne vient point des *tribuni celerum*, I 102, note 1. Sa fonction est ouverte aux plébéiens, II 72.
— *populi*, I 87. — II 14. [v. Dictateur.]
MAGIUS DECIUS, III 177.
MAGIUS (L.) [commandant dans les guerres de Mithridate], VI 188, 198.
Magnésie, III 303, 345, 346, 348, 365, 369. — IV 3. Bataille de Magnésie, III 359-361.
MAGON [général carthaginois], victorieux à Cronion, III 19. Son traité d'agriculture, III 25. — Sa famille, II 103. — III 22.
MAGON le Samnite, III 124.
MAGON [frère d'Hannibal], III 117, 153, 158. Campagne en Espagne contre les Scipions, III 207, 212, 216. Débarquement et campagne en Italie, III 238, 244, 245 ; il retourne en Afrique, 245.
Maison greco-italienne. Sa distribution intérieure. I 29, 30. La maison italienne est plus ancienne, I 30, 312, 313. — Changements qui y sont apportés, IV 278.
Majestatem populi romani comiter conservare, II 237, note 1.
Malaca, III 273.
MALLIUS MAXIMUS (G.). [Consul 649]. Il est battu par les Cimbres à Orange, V 142, et s. 146.
Mamertins. [v. Messine.]
MAMILIUS LIMETANUS (C.) [Tribun du peuple, 645]. V 104.
Mamuralia, I addit. XIV.
MAMURIUS l'armurier, I 261.
MAMURRA de Formies, favori de César, VII 164, note 2.
Mancipation. Elle n'est pas seulement une formalité du droit romain, mais aussi du droit latin, I 213. Elle représente la vente parfaite par la remise de la chose vendue entre les mains de l'acheteur et par la remise du prix au vendeur, I 208. Elle n'est point à l'origine une formalité rigoureuse et spéciale, I 213. Elle est sans nul doute la forme primitive et générale de la vente, I 208, note 1, 251. Réglée à nouveau en suite de la réforme servienne, en ce qui touche certains objets dépendant de la propriété rurale, I 208 et n. 1. Plus tard, et par malentendu, les autres biens et objets en sont exclus, *ibid*. Ses conséquences obligatoires, I 208, 209.
Manes, I 225.
MANILIUS (G.) [tribun du peuple, 688], VI 259.
MANILIUS (M.). Il conduit le siège de Carthage, IV 326 et s.
Manipules. [v. Armée ; légion manipulaire.]
MANLIUS (L.) [propréteur en Gaule, 674], VI 148.
MANLIUS (G.), Catilinarien, VI, 338.
MANLIUS CAPITOLINUS (M.). Il sauve le Capitole, II 120. Il est condamné à mort, II 68.
MANLIUS IMPERIOSUS TORQUATUS (T.). [Consul 414] II, 152, note 154.
MANLIUS TORQUATUS (T.), [préteur, 539], III 192.
MANLIUS VULSO (L.) [consul, 498], III 55.
MANLIUS VULSO (G.) [consul, 565], III 361, 363.
Mantoue, I 166, étrusque, II 125.
Manus injectio. [v. *Legis actio*.]
Marais Pontins. Travaux d'assainissement, VI 18.
Marbre. Date de sa première apparition dans les constructions romaines, VI 119. — Le marbre de Luna (Carrare), VIII 290.
MARCELLUS. [v. Claudius.]
MARCIUS, II 301. [v. Ancus Marcius.]
MARCIUS (G.), [officier en Espagne, 544], III 208, 215.
MARCIUS CENSORINUS (G.). Il fait le siége de Carthage, IV 319, 326, 327.
MARCIUS CORIOLANUS (G.), II 47.
MARCIUS FIGULUS (G.), [consul 598], V 129.
MARCIUS PHILIPPUS (Q.), [consul 568, 585], IV 16, 22, 33.
MARCIUS PHILIPPUS (L.), [consul 663], V 88, 189, 193, 319, 327, 346. — VI 133, 154, 155, 157.
MARCIUS REX (Q.), [consul 686], VI 208, 212, 213.
MARCIUS RUTILUS (G.), [dictateur 398], II 88.
MARCIUS RUTILUS (G.), [consul 444], II 174.
Marcomans, VII 33.
Mariage. Le mariage religieux et civil, I 79, note 1 et addit. I 119. Puissance maritale, I 33. —

L'alliance consensuelle est permise au lieu et place du mariage ancien, II 258. Prohibition légale du mariage entre les plébéiens et les patriciens, II 21, 52. Elle est annulée par la loi Canuleia, II 60. Le mariage peu en faveur dans les cercles nobles, II 75.—Relâchement dans les liens de famille, IV 174. Accroissement du célibat et du divorce, IV 174. — VI 38. — VIII 139. [v. *Connubium*.]

Marine. Importance maritime de Rome, I 65. — Pillage des côtes du Latium par les corsaires, II 231. Traité défavorable de navigation entre Rome et Carthage, II, 231, 232; entre Rome et Tarente, II 232, 234. Rome fortifie les côtes italiennes, II 232, 233. Décadence maritime des Romains, II 230, 231. Leurs efforts pour relever et fortifier leur état maritime, II 233-235. — Création d'une flotte romaine pendant la guerre Punique, III 49-52, 63, 71, 77-80. — Décadence de la puissance maritime romaine au VIIe siècle; IV 369, 370. — VI 19. — VIII 94. — Formation pendant l'insurrection italiote d'une flotte de guerre avec l'aide des villes libres de Grèce et d'Asie-Mineure. — V 214. — Budget naval. VIII 103. [v. Piraterie.] — Bois de marine, II 228. — Grappin d'abordage, invention étrusque, I 193. — Ponts d'abordage, III 51, 53. — Navigation. Le bateau à rames connu des anciens Indo-Germains, I 22, 30. La galère à rames est empruntée aux Phéniciens et aux Grecs par les Italiques, I 191. — Application de l'appareil voilier aux navires de commerce, VII 16. — Son emploi chez les Gaulois, VII 17. — Les anciens termes de marine d'abord d'origine latine; puis ils dérivent du grec, I 267, et note 1. — Navires à voile, VII 16, 17.

Marius (G.). Son portrait et sa biographie, V 158, 161. Sa situation politique, V 161. — Parallèle avec Pompée, VI 138, 155. Son alliance de famille avec César, VI 142. — Campagne contre Jugurtha, V 105 et s. Consul, V 108. Campagne contre les Teutons, V 147; contre les Cimbres; V 154. Réforme militaire, V 120, 149 162 et s. Plan politique de Marius, V 168 et s. Il est nommé consul pour la sixième fois, V 173 et s. Déchéance politique, V 183. Sa conduite dans l'insurrection italiote, V 210, 215, 218 et s. Son mécontentement, V 236. Il reçoit le commandement suprême de l'armée destinée à opérer contre Mithridate, V 244. Sa fuite après la prise de Rome par Sylla, V 246, 247, 248. Son retour en Italie, V 310. La terreur marianiste à Rome, V 315. Consul pour la 7e fois, V 317. Sa mort, V 318, 352. — Sa réhabilitation, VI, 323.

Marius (G.), le fils, V 330 et s., 338.

Marius Gratidianus (M.), neveu adoptif de Marius, V 352.

Maronée. III 307, 357. — IV 31.

Marrucins, I 157. — V 207.

Mars. La plus vieille et la plus nationale des divinités italiques, I 73, addit. XIV, 221, addit. XVII, XVIII.

— Quirinus, I 74, note 1.

Marses, I 157. — IV 151. — Leur origine ombrienne, I 15. — Part qu'ils prennent à la guerre de l'indépendance italienne, II 161, 175, 176. — Dans l'insurrection italiote, V 206 et s.

Masques. Leur emploi sur la scène, IV 216.

Masques en cire peinte, IV 157.

Massæsyliens, III 242, 270.

Massalie (Marseille). Sa fondation par les Phocéens, I 195, 199. — Sa puissance maritime, II 230. Ses rapports avec Rome, II 236. — III 273. Luttes avec Carthage, III 17. Sa situation dans la seconde guerre punique, III 136, 174. — Elle commande toute la côte de la Méditerranée, des Alpes aux Pyrénées, V 122. — Faveur qui lui est accordée par les Romains, VI 157. — Son influence civilisatrice en Gaule, VII 10. Elle se déclare contre César, VII 262, qui l'assiège et s'en empare, VII 271-273. — Monnoyage, IV 137.

Massinissa. Son portrait, III 271-273. Sa participation à la seconde guerre punique, III 207, 216, 217, 242, 243, 247, 248. Sa position après la seconde guerre punique, III 264, 265, 266, 350. — IV 38, 312, 327, 328.

Massiva, petit-fils de Massinissa, V 102.
Massyas, VI 284.
Massyles, III 242, 270.
Mastanabal, IV 328. — V 96.
Mastarna, I 169.
Mater magna Idæa à Rome, IV 168. — VI 64. — VIII 197.
— Matuta, I addit. xvi, note 1.
Materis. Arme de jet en usage chez les Cimbres, V 137.
Matius (G.), auteur du premier ouvrage sur la science culinaire publié à Rome, VIII 288.
Matralia, I addit. xvi.
Maures, III 270.
Mauritanie, à l'époque de Jugurtha, V 95, 111 et s. — Ses frontières primitives et son agrandissement après la guerre de Jugurtha, V 117, et note 1, 341. — Territoire et géographie politique avant César, VIII 24, note 1. Son organisation par César, VIII 36.
Maxitans, III 10.
Maziques, III 10.
Medama, I 177.
Médecine. Cet art est inconnu des Romains primitifs, I 260. — Les premiers médecins à Rome sont d'origine grecque, IV 263.
Médie, III 336.
Médie, Elle est soi-disant soumise par Pompée, VI 295, note 1.
Médie Atropatène, VI 179.
Mediolanum (Milan), II 114. — III 107.
Méditerranée. Son importance dans l'histoire ancienne, I 3.
Meditrinalia, I addit. xv.
Medix tuticus. II 5, et note 5.
Medullia, I 134.
Mégalopolis, III 321, 372. — VI, 302.
Megavaricus. Sa défense de Numance, IV 301.
Mélité (Malte), III 17.
Mélitène. Ce territoire est annexé à la Cappadoce, VI 297.
Melpum, II, 114, 117.
Memmius (G.). V 100 et s., 171, 181.
Mémoires et correspondances, VI, 11.
Ménandre d'Athènes, poète comique, IV 198 et s.
Ménapiens, VII 39, 58, 62, 76, 77, 78, 79.
Mendé, III 317.
Menenii. Village-famille, I 50.
Ménippe, III 345.
Mercatus, I 262.

Mercedonius, I 282, et note 2.
Mercuriales, I 148, note 1.
Mercurius, I 225 et addit. xix 243, 267.
Mésopotamie, VI 179. — Elle est occupée par les Parthes, V 257. — Sa possession leur est confirmée, VI 268. La partie septentrionale est restituée à l'Arménie, VI 296.
Messana-Messine. I 177, — III 19, 81, 84, 91. Elle est occupée par les Campaniens ou Mamertins, II 208. — III 38, 39. — S'allie avec Rome et Carthage contre Pyrrhus, II 218. Se défend péniblement contre lui, II 222. — Guerre contre Hiéron de Syracuse, III 40. Elle se donne aux Romains, III 41. Elle est reçue dans la confédération romano-italique, III 41. Elle est occupée par les Carthaginois, III 45 ; puis par les Romains, III 45, — Messine durant la deuxième guerre servile de Sicile, V 95.
Messène. III 202, 294, 349, 351, 369.
Messius (C.), [tribun du peuple, 697], VII 136.
Metapontion. I 181, 184. — II 148, 158, 177. — III 221, 236.
Métaure, III 235.
Metellus. [v. Caecilius.]
Métiliens d'Albe, I 138.
Metrodore d'Athènes, peintre et philosophe, VI 120.
Meurtre, I 204.
Meurtre involontaire, I 216.
Mézence, roi de Coeré, I 168.
Micipsa. IV 328, 335. — V 96 et s.
Miles. Soldat à pied. Fantassin, I 95.
Milet, III 302, 365. — Trafic avec les Sybarites, I 182.
Miletopolis. Fimbria y remporte une victoire sur Mithridate, V 298.
Milon, II 205.
Milos, Milyade (territoire de), III 365.
Mime, VIII 227 et s.
Mincius (bataille du), III, 258.
Mindos, III 303, 339.
Minerve. Son culte importé du Latium chez les Etrusques, I 241.
Mines en Espagne, IV 63 : en Macédoine. — IV 64.
Minturnes. Colonie maritime. II 187, 233.
Minucius Rufus (M.). [*Magister equitum*, 587]. III 165-168.

Minucius (Q.). [Préteur en Espagne, 558.] III 279.
Miroirs étrusques ciselés, I 320.
Mithra. Son culte. VIII 197.
Mithridate I, IV 366.
Mithridate de Pergame, VIII 12.
Mithridate V, Evergète, IV 360. — V 259.
Mithridate VI, Eupator, roi de Pont. Son portrait, V 259-263. Son royaume, ses conquêtes, V 264, 265, 269, 272. Alliance avec Tigrane, V 270. Sa conduite ambigue vis-à-vis des Romains, V 276, 277. Première guerre, V 232, 278 et s. Ordres de massacre envoyés d'Ephèse, V 283. Il occupe l'Asie-Mineure, V 281 et s., 284; la Thrace, la Macédoine et la Grèce, V 285-287. Il perd de nouveau ces provinces, V 298. Propositions de paix, V 299 et s. Il la conclut avec Sylla à Dardanos, V 303. — VI 170, 172. Il bat Murena. — V 342. — Il étend sa puissance jusqu'à la Mer-Noire, VI 182. Il fait alliance avec les Pirates et Sertorius, VI 164, 176, 187 et s. Il organise son armée sur le modèle romain, VI 182. Deuxième guerre avec Rome, VI 187 et s.; il bat les Romains devant Chalcédoine, VI, 190, 191. Il assiége Cyzique mais en vain, VI, 191-192. Il est forcé de rentrer dans le Pont, VI 194, et se réfugie en Arménie, VI 196. Il décide Tigrane à continuer la guerre, VI 206 et s. Il forme une nouvelle armée, VI 207. Il bat les Romains et réoccupe son royaume presqu'entier, VI 212 et s. Désaccord avec Tigrane, VI 269. Lutte contre Pompée. VI 269 et suiv. Vaincu, il passe le Phase, VI 273; se réfugie à Panticapée, VI 278 et s. Sa mort, VI 281.
Mithridate [roi des Parthes], VII 177.
Mœcène, I 312.
Mœnia. Interprétation de ce terme, I 103.
Mœnius (G.) [consul 416], II 155.
Mois. Leurs noms n'ont pu entrer en usage qu'après l'introduction de l'année solaire : en conséquence ils sont d'époque récente en Italie, I 281. Les mois romains, I 282.
Molosses, IV 21, 36.
Monnaie des colonies grecques en Italie et en Sicile, I 178: — L'émission de la monnaie romaine en bronze coulé est due aux décemvirs : cette monnaie se répand ensuite en Italie, II 272-274. — La monnaie de cuivre considérée comme monnaie d'appoint, VI 30. —Monnaie de cuivre en Étrurie, en Ombrie et dans l'Italie orientale, II 272. Rapport de valeur entre l'airain et l'argent, II 272. Monnaie d'argent de l'Italie méridionale, II 274. L'art dans la monnaie de bronze coulé, II 321, 325: Type commun adopté dans toute l'Italie, II 282. Le denier, II 282. — Altération de la monnaie pendant la 2e guerre punique, III 230. — VI 30. — Ateliers monétaires, IV 136-138. Cours légal de la monnaie romaine, IV 136-138. — En Sicile, III 89. — IV 136. — VI 33. — En Espagne, III 274, 282. — IV 136. — VI 33. — Dans la région du Pô, IV 137. — VI 33. N'est pas le même en Orient, VI 33. — Monnaies locales, VIII 187. — Rapport de l'argent et de l'or au viie siècle, VI 29. Commerce de l'or en lingots, VI 30. — VIII 185. — Le monnoyage de l'or introduit dans les provinces, VI 32. — Émission par César de la pièce d'or comme monnaie normale, VIII 186. — Monnaie fiduciaire. — Deniers fourrés de cuivre, V 190. — VI 31. Deniers de Scaurus, VI 293. De Pompée, VI 305. Le commerce de valeurs métalliques concentré dans la capitale, VI 24. — VIII 123, 156. — L'aristocratie de l'argent, IV 144.
Mons sacer, II 38.
Montani, I 74, 148
Monuments écrits romains les plus anciens, I 290.
Monuments honorifiques érigés aux frais des titulaires : ils tombent en discrédit, IV 90.
Morgantia, V 92.
Morins, VII 58, 62.
Motyé, I 198. — III 17.
Mucius Scævola (P.) [consul 621], V 26, 33 et s., 42. — Historien, VI 109.
Mucius Scævola (Q.) [consul 659], V 186, 203, 319, 333. — VI 59. Écrivain légiste, VI 118.
Mulleus, II 373.

Mulvius (pont), VI 17.
Mummius (L.) [consul 608], IV 290, 347 et s. — Jeux qu'il donne après la prise de Corinthe, VI 93.
Mundus, I 69.
Municeps. Citoyens passifs, I 129. — II 133. — Ayant droit de vote dans les comices par tribus, II 132, 133 et note 1.
Municipal (système) : est originairement l'apanage essentiel de la bourgeoisie romaine. Tusculum absorbée dans la cité romaine, offre le premier exemple d'une incorporation totale, tout en conservant son autonomie communale, II 139. — IV 81. — V 383 et s. Son développement, V 379 et s. Il est fondé sur le principe de l'ancienne cité patricienne consulaire, V 381. Rapport entre le municipe et l'état, V 382. — Sa réorganisation par César, VIII 151 et s. Son extension aux provinces, VIII 173 et s. [v. Cité, *cives sine suffragio*, colonies, droit romain.]
Murs dits Cyclopéens. Ce genre de construction en Italie se rattache au système architectural grec, I 314.
Musique : florissait en Étrurie avant son introduction à Rome, II 294. — VI 120. — VIII 291 et s.
Mutina. Colonie civique, III 109, 149, 261, 263. — IV 70, 94. — Combat livré sous ses murs, III 261.
Muthul. Bataille livrée près de ce fleuve par les Romains, V 106, 107 et note, 108.
Mutinès, III 197.
Mutuum, I 214.
Mylæ. Victoire navale remportée par les Romains sur les Carthaginois, III 52, 53.
Mylasa, III 303.
Mylos, III 364.
Myonnèsos, III 357.
Myrina, III 303, 340.
Mysie, III 365.
Mystères, VI 63 et s.
Mytilène, III 203, 296, 355.

N

Nabatéens, VI 180, 283, 287, 288, 293.
Nabis, III 295, 322, 329, 330, 331, 332, 344.

Nævius (Gn.). Ses comédies, IV 209, 218-221. Ses *prætextatæ*, IV 243. Sa chronique versifiée des guerres puniques, III 246, 247.
Narbo Martius (Narbonne), V 82, 127. — VI 25, 26, 43. — VII 11, 17. — VIII 170, 171.
— Province narbonnaise. [v. Gaule.]
Naraggara, III 246.
Narnia (Narni), III 234. — Colonie latine, II 180. Le Sénat y envoie des renforts au début de la guerre de Macédoine, III 254.
Nasica. [v. Cornelius.]
Naupacte, III 352.
Naxos, I 177, 180.
Neapolis (Naples). I 186. — III 177, 188. — Elle résiste avec succès aux Samnites, II 109, 146, 148. Palæopolis et Neapolis, menacées par les Romains, sont fortement occupées par les Samnites, II 162. Naples est assiégée par les Romains. Les Grecs campaniens traitent avec eux, II 162, 163. Rôle de Naples vis-à-vis de Rome, II 234, 243. — IV 67. — Dans l'insurrection italiote, V 225 et s. Elle perd l'île d'Ænaria, V 356, 375.
Nééton, III 197.
Nemausus (Nîmes), VIII 171.
Neniæ, I 299.
Nepete. Colonie latine, II 123.
Nepheris. Ouvrage avancé de Carthage, IV 326.
Néoptolème [lieutenant de Mithridate], V 280 et s.
Neptunalia, I addit. xvi.
Nerviens, VII 15, 28, 32, 34. Lutte avec César, VII 55, 56.
Nexum. Prêt sous obligation, I 208, 209, 214. Il n'existe pas à l'origine de formalités rigoureuses et spéciales pour cet acte, I 213.
Nigidius Figulus (P.), VIII 59, 199, 200.
Nicanor, III 309, 325.
Nicée, sur le golfe Maliaque, III 322.
Nicomède II de Bithynie. Son alliance avec Mithridate, V 271.
Nicomède III Philopator de Bithynie lutte contre Mithridate, V 275, 278. — Sa mort, VI 187.
Nicopolis. Bataille qui a lieu sur son futur emplacement, VI 271, 272. — VIII 15. — Elle est fondée par Pompée, VI 302.
Nicostrate, III 326.

Nisibis, VI 179.
Noblesse. Elle se forme par l'assimilation des plébéiens aux patriciens et par l'entrée successive de membres plébéiens admis aux charges curules, II 27, 82, 83. — IV 44-48. Maîtresse du Sénat, IV 48, 49 : des centuries équestres, IV 49-52. Les citoyens pauvres exclus des fonctions suprêmes : choix circonscrit dans le cercle des maisons curules : les *novi homines*, IV 57-59. Hérédité, IV 59. Aristocratie d'argent, IV 87.
Nola, III 187, 188. — Son rôle pendant la guerre avec le Samnium, II 163, 169. Alliance avec les Romains, II 169. Sa nouvelle condition, II 243. — IV 67. — Pendant l'insurrection italiote, V 217, 229, 233, 254, 310 et s., 313. — Contact de la civilisation grecque, II 148, 185.
Nomentum, I 53. Elle conserve pendant quelque temps son autonomie, I 134. Fait partie en 370 de la ligue latine, II 139, note 1, 141. Est incorporée à la cité romaine, II 155.
Nombres impairs, I 284, et addit. XXIV.
Nonæ, I 255, 283.
Norba, colonie latine, II 136, 239. Fait partie en 370 de la ligue latine, II 139, note 1, 142.
NORBANUS (G.) [tribun du peuple 651], V 145, 184, 324, 328 et s., 334, 335, 352.
Noreia, V 131. Carbon est vaincu par les Cimbres non loin de cette ville, V 140.
Noriques, V 131.
Nouveaux-nés. Droit d'exposition accordé au père de famille, I 81.
Novi homines, IV 58. [v. Noblesse.]
Noviodunum (Nyon), VII 47.
Novius, [poète, auteur d'Atellanes], VI 90.
Nucérie, III 187. Son rôle pendant la guerre samnite, II 163, 169. Elle se rend aux Romains, II 175. Sous l'influence grecque, II 148.
NUMA POMPILIUS, II 301, 303. — Découverte de ses écrits posthumes, IV 167.
Numana, colonie syracusaine, II 107.
Numantia, IV 291, 301-307.
Numidie: Nom et situation géographique, III 269 et s. Massinissa est le vrai fondateur de cet empire, III 271. Accroissement et civilisation, III 272, 273. Ses frontières, III 272. — V 95. Guerre avec Rome sous le règne de Jugurtha, V 97 et s. Diminution de ses frontières et dissolution de cet empire, V 117, note 1. Dissensions intérieures, V 341. — La Numidie au temps de César, VII 238. — VIII 19. Elle est réunie à la province romaine d'Afrique, VIII 37. — Contingents numides dans l'armée romaine, V 214, 217. [v. Massinissa et Jugurtha.]
Nundinæ, I 262.

O

Ocriculum, II 180.
OCTAVIUS (Gn.) [tuteur d'Antiochus Eupator], IV 362.
OCTAVIUS (M.) [tribun du peuple, collègue de Tib. Gracchus], V 29.
OCTAVIUS (Gn.) [consul 667], V 252. 309-316.
OCTAVIUS (L.) [lieutenant de Pompée, VI 266.
OCTAVIUS (M.) [commandant de l'escadre pompéienne en Grèce, VII 283. — VIII 18, 23.
Octobre (cheval d'), I 71.
Octolophos, III 315.
Odomantique (victoire du faux Philippe de Macédoine sur les Romains dans l'), IV 338.
Odryses. Ils prennent parti pour Persée dans la troisième guerre de Macédoine, IV 12. — Ils sont soumis par les Romains, VI 171.
Odyssée (l') est le premier des livres d'école en usage à Rome, IV 192.
OEnia, III 368.
Olbia, III 54.
Olivier. Il est acclimaté en Italie par les Grecs, I 254. — Importance de sa culture, IV 114, 129. — Exportation de l'huile, VI 24. — Prohibition de sa culture dans le territoire transalpin dépendant de Massalie, V 122. — VI 22.
Olympos, VI 178.
Ombriens, III 103. — Une des deux branches-mères du peuple italien, I 15. Langue, I 17-19. Migrations, I 43. Territoire, I 153 et s., 166-168. — II 125. Part

qu'ils prennent à la guerre samnite, II 175. — Leur conduite dans la seconde guerre punique, III 233. — Économie rurale, IV 151. — Ils se rangent du côté du Sénat contre Drusus, V 193. Leur attitude dans l'insurrection italiote, V 208, 220.
Opalia, I addit. xv.
Opiconsiva, I addit. xv.
OPIMIUS (L.) [consul 633]. Il s'empare de Frégelles, V 49. Antagoniste de Gracchus, V 74, 75, 78, 80, 98, 104. — Célébrité de son vin, VI 23.
Opiques. Nom donné dans l'antiquité par les Grecs à tous les peuples de race latine et samnite connus d'eux, I 17, 28, 44, 180.
Oppidum, I 51.
OPPIUS (Q.). Commande en Cappadoce contre Mithridate, V 281 et s.
Ops, I addit. xv, 233.
Optimates et Populaires, V 10.
Or. Il prend la première place dans les grandes affaires, IV 138. — Rapports de valeur entre l'or et l'argent, VI 29. — Sa dépréciation après la conquête de la Gaule, VII 107. — Mines d'or de Noreia, V 131. — Exploitation et lavages aurifères en Gaule, VII 18, 19. [v. Victumulæ : Argent.]
Oracles, I 234. — IV 86.
Oracle sibyllin, VII 137.
Oranger, IV 112, note 1.
Orchomène, III 285. — Mithridate battu par Sylla près de cette ville, V 295.
Oréos, III 203, 317, 321.
Orestis, III 317, 327.
Orfèvres, I 260, 265, 318.
Orge. Vin d'orge en Espagne, III 274.
Oricum, III 201.
Orient. Objets de luxe de provenance orientale trouvés dans les tombeaux en Italie, I 265 et s., 270.
Orientales (religions) en Italie, VI 62-66.
Oringis, III 216.
Ornithones, VIII 120.
Oroanda, VI, 178.
Oropos, IV 14.
Orthographe, II 312, note 1.
Osca, VI 150.
OSIRIS, VI 64. — VIII 197.
Osroène, IV 366. — VI 179.

Ostia, I 64. Appartient au Palatin, I 124. Elle ne possède pas l'indépendance politique et n'est qu'une colonie civique, I 136. — Station d'une des flottes des questeurs, II 235. — Entrepôt du commerce maritime, VI 25.
OXYNTHAS, fils de Jugurtha, V 217.

P

PACUVIUS [peintre et poète romain], IV 279. — VI 78, 79.
Pæligniens, I 157. — IV 68. — Dans la guerre de l'indépendance italienne, ils s'allient avec les Samnites, II 175-176. — Leur position au moment de l'insurrection italiote, V 206 et s.
Pæstum, III 178. — Colonie latine, II 223, 229.
Pagani Aventinenses, I 148, n. 1, et addit. xii.
— *pagi Janiculensis*, I 148, n. 1, et addit. xii.
Pagus, I 50.
Palaeopolis. [v. Neapolis.]
Palatin, I 68-72, 147.
Palès, I addit. xv.
Pallantia, IV 304. — VI 162.
Palliata fabula, VI 80 et s.
Palma, IV 308. — VI 43.
Palmes distribuées aux vainqueurs dans les jeux, II 286.
Palmier-dattier, IV 112, note 1.
Palmus, I 278.
Pamphylie, III 365. — IV 31. — VI 175, 178.
Pandosie, I 181.
PANÆTIUS de Rhodes, VI 45, 56 et s., 68.
Panion. Victoire remportée à cet endroit par Antiochus sur Scopas, III 337.
Panorme (Palerme), III 17, 54, 63, 83, 89, note 2, 92. — Punique, I 198. — Victoire remportée devant cette ville par les Romains sur les Carthaginois, III 63 et s., 70.
Panticapée, V 267.
Paphlagonie. Elle est conquise par Mithridate, V 271. Indépendante, V 274.
Papirii. Village-famille, I 50. Appartenaient aux *gentes minores*, I 115, note 2.
PAPIRIUS CARBON (G.) [ami de Gracchus], V 43, 48 et s., 80, 139 et s.

Papirius Carbon (Gn.), son frère, [consul 641], V 139.
Papirius Carbon (Gn.) [consul 669], V 308, 323 et s., 326, 330 et s., 333, 334, 341, 342.
Papirius Cursor (L.) [consul 438], II 168, 174.
Papirius Cursor (L.) [consul 461], II 185.
Papius Brutulus. [v. Brutulus.]
Papius Mutilus (C.) [consul des insurgés dans la révolte italiote], V 215 et s., 231, 339.
Parilia, 1 addit. xv.
Patronat. [v. Clientèle.]
Patronus, I 85.
Parme. Colonie civique, III 262. — IV 70, 94. — VI 18.
Paros, III 308, 329.
Paricida, I 204.
Parthénius, VIII 218, 225.
Parthénopée, I 186.
Parthes, III 287.
Parthes (royaume des). Fondation de cet empire, IV 365, et s. — Son état politique au viie siècle, V 257. — VI 179. Alliance avec Pompée contre Mithridate et Tigrane, VI 268, 269. — Démêlés avec Pompée, VI 294 et s., 306. — Expédition de Crassus, VII 177-190. — Luttes postérieures, VII 191 et s. Alliance avec les Pompéiens, VII 327. Leur système de guerre, VII 182 et s.
Parthiniens, III 97, 98.
Parthyène, III 336.
Pasitèle [sculpteur grec], VI 120.
Patara, III 354.
Pater Diovis, I 151.
Pater Patrix, VI 346.
Patres, II 366.
— *conscripti*, I 291. — II 19 et addit. iv.
— *et conscripti* ou *adlecti*, II 366.
Patriciens. Nom donné aux citoyens de Rome, I 86. Amoindrissement dans les rangs du patriciat, I 118. Priviléges dont il jouit après l'abolition de la royauté, II 17 et s., et addit. vi. Situation, II 23-26. Décadence de ses priviléges constitutionnels, II 59-73, et addit. xiv-xviii. Situation des patriciens après les réformes, II 73-75, et addit. xvii-xviii. — Stabilité du patriciat, IV 57. — Nouvelle noblesse patricienne créée par César, VIII 76-77. — Patriciens et plébéiens, I 329-337. Droits des patriciens et des plébéiens dans les assemblées civiques, II 338-370. — Familles patriciennes, leur nombre, II 335-337. Les patriciens n'ont jamais eu d'assemblée séparée sous le gouvernement républicain, II 349, 351.
Paulus. [v. Æmilius.]
Pausistratès, III 354.
Paysans. [v. Agriculture.]
Pêcher, IV 112, note 1.
Peculium, I 81, 251.
Pedasa, III 303.
Pedum : fait partie de la ligue latine en 370, II 139, note 1, 141. Devient colonie romaine, II 155.
Peine capitale dans les temps anciens, I 205. — Diminution des peines capitales, II 262. — Nouvelles restrictions apportées par Gracchus, V 56, 198. Abolition en matière politique par Sylla, V 378.
Peinture, II 321. — IV 278-280. — VI 118, 119. — VIII 291.
Peinture tombale chez les Étrusques, I 320.
Pélagonie, III 316. — IV 27.
Pelion, III 317.
Pella, IV 27.
Pelops [roi de Sparte], III 202.
Pénates, I 86. Leurs noms sont tenus secrets, I 222, 224, addit. xvi. Leur temple, I 150.
Pentres, III 177.
Péparéthos, III 316.
Perduellio, I 204.
Peregrini. [v. Etranger.]
Pergame. Fondation de ce royaume par Attale, III 292. Sa politique, III 292, 293. — IV 353 et s. — Guerre contre Philippe de Macédoine, III 301 et s. Contre Antiochus, III 354. — Son extension sous le règne d'Eumène II et de ses successeurs, IV 353 et s. Il tombe sous la domination romaine, IV 357 et s. — Pergame, résidence de Mithridate, V 282.
Périnthe, III 301.
Peristylium, IV 288.
Perpenna IV (M.). Guerre contre les Thraces, IV 358.
Perpenna (G.) [général pendant l'insurrection italiote], V 218.
Perpenna (M.) [préteur en Sicile sous Cinna], V 334, 340 et s. — VI 152. Il rejoint les Sertoriens en Espagne, VI 156, 158, 160. Son rôle dans l'assassinat de Sertorius, VI 166, 167.

Perrhèbes, III 348. — IV 4, 14.
PERSE, I 312.
PERSÉE [roi de Macédoine], IV 6-27.
Perses, s'allient avec les Carthaginois contre les Grecs, II 105.
Perusia (Pérouse), ville de la dodécapole étrusque, I 171. — Conclut la paix avec Rome, II 174, 185.
Pessinonte. Grand-prêtre de la Déesse-Mère dans cette ville, VI 299.
Petelia, III 176, 183.
PETREIUS (Gn.) [centurion dans l'armée de Catulus], V 153.
PETREIUS (M.). Vainqueur de Catilina à Pistoria, VI 347. — Officier dans l'armée pompéienne en Espagne, VII 261. — VIII 36.
Phanagoria, VI 280, 292.
Pharisiens, VI 285, 286.
PHARNACE I [roi de Pont], IV 359.
PHARNACE [fils de Mithridate], VI 281. — VII 321. — VIII 15.
Pharos, III 96. — VIII 8-14. [v. Julius Cæsar.]
Pharsale. Situation géographique, VII 314, note 1. Bataille de ce nom, VII 314-320.
Phase, VI 273, 276.
Phaselis, VI 178.
Phéniciens. Leur patrie, III 3. Caractère de leur génie, III 4-8. Leur commerce, III 3, 4. Rivalité avec les Hellènes pour la suprématie maritime, III 195-196. — Les Phéniciens en Italie, I 174-175. [v. Carthage.]
Phénomènes. Depuis quelle époque il en est fait mention dans la chronique romaine, II 299.
Phères, III 320, 349.
PHILEMON DE SOLOÏ [auteur dramatique], IV 198, 201.
PHILINOS, III 31.
PHILIPPE V [roi de Macédoine]. Son portrait, III 297-299. — IV 7, 8.
— Son avénement au trône, III 99. Alliance avec Hannibal, III 168, 175, 192, 200, 201. — Guerre avec les Étoliens, III 202. Premier conflit et paix avec Rome, III 200, 204. Tentatives de Carthage pour le renouvellement de l'alliance et la continuation de la guerre, III 237, 245. Son plan d'invasion de l'Italie, III 260. Expédition en Asie-Mineure : guerre avec Rhodes et Pergame, III 301-304, 307-309. Intervention romaine, III 304-307. Seconde guerre avec Rome : débarquement des Romains, III 309, 313. Opérations maritimes, III 313. Campagnes de Galba, III 313-318. De Flamininus, III 319-327. Paix, 327. Sa conduite dans la guerre avec Antiochus, III 348, 351, 357, 368. Après cette guerre, III 368-369.
— Mécontentement contre Rome, nouveaux armements, IV 1-7. Sa mort, IV 7.
PHILIPPE (Le Pseudo-) ANDRISCOS, IV 337 et s.
Philistos (le canal ou fossé de), II 107.
PHILOCLÈS, III 309, 321.
PHILODÈME [épicurien], VIII 217.
Philologie. Ses débuts, II 311-313.
— Son développement grammatical, IV 260.
— Langue latine. Déjà constituée dans ses éléments essentiels à l'époque de la publication de la loi des XII tables, II 310. — Son extension, VI 42 et s. — VIII 163, 169-176, 208. — Dans la Gaule, VII 11, 32, 108. — Elle est introduite en Espagne par Sertorius, VI 150. — Sous César, VIII 172. [v. Grammaire.]
— Mots grecs introduits dans la langue latine, I 254, note 1, 266, 267, 278. Ils portent les traces de leur origine dorienne, I 271.
— Mots latins introduits dans l'idiome grec de Sicile, I 267.
— Mots orientaux introduits dans la langue latine, mais par l'intermédiaire des Grecs, I 272, note 1.
PHILOPŒMEN, III 312, 344, 371, 373.
Philosophie à Rome, IV 261-263. — La philosophie grecque, VI 49-54.
Philosophie naturelle. Son influence sur la religion, III 164-166.
Phocée, III 353, 364.
Phocéens. Ils ont parcouru les premiers les mers de l'Occident, I 171. Fondation de Massalie, I 195. Ils sont chassés de la Corse, I 197. Leurs rapports avec les Romains, I 197.
Phocide, III 285, 321, 322, 329.
Phœnicé, III 96.
PHRAATE [roi des Parthes], VI 268, 272, 294, 296. — VII 177.
Phrygie, propriété d'Antiochus, III 287. Elle est annexée au royaume de Pergame, III 365. — Donnée

à Mithridate, IV 360. — V 67, note 1. Réunie à la province d'Asie, V 258. Idiome phrygien, V 264.
Phthiriase, V 401, note 1.
Picentins, I 157. — IV 150. — Lutte avec Rome, II 229.
— de Campanie, III 177, 252.
Pilum, II 266.
Pilumnus, poplus, I 101.
Pinariens, II 304.
PINNÈS, III 97.
Piraterie au vi° siècle, III 96, 97. Sa répression, III 97. — La piraterie dans la première moitié du vii° siècle, IV 308, 369-372. — V 89, 90, 128, 129. —. VI 19. — Elle est traitée en alliée par Mithridate, V 279. — Les pirates se rangent du côté de Sertorius, VI 151, 160, 164. Accroissements postérieurs et organisation de la piraterie. VI 171 et s. Expédition de Servilius contre les pirates, VI 178, 179, 214 et s. Part qu'ils prennent à la deuxième guerre de Mithridate, VI 187. Campagne de Métellus, VI 216 et s. Pompée, en vertu de la loi Gabinia, reçoit le commandement suprême des mers méditerranéennes, VI 250 et s. Il détruit la piraterie, VI 263 et s. Et les pirates dans la Cilicie plate, VI 301. Mesures prises sur sa demande pour les tenir en bride, VI 267, 268. — Ils se réorganisent après la bataille de Pharsale, VII 326-328.
Pisaurum (Pesaro). Colonie civique, III 262. — IV 70, 94.
Pise, III 263. — Voie de terre partant de Pise, traversant l'Apennin et aboutissant aux bouches du Pô, I 173, 194.
Pisidiens, III 342.
PISON. [v. Calpurnius.]
Pistoria, VI 347.
Placentia (Plaisance), III 149, 151-153, 154, 155, 156, 233, 258, 261, 262. — VI 17. — Colonie latine, III 109. — IV 94. — Elle est régie par la charte dite d'Ariminum, II 240, note 1.
Plastique. Ses débuts en Italie, I 317-319. — En Étrurie, II 318, 319. En Campanie et chez les peuples sabelliques, II 319, 320. Chez les Latins, II 320-322. — IV 278-280.
Plastiques (arts) au vii° siècle, VI 118 et s. — Au temps de César, VIII 290 et s. — Trésors de l'art amenés à Rome, IV 348. [v. Latins.]
PLAUTIUS NOVIUS, II 277, note 1, 322, note 1.
PLAUTIUS LYCO (M.) [peintre romain], IV 279.
PLAUTIUS (G.) [préteur 608?], IV 297.
PLAUTIUS HYPSÆUS (L.) [préteur], V 17.
PLAUTIUS [légat de Métellus pendant l'insurrection italiote, V 313.
PLAUTUS [poète romain], IV 221-224. — Comparaison avec Térence, VI 80-86.
Plèbes (*Plebes*), Plébéiens. Signification de ce mot, II 16. Les plébéiens se dégagent peu à peu de leur situation de clients, I 117. Leur rapide accroissement, ses causes, I 118, 142. Relâchement du lien de dépendance qui les attachait aux familles des patrons. Clientèle royale, nouvelle communauté d'habitants, I 120, 121. L'admission aux grades d'officier dans l'armée leur est accordée, I 127, 128. — La royauté à vie abolie, le consul ne possède pas de clientèle spéciale, II 10. Après la suppression de la royauté, les plébéiens sont assimilés aux anciens habitants, II 16. Admission dans les curies, II 16, 17. Au Sénat, II 19, et addit. II iv-vi. Ils sont reçus au titre de citoyens, II 20. Conséquences de ces réformes, II 26 et s. Leur position dans le Sénat, II addit. iv, 27. Garde des archives et de la caisse, II 43, note 1. Assemblées séparées de la plèbe dans les comices et les tribus, II 351-359. [v. Patriciens, *Tribuni plebis.*]
Plebiscitum. N'a pas à l'origine force de loi, II 42. La loi Publilia lui accorde force légale pareille à celle de la loi, sous condition de l'autorisation préalable du Sénat, II addit. ix, x. Égalité absolue établie par la loi Hortensia entre la loi et le plébiscite, II addit. xvii. [v. Lois.]
PLEMENIUS (C.), III 239.
PLEURATOS DE SCODRA, III 313, 328.
Plein-cintre, I 321. — II 316.
PLOTIUS (A.). Pendant l'insurrection

italiote il est envoyé contre les Ombriens, V 220.
PLOTIUS GALLUS (L.) [maître de rhétorique latine], VI 71.
Pœdicules, II 158, 285.
Pœna, I 34, 206.
Poésie. Ses origines, I 295. Grandit lentement, I 308. Ses plus anciens monuments, I 297 et note.
Poésie saturnine, I 300, addit. xxix.
Poeta, IV 267, note 1.
Poids et mesures. Système décimal. Son origine, I 275. Il est plus ancien que le système duodécimal, I 276. Il est employé en Italie dès les temps les plus reculés, I 276. Mais il est de bonne heure remplacé par le système duodécimal, I 277.
— Système duodécimal. Il est adopté de bonne heure en Italie, tant pour les mesures de superficie et de longueur que pour les poids, I 277.
— Poids. Point de départ, I 271. Basés sur le système duodécimal, I 277. Ils sont plus tard modelés sur celui attico-sicilien, I 278. [v. *Libra*.]
— Mesures de longueur. Point de départ, I 275. Basées à l'origine sur le système duodécimal, I 277. Plus tard et sous l'influence grecque le pied romain est divisé en 4 palmes et 16 pouces, I 278.
— Mesures de surface, I 278.
— Mesures des temps. Point de départ, I 275, 276.
Poirier, IV 115.
Police des rues. Réglements de César, VIII 116, 117.
Police urbaine, II 279.
Pollentia, IV 308. — VI 43.
POLLUX, I 270.
POLYBE. Dans le cercle des Scipions, VI 45. Ses opinions sur la religion d'État, VI 59. Et sur l'instruction publique à Rome, VI 66.
POLYXÉNIDAS, III 352, 353, 354, 355, 356.
Pommier. Sa culture, IV 115.
Pomœrium. Espace consacré en dedans et en dehors du mur d'enceinte, et sur lequel il était interdit de bâtir, I 137. — Il est élargi par Sylla, V 371, note 1.
POMPÆDIUS SILO (Q.) [chef dans l'insurrection italiote], V 207 et s., 215 et s., 231 et s.

Pompeii. Son rôle dans la seconde guerre samnite, II 163. Dans l'insurrection italiote, V 229, 357. — Colonie syllanienne, VI 129.
Pompeiopolis, VI 301, 302, 303.
POMPEIUS (Q.) [consul 613], commande en chef au siège de Numance, IV 302.
POMPEIUS (Gn.). Son portrait, VI 135-139; 246, 247, 304 et s. — VII 193 et s. — Son orgueil, VI 295, note 1, 304. — Dans l'armée de Sylla, V 327 et s., 332 et s. Propréteur en Sicile, V 341. Et en Afrique, V 342. Son opposition contre Sylla, V 385-386. — Son rôle après la mort de Sylla, VI 152. Lutte contre Brutus et Lépidus, VI 155, 156. Il est promu au proconsulat d'Espagne, VI 156 et s. Il construit une route dans les Alpes Cottiennes, VI 157. Campagne d'Espagne, VI 158 et s. Son retour, 239. Il s'allie avec les démocrates et avec Crassus, VI 240 et s. Guerre contre les pirates, VI 258, 263 et s. Contre Mithridate, VI 267-273. Paix avec Tigrane, VI 273, 274. Il soumet les peuples du Caucase, VI 274. Il réduit la Syrie en province romaine, VI 291. Organisation des provinces asiatiques, VI 296-303. Son triomphe, VI 304, 305. Sa situation en face des partis après l'expédition d'Asie, VI 353-366. Coalition avec César et Crassus, VI 367 et s. — VII 119-122. — Il épouse Julia, fille unique de César, VI 377. — Ses rapports avec César, VII 128 et s. Brouille avec Clodius, VII 125-127. La question des céréales, VII 135-137. Conférences de Lucques, VII 141-143. Consul unique, VII 170. Il épouse en secondes noces la fille de Q. Metellus Scipion, VII 194. Rupture avec César, VII 195, 201, 202, 207-211. Son armée et ses alliés, VII 237-240. Il abandonne l'Italie, VII 248. Son plan de campagne pour 705, VII 280. Organisation de son armée en Macédoine, VII 286-296. Bataille de Dyrrachium, VII 303-309. Bataille de Pharsale, VII 314-320. — Il se réfugie en Égypte, VIII 4. Sa mort, VIII 5. Sa fortune, VIII 127.
POMPEIUS (Gn.) [le fils], VII 324. — VIII 6.

Pompeius (Sex..), VIII 4, 6.
Pompeius Rufus (Q.) [consul 666], V 242, 253.
Pompeius Strabon (Gn.) [consul 665], V 218 et s., 224, 227 et s., 243, 253 et s., 311, 312, 314.
Pomponiens, II 304.
Pomponius (L.) [poète latin, auteur d'Atellanes], VI 90.
Pomponius Atticus (T.), VIII 125 et s.
Pont. Histoire primitive de cet empire, III 291. — IV 359 et s. — V 258. Sa situation sous Mithridate, V 264-265. — Il est conquis par les Romains, VI 196 et s. Province romaine, VI 297.
Pont Mulvius. [v. Mulvius.]
Pont Sublicius, I 71 et 146.
Pontiæ (Iles) (*Ponza*). Colonie latine, II 170, 232.
Pontife (grand) (*Pontifex Maximus*). Origines de cette fonction, II 13. — L'élection en est enlevée à la corporation des pontifes et transférée au peuple, IV 104. — Elle est rendue à la corporation par Sylla, V 364. — Et transférée de nouveau au peuple par un plébiscite de Labienus, VI 318.
Pontifes (*Pontifices*). Origine de cette institution latine, I 230 et note 1. — II 332, 333. — Le collége des pontifes composé à l'origine de cinq membres experts dans la construction des routes et des ponts et la science des mesures et des nombres, chargés d'établir le calendrier et de veiller à l'accomplissement des solennités religieuses et judiciaires qui s'y rapportaient. Il prend par suite la haute main sur toutes les choses de la religion et du droit, I 230, 231. — Leur nombre est porté à huit membres : admission des plébéiens à cette fonction, II 73. — Puis à quinze, V 374. — Ils sont chargés de tenir à jour les listes des magistrats et de rédiger les annales officielles, II 297 et s. — Recueil des lois pontificales connues sous le nom de *Leges regiæ* [v. Lois royales], I 231. — II 309. — Les pontifes et le municipe, V 382.
Ponts. Construction des ponts, I 230, 321.
Pontius Gavius, II 164, 165, 186.
Pontius de Telesia, V 335, 338.

Popillius (G.). Il est vaincu par les Helvètes, qui le font passer sous le joug, V 141.
Popillius Lænas (M.) [consul 581], poète, IV 244, note 1.
Popillius Lænas (G.) [consul 582, 596], IV 36.
Popillius Lænas (M.) [consul 615], IV 302.
Popillius Lænas (P.) [consul 622], V 34, 43, 65, 80. — VI 17.
Poplifugia, I addit. XVI.
Population de l'ancien territoire romain, I 67. A l'époque de la réforme de Servius, I 127. Son affaiblissement à la suite de la troisième guerre contre Pyrrhus, II 221, 245, note 1. — A la suite de la première guerre punique, III 68. De la seconde, III 254. Diminution notable au VIe siècle, IV 152, 153. — Au VIIe siècle, V 21, 44, 54, 201. — VI 27. — VIII 139-141. [v. Cens. Recensement.]
Populonia, I 164, 190, 268. Types monétaires, I 194, 268.
Populus est employé originairement dans le sens de « peuple armé », I 101.
Populus romanus, quirites ou *quiritium*, I 101, note 1.
Porcius Caton (M.) [consul 559, censeur 570]. Son portrait, IV 91-93. Ses tendances politiques, IV 93-101. *Novus homo*, IV 61. — Consul en Espagne, III 279. Il prend part à la guerre contre Antiochus, III 350, 351. — De consul simple tribun militaire, IV 89. Préteur en Sardaigne, IV 74. Sévérité et austérité de son administration, IV 147. Il poursuit Galba devant le peuple, IV 295. Il protège les Espagnols, IV 77. Chef de la commission envoyée à Carthage en 597.—IV 313. Censeur, IV 53, 62. En cette qualité il établit un impôt sur les esclaves de luxe, IV 174. Et sur les objets de luxe, IV 176. Il élève à Rome la première basilique, IV 277. Sa motion pour l'augmentation de la cavalerie, IV 50, note, 95. Sa conduite à l'égard des chevaliers nobles en Espagne, IV 52. Rupture avec Scipion, IV 87. Son opposition aux distributions de l'annone à des prix inférieurs au cours, IV 125. — Son jugement sur Hamilcar, III 118. — Son

opinion sur les agriculteurs et les commerçants, IV 148. Sur les femmes, IV 172. Sur Socrate, IV 166, 262. Reproche à ses soldats, pendant la guerre d'Istrie, leur pusillanimité, IV 88. Son intervention en faveur des Rhodiens, IV 34. Son opinion sur l'accroissement de la fortune, IV 139. Sur le testament, IV 140. Sur la banque et l'usure, IV 147. Autres boutades, IV 85, 102. Sa vie privée, IV 171-174. Ses lectures de Thucydide et des historiographes grecs, IV 258. Poète, IV 244, note 1. Il est l'auteur de la première composition historique en prose, IV 253, 254, 256. — V 110. — Ses harangues et sa correspondance, IV 258, 261. Ses manuels, IV 262, 263, 265, 266. Caton et l'hellénisme, IV 273-277. Sa mort, IV 328. [v. Agriculture. Littérature agricole.]

PORCIUS CATON (C.) [consul 640], V 135.

PORCIUS CATON (L.) [consul 665], V 220, 237.

PORCIUS CATON UTICENCIS (M.). Son portrait, VI 132, 315, 316. Adversaire de Pompée, VI 356, 360, 361, 373, 374. — Chef du parti aristocratique, VII 198, 199. — Sa position au regard des Catilinariens, VI 345. Il est envoyé à Chypre, VI 311, 380, 381. — Son retour à Rome, VII 146, note 1, 152. Il combat contre les Césariens, VII 275, 286 et s. Après la bataille de Pharsale, VII 323 et s. — A Utique, VIII 19 et s., 30. Sa mort, 34, 35.

PORSENA [roi de Clusium], II 104,115.

Portunalia, I addit. XVI.

Posidonie, 1 181, 184. — II 148.

Possession. Définition du droit de possession, II 261.

Possessiones. [v. Domaine.]

POSTUMIUS ALBINUS (Sp.) [consul 433], II 164.

POSTUMIUS (L.) [préteur 538], III 169, 173.

POSTUMIUS ALBINUS (A.) [consul 574], IV 274.

POSTUMIUS ALBINUS (Sp.) [consul 644], V 102 et s.

POSTUMIUS ALBINUS (A.) [consul 655]. Il est battu par Jugurtha, V 103. Massacré par ses soldats, V 236.

Potentia (Potenza). Colonie civique, III 262. — IV 70, 94.

Poteries trouvées dans les tombeaux latins, I 265, 268. — Terres cuites coloriées d'Apulie, IV 161. — Leur importation de Grèce en Italie, II 275.

Potiers, I 260, 265, 318.

Pourpre. Son importation de Tyr en Italie, IV 134.

Præfecti des îles romaines, III 98, note 1.

— *cohortium*, II 132, note 1.

— *jure dicendo* à Capoue et ailleurs, II 243, 260. — III 88. — V 380.

— *sociorum*, II 131, n. 2. [v. Latine (confédération).]

— *urbi*, I 89. — II 11. Sous le gouvernement de César, VIII 84.

Præficæ, I 310.

Prœneste, I 53, 135. — II 308. Elle se soulève contre Rome, II 138. Fait partie en 370 de la ligue latine, II 139, note 1. Rome lui enlève une portion de son territoire, II 154. Colonie civique sans droit de cité, II 239. — Sylla en fait le siège, V 333-339. Colonie syllanienne, V 357. — L'art, I 269. — II 322, 325. — Elle est l'objet des railleries de la comédie romaine, IV 208.

Prædes (*prævides*), I 208.

Prætoriani. Leur origine, V 166.

Prætuttiens, I 157.

Prandium, IV 176.

Precarium, I 257. Son application au domaine public, II 33.

Prêt maritime, IV 142.

Préteurs (*prætores*). Appellation primitive des consuls, II, 7, 335. Plus tard proconsuls, et avec cette attribution particulière, ils sont chargés d'abord de l'administration des districts maritimes de la Sicile, de la Sardaigne et de la Corse, II 72, 260. — III 88. — IV 55. — Le gouvernement de l'Espagne est confié à deux de ces fonctionnaires, III 281. — IV 55. — Biennalité de cette charge, III 281. — Le nombre des préteurs, bien qu'accru, devient insuffisant, IV 55. — Organisation syllanienne, V 367 et s. — césarienne, VIII 84 et s. — *Prætor peregrinus*, IV 55. — Préteurs des cités latines, II 132, note 1, 133, note 2.

Prétexte, IV 46, 59, 90.

Prêtres. Ils sont nommés par le roi, I 88. — Mais après la chute de la royauté, les consuls n'héritent pas de cette attribution, II 13. Règlement leur attribuant le droit d'infirmer tous les actes politiques émanés du peuple, II 66. — Les colléges sacerdotaux se composent partie de prêtres remplissant les fonctions du culte, I 225-229, et addit. xvii, xviii, xx, partie d'experts sacrés devant obéissance à tous les officiers publics, I 229-232. — Leur élection est transférée au peuple, IV 103, 104. — V 169. — VI 61. — Sylla rétablit la cooptation sacerdotale, V 364. — VI 61, 244. Leur élection est de nouveau transférée au peuple, VI 318. Prêtres particuliers. [v. Flamines. — v. aussi Pontifes.]
Princeps juventutis, IV 52, note. — *senatus*, I addit. x. — II addit. v, 334, 368.
Prisci latini, I 46.
Privernates : Privernum, II 145, 155.
Procédure ancienne, I 209 et s. — Distinction entre le *jus* et le *judicium*, II 260 et s. — Séparation du criminel et du civil depuis Sylla, V 378. [v. Droit privé, Compétence.]
Procédure criminelle. Principes fondamentaux, I 34. Le roi agit d'office lorsqu'il y a violation de la paix publique, I 204. La détention préventive est la règle, I 205. Peine capitale, I 205. Le droit de grâce est réservé au peuple seul. Il est aussi légalement octroyé par les dieux, I 205. — Modifications ultérieures, II 261. — La connaissance des crimes capitaux est en partie retirée au peuple et transmise à des commissions judiciaires permanentes, V 56, 61. L'établissement des commissions jugeant le fait de haute trahison est interdit, V 64. Commissions sylaniennes, V 377 et s. [v. *Quæstiones*.]
Pro consule, pro prætore, pro quæstore. [v. Consul, préteur et questeurs.]
Prodigalité. Comment et dans quels cas la loi intervient, I 207.
Proditio, I 204.
Propriété. Répartition des terres à l'époque de la réforme de Servius.

La moitié de la population possède l'*heredium* entier, l'autre moitié les trois quarts, la moitié, le quart ou le huitième, I 122. [v. *Heredium*.] A côté sont les grands propriétaires, I 123, 256, 259. La propriété a été d'abord ce que l'État a attribué à chaque citoyen, I 206 et s. Se développe d'abord mobilièrement, *ibid*. Elle est librement transmissible, I 207, 208 et n. 1. Des démembrements de la propriété, la loi ne connaît encore que les servitudes, I 207.
Proletarii, I 124, 258. — Ils sont admis par Marius à l'enrôlement volontaire, V 164.
Proscriptions de Sylla, V 247, 249, 350 et s. — Tentatives du parti démocratique pour la réhabilitation des proscrits et de leurs enfants, VI 129, 321 et s.
PROSERPINA, I addit. xxi.
Provincia. Sens de ce mot chez les Romains, II 91. — III 94, note 1. — IV 350 note. — V 90, note 1. — VI 154, note 1. — VII 375-381. — VIII 175, 176. — A l'origine la division en est laissée aux consuls. Plus tard la délimitation en est fixée par le Sénat. Fort rarement le peuple est consulté, II 91. — V 368 et s. — L'organisation provinciale se rapporte primitivement au territoire transmaritime. III 87-89. — IV 73-76. — Diètes provinciales, III 89. Le territoire provincial n'est pas considéré comme propriété romaine, III 90. — Réforme de G. Gracchus, V 61. — VI 7. — *Commercium* et *connubium* entre provinciaux, III 89. Autonomie des villes provinciales, III 90. Impôt d'État, III 90. Dîmes et douanes, III 90, 91. — VI 8 et s. Tribut fixe, VI 8. Système de perception, VI 9, note 1. — Suppression par César de la ferme de l'impôt direct, VIII 104. — Administration des provinces d'Espagne, III 281-283. — Situation des préteurs provinciaux, IV 74. Dons et réquisitions, IV 75, 76. — VI 11-12. — Leur contrôle par la justice, IV 76-78. Par le Sénat, 78-80. — Condition des provinces avant l'avènement de César, VIII 153 et s. Nouvelle réorganisation, VIII 159 et s. — Nombre des provinces

à l'époque de Sylla, V 372. — De César, VIII 153. — Questures provinciales, IV 79. [v. Asie.]

Provocatio (Appel au peuple), II 370. — Recours en grâce porté par le condamné à la peine capitale ou corporelle devant le peuple avec l'autorisation du roi. I 88, 107, 205. — Après l'abolition de la royauté le consul est tenu de donner l'appel à tout condamné, pourvu que la peine n'ait pas été prononcée en justice militaire, II 10. L'appel peut être suspendu par le dictateur, II addit. II. — Il s'oblige à l'accorder au moment de son élection, II addit. XIII. L'appel étendu aux peines pécuniaires, II 10, 30, 254. L'appel porté d'abord devant les centuries, II 18, et II addit. III. N'appartient pas au Sénat, II addit. III. Depuis l'institution tribunicienne, la cause est déférée toujours aux comices plébéiens, II addit. VII. Changements apportés dans cette procédure, II 261. Son origine symbolique [v. Horatius Coclès], II 302. — Il est introduit dans les camps quelque temps après l'ère des Gracques, V 56. Il n'est pas étendu aux contingents alliés, V 198. — Violation de la loi à l'égard des Catilinariens, VI 345.

PRUSIAS DE BITHYNIE, III 203, 301, 347, 357, 364, 374. — IV 4.

PRUSIAS II DE BITHYNIE [le Chasseur], IV 18, 38, 354 et s.

Ptéléon, III 346.

PTOLÉMÉE [fils de Lagos], II 195. — III 288.

PTOLÉMÉE XI L'AULÈTE, VI 183, 186, 311 et s.

PTOLÉMÉE DIONYSIOS, VIII 4.

PTOLÉMÉE LE CYPRIOTE, VI 183, 186.

PTOLÉMÉE EPIPHANES, III 300. Guerre avec la Macédoine, III 302, 306, 307, 311. Guerre avec la Syrie et la Macédoine, III 337. Paix, III 338, 340, 342. Il prend parti pour Rome dans la guerre contre Antiochus, III 347.

PTOLÉMÉE EVERGÈTE, III 95, 289.

PTOLÉMÉE EVERGÈTE II, dit le Gros ou Physcon, IV 36, 309, 361 et s.

PTOLÉMÉE VI PHILOMÉTOR, III 342, note 1. — Guerre avec la Syrie et intervention romaine, IV 35, 36. Il est chassé d'Égypte par son frère Ptolémée Evergète et rétabli sur le trône par les Romains, IV 309, 361 et s.

PTOLÉMÉE PHILOPATOR, III 199, 300, 336.

Publicani, II 31. — Dispositions de T. Gracchus à leur égard, V 60, 61.

Pudicitia patricia, plebeia, II 75.

Punicum, près Cære, I 174.

PUNICUS, IV 289, 290.

Puniques. [v. Phéniciens]. Guerres puniques : première, III 45-72, 75-80. Deuxième : ses causes, III 111-114. Préparatifs carthaginois, III 114-123. Rupture avec Rome, III 125-128. Les forces militaires carthaginoises et plan de campagne, III 128-132. Hannibal quitte l'Espagne et marche sur l'Italie, III 132-144. Guerre en Italie, III 148-191. Combat du Tesin, III 150, 151. Bataille de la Trébie, III 153-155. Du lac de Trasimène, III 160-161. Marche et campagne de Fabius, III 163-168. Bataille de Cannes, III 169-173. Guerre en Sicile, III 193-198. En Macédoine, III 199-204. En Espagne, III 204-218. En Italie, III 218-238. Hannibal s'empare de Tarente, III 221. Sa marche sur Rome, III 224. Les Romains occupent Capoue, III 225. Ils reprennent Tarente, III 228. Bataille de Sena, III 235. Hannibal retourne en Afrique, III 245. Expédition de Scipion en Afrique, III 238-248. Bataille de Zama, III 246-248. Pourparlers de paix, III 244, 246. Sa conclusion, III 248-250. — Troisième, IV 317-335. [v. Carthage, Hamilcar, Hannibal, Hannon, etc.]

PUPIUS PISO (M.) [consul 693]. Sa campagne malheureuse en Thrace, VII 116.

Puissance paternelle, I 33. — Modifications qu'elle subit, II 258. [v. Famille.]

Puteoli (Pouzzoles), I 186. — III 223. Colonie civique, III 252. — Les Romains y établissent un bureau de douane, IV 63. — Entrepôt du commerce maritime avec l'Orient, VI 25.

Pydna. Bataille de ce nom, IV 25-26.

Pyrée, III 313, 314. — Sylla en fait le siège, V 289, 290.

Pyrgi, I 190, 192. Ses fortifications, I 315. — Elle est prise et pillée par Denys de Syracuse, II 108. Colonie civique, II 233, note 1.
PYRRHUS [roi d'Epire]. Sa place dans l'histoire, II 192-194. Son caractère et ses antécédents, II 195-198. Il occupe Corcyre, II 186. Tarente se place sous sa dépendance, II 204. Ses forces militaires, II 205, 206. Démêlés avec les Tarentins, II 206, 207. Guerre avec Rome, II 207. Bataille d'Héraclée, II 208-210. Tentatives de paix, 211, 212. Sa marche dans la Campanie et le Latium, II 212, 213. Deuxième campagne en Italie, II 213-217. Bataille d'Ausculum, II 214-216. Expédition de Sicile, II 217-225. Reprise des hostilités en Italie, II 225. Bataille de Bénévent, II 226. Il retourne en Grèce, II 226. Sa mort, II 227.
PYTHAGORE, II 282, 287, 296, 304.— Association pythagoricienne des amis, I 184. Influence des doctrines de Pythagore sur le calendrier romain, I 284. — Le néopythagorisme, VIII 198.
Pyxus, I 181.

Q

Quæstiones perpetuæ, repetundarum, V 6. Dispositions de Gracchus, V 56. Réorganisation de Sylla, V 376 et s. — Sous César, VIII 87 et s. [v. Procédure criminelle.]
Questions d'honneur. Comment elles se vidaient, IV 141.
Questeurs (*quæstores*) dans les temps anciens (*paricidii*), I 89, 205. — Après l'abolition de la royauté cette fonction est limitée à une année, II 12. Les questeurs urbains ajoutent à leurs attributions l'administration du Trésor, II 12. Deux nouveaux questeurs-trésoriers militaires, pris dans la noblesse, sont nommés par les tribus réunies dans les comices présidés par les consuls, II addit. xiv. A dater de 333 la nomination de ces quatre fonctionnaires passe aux comices par tribus, II 64. Les plébéiens sont appelés (333) à exercer dans ces élections les mêmes droits actifs et passifs que les patriciens, II 64, 335. Questeurs de la flotte (*classici*) leur institution et leurs pouvoirs, II 235, 236, 249. — III 88. Questeurs provinciaux, III 88. — IV 79. — Leur nombre avant la dictature de Sylla, V 361, note 1. Il le porte à vingt, V 361, 372. — Il est élevé à 40 par César, VIII 79. [v. Sénat.]
Quaestus, IV 144.
Quinctiens Luperques, I 73, note 1, addit. xx.
Quinctiliens d'Albe, I 138.
QUINCTIUS (L.) [tribun du peuple 680], VI 235, 256.
QUINCTIUS CAPITOLINUS (T.) [consul 315], II 65.
QUINCTIUS CINCINNATUS (L.) [dictateur 315], II 65.
QUINCTIUS FLAMININUS (T.) [consul 556, censeur 565]. Son portrait, III 319. Guerre contre Philippe de Macédoine, III 319-327. Organisation de la Macédoine et de la Grèce, III 327-335. Négociations avec Antiochus, III 341, 342, 345. Il parcourt la Grèce, III 346, 352, 369, 370, 373. Sa participation à la mort d'Hannibal, III 374. — Ses rapports avec Philippe, IV 6, 7. Son népotisme, IV 60. Rapide collation d'honneurs, IV 60. Son hellénisme, IV 186. Il fait transporter à Rome des objets d'art grecs, IV 280.
QUINCTIUS PENNUS (T.) [dictateur 393], II 122.
QUINCTIUS PENNUS CAPITOLINUS CRISPINUS (T.) [consul 546], III 229.
QUINCTIUS FLAMININUS (L.) [consul 562], IV 62.
Quindecemviri sacris faciundis, [gardes des oracles sybillins], V 374.
Quinquatrus, I addit. xiv.
Quirinal : Cité quirinale, I 72, 74.
Quirinalia, I addit. xiv.
QUIRINUS, I 225, addit. xiv. — II 303.
Quirites, I 74, note 1, 75, note 1. Sens primitif de ce mot, I 101, 104. [v. *Populus Quiritium*.]

R

RABIRIUS (C.), V 182. — VI 320.
Raetiens II 125. — V 131. — D'origine étrusque, I 165.
Ramniens, I 58, 59.
Rases, I 160.

Raudique (champ). Les Cimbres y sont vaincus par les Romains, V 154.
Rauraques, VII 39.
Ravenne, I 166.
Réatins. Leurs incursions dans le Latium, I 155.
Recensement quinquennal en Italie, II 249. [v. Population.]
Reciperatores. Sorte de tribunal de commerce ou forain, I 213.
Recrutement. Il est remplacé par le tirage au sort, IV 375. — V 9.
Recueil des actions. [v. *Legis actio*.]
REDICULUS TUTANUS, III 225.
Regia, I 150, 152.
Regifugium, 1 addit. XVI.
Régille [lac]. Légende de la bataille de ce nom, II 129, 263.
Régime représentatif : inconnu de l'antiquité, V 38, 212 et s., 362, 379, 384. — VIII 64.
REGULUS. [v. Atilius.]
Rei, I 203.
Rèmes, VII 54, 58, 93.
REMUS, II 301, 302.
Repas à la grecque, II 286.
Responsa. Recueils de consultations, VI 117, 118.
Rex sacrorum, II 6, 15. Il est toujours choisi dans les familles patriciennes, II 73, 391.
Rhegion (Reggio), I 177. — II 148. — III 177, 218, 237, 252. Elle est occupée par les Romains, II 201. Révolte de la garnison, II 207. Sa conduite à l'égard de Pyrrhus, II 208, 210. Elle est enlevée par les Romains, II 228. Sa population est exonérée du recrutement militaire, II 233. — Situation qui lui est faite par la lex Julia de Civitate, V 226.
Rhétorique latine, IV 261. — VI 72, 114 et s. — VIII 206 et s.
Rhin. Frontière de l'empire romain du côté de la Germanie, VII 52.
Rhoda (Rosas) en Espagne. Sa fondation par les Lipariens, I 199.
Rhodes, III 203. — Traité d'amitié et de commerce avec Rome, II 191, 237. — Sa position après la guerre d'Hannibal, III 296, 297. Guerre contre Philippe, III 301-308, 312, 316, 329. Part qu'elle prend à la guerre contre Antiochus, III 338, 339, 343, 365.
— Sa conduite pendant la guerre avec Persée, IV 13, 18. Son abaissement, IV 32-35. Guerre contre les pirates, IV 371. — Elle résiste à Mithridate, V 284. Sylla lui rend une partie de ses possessions perdues après la guerre contre Persée, V 304.
Rhône. Son passage par Hannibal, III 136-138.
Religion étrusque. Son mysticisme sombre, I 244. Prééminence des divinités mauvaises, I 245. Interprétation des signes et prodiges, I 246. Elle est une sorte de philosophie spéculative, I 246.
— italique. Ses caractères fondamentaux, I 35 et s.
— romaine. Abstraction et personnification tout à la fois, I 221-225 et addit. XIII-XIX. A l'origine elle est étrangère aux idées grecques, I 225. Classification et système des dieux, I 222, 223. Ses tendances pratiques et utilitaires, I 224. Son caractère fondamental : joies et fêtes terrestres, I 232. Économie et sobriété dans la célébration des fêtes, I 233. Tendances concrètes et réalistes, I 234 et s. Elle est étrangère et même hostile à l'art, I 237. Mais conserve plus longtemps la foi naïve, I 240. De ses tendances pratiques les prêtres tirent un corps de lois morales, I 237. Introduction du culte grec, I 241, 242, et addit. XX-XXII. — II 263, 264. — Invasion des cultes orientaux, VI 62 et s. — VIII 196 et s. — L'influence de l'hellénisme produit l'incrédulité et l'irréligion, IV 161, 162, 164 et s. — Assimilation des cultes latins et grecs, VIII 179. — Augmentation croissante des frais d'entretien des cultes publics, II 265. — IV 162.
— La religion considérée comme établissement politique, VI 59. — VIII 86. — Introduction de la philosophie stoïcienne dans le domaine de la religion, VI 54 et s. — VIII 194 et s. — Superstition, IV 166 et s.
Religions sabellique et ombrienne. Elles semblent reposer sur les mêmes bases que la religion latine, I 244.
Richesse des Romains, IV 138. — VI 35. — VIII 127.
Robigalia, I addit. XV.
Robigus, I addit. XV.
Roche tarpéienne, I 147.
Rogatio, I 106.
Roma quadrata, I 68.

Roman, VIII 250.
Rome. Examen des tentatives faites par les auteurs anciens pour fixer l'époque de sa fondation, IV 259.
— Sa position géographique, I 58. Primitivement capitale d'un État principalement agricole, I 274. Puis, marché du Latium, I 62, 68. Ses agrandissements successifs, I 67, 69. La septuple enceinte ou *septimontium*, I 69. Fusion des cités palatine et quirinale, I 112, 115. Son unification définitive par la construction du mur de Servius, 177, 146 et s. Les 7 collines, I 148, note 2. — Elle est prise et incendiée par les Gaulois, II 120, 121. — Sa population à la fin du viie siècle, VIII 110 et s.
Romilii. Village-famille, I 50, 64.
Rorarii, II 268.
Roscius (Q.) [tragédien], V 389. — VI 94. — VIII 233.
Roscius (Sex.), VIII 125.
Rostra, I 150. — Ornés avec les éperons des galères d'Antium, II 155.
Rotonde (temple en), II 317.
Royauté. Elle est basée sur l'élément de la famille, I 87. Le roi entre en rapport avec les dieux de la cité et leur donne satisfaction : il conclut les traités avec l'étranger, I 87, 88. Son pouvoir est illimité, I 88. Il rend la justice, I 88, 204. — Et n'est pas justiciable, II 9. — Il commande en temps de paix et en temps de guerre, I 88. Nomme aux emplois et en cas d'absence délègue ses pouvoirs administratifs à un autre lui-même, I 88, 89. Insignes, I 90, et addit. VI. Limitation apportée à la puissance royale, I 91. Il administre les finances, I 104. Nul changement ne peut être apporté par lui à la constitution sans le consentement du peuple appelé dans ses comices, I 106. — Abolition de la fonction souveraine à vie et institution du Consulat, II 4-7. Serment prêté par le peuple après l'expulsion des Tarquins de ne plus accepter de rois, II 6. Conditions organiques analogues dans les cités italiques et les cités grecques, II 5.
Rubicon, III 100. [v. Italie.]
Rufinus. [v. Cornelius.]
Rupilius (P.) [consul 621], V 18.
Ruspina. César est battu non loin de cette ville par les bandes de Labienus, VIII 28.
Rutilius Lupus (P.) [consul 664], V 215 et s.
Rutilius Rufus (P.) [consul 649], V 105, 165, 187 et s. 360.
Rutules. Leurs luttes avec les Romains, I 144.

S

Sabelliens, IV 150. — Ils n'ont pas de rapports commerciaux avec l'étranger d'au-delà des mers, I 264, 292. — Leur conduite pendant la guerre samnite, II 161.
Sabins, III 103. — Leur influence sur Rome, I 60. Leurs incursions dans le Latium, I 155, 156. Luttes avec les Romains, I 144. — Ils tombent sous la dépendance romaine, II 135. *Cives sine suffragio*, II 187 [v. ce mot]. Ils reçoivent le droit de cité complète, II 238.
Sacer. Signification de ce mot, I 238.
Sacramentum. [v. *Legis actio sacramento*.]
Sadducéens, VI 286, 287.
Saepta Julia, VIII 117.
Sævius Nicanor Postumus (M.) [professeur de littérature latine], VI 71.
Sagéens, IV 12.
Sagonte. Sa fondation, I 197. — Elle s'allie avec Rome, III 121. Elle est assiégée et prise d'assaut par Hannibal, III 126, 127. Elle est reprise par les Romains, III 206, 273.
Salapia, III 227.
Salasses, III 139, 144. — Les Romains leur font la guerre et les soumettent, V 123.
Salerne. Colonie civile, III 252.
Salii, I 73, 112, 115. — Ils sont toujours choisis dans les familles patriciennes, II 73, 331. — *Palatini et Collini*, I 74, 226.
Sallentins, II 285. Ils se liguent avec les Tarentins contre les Romains et les Lucaniens, II 177, 178. Guerre contre les Romains, II 229.
Sallustius Crispus (G.), VI 351 note 1. — VII 169. — La chronologie dans son histoire de la guerre de Jugurtha, V 105 note 1. Caractéristique de cet ouvrage, V 117 note 1.
Salone, V 134.
Saltus, IV 122.

Salut (Temple du), II 321.
Salyens-Salluviens, V 124.
Samé, III 368.
Samnites, III 253. — IV 68. — Rameau ombrien, I 15. Langue I 17-20. Leur établissement dans les montagnes de l'Italie centrale, I 156. Légende de leurs migrations, I 156. Leur isolement vis-à-vis du reste de l'Italie, I 158. — Ils ne connaissent ni l'usage des tombeaux richement décorés ni la monnaie nationale, II 276. — Absence de centralisation dans la constitution de la ligue samnite, I 158. La politique de la ligue n'est nullement agressive, I 158. — Premier traité avec les Romains, II 145. L'hellénisme n'a aucune influence sur le Samnium propre, II 150. Influence contraire sur les populations sabelliques, II 148, 150. Guerre samnite, II 158-176, 181-186. Les Samnites prennent part à la guerre entre Pyrrhus et les Romains, II 210, 214, 220. Ils font leur soumission aux Romains, II 228. Dissolution de la ligue samnite, II 244. — Alliance avec Hannibal, III 177, 184. — Effets désastreux des guerres d'Hannibal, IV 151. — Rôle du Samnium dans l'insurrection italiote, V 206 et s., 231. Exigences des S. après cette guerre acceptées par Cinna et Marius, V 313. Lutte contre Sylla, V 336 et s. Rigueurs de Sylla, V 339, 356. — L'hellénisme dans ce que nous connaissons de leur littérature et de leurs inscriptions, IV 266 et s.
Samos, III 296, 302, 339, 353, 354, 355.
Samothrace, IV 26.
Santons, VII 42.
Sacrifice du cheval, I 71. [v. Octobre (cheval d').]
Sacrifices. Les animaux destinés aux sacrifices sont achetés au moyen d'une taxe sur les procès, I 103.
Sacrifices humains. Inconnus dans le Latium, I 234. — A Rome, III 103. — VI 65. — En Gaule, VII 30.
Saint-Bernard. Passage du grand Saint-Bernard, VII 63.
Saramâ, I 24.
Sardaigne : phénicienne, I 198. — II 103. — III 17. Les Romains projettent de s'en emparer, III 53. Romaine, III 83, 85, 86. Les Carthaginois tentent de rentrer en sa possession, III 192. Guerre en Sardaigne, III 264. — Expédition de Lépidus, VI 156. — Elle est occupée par César, VII 275.
Sardes, III 361, 365.
SARRANUS, I 198 note 3.
Sassinates. Ils luttent contre les Romains et sont forcés de se soumettre, II 229.
Saticula. Colonie latine, II 169, 170.
Satricum. Colonie latine, II 137. Elle est dépouillée de son droit d'indépendance politique et absorbée dans la cité romaine, II 139. Fait partie en 370 de la ligue latine, II 140 note 1, 142. Elle passe aux Samnites, II 168. Les Romains y rétablissent leur domination, II 168, 169.
Satura, I 39. — II 294. — Chants à couplets alternés dans la comédie populaire, I 299. — Leur affinité avec nos poésies mêlées à dater de Naevius, IV 245. — Son rapport avec l'Atellane, VI 89 note 1. Satires de Lucilius, VI 96 et s. — De Varron, VIII 254 et s. [v. Ménippe.]
Saturnalia, I addit. xv, 300, note 1, addit. xxix. — IV 180.
Saturnia, I 315.
SATURNUS, I 300, note 1, addit. xxix.
Scaena, II 293.
Scaptia. Fait partie en 310 de la ligue latine, II 139, note 1, 141.
Scarabées étrusques, I 319.
SCIPIONS. [v. Cornelius.]
Scodra. Guerre avec Rome, III 97. Tributaire de Rome, III 97.
Scopas, III 337.
Scordisques, V 132 et s.
Scotussa, III 324.
Scribere, I 291.
Scriptura, I 104, 260, 291. — VI 8. — La redevance en tombe en désuétude, II 32, 33.
SCRIBONIUS CURIO (G.) [consul 678], VI 171, 235.
SCRIBONIUS CURIO (G.) [le Césarien], VII 213, note 2, 218, 276 et s. — VIII 133.
SCRIBONIUS LIBO (L.) [commandant de l'escadre pompéienne d'Illyrie], VII 283.
Scutum, II 270, note 1. D'origine grecque, I 266.
Scyathos, III 316, 317.
Scylacium. Colonie, V 83.
SCYLAX, II 305.

Scymnos, VIII 216, note 1.
Scyros, III 329.
Scythes [habitants de la Russie méridionale actuelle], V 267.
Sécession sur le Mont-Sacré, II 36. Seconde sécession, II 54.
Segesta, III 19, 89, note 2, 91.
Segestica ou Siscia, V 132.
Sel. Monopolisation de son commerce, II 30. — IV 63.
Séleucus, III 341.
Séleucus II Callinique, III 95.
Sélinonte, I 195. — III 19.
Sella Curulis [siége de char], I 90, 203 et note 1.
Ségéda, IV 290.
Sellasia, III 99.
Semaine romaine, I 283.
Sempronius Asellio (A.) [préteur urbain], V 237.
Sempronius Asellio (P.) [historien], VI 110.
Sempronius Gracchus (Tib.) [consul 539-541], III 188, 189, 218, 220, 222.
Sempronius Gracchus (Tib.) [consul 577, censeur 588], IV 76, 186. — Son portrait, V 25. — Expédition en Sardaigne, III 264. En Espagne, III 280, 281. — Il se prononce contre l'admission des affranchis aux votes des centuries, IV 99.
Sempronius Gracchus (Tib.). Son portrait, V 25 et s. — Questeur, IV 303. — Tribun du peuple, V 27, 28. Loi agraire, V 28 et s. Sa mort, 33.
Sempronius Gracchus (G.). Son portrait, V 50 et s. Il est un des triumvirs commissaires répartiteurs élus en vertu de la loi agraire, V 30, 43. Questeur, V 49. Tribun du peuple, V 50, 75. — Ses harangues, VI 112. Attention qu'il porte au bon entretien des routes, VI 17, 18. — Sa chute du pouvoir et sa mort, V 72, 77, 78.
Sempronius Gracchus (Tib.) [le pseudo-Gracchus], V 169, 180.
Sempronius Longus (Tib.) [consul 536], III 148, 152, 155.
Sempronius Longus (Tib.) [consul 560], IV 89.
Sempronius Sophus (P.) [consul 450], II 310.
Sempronius Sophus (P.) [consul 486], IV 181.
Sena Gallica (Sinigaglia). Colonie maritime, II 201, 233. — Bataille de ce nom, III 235.

Sénat. Il est sorti de l'institution des *gentes*, sa représentation, I addit. iii-vi. — Chiffre fixe des membres, v. Ils sont nommés à vie, v. Leur élection appartient aux rois, v. — Ses attributions. L'interroi, vi. — Confirmation des décisions populaires, vii. — Conseil d'Etat pour le souverain, viii-x. — Dans l'origine il ne prend pas part à l'élection royale, I 89. Il ne fait pas la loi, il n'en est que le gardien, I addit. viii. — Augmentation de ses attributions après l'abolition de la royauté, II addit. iii. Son autorité, II 23-26. Après l'expulsion des rois, adjonction aux sénateurs patriciens (*patres*) de membres (*conscripti*) plébéiens n'ayant pas le droit d'*auctoritas*, mais prenant part au *consilium*, II addit. iv. Le consul en charge n'est pas membre actif du Sénat et sa voix ne compte point. L'élection des sénateurs lui appartient, II addit. v. Il n'est plus tenu compte de l'ancien lien entre le Sénat et l'organisation des familles romaines, II addit. v. Nombre des sénateurs dans les temps anciens, II 19. — Leur nombre après le règlement de Sylla, V 362 et note 1. Et après celui de César, VIII 79. — Fournées extraordinaires de Sylla, V 249, 361. — De César, VIII 78. — Le consul sorti de charge entre de plein droit au Sénat, II addit. v. Révision et complément tous les quatre ans de la liste des sénateurs, II addit. v-vi. Ils sont admis aux délibérations, II addit. xv, xvi. Le Sénat gouverne la cité, II addit. xviii. Le droit d'omission des sénateurs par le magistrat suprême est de plus en plus restreint, II addit. xix. Le droit de siège et de vote dans le Sénat est légalement attribué à tout citoyen ayant rempli des fonctions curules, et le censeur entrant en charge est tenu de l'inscrire sur les listes, II 97. — Sylla transfère l'entrée au Sénat de l'édile au questeur, V 361. Il abolit l'appel des censeurs, V 361, 374. — Il est rétabli, VI 243. — Nomination des sénateurs extraordinaires par les comices par tribus,

V 362. — Les sénateurs subalternes ou pédaires (*senatores pedarii*) exclus des débats, II 97 et addit. IV. — Exclusion des sénateurs des centuries équestres, V 6-7. — Le Sénat s'arroge le droit de dispense légale dans les cas urgents : son influence législative, II 98. — Modifications introduites par Sylla dans son organisation, V 249, 361, 362. — Elles sont abolies, VI 242. — Le Sénat dispensé de l'observation de la loi, II 99. — Restriction apportée à ses droits, VI 317. — Il s'arroge le droit de désigner le dictateur, II 92, 99. Les sénateurs dégagés de l'échéance de leur sortie de charge, II 99. Le Sénat prend la haute direction de toutes les affaires importantes et particulièrement des finances, II 100. — IV 49. — Valeur politique de cette institution, II 100-102. — Réformes de Gracchus, V 63-65. — Juridiction [voir Juges, Jury.] — Décadence et corruption du Sénat, IV 373-376. — V 67. — Loi à cet égard, VI 317. — Coteries, V 374. — VI 241. — Réorganisation par César, VIII 78 et s. — Classement de ses membres par rang, IV 49. La noblesse maîtresse du Sénat, IV, 48-49. Places réservées au théâtre à l'ordre sénatorial, IV 52-53. — Ses insignes, I addit. VI. — IV 46. — Le Sénat d'Italia, V 211, 213 note. — De Sertorius, VI 149. — De Pompée, VII 287. VIII 22. — Politique du Sénat à l'égard des Etats clients, IV 309 et s., 339, 340, 372 et s. — Le Sénat patricien sous la République, II 359-365. Le Sénat patricien-plébéien sous la République, II 365-370. Les citoyens et le Sénat dans les temps anté-historiques, II 370-374. Les enfants des sénateurs accompagnaient leurs pères à la curie, II 290.

Senatores Pedarii, II 97, addit. IV, 368.

Sénons, II 114, 118, 125. Hostilités contre les Romains, II 199. Ils sont vaincus et chassés d'Italie, II 200.

Sentinum. Bataille de ce nom, II 184-185.

SENTIUS (G.) [préteur 665?], V 285.

Septem Pagi, I 64.

SEPTIMIUS (L), assassin de Pompée, VIII 5.

Septimontium, I 69 et addit. XVII.

Séquanes, VII 21, 26, 36, 37, 38, 39, 43.

SÉRAPIS, VIII 198.

SERGII, *gens*, I 50.

SERGIUS CATILINA (L.). Son portrait, VI 327. Conjuration, VI 328-347. Sa mort, 348.

SERTORIUS (Q.). Son portrait, VI 146. — Son rôle dans la révolution marianienne, V 308, 319. Dans la guerre contre Sylla, V 329 et s. En Espagne, V 340. — En Mauritanie, V 341, 352. — VI 147. Il prend le commandement de l'armée de l'insurrection espagnole, VI 147. Campagnes d'Espagne, VI 147 et s., 150. Il organise le pays, VI 148-150. Et entreprend de le romaniser, VI 150. Traité conclu avec Mithridate, VI 187. Sa lutte contre Pompée, VI 156 et s. Sa mort, VI 166.

Serviliens. Famille albaine, I 138.

SERVILIUS (G.) [général de l'armée romaine dans la deuxième guerre servile en Sicile], V 94.

SERVILIUS (G.) [préteur]. Il est assassiné à Ausculum, V 207.

SERVILIUS AHALA (A.) [maître de la cavalerie, 315], II 65.

SERVILIUS AHALA (G.) [dictateur, 394], II 122.

SERVILIUS CÆPION (Q.) [consul 614], IV 299, 300.

SERVILIUS CÆPION (Q.) [consul 648], V 84, 141 et s., 145 et s.

SERVILIUS CÆPIO (Q.) [questeur 651 ou 654], V 177, 189.

SERVILIUS GEMINUS (Cn.) [consul 537], III 156, 161, 170, 172, 173.

SERVILIUS GLAUCIA (G.) [compagnon de Saturninus], V 171 et s. 182.

SERVILIUS RULLUS (P.) [tribun du peuple 690], VI 334 et s.

SERVILIUS VATIA ISAURICUS (P.) [consul 675], V 387. — VI 178.

SERVIUS TULLIUS. Constitution. Réforme militaire. Le service militaire et par voie de conséquence, l'impôt (*tributum*) à payer à l'Etat a la propriété foncière pour base. Tout citoyen ou non citoyen habitant et possédant un domaine y contribue, I 121 et s. et addit. XI. Cette œuvre semble se rattacher par certaines analogies aux institutions qui régissent les Etats

grecs de l'Italie méridionale, I 131-132. Mur de Servius. Topographie et description résultant des fouilles actuelles, I 314, note 3 et addit. xxix, note 1.
Sestos, III 308, 340, 354.
Setia. Colonie latine, II 137. D'après Denys d'Halicarnasse elle fit partie en 370 de la ligue latine, II 140 note, 142.
Seviri equitum romanorum, IV 51 note.
SEXTIUS CALVINUS (G.) [consul 630], V 124.
SEXTIUS LATERANUS (L.) [tribun du peuple 377-387], II 69, 71.
Sicambres, VII 32, 66.
SICCIUS DENTATUS (L.). Il est assassiné, II 53.
Sicile. Topographie, I 7. Rapports commerciaux avec Rome, I 269 et s. — II 273-275, 306. Sa situation après la mort d'Agathocle, II 217, 218. Pyrrhus en Sicile, II 218-225. — Domination carthaginoise, III 11, 17, 18. Le parti carthaginois, III 31. La Sicile avant la première guerre punique, III 37-38. Abandon aux Romains des possessions carthaginoises, III 73, 82, 83. Les Romains maîtres de toute la Sicile, III 198. Exportation de blé en Italie, III 231. — IV 125. — L'esclavage, V 14 et s. — La Sicile soumise par César, VII 275. — Le droit de latinité octroyé à la Sicile, VIII 106. [v. Esclavage].
SICINIUS (Gn.) [préteur 582], IV 16-17.
SICINIUS (L.) [tribun du peuple 678], VI 235.
Siculi ou Sicani. Ancienne dénomination du peuple italiote, I 28.
Sidon. Sa décadence, III 15.
Siga, III 242.
Signia. Colonie latine, II 136, 239. Peut-être a-t-elle fait partie en 370 de la ligue latine, II 140 note.
SILVANUS, I addit. xv, 224.
SIMON MACCHABÉE, IV 365. Ses médailles, IV 365, note 1.
Sinnaca. Désastre subi par les Romains dans cette ville, VII 187, 188.
Sinope, III 296. — V 264. — VI 301, 308. — Résidence des rois du Pont, IV 359. — Colonie, VIII 173.
Sinuessa. Colonie maritime, II 187, 233.

Sipontum. Colonie civique, III 252.
Siris, I 181.
Siscia, V 132. [v. Segestica].
SITTIUS (P.), VI 331, 350. — VIII 29, 35, 36, 37, 172.
Smyrne, III 296, 339, 345, 353, 365.
Socii navales, III 50.
Sodalicia [v. *Collegia*].
Sodomie, I 204.
Solea, II 373.
Soloéis-Solus, I 198. — III 17, 62.
Soloï, III 366.
SOLON. Ses lois, II 281. Concordance avec les dispositions des XII tables, II 50 et addit. xxi, 257. Le système monétaire modelé et réglé sur la législation de Solon, II 273.
SOPATER, III 242, 313.
SOPHOCLE, IV 230.
Sora. Dans la guerre samnite prend parti tantôt pour les Romains, tantôt pour les Samnites, II 145, 156, 169, 170, 176. Colonie latine, II 179.
Soracte, I 262.
Sors, I 242, note 1.
Sortilèges, I 204. Incantations magiques, I 297.
SOSILON [de Sparte], III 124.
Sparte, III 202, 329-332. — IV 344.
Spatium, I 307.
Spina, I 154, 166. Entrepôt de commerce de Corinthe et de Corcyre, I 188. Ses rapports avec Delphes, I 192.
Spoletium. Colonie latine, III 108, 162. — Elle est régie par le droit ancien d'Ariminum dit droit des *douze colonies*, II 240, note 1.
STABERIUS (Eros.) [professeur de littérature], VI 129, note 1.
Stabies. Elle est enlevée et détruite par Sylla, V 229.
CÆCILIUS STATIUS, III, 259.
STÈSICHORE, II 305, 306.
Stipem cogere, IV 163.
Stoéniens, V 133.
Stoïcisme, VI 50 et s., 54 et s. — VII 194 et s.
Stratonicée, III 326.
Statues des hommes illustres au Forum et au Capitole, II 281.
Subulones, I 311.
Subùra, I 69, 76.
Succession. Droits, IV 140. — Ils sont abolis, VI 6.
Suessa Aurunca. Colonie latine, II 170.
Suessa Pometia, I 145. — Antérieu-

rement colonie latine, II 137. Ne fait plus partie en 370 de la ligue latine, II 141 note. Fait partie de la fédération aricine, II 143.
Suessions, VII 15, 26, 54 et s., 93.
Suessula, III 187, 188.
Suèves, VII 33.
Suétone. Correction conjecturale, VI 331, note 2.
Suffètes, III 21.
Sulpicius Galba (P.) [consul 543, 554], III 202, 225, 310, 313, 314, 315, 316, 323, 345.
Sulpicius Galba (Ser.) [préteur]. Il est battu par les Lusitaniens, IV 294-295.
Sulpicius Gallus (C.) [consul 588], auteur d'ouvrages astronomiques, IV 264.
Sulpicius Peticus (G.) [dictateur 396], II 122.
Sulpicius Rufus (P.). Son portrait et son rôle politique, V 238 et s. Ses lois, V 240 et s. Sa mort, V 247.
Sunium, III 285.
Surnoms honorifiques. Leur origine, IV 90.
Surrentum (Sorrente), I 193.
Sutrium. Colonie latine, II 123, 173, 180.
Sybaris, I 177, 180, 181, 182, 184.
Syphax, III 206, 207, 217, 242, 243, 270, 271.
Syracuse, I 177. A la tête des villes gréco-siciliennes pendant la guerre contre Carthage et les Etrusques, II 106-108. Sa suprématie militaire en Sicile et en Italie. Conflits avec Carthage, II 107-108. Elle se donne volontairement à Pyrrhus, II 218. Elle est assiégée par les Carthaginois, II 219. Elle est débloquée par Pyrrhus, II 222. Coup d'œil sur les résultats de cette guerre, II 230. Elle entre en rapports avec les Romains et leur fournit des vivres et des soldats pendant le siège de Rhegium, II 228, 237. — Sa position entre Rome et Carthage, III 19-20. Etendue de son territoire après la première guerre punique, III 82. Elle est assiégée et prise par Marcellus, III 193-197.
Syrie. Sa situation au VIIe siècle, IV 360 et s. — V 257. — Sous la domination de Tigrane, VI 180 et s. Réduite en province romaine par Pompée, VI 283 et s. [v. Asie.]
Syrus (Publius), auteur de *mimes*, VIII 231, note 3.

T

Tablinum, IV 140, 278.
Tabula, I 30. — Luxe de table, IV 176, 177. — VI 36, 37, 135. — VIII 130-132.
Talio, I 34.
Tarente (*Taras : Tarentum*), I 177, 180. Elle est par son commerce et son industrie une des villes les plus florissantes de la grande Grèce, I 186. Rapports commerciaux avec les côtes orientales de l'Italie, I 188, 264, 274. — — Son essor, II 106. Ses institutions aristocratiques transformées en démocratie, II 171-172. Traité avec Rome fermant à cette dernière le bassin de la Méditerranée, II 232. Forces militaires, II 206. Mercenaires, II 158, 159, 191. Milice civique, II 214. Elle résiste aux Samnites, II 146, 147, 158. Son attitude dans la guerre samnite, II 161, 186. Son intervention dans les démêlés entre Rome et les Samnites, II 172. Ses hésitations à s'unir aux Lucaniens contre Rome, II 199, 201, 202. Défaite de la flotte romaine et prise de Thurium, II 202, 203. Efforts des Romains pour le maintien de la paix, II 203, 204. Elle se donne à Pyrrhus, II 204. Elle reste entre ses mains pendant son expédition en Sicile, II 221. Sa reddition aux Romains après la mort de Pyrrhus, II 227. Son sort, II 228. Elle est réduite à un état voisin du servage, II 243. — Sa résistance aux attaques d'Hannibal avant la deuxième guerre punique, III 177, 219. Elle est prise par Hannibal, III 201, 221, 223, et reprise par les Romains, III 228. — Sa situation désastreuse et sa ruine complète à la suite des guerres d'Hannibal, IV 151. — Colonie *Neptunia*, V 82.
Tarquins. Leur origine étrusque, I 169. — Expulsion et bannissement de toute la *gens*, II 6, 301.
Tarquinies (*Cornelo*), I 171. — Assiste les Véiens dans leur lutte avec Rome, II 116. Soulèvement contre Rome,

DES MATIÈRES.   69

II 123. Conclusion d'une trêve de 400 mois, II 174. Vestiges de l'art étrusque, II 323.
Tarragone, III 206, 214, 282.
TARUTIUS (L.) [astrologue], VIII 198.
TATIUS, II 301. — Légende de sa mort, I 203, note 2.
Taurins, III 139, 150.
Taurisques, III 105, — V 131, 134.
Tauromenium (*Taormine*), I 180. — III 38, 197.
TAUTAMAS [chef de guerre des Lusitaniens après la mort de Viriathus], IV 300.
TAXILES [lieutenant de Mithridate], V 292.
Teanum Sidicinum, III 187. — Influence grecque, II 148. Teanum réclame l'assistance de Rome, II 150. Les Romains la laissent aux Samnites, II 151, note 1. Occupation romaine, II 156.
— Apulum, II 168.
Tectosages, III 291. — V 149.
Teinturiers, I 260, 265.
Télamon. Victoire remportée en cet endroit par les Romains sur les Gaulois, III 105 et s.
Telesia, III 164.
TELLUS (Terre nourricière) I addit. xiv.
Telmissos, III 365. — IV 358.
Temesa, I 181.
Témoignage (faux), I 204.
Tempé, IV 22.
Temple. Il n'y pas de temple dans les plus anciens cultes de Rome, I 237, 316. Caractère grec du temple dit toscan, I 315. Il est primitivement construit en bois et non en pierres, I 317. Rapport entre le mode dorique et le mode ionique dans la construction des temples, I 320.
Temple en rotonde [v. Rotonde], II 317.
Templum, I 237. [v. Temple.]
Tenctères, VII 32, 38, 64.
Tenedos, III 308.
Terebra, I 30.
TERENTIUS AFER (P.) [poète], VI 80 et s.
TERENTIUS VARRON (C.) [consul 538], III 167, 170, 173, 179, 180, 181.— IV 62.
TERENTIUS VARRON (M.), VII 261, 270. — VIII 250-261, 283-287.
TERENTIUS VARRON ATACINUS (P.), VIII 163. 246.
Terina, I 181. — II 146.

Terminalia, I addit. xv.
Termini Gracchani, V 43. — VI 18.
TERMINUS (Dieu Terme), I 223.
Terracine, II 144. Colonie civique romaine, II 155, 232.
Terres. Partage des terres sous le régime de Gracchus, V 28-31, 34-41, 42-46, 54. Projet de réforme de Drusus, V 190. Assignation de terres aux soldats de Sylla, V 357. — Aux troupes de Pompée après la guerre d'Espagne, VI 239, 241. Après la guerre contre Mithridate, VI 364. — Aux soldats de César, VIII 99 et s., 150, 151. [v. Lois agraires : Domaine.]
Territoire romain. Ses limites primitives, I 63 et s., 133. Limites du Tibre, I 141. Assujettissement des cités latines situées entre le Tibre et l'Anio supérieur, I 134. Son extension après la chute d'Albe, I 135. — Perte du territoire transtibérin, II 104. Il est recouvré, II 109. Conquête de Veies, II 116. De l'Etrurie du Sud, II 124. Progrès à l'Est et au Sud, II 135. A la fin de la guerre samnite, II 188. Après la guerre contre Pyrrhus, II 229, 238, 239. — Il s'étend jusqu'au Pô, III 263.
Tésin. Théâtre d'un combat entre les Romains et les Carthaginois, III 150-151.
Testament : étranger au droit primitif. Il n'est valable que par le consentement du peuple, I 107, 207, 216. — Origine de la donation entre-vifs, 211, II 258.
Testamentum calatis comitis, I 107 note 1. *In procinctu*, I 107 note 1. — II 371.
TEUTA, III 97.
TEUTOBOD, V 150-152.
Teutons, V 136, 151 et s.
Terracotta (*Terres cuites*) Originaire de l'Etrurie. Les ornements les plus anciens de ce genre placés dans les temples romains en proviennent, I 318.
Thala, V 110, 111, 113.
Thapsus, III 13. — Bataille de ce nom, VIII 32-34.
Thasos, III 301, 306, 316, 329, 369.
Thaumacæ, III 318.
Théâtre. Il consiste originairement en un échafaud en bois avec estrade pour les acteurs et décoration de fond, IV 195. — Le premier théâtre permanent est

construit par Pompée, VII 131. — — VIII 232. Entrée gratuite, IV 194. — Amélioration dans la mise en scène et les décors, VI 94. — Places distinctes réservées aux sénateurs, IV 52. — Aux chevaliers, V 60, 360. — VI 249.
Théâtre latin. Ses débuts, II 293 et s. —IV 194, 195.—Il est primitivement affecté aux joueurs d'instruments et aux bouffons de toutes espèces, II 294. — Il est l'objet d'une rigoureuse censure, II 294.—IV 196. Livius Andronicus substitue le drame grec à l'ancien cantique lyrique, IV 192. Prédominance de la comédie, IV 197. Influence grecque, IV 189, 190, 229, 235, 236, 237. — Intérêt pris par le public aux jeux scéniques, VI 93 et s. — Développement du jeu théâtral et magnificence de la mise en scène, VIII 232 et s. La musique y prend une place plus importante, VIII 234. — La littérature dramatique, VII 78 et s. —VIII 227. — La tragédie, VI 78 et s. La comédie gréco-romaine, VI 80 et s. La comédie nationale à Rome, VI 86 et s.—Le mime, VIII 227 et s.
Thèbes de Béotie, III 323.
— de Phtiotide, III 311.
Théodote [peintre romain], IV 278.
Théophiliscus de Rhodes, III 301, 302.
Théophraste, II 234, 309.
Théopompe de Chios, II 308.
Thermæ [v. Himère.]
Thermopyles, III 349. Antiochus y est battu par les Romains, III 350, 351.
Thesaurus, I 242, 272 note.
Thessalie, III 285, 319, 320, 329, 348, 349, 350, 351, 369. — IV 4, 14, 17, 19, 20, 21.
Thessalonique, IV 19, 27.
Thévesté, III 12, 115.
Thorrèbes. Confondus avec les Etrusques italiques, I 165, 166.
Thrace, III 202, 326, 340, 345, 367. — Incursions des Thraces en Macédoine et en Epire, V 132, 285. — Domination romaine, VI 170 et s.
Thurii ou Thurium (Copia). Luttes avec les Lucaniens, II 146, 148, 159. Attaquée par les Lucaniens elle invoque le secours de Rome au prix de sa liberté, II 198, 199, 200, 201. Prise de Thurium par les Tarentins, II 202. — Pendant la deuxième guerre punique, III 177, 221, 237. — Exonérée du recrutement militaire, II 233. Colonie latine, II 240 note 1. — III 252.
Tibre. Frontière du Latium et de l'Etrurie, I 47. Inondations, I 63. Son importance commerciale pour Rome, I 65 et s. Les *septem pagi* sur la rive droite, I 64. — Négligence dans la réglementation de son lit, VI 19. — Projet de César, VIII 118. [v. Frontières.]
Tibur (*Tivoli*), I 53, 135.—Fait partie de la ligue aricine, II 143. Soulèvement contre Rome, II 138. Membre de la ligue latine en 370, II 139, note 1. Rome lui prend une partie de son territoire, II 154. Ne participe pas au droit de la cité romaine, II 239.
Tifata (Mont), III 222. — Victoire remportée par Sylla sur Norbanus, V 329.
Tigorins, V 141, note 1, 150.
Tigrane d'Arménie. Fait alliance avec Mithridate, V 257, 270. Marche de concert avec ce dernier contre les Romains, V 279. — Relations avec Rome, VI 170. Il s'empare de la Cappadoce, de la Syrie et de la Cilicie, VI 175, 179-182. Complications avec Rome, VI 184-187, 199 et s. Luttes avec Lucullus et Pompée, VI 202-213, 267 et s., 273, 294.
Tigrane (le fils), IV 268, 269, 294.
Tigranocerte. Sa fondation, VI 182. Les Romains en font le siège et s'en emparent, VI 203, 204.
Timée, II 306-309. — IV 254.
Tingis (Tanger), I 199.— Est assiégée et prise par Sertorius, VI 147.
Titiens (*Sodales Titii*), I 59, 60, 61 addit. xx. — II 334.
Titinius [auteur de comédies], IV 227, 228.
Titurius Sabinus (Q.) [lieutenant de César], VII 59, 73.
Toga, I 100.
Togata fabula, IV 227-229. — VI 86 et s.
Togati. Ancienne dénomination politique donnée aux Italiques par opposition aux Gaulois portant la braie (*braccati*), II 250. — IV 227, note 1.
Toits à bardeaux, II 281.
Tolistoboïes, III 291, 362.

Tolosa, V 141. Pillage du temple de l'Apollon gaulois, V 141, 145.
Tolumnius [roi des Véiens], II 115.
Tombeaux. L'usage de leur décoration empruntée par les Italiques aux Hellènes, II 275.
Torbolètes, III 126.
Torture. Elle n'a lieu que sur la personne des esclaves, I 205, 218.
Tota [cité totale], I 95.
Tougène, V 141, note 1, 150.
Traités politiques. Maxime de droit public attribuant au peuple seul leur ratification, IV 105.
Tralles, III 365.
Transpadans. Leurs efforts pour l'obtention du droit complet de cité, VI 128, 319, 331, 337, 375. — VII 149, note 1. — VIII 169.
Transitio ad plebem, II 337.
Trasimène (lac de). Défaite de Flaminius. III 160.
Travailleurs étrangers pour les besoins de l'agriculture [v. Agriculture en Italie], IV 118.
Travaux publics. Appius Claudius, premier auteur en 442 des grands travaux publics. Les constructions publiques de Rome, II 280. — Elles subissent un temps d'arrêt au vi° siècle, IV 66. — Durant le vii° siècle, VI 16-19, 35. — Sous le gouvernement de César, VII 131. — VIII 117-119.
Trebatius Testa (G.), [philologue et juriste], VIII 286, n. 2.
Trebellius (L.) [tribun du peuple, 687], VI 257, 260.
Trebellius Fidus (L.), [tribun en 707], VIII 56 et n. 1.
Trébia. Bataille de ce nom. Les Romains y sont vaincus par les Carthaginois, III 153-155.
Trebonius (G.) [lieutenant de César], VII 148, 272. — VIII 25.
Tremellius (L.) [questeur 612], IV 340.
Tres viri epulones, II 333. — IV 162.
— *mensarii*, III 229.
— *nocturni* ou *capitales*, II 258 addit. xxii.
Trésor public, IV 63 et s., 138. [v. *Ærarium*.]
Trévires, VII 34, 39, 77, 78, 79, 80.
Triballes, V 132.
Tribocques, VII 38.
Tribunal, I 150, 203.
Tribunal dit « de liberté », établi en Sicile pendant les guerres serviles, V 91.
Tribuni celerum, I 89, 102. — II 7 note. II 334.
— *militum*, I 89, 103. — II 130, 131, n. 2, 267. — Leur nombre est de six, I 114. — Ils sont en partie élus par le peuple, II 87. — Les vingt-quatre tribuns militaires des quatre légions de la milice nommés dans les comices par tribus, III 56. — Ce grade conféré par le peuple après candidature posée en forme, IV 56.
Tribuni militum consulari potestate, II 334. Ils sont pris dans les deux ordres, II 60, 61. Les tribuns consulaires plébéiens comme ceux patriciens ont également la pleine puissance de magistrature, II 60, note 1. Les honneurs du triomphe leur sont interdits, II 62. Ainsi que le *jus imaginum*, II 61. — Abolition de cette charge par les lois *Liciniæ Sextiæ*, II 69.
Tribuni plebis. (Tribuns du peuple.) Origine de cette institution, II 38 et s,, 335. Ils sont créés à l'instar des tribuns militaires et en empruntent le nom, II 42. Parallèle entre les tribuns et les consuls, II 42-44. Ils ne sont point magistrats et ne siègent pas sur la chaise curule, II 44. Valeur politique de cette institution, II 44-46. Leur nombre est primitivement de deux, II 38. Il est porté ensuite à cinq, II 48. Puis à dix, II 50. Droit d'intercession, II 39-41. Juridiction criminelle, II 39-41. La loi *Icilia* leur confère le droit de convoquer le peuple, II 41-42, 50. Et de lui demander la confirmation des jugements de condamnation [v. Plébiscite]: Ils sont inviolables (*sacrosancti*), II 42. Suspension du tribunat pendant le gouvernement décemviral, II 50. Et tentative de son abolition, II 51. Son rétablissement, II 54. Les tribuns obtiennent voix consultative dans le Sénat et assistent aux délibérations, assis sur un banc près de la porte, II 56. Ils obtiennent le privilége distinctif des hautes magistratures, le droit de convoquer le Sénat, d'y faire une motion, de faire voter un sénatus-consulte, II 94, 95. Et deviennent l'organe habituel du Sénat, II

95. — Valeur politique de cette institution, II 95, 96. — Rééligibilité des tribuns à leur sortie de charge établie par G. Gracchus, V 52. Sylla restreint leurs pouvoirs en matière législative, V 249, 365 et s. — VI 128, 152. — Leur fonction déclarée incompatible avec les fonctions curules, V 366. — Leur rétablissement, VI 235, 242. — à Vénousie, II addit. xxi.
Tribunicia potestas, II 39.
Tribus : primitives (*Tities, Ramnes, Luceres*), I 59.-62. Organisation antique de la cité, I 95-97. Son peu d'importance pratique, I 97, 98.
Tributum, I 104. — II 69. — Il est étendu à tous les habitants, citoyens ou non, possédant ou occupant un domaine, I 122. — Il cesse d'être levé en Italie, V 9. — VI 6.
Trifanum. Les Latins et les Campaniens y sont défaits par le consul T. Manlius Imperiosus, II 154.
Triomphe. Signification et étymologie, I 39, 306. — Refusé par le Sénat il est accordé par les comices, II 88. — Son abus, IV 88, 89. Triomphe sur le mont Albain, IV 89.
Triphylie, III 285.
Triumvirat de Pompée, Crassus et César, VI 241. Second triumvirat, VI 369.
Triumviri agris assignandis, V 28, 42, 44, 54.
Trocmes, III 291, 362.
Trois. Ce nombre, ou tout autre divisible par trois, est celui des membres des plus anciens collèges sacerdotaux, I 59.
Tryphon [roi de Syrie], IV 365, 371. — VI 176.
Tryphon [chef des insurgés lors de la deuxième insurrection servile en Sicile, V 92.
Tubilustrium, I addit. xiv.
Tullianum, I 147, 313.
Tullius Cicéron (M.). Son portrait, VI 332, 333, 379-381. — VII 150, 151. — Date de sa naissance, VI 130. Son opposition contre Sylla, VI 130. Il se porte accusateur contre Verrès, VI 236. Il défend le projet de loi de Manilius, VI 260. Consul, VI 332. Son opposition à la loi agraire de Servilius Ruffus, VI 336. Son rôle dans l'insurrection catilinarienne, VI 337, 338, 346. Son exil, VI 379 et s. — Son retour, VII 126, 132. Prend le parti de Pompée dans la question des céréales, VII 136. Motion contre la loi agraire de César, VII 140. Il se rend auprès de Pompée, VII 286. Sa conduite après la bataille de Pharsale, VII 321. — VIII 21. — Sa servilité envers César, VII 146, 147, 150 et s. — Créateur de la prose latine, VIII 211 et s. Ses plaidoyers, VIII 274 et s. Ses dialogues, VIII 280-283. Opposition au genre cicéronien, VIII 279.
Tullius Cicéron (Q.), VII 76.
Tunès (*Tunis*). Défaite de Régulus, III 58, 59, 79.
Turdétans, III 274.
Turpilius Silanus (T.) [commandant de la garnison de Vaga], V 109.
Tusculum, I 53, 64. — II 308. Fait partie de la ligue aricine, II 143. Elle prête assistance aux Romains, II 48. Elle se révolte contre Rome, II 138, 139, 152. Fait partie en 370 de la ligue latine, II 140 note, 141. Elle est dépouillée de son droit d'indépendance politique et absorbée dans la cité romaine, II 139.
Tutanus Rediculus, III 325.
Tutela (tutelle), I 84, 211.
Tutomotulus [roi des Salyens], V 124.
Tyndaris, III 62.
— cap de Tyndaris. Bataille navale entre les Romains et les Carthaginois, III 55.
Tyr, III, 14, 15, 16.
Tyrrhéniens-Pélasges. Rapports avec les Etrusques, I 166.

U

Ubiens, VII 32, 66.
Ulysse. La légende place ses aventures non loin des plages tyrrhéniennes, I 189. — II 305-306.
Ulixes, I 270.
Urbanitas, VIII 207.
Urbs, I 51.
Usipètes, VII 32, 38, 64.
Usuriers, I 52, 78.
Usus. Dans le mariage [v. ce mot], I 119.
Utique. Rapport avec Carthage, III 9, 14, 30. Elle offre de se donner

aux Romains, III 85. Combats entre Scipion et les Carthaginois près de cette ville, III 242, 243. — Elle se donne aux Romains en toute propriété, IV 317, 336. — VIII 20 et s. — Elle est assiégée par Curion, VII 277. — Résidence d'un proconsul romain, IV 336.
Uxama, VI 168.
Uzentum, III 176.

V

Vaccéens, IV 294, 303 et s.
Vadimon (lac). Célèbre victoire remportée par Q. Fabius Rullianus sur les Etrusques, II 174.
Vaga, III 272. — VIII 20.
Valentia en Espagne, IV 307. [v. Vibo.]
VALERIUS ANTIAS [historien], VIII 267, 268.
VALERIUS CATON [grammairien et poète, professeur de littérature latine], VIII 245.
VALERIUS CATULLUS (Q.), VII 161-163. — VIII 196, 247-250.
VALERIUS CORVUS (M.) [consul 406, 408, 411, 419, 454, 455], II 93, 151, note 1. — IV 60. Le surnom de Calenus qu'on lui attribue est faux, IV 90, note 1.
VALERIUS FALTO (P.) [préteur 513], III 72.
VALERIUS FLACCUS (L.) [consul 559, censeur 570], III 350. — IV 91, 93.
VALERIUS FLACCUS (L.) [consul 654], V 173, 322, note 1.
VALERIUS FLACCUS (G.) [délégué de Sylla en Espagne], V 341. — VII 8.
VALERIUS FLACCUS (L.) [consul 668], V 291, 294, 298, 320, 322, note 1, 347.
VALERIUS FLACCUS (L.)-[lieutenant de Pompée en Asie], VI 275.
VALERIUS LÆVINUS (P.) [consul 474], II 208, 209, 212, 213.
VALERIUS LÆVINUS (M.) [consul 544], III 188, 198, 201, 306.
VALERIUS MAXIMUS (M.) [dictateur 260], II 37, 38.
VALERIUS MAXIMUS MESSALA (M.) [consul 491, censeur 502], III 47. — IV 90, note 1. Il fait peindre à Rome les premières fresques, IV 278.
VALERIUS POPLICOLA (P.), II 302.

VALERIUS POPLICOLA (L.) |consul 305], II 88.
VALERIUS TRIARIUS (G.) [lieutenant de Lucullus], VI 194, 198, 211, 212.
Vardéens [v. Ardyæens.]
VARIUS (Q.) [tribun du peuple 663 ?], V 209, 223, 317.
VARRON. [v. Terentius.]
Vates, I 297, addit. xxix.
VATINIUS (P.) [tribun du peuple, 696], VI 375. — VII 139, 156. — VIII 18.
Vectigal dû pour l'eau et la terre appartenant à l'Etat, IV 65.
Vectigalia, I 104.
Vediovis, I 147, 222, addit. xiv.
Véies, I 167. Elle est la plus proche voisine de Rome et son principal antagoniste en Etrurie, I 168. Luttes avec les Romains, I 144. — Rome s'en empare, II 116, 117. Assignations faites sur son territoire, II 67. Elle passe selon la tradition romaine pour l'un des berceaux de l'art Toscan, II 324.
Vélie, I 69, 177.
Velino. Elargissement de son lit au moyen des gains faits sur les peuples sabins, II 280.
Velites, I 103, note 1, 125.
Vélitres. Colonie latine, II 137. Elle se soulève contre Rome, II 138. Fait partie en 370 de la ligue latine, II 140 note, 142. Elle se sépare d'avec Rome, II 153. Sévère châtiment qu'elle subit, II 155. Terres cuites, II 319. Volsque de langue et de mœurs, II 319.
Vendetta (vengeance du sang). Traces de son existence, I 203. — II 301.
Vénètes. En Italie, I 166. — II 125. III 100, 102, 108, 259. — V 131. — Dans la Gaule, VII 16 et s., 59 et s.
Vents. Leurs noms latins sont tous d'origine grecque ou traduits du grec, I 267, note 1.
VENUS, II 264.
Venusia. Colonie latine, II 187. — Il y est envoyé des renforts au début de la guerre de Macédoine, III 254. — Tribuns du peuple à Venusia, II addit. xxi. Son rôle pendant la guerre avec Pyrrhus, II 210. — Pendant les guerres d'Hannibal, III 173, 178, 229. — Dans l'insurrection italiote, V 220 et s., 228 et s., 233.

Vercellæ (*Verceil*), près du champ raudique, V 154, note 1.
Vercingetorix, VII 82-100.
Vermina, III 271.
Vérone, II 144.
Verrès (G.), VI 236. — VIII 155.
Veru (arme de jet), II 270, note 1.
Verulae, II 179.
Vesta, I 28, 87, 150, addit. xvi, 224, 228. Son temple à l'époque de Servius, I 150, note 2. L'ordonnance sacramentelle de sa construction porte le caractère de l'influence grecque, I 152.
Vestales, I 113, 205, 229. — II 332. — VI 62.
Vestalia, I addit. xvi.
Vestibulum, I 313.
Vestins, I 157. — V 207, 211.
Vêtements, VI 36.
Vétérans. Assignations de terres à ceux de Marius, V 174. De Sylla, V 357 et s.
Vetilius (G.). Il est battu et tué dans une rencontre avec Viriathus, IV 295-297.
Vettius (T.) [chef d'esclaves insurgés], V 88, 89.
Vetulonium en Etrurie, I 171.
Veturii. *Gens*, I 50.
Veturius Calvinus (T.) [consul 433], II 164.
Via Æmilia d'Ariminum à Plaisance, III 262. — VI 17.
— *Appia*, II 164. De Rome à Capoue. II 170. Elle est prolongée jusqu'à Venouse, II 188. Jusqu'à la mer Ionienne, II 229. — VI 16.
— *Aurelia*, III 263. — VI 17.
— *Cassia*, II 181, note 1. — III 156, 262. — VI 17.
— *Domitia*, V 127. — VI 18.
— *Egnatia*, IV 341. — VI 18.
— *Flaminia*, II 180. — III 156. — VI 17.
— *Gabinia*, V 134. — VI 18.
— *Postumia*, VI 17.
— *Sacra*, I 147, note 4.
— *Salaria*, V 218.
— *Valeria*, II 180. — V 218. [v. Voies.]
Vibius Pansa (G.) [tribun du peuple 703], VII 209.
Vibo (*Valentia*). Colonie latine, II 240, note 1. — III 252. — IV 152.
Victor. Correction à un texte de cet auteur, V 134, note 1.
Victoriatus, IV 137, note 1. — Il est retranché de la série monétaire, VI 32, 33.
Victumulæ. Ses mines et lavages d'or, causes d'une guerre avec les Salasses, V 123.
Vicus, I 50.
— *Tuscus*, I 169.
Vie privée chez les Romains, IV 174 et s.
Villius (P.) [consul 555], III 319, 323, 345.
Vin d'honneur offert aux préteurs, IV 75.
Vins grecs à Rome, IV 177. Versé à pleines coupes et sans mélange, IV 177.
Vinalia, I addit. xv.
Vindalium. Bataille entre les Romains et les Arvernes, V 126.
Vindex, I 210.
Vindex [esclave], II 302.
Vindiciæ, I 209.
Virdumar, III 107.
Viriathus, IV 295-301. Chronologie des guerres contre Viriathus, IV 295, note 1.
Visite domiciliaire, *lance et licio*, I 215.
Vitruvius Vaccus, II 155, 156.
Viticulture. Son origine, I 43. Très-anciennement connue en Italie, I 25, 26, 168, 182. Son antériorité probable à l'émigration hellénique, I 252, 253. Surveillance religieuse, I 238, 253. — Production, IV 129. — VI 23. — Exploitation, IV 114. Frais et rapport, IV 129, notes 1, 2. — Exportation, VI 24. L'entrée des vins étrangers prohibée en Italie, VI 23. — Suppression de la culture de la vigne dans toute la contrée de la Transalpine voisine de Marseille, V 122.
Viviers, VIII 120.
Vœux, I 235.
Voies militaires. Leur construction, II 280, 318.
Voie militaire d'Arretium à Bononia, III 262.
— d'Italie en Espagne par la Gaule, III 263.
— de Luca à Arretium, III 263.
— de Capoue au détroit de Sicile, VI 17. [v. *Via*.]
Volaterræ (*Volterre*) reçoit de Sylla le droit ancien d'Ariminum, II 241, note 1. — V 340, 357. — VI 129.
Volcanalia, I addit. xvi.
Volcanus, I addit. xvi.
Volces-Arécomiques, VI 157.
Volci en Etrurie, I 171. — L'art, II 323.

DES MATIÈRES.

Volières, VIII 120, 121.
Volsques. Luttes avec Rome, I 144. Clients des Etrusques, I 193. — Ils tombent sous la domination romaine, II 136, 137. Ils se soulèvent, II 153. Ils sont en grande partie absorbés dans la cité romaine, II 239.
VOLTUMNA. Son temple. Lieu de réunions annuelles et siége d'une foire fréquentée par les marchands romains, I 262.
Volturnalia, I addit. XVI.
Vote secret, V 6. Marius établit un meilleur contrôle des tablettes de vote, V 161.
Voyages scientifiques, VI 105.
Vulcanales (fête des), IV 291. [v. *Volcanalia*.]
Vulsinii. Métropole de l'Etrurie propre, I 171, 262. — II 318. Luttes avec Rome, II 117, 185.

L'aristocratie accablée par la plèbe appelle les Romains à son secours, II 128, 247, 248.
Vulturnum, III 223.

X

XANTHIPPE, de Sparte, III, 58, 59, 60.

Z

Zacynthe, III 368, 370.
Zama regia, III 246-248.
ZAMOLXIS, VII 117.
Zanklé. [v. Messana.]
ZARATHUSTRA (Zoroastre), VIII 197.
Zariadris, III 363.
ZÉNICÈTOS, VI 178.
ZÉNON (stoïcien), VI, 50, 51.
ZEUXIS (satrape de Lydie), III 303.
Ziela, VIII 16.

ERRATA FINAL

DU

Iᵉʳ AU VIIIᵉ VOLUME

ET DE LA TABLE ALPHABÉTIQUE.

TOME I.

P. 104, *l.* 2 : *au lieu de* : *œrarii, lisez* : *aerarii*.
P. 129, *l.* 5 : *au lieu de* : *œrarii, lisez* : *aerarii*.
P. 222, *n.* 1, *après le mot* : *Ve jovis*, adde (*Ve-diovis*).
P. 309, *l.* 30 : *au lieu de* : « les Camènes, etc. », *mettez* : les Casmènes, ou Camènes et la déesse Carmentis du Latium aussi bien que les Muses, *etc.*
P. 312, *l.* 10 : *Mœcène, lisez* : *Mæcène*.

TOME II.

P. 131, *n.* 1, *l.* 3 : *aloe, lisez* : *alæ*.
P. 133, *n.* 1, *l.* 2 : *après cohortium, ajoutez* : *decuriones turmarum, praefecti cohortium*).
P. 277, *n.* 1, *l.* 1 : *au lieu de* : *Plotius, lisez* : *Plautius*.
P. 316, *l.* 32 : *au lieu de* : *cloca, lisez* : *cloaca*.

TOME III.

P. 101, *l.* 18 : *au lieu de* : *Asis, lisez* : *Atis*.
P. 281, *l.* 13 : *au lieu de* : *Bœbia, lisez* : *Baebia*.
P. 354, *l.* 7 *ab infra* : *au lieu de* : *Regulus, lisez* : *Regillus*.

TOME IV.

P. 75, *l.* 7 *ab infra* : *au lieu de* : factionnaires, *lisez* : fonctionnaires.
P. 89, *l.* 7 *ab infra* : *au lieu de* : 729, *lisez* : 350.
P. 352, *l.* 8 : *au lieu de* : de l'empereur, *lisez* : des amis de l'empereur.
P. 352, *l.* 11, *après le mot* : « liberté, » *adde* : ¹; *et en note au bas de la page* : ¹ [*Plin. jun. epist.* VIII, 24, 4].
P. 385, *n.* 1, *au lieu de* : F. Lenormant, *lisez* : Charles Lenormant.

ERRATA.

TOME V.

P. 142, *l.* 13 : *au lieu de* : *Æmilius, lisez* : *Aurelius.*
P. 211, *l.* 16 : *au lieu d'Italica, lisez* : *Italia.*
P. 215, *l.* 2 : *au lieu de* : *Rufus, lisez* : *Lupus.*
P. 222, *n.* 1, *l.* 3 : *au lieu de* : loi *Plautia* (*Judiciaria*), *mettez* : loi *Plautia-Papiria* (*de civitate*).

TOME VI.

P. 133, *l.* 6 *ab infra* : *au lieu de* : *Marcus, lisez* : *Mamercus.*
P. 219 : *Supprimez la note* 1, *et remplacez-la par ce qui suit* : [M. Mommsen fait allusion à la loi *Fabia*, *de plagiariis*, attribuée généralement (mais sans fondement sérieux) au consul Q. Fabius (571). La loi Fabia, ou Favia, appartient d'ailleurs au dernier siècle de l'ère républicaine, et ses prescriptions sont restées en vigueur sous les empereurs (v. Dig. *ad legem Fabiam*, liv. 48, tit. 15. Cod. *hoc tit.* — et Collat. legum mosaic. et roman. tit. XIV. — Voir sur le *plagium*, Rein, *criminal recht der Rœm.* (*Droit crimin. des Romains*). Leipzig, 1844, p. 386.]

183 av. J.-C.

P. 243 : *l.* 2 : *au lieu de* : tribuns du trésor, *lisez* : tribuns æraires.
P. 365, *l.* 4 *ab infra* : *après les mots* : commencement de 674), *ajoutez le passage suivant qui avait été omis* : Alors on vit le grand, l'illustre capitaine, se faire l'humble courtisan de la faveur populaire : une loi rendue à son instigation, et sur la motion du préteur Métellus, supprima les douanes des ports italiens (694)[1].

60.

Id., *n.* 1, *au bas de la page, adde* : Lex Cæcilia, de Vectigalibus (Dio. Cass. 37, 51. — Cic. *ad Att.* 2, 16. — *ad Quint. fratr.* 1, 10).

TOME VII.

P. 59, *l.* 15 : *au lieu de* : *Tiberius, Sabinus, lisez* : *Titurius Sabinus.*
P. 108 *en marge, en haut, mettez en rubrique* : Latinisation du pays. Ses commencements.

TOME VIII.

P. 18, *l.* 10 : *au lieu de* : avait vus, *lisez* : avait vu.
P. 64, *l.* 8 *ab infra* : *au lieu de* : aristocratie, *lisez* : autocratie.
P. 90, *n.* 1, *l.* 1 : *au lieu de* : Ulpian, *lisez* : Ulpien.

ERRATA.

P. 122, *l. 10 ab infra : au lieu de :* Terre de labour, *lisez :* Terre de Labour.

P. 133, *l. 2 ab infra : au lieu de :* l'avons vu; *lisez :* l'avons vue.

P. 178, *n.* 1, *l.* 2 : *après les mots :* « qu'elle ne remonte », *ajoutez :* certainement.

P. 280, *à la fin de la note* 1, *ajoutez :* (Strab. XIV. x. 13-15).

TABLE ALPHABÉTIQUE.

P. 2, *colonne* 1 : *avant l'article* Æmilius Regulus, *placez :* Æmilius Paullus (L.), [consul 704], VII 213. — VIII 197.

P. 2, *col.* 1 : *article* Affranchis, *ajoutez in fine :* [v. Clients].

P. 3, *col.* 1 : *après l'article Agonia, aj. :* Agraires (Lois) [v. Domaine].

Id., *col.* 2 : *avant l'article* Alexandre de Troade, *aj. :* Alexandre de Milet, surnommé *Polyhistor*, historien et polygraphe, VIII 218, 268.

P. 4, *col.* 2 : *après l'article* Année, *aj. celui-ci :* Année de confusion, VIII 189, note 3.

P. 4. *col.* 2 : *après l'article* Annius Milo, *aj. celui-ci :* Annone, [v. Céréales].

P. 6, *col.* 1 : *après l'art. Area Capitolina, aj. celui-ci :* Arellius, peintre de portraits, VIII 291.

Id., *col.* 1 : *à la fin de l'art. Argentarius, aj. :* [v. Changeur].

P. 8, *col.* 1 : *à la fin de l'art.* Artocès, *aj. celui-ci :* Arts libéraux (les sept), VIII 202 [v. *Disciplinæ septem*].

P. 9, *col.* 2 : *à la fin de l'art.* Aurelius Cotta (L.), *aj. :* VIII 74, n. 1, 88, n. 1.

Id. Id. : *après l'art.* Aviaria, *aj. :* Avocats [v. Art oratoire], VIII 273, 274.

P. 11, *col.* 1 : *après l'art.* Cælius Rufus, *aj. celui-ci :* Cælius Vivenna, I 169.

P. 14, *col.* 1 : *après l'art.* Cassivellaun, *aj. celui-ci :* Castor le Philoromain, chronographe, VIII 269.

Id. Id. : *après l'art.* Castor et Pollux, *aj. celui-ci :* Castoria [v. Orestis].

P. 14, *col.* 2, *art.* Centumvirs, *l.* 2 : *après le chiffre* VIII, *et avant le chiffre* 89, *aj. :* 87.

P. 15, *col.* 2 : *après l'art.* Cingetorix, *aj. celui-ci :* Cinyras, VI 284.

P. 17, *col.* 2 : *à l'art.* Cohors prætoria, *l.* 2 *après le chiffre* 146, *aj. :* VIII 100.

P. 25, *col.* 2 : *après l'art.* Drepana, *aj. celui-ci :* Droit prétorien, VIII 181 et s. [v. Édit du Préteur].

P. 26, *col.* 2 : *après l'art.* Édiles, *aj. celui-ci :* Édit du Préteur, VIII 181, 183-184.

P. 26, *col.* 2 : *à l'art.* Éducation dans le Latium, *in fine aj. :* [v. Instruction et Instruction publique].

ERRATA.

P. 27, col. 1 : *après l'art.* Elis, *aj. celui-ci :* Éloquence (harangues politiques et plaidoyers), VIII 273 et 274 [v. Art oratoire].

P. 28, col. 1 : *après l'art.* Esculape, *ajoutez celui-ci :* Ésope, le comédien. Sa richesse, VIII 118. — Son talent, 233 et n. 1.

P. 29, col. 2, *à la fin de l'art.* Eudoxus, *aj. :* VIII 189.

P. 33, col 1, l. 8, *ab infra : au lieu de :* Statius Gellius, *lisez :* Gellius (Statius).

P. 35, col. 1 : *après l'art.* Hannon (fils d'Hannibal), *ajoutez celui-ci :* Harangues politiques, VIII 273-4 [v. Art oratoire].

P. 36, col. 1 : *après l'art.* Hirpins, *aj. celui-ci :* Hirtius (Aulus), ami et lieutenant de César, rédacteur présumé du VIII° liv. des *Commentaires* sur la guerre des Gaules, et des *Mémoires* sur les guerres d'Alexandrie, d'Afrique et d'Espagne, VII 340 et n. 2, 343, 347. — VIII 43, 81 et n. 1.

P. 36, col. 2 : *après l'art.* Hostilius Mancinus (G.), *aj. celui-ci :* Hostilius Saserna, auteur de traités sur l'Agriculture, VIII 287.

P 42, col. 1 : *après l'art.* Liby-Phéniciens, *aj. celui-ci :* Licinia Eucharis, danseuse et actrice, VIII 291, en note.

P. 44, col. 1 : *à l'art.* Loi Gabinia, *aj. in fine :* VIII 96.

P. 48, col. 1 : *à l'art.* Marius, *entre le chiffre* VIII *et le chiffre* 288, *placez :* 43.

Id. col. 2 : *après l'art.* Métiliens, *ajoutez celui-ci :* Méton, astronome, VIII 188.

P. 49, col. 1 : *au lieu de* Mœcène, *lisez :* Mæcene, *et reportez à la page* 46, *après l'art.* Madytos.

Id. Id. : *au lieu de* Mœnius, *lisez :* Mænius, *et transportez à la* p. 46, *après l'art.* Mælius.

P. 50, col. 1 : *à l'art.* Mylos, *aj. :* [v. Milos].

P. 51, col. 2 : *après l'art.* Ocriculum, *aj. :* Octaétérie, VIII 188.

P. 53, col. 2 : *après l'art.* Pedasa, *aj. celui-ci :* Pedius (Q.), neveu et lieutenant de César, VIII 55 et n. 1.

P. 55, col. 1 : *après l'art.* Placentia, *aj. celui-ci :* Plaidoyers, VIII 274 [v. Art oratoire ; Cicéron, Hortensius].

P. 57, col. 1 : *à l'art.* Pomponius Atticus, *in fine aj :* annaliste, 266.

P. 64, col. 2 : *après l'art.* Sarranus, *aj. celui-ci :* Saserna [v. Hostilius Saserna].

P. 68, col. 1 : *avant l'art.* Sunium, *placez :* Sulpicius Lemonia Rufus (Serv.). VII 258 et n. 2. — VIII 288.

Nogent-le-Rotrou, Imprimerie de A. Gouverneur.

TABLE DU TOME VIII

CINQUIÈME LIVRE

(Suite)

	Pages.
Avant-propos du Traducteur	1
Chapitre X. — Brindes, Ilerda, Pharsale, et Thapsus.	1
Chapitre XI. — La vieille République et la nouvelle monarchie.	41
Chapitre XII. — Religion, Culture, Littérature et Art .	194
Appendice.	295
Epilogue du Traducteur.	298
Bref sommaire des événements, jusqu'à la mort de César.	301
Tableau des lois principales de César.	305
Loi *Julia Municipalis* (fragment).	316

Nogent-le-Rotrou, imprimerie de A. Gouverneur.

www.ingramcontent.com/pod-product-compliance
Lightning Source LLC
Chambersburg PA
CBHW051829230426
43671CB00008B/894